Les abus de puissance économique dans les relations commerciales déséquilibrées

Collection « L'esprit économique »

fondée par Sophie Boutillier et Dimitri Uzunidis en 1996
dirigée par Sophie Boutillier, Blandine Laperche, Dimitri Uzunidis

Si l'apparence des choses se confondait avec leur réalité, toute réflexion, toute Science, toute recherche serait superflue. La collection « L'esprit économique » soulève le débat, textes et images à l'appui, sur la face cachée économique des faits sociaux : rapports de pouvoir, de production et d'échange, innovations organisationnelles, technologiques et financières, espaces globaux et microéconomiques de valorisation et de profit, pensées critiques et novatrices sur le monde en mouvement...
Ces ouvrages s'adressent aux étudiants, aux enseignants, aux chercheurs en sciences économiques, politiques, sociales, juridiques et de gestion, ainsi qu'aux experts d'entreprise et d'administration des institutions.

La collection est divisée en six séries :

Dans la série *Economie et Innovation* sont publiés des ouvrages d'économie industrielle, financière et du travail et de sociologie économique qui mettent l'accent sur les transformations économiques et sociales suite à l'introduction de nouvelles techniques et méthodes de production. L'innovation se confond avec la nouveauté marchande et touche le cœur même des rapports sociaux et de leurs représentations institutionnelles.

La série *Economie formelle* a pour objectif de promouvoir l'analyse des faits économiques contemporains en s'appuyant sur les approches critiques de l'économie telle qu'elle est enseignée et normalisée mondialement. Elle comprend des livres qui s'interrogent sur les choix des acteurs économiques dans une perspective macroéconomique, historique et prospective.

Dans la série *Le Monde en Questions* sont publiés des ouvrages d'économie politique traitant des problèmes internationaux. Les économies nationales, le développement, les espaces élargis, ainsi que l'étude des ressorts fondamentaux de l'économie mondiale sont les sujets de prédilection dans le choix des publications.

La série *Krisis* a été créée pour faciliter la lecture historique des problèmes économiques et sociaux d'aujourd'hui liés aux métamorphoses de l'organisation industrielle et du travail. Elle comprend la réédition d'ouvrages anciens, de compilations de textes autour des mêmes questions et des ouvrages d'histoire de la pensée et des faits économiques.

La série *Clichés* a été créée pour fixer les impressions du monde économique. Les ouvrages contiennent photos et texte pour faire ressortir les caractéristiques d'une situation donnée. Le premier thème directeur est : mémoire et actualité du travail et de l'industrie ; le second : histoire et impacts économiques et sociaux des innovations.

La série *Cours Principaux* comprend des ouvrages simples, fondamentaux et/ou spécialisés qui s'adressent aux étudiants en licence et en master en économie, sociologie, droit, et gestion. Son principe de base est l'application du vieil adage chinois : « le plus long voyage commence par le premier pas ».

Sehwan PARK

Les abus de puissance économique dans les relations commerciales déséquilibrées

Préface de Nicolas Ereseo

L'Harmattan

5-7, rue de l'École-Polytechnique ; 75005 Paris

http://www.editions-harmattan.fr/

ISBN : 978-2-343-13703-2
EAN : 9782343137032

REMERCIEMENTS

Mes premiers remerciements vont à mon directeur, Monsieur Nicolas Éréseo, pour avoir dirigé avec diligence et pour m'avoir donné des conseils précieux. Qu'il veuille bien trouver ici l'expression de ma profonde reconnaissance.

L'achèvement de cette thèse n'aurait pas été possible sans l'aide de mon épouse qui m'a encouragé à des moments difficiles, m'a donné de l'énergie et m'a tellement toujours soutenu.

Cette thèse honore la mémoire de mon père qui nous a, de manière précipitée, quittés durant ce travail de recherche.

SOMMAIRE

LISTE DES PRINCIPALES ABRÉVIATIONS

Art.	Article
ADLC	Autorité française de la concurrence
AFEC	Association française d'étude de la concurrence
AJCA AJ	Contrats d'affaires - Concurrence - Distribution
Aut.	Autorité
C. civ.	Code civil
C. com.	Code de commerce
CEDH	Cour européenne des droits de l'homme
CEPC	Commission d'examen des pratiques commerciales
CGA	Conditions générales d'achat
CGV	Conditions générales de vente
Civ.	Première chambre civile de la Cour de cassation
CJUE	Cour de justice de l'Union européenne
Com.	Chambre commerciale de la Cour de cassation
Comm.	Commentaire
Con.	Concurrence
Concurrences	Revue des droits de la concurrence
Cons. Const.	Conseil constitutionnel
DGCCRF	Direction générale de la concurrence, de la consommation et de la répression des fraudes
KFTC	Korea fair trade commission
LRMCL	La loi sur la régulation de monopole et le commerce loyal
PCD	Pratiques commerciales déloyales
RTD com	Revue trimestrielle de droit commercial
RTD eur	Revue trimestrielle de droit européen

PRÉFACE

« *Mettre fin à la guerre des prix* ». Telle est l'ambition qui a été affichée par le Président de la République, M. Emmanuel Macron, le 11 octobre 2017 lors des Etats généraux de l'alimentation, en réponse aux inquiétudes croissantes des producteurs agricoles et plus largement des fournisseurs de la grande distribution.

L'intention est louable tant il est vrai que les fournisseurs souffrent aujourd'hui de l'important déséquilibre de puissance économique qui affecte les négociations annuelles avec les acheteurs de la grande distribution.

Le problème n'a cependant rien de nouveau. Il y a plus de vingt ans, le 26 mars 1996, le député du Loiret M. Jean-Paul Charié s'écriait en séance à l'Assemblée Nationale, pour toute description du climat des négociations : « *C'est tu payes ou tu crèves !* ». Quelques mois plus tard, le 1er juillet, la loi Galland était adoptée et stigmatisait déjà les abus les plus significatifs, c'est-à-dire les avantages obtenus sous la menace d'un déréférencement ainsi que la rupture brutale des relations commerciales établies.

Depuis cette date, et devant la persistance des abus, les textes n'ont cessé de se multiplier : loi sur les nouvelles régulations économiques (NRE) du 15 mai 2001, lois Dutreil I et II de 2003 puis 2005, loi Chatel du 3 janvier 2008, loi de modernisation de l'économie (LME) du 4 août 2008, loi de modernisation de l'agriculture (LMA) du 27 juillet 2010, loi Hamon du 17 mars 2014, loi Macron du 6 août 2015, loi Sapin II du 9 décembre 2016… avant la prochaine réforme annoncée pour le début de l'année 2018.

En découle aujourd'hui un arsenal législatif impressionnant, sans doute l'un des plus répressifs au monde, qui offre les pleins pouvoirs à l'administration et aux juges, y compris la révision des prix convenus entre les parties, comme l'a récemment confirmé la Cour de cassation, abandonnant au passage les plus élémentaires principes attachés à la liberté contractuelle et à la liberté du commerce et de l'industrie…

Reconnaissant cependant, comme l'ouvrage de M. Sehwan Park le souligne, que les règles de droit commun qui étaient jusqu'ici à la disposition des juges n'offraient pas de marges de manœuvres suffisantes pour remédier aux abus de puissance économique dont se rendent coupables certains acteurs de la grande distribution.

Cependant, malgré les efforts du législateur, les problèmes demeurent et même s'aggravent, si bien que la multiplication des lois signe moins la détermination de l'Etat à rétablir l'équilibre des rapports de force que son impuissance à trouver les moyens d'y parvenir.

Cette impuissance, l'ouvrage de M. Sehwan Park en rend parfaitement compte et en explique l'origine en mettant en lumière le « facteur crainte » qui conduit les fournisseurs à accepter les abus dont ils sont victimes sans mobiliser les ressources qui leur sont offertes par le droit.

Mais le travail de M. Park ne s'arrête pas à un simple constat d'échec.

Il ouvre des pistes en proposant notamment de revenir sur le projet d'injonction structurelle, censuré en 2015 par le Conseil constitutionnel, pour permettre enfin à l'Autorité de la concurrence d'intervenir directement sur les structures du marché qui, en l'état, provoquent mécaniquement les abus dont se plaignent les fournisseurs.

Surtout, M. Park ne se contente pas de tirer les leçons de l'expérience française, il livre une véritable étude de droit comparé en exposant, pour la première fois en langue française, la législation coréenne de la concurrence.

Fort de son expérience comme Directeur adjoint de la *Korea Fair Trade Commission* (KFTC), la toute puissante Autorité coréenne de la concurrence, M. Park révèle que la Corée du sud est confrontée depuis de nombreuses années aux mêmes problèmes que la France, notamment du fait de la présence de grands groupes constitués sous la forme de conglomérats (les *chaebols*).

Comme la France, la Corée a adopté un arsenal répressif conséquent dont M. Park livre une analyse détaillée. En parallèle de textes généraux relevant du droit de la concurrence dans sa configuration la plus classique, le droit coréen présente la particularité d'avoir appréhendé la problématique des abus en adoptant de nombreuses dispositions propres à tel ou tel secteur : sous-traitance, grande distribution, franchise, etc.

M. Park souligne en comparaison la faiblesse du droit français qui n'est toujours pas parvenu à délimiter correctement le champ d'application des règles. Celles relevant de la transparence tarifaire sont notamment stigmatisées comme étant susceptibles de cibler des entreprises telles que les PME, étrangères aux problèmes identifiés par le législateur.

Au plan institutionnel, M. Park dévoile le rôle déterminant offert à la KFTC et les importants pouvoirs dont elle est investie alors que l'Autorité française de la concurrence est pour l'heure cantonnée à un rôle d'observation et d'analyse à destination des pouvoirs publics.

Ce n'est pas le moindre des mérites attachés à l'ouvrage de M. Park que d'avoir mis en lumière nos difficultés communes et comparé l'efficacité de nos législations respectives, offrant ainsi à nos futurs gouvernants de nombreuses pistes de réflexion et d'amélioration.

Strasbourg, le 22 décembre 2017

Nicolas ERESEO

Maître de conférences HDR à l'Université de Strasbourg

INTRODUCTION

1. *« Les lois inutiles affaiblissent les lois nécessaires »,* Montesquieu, *De l'esprit des lois, 1748.* Cette citation célèbre témoigne de manière appropriée du difficile travail qui consiste à légiférer, toute norme nouvelle devant s'assurer d'être utile sans nuire aux normes existantes. Le droit des pratiques restrictives de concurrence illustre parfaitement ces difficultés. La forte volatilité des conditions économiques et sociales comme les capacités d'adaptation des opérateurs économiques font que le législateur a toujours un temps de retard, ce qui ne l'empêche pas de multiplier toujours davantage les règles nouvelles au risque d'ajouter de nouveaux problèmes sans résoudre ceux qui avaient justifié les premières réformes. S'en convaincre suppose de dresser un état des lieux des problèmes actuellement posés par les abus de puissance économique (§ 1) que nous nous efforcerons de définir (§ 2) avant d'apporter de premières indications sur le cadre juridique actuellement en vigueur, en France comme en Corée (§ 3). Sur cette base, il conviendra encore de donner quelques indications sur les méthodes de recherche qui ont été suivies (§ 4).

§ 1. Les circonstances actuelles

A. L'essor des conflits entre les parties contractantes puissantes et faibles

2. Les rapports de force entre contractants apparaissent de plus en plus déséquilibrés depuis la crise des *subprimes* aux États-Unis survenue en 2007. De ce fait, les différends portant sur l'abus de puissance économique dans les relations commerciales déséquilibrées se trouvent en pleine expansion. En France, le déséquilibre significatif dans les droits et obligations (C. Com., art. L. 442-6, I, 2°) connaît « *un essor jurisprudentiel* »[123]. De même, la

[1] Muriel Chagny, « La situation de faiblesse des contractants, objet de compétition entre les droits ? », AJCA, 2015, p.193. Christophe Pecnard et Gaëlle Robic, « L'Autorité de la concurrence veut s'inviter dans les négociations commerciales », AJCA, 2015, p. 269.

[2] Daniel Mainguy et Malo Depincé, « Droit de la concurrence », LexisNexis, 2ème éd., 2015, p. 214. Martine Béhar-Touchais, « Le déséquilibre significatif dans le Code civil », La Semaine

rupture brutale (C. Com., art. L. 442-6, I, 5°) constitue « *l'argument premier et récurrent d'actions* » à l'encontre des pratiques restrictives de concurrence, représentant quasiment 80 % des décisions civiles et commerciales rendues en 2010 dans des contentieux opposant des opérateurs économiques, d'après le bilan établi par la Faculté de droit de Montpellier (159 sur 200 décisions)[4]. Le Professeur Marie Malaurie-Vignal estime que « l'*économie étant à la baisse, le contentieux de la rupture des relations commerciales continuera à exploser* »[5]. Aussi, dans le but d'équilibrer les relations commerciales, la DGCCRF mène de nombreuses actions de contrôle relatives aux relations entre les parties fortes et faibles[6].

3. Similairement, en Corée[7], de multiples plaintes, déposées par des partenaires faibles, demandant la sanction pour des abus de puissance économique de partenaires forts affluent auprès de la « *Korea fair trade commission* (Autorité coréenne de la concurrence) » (ci-après, la *KFTC*[8910]).

---

juridique Edition Générale, n° 14, le 4 avril 2016, p. 662 et s. Muriel Chagny, « Le droit des pratiques restrictives de concurrence et la réforme du droit des contrats », RTD com, 2016, p. 454 et s.

[3] Le droit français a adopté dans le Code civil une disposition allant jusqu'à étendre le domaine du déséquilibre significatif aux relations entre particuliers. L'article 1171 du Code civil prévoit que « *Dans un contrat d'adhésion, toute clause qui crée un déséquilibre significatif entre les droits et obligations des parties au contrat est réputée non écrite. L'appréciation du déséquilibre significatif ne porte ni sur l'objet principal du contrat ni sur l'adéquation du prix à la prestation* ».

[4] CEPC, rapport annuel d'activité, année 2010-2011, p. 91 et s. Didier Ferrier et Nicolas Ferrier, « Droit de la distribution », LexisNexis, 7ème éd., 2014, p. 214. Dominique Ferré et Régis Pihéry, « Pratiques restrictives de concurrence : étude du bilan de la CEPC 2011 », Contrats Concurrence Consommation, n° 1, janvier 2012, étude 1.

[5] Marie Malaurie-Vignal, « Bilan et avenir du droit de la distribution et de la concurrence », Contrats Concurrence Consommation, n° 2, février 2015, repère 2.

[6] 13 356 actions de contrôle en 2016 auprès de 3 811 établissements en matière d'équilibre des relations commerciales entre fournisseurs et distributeurs, entre franchiseurs et franchisés, entre donneurs d'ordres et sous-traitants, entre les places de marché sur internet et les professionnels qui y proposent des biens et des services. DGCCRF, résultats 2016 de la DGCCRF, p. 6. https://www.economie.gouv.fr/dgccrf/La-DGCCRF/Activites-et-orientations.

[7] Dans notre thèse, les termes de « la Corée » et « coréen » désignent « la Corée du Sud » et « sud-coréen ».

[8] La *KFTC* est une autorité coréenne de la concurrence habilitée à exécuter l'inspection et à prononcer la sanction administrative dans le domaine du droit de la concurrence au sens large. De même que l'autorité administrative indépendante, la *KFTC* est chargée de contrôler non seulement les pratiques anticoncurrentielles, telles que l'abus de position dominante sur le marché ou l'entente ou la concentration excessive, mais également toutes les pratiques restrictives de concurrence. A ce titre, la *KFTC* se soucie autant de veiller au bon fonctionnement du marché qu'aux rapports souhaitables entre les parties faibles et fortes.

[9] En 2017, la *KFTC* a obtenu 5 étoiles (= élite) à un classement de « *GCR (Global Competition Review)'s Rating Enforcement* » avec l'Autorité française de la concurrence (ci-après, l'ADLC), « *Germany's Federal Cartel Office* », « *US Federal Trade Commission* », « *US Department of Justice* ». *GCR* estime que « *Korea's Fair Trade Commission (KFTC) remains the top competition enforcer in Asia and indeed one of the best in the world* ». http://globalcompetitionreview.com/benchmarking/rating-enforcement-2017/1144818/koreas-

En 2015, la *KFTC* a examiné 2 177 affaires sur la base de plaintes dénonçant des pratiques injustes et scandaleuses émanant de partenaires forts[11][12][13]. En 2016, la *KFTC* a enregistré de nouveau 1 913 affaires, mettant en cause ces mêmes parties fortes soupçonnées d'avoir abusé de leur puissance économique vis-à-vis de leurs partenaires faibles dans le secteur de la sous-traitance, de la grande distribution, du franchisage[14]. Par contre, en 2016, elle n'a enregistré que 17 affaires, pour des soupçons d'abus de position dominante sur le marché au sens du droit des pratiques anticoncurrentielles[15]. Si l'on se place du point de vue du nombre des affaires traitées par la *KFTC*, il en ressort une nette prédominance des pratiques restrictives de concurrence sur les pratiques anticoncurrentielles authentiques, quand bien même la plupart des grandes affaires de la *KFTC* relèvent de ces dernières[16].

4. En Europe, les résultats de plusieurs enquêtes enseignent également que les abus de puissance économique constituent un problème considérable, en particulier dans la chaîne d'approvisionnement alimentaire. D'après une enquête au niveau de l'UE, 96,4 % des fournisseurs de la chaîne d'approvisionnement alimentaire, y ayant répondu, dénoncent avoir *a*

---

fair-trade-commission. http://globalcompetitionreview.com/benchmarking/rating-enforcement-2017/1144939/star-ratings.

[10] A son début en 1981, la KFTC faisait partie de l'une des directions du ministère de l'Économie de Corée. Mais, en 1994, la KFTC a été dissociée du ministère de l'Économie. Elle devient par la suite une administration juridiquement indépendante fonctionnant au niveau ministériel sous la direction du Premier ministre (article 35, ① de la LRMCL). Ho-Young LEE, « Droit anticoncurrentiel », Hongmoonsa, 5ème éd., 2015, p. 468. http://www.ftc.go.kr/ftcinfo/history/hrHistory.jsp.

[11] KFTC, « Livre blanc sur le commerce loyal 2016 », 2016, pp. 118, 119 et 120.

[12] L'enquête de la *KFTC* peut être déclenchée par les saisines d'office ou sur plainte. Quiconque, y compris le concurrent, le consommateur, l'association de consommateurs, peut déposer une plainte à la *KFTC* pour pratique anticoncurrentielle ou pratique restrictive de concurrence. L'article 49, ② de la LRMCL, l'article 29, ① de « la loi sur le grand distributeur » et l'article 30, ② de « la loi sur la sous-traitance ».

[13] En vue de réagir à la hausse des affaires due au nombre de plaintes, la *KFTC* a ouvert, en 2005, cinq bureaux régionaux (Séoul, Busan, Gwangju, Daejeon, Daegu), prioritairement consacrés aux affaires résultant des plaintes. Il ne fait pas de doute qu'une protection suffisante des parties faibles et une lutte contre les pratiques abusives de puissance économique s'avèrent nécessaires.

[14] En tenant compte des compétences larges et des travaux lourds de la *KFTC*, l'effectif de la *KFTC* a été évalué à 535 personnes en 2016. KFTC, « Livre annuel de statistiques 2016 », 2017, p. 132.

[15] KFTC, « Livre annuel de statistiques 2016 », 2017, p. 3.

[16] Par exemple, la *KFTC* a récemment prononcé une amende administrative énorme (1, 03 mille milliards de wons, environ 814 millions d'euros) et une injonction à *Qualcomm Incorporated* et ses deux filiales, un producteur de *modem chipset* et un titulaire des licences de brevets essentiels pour une norme (*standard essential patents holder*) dans la technologie mobile, au motif de l'abus de position dominante sur le marché. KFTC, décision, n° 2017-025 du 20 janvier 2017. KFTC, communiqué de presse du 29 décembre 2016 relatif à la sanction de *Qualcomm Incorporated* pour l'abus de brevets essentiels pour une norme.

minima été exposés à une forme d'abus de puissance économique. Par ailleurs, selon une enquête de l'Autorité italienne de la concurrence, 57 % des producteurs, y ayant répondu, déclarent avoir souvent (37 %) ou toujours (20 %) accepté les modifications unilatérales des conditions contractuelles, par crainte des représailles commerciales en cas de refus[17].

B. Les effets néfastes des abus de puissance économique

5. Les abus de puissance économique peuvent nuire directement aux entreprises qui en font l'objet, en provoquant, par exemple, « *une baisse des revenus* », des « *coûts inutiles*[18] », de « *l'incertitude* », « *une transmission assez faible et asymétrique des prix entre producteurs agricoles et consommateurs* », etc. [19]. En outre, ils peuvent avoir indirectement des incidences nocives sur l'ensemble de l'économie : « *entraîner des pertes d'efficience économique, par exemple une baisse des investissements ou une surproduction ou sous-production dues à l'imprévisibilité et aux coûts de transaction accrus liés au risque de modifications unilatérales et inattendues des conditions commerciales* »[20].

6. Par ailleurs, il peut résulter de l'abus que les consommateurs souffrent d'une réduction « *de la diversité des produits, du patrimoine culturel et du nombre de points de vente* »[21]. De même, les effets néfastes des abus de puissance économique se répercutent sur les PME de façon disproportionnée car les PME manquent de connaissances spécifiques sur le terrain des contrats complexes et ont moins de partenaires commerciaux. Les échanges transfrontières et le fonctionnement du marché unique à l'échelon de l'UE peuvent se trouver eux aussi entravés par ces abus[22].

---

[17] Commission européenne, communication, « Lutter contre les pratiques commerciales déloyales dans la chaîne d'approvisionnement alimentaire interentreprises », le 15 juillet 2014, p. 3. *Survey on Unfair Commercial Practice in Europe, mars 2011*, organisée par Dedicated pour le compte de la CIAA (la Confédération des industries agro-alimentaires de l'UE) et de l'AIM (Association européenne des industries de marque), p. 4. *Indagine conoscitiva sul settore della GDO – IC43 - Settore della grande distribuzione organizzata*, le 24 juillet, pp. 163 et 164.

[18] Parmi les exemples de coûts inutiles, la Commission européenne mentionne les produits invendus, renvoyés par la grande distribution aux fournisseurs sans s'acquitter de leur paiement, ceci en totale contradiction avec les modalités du contrat.

[19] Commission européenne, « Livre vert sur les pratiques commerciales déloyales dans la chaîne d'approvisionnement alimentaire et non-alimentaire interentreprises en Europe », le 31 janvier 2013, pp. 10 et 11.

[20] Commission européenne, communication, « Lutter contre les pratiques commerciales déloyales dans la chaîne d'approvisionnement alimentaire interentreprises », le 15 juillet 2014, p. 14.

[21] Parlement européen, « Rapport sur les pratiques commerciales déloyales dans la chaîne d'approvisionnement alimentaire », le 4 mai 2016, p. 7.

[22] Commission européenne, « Livre vert sur les pratiques commerciales déloyales dans la chaîne d'approvisionnement alimentaire et non-alimentaire interentreprises en Europe », le 31 janvier 2013, pp. 7 et 11. .

7. Au vu de la situation et pour lutter contre l'abus de puissance économique, la Commission européenne a réagi, au travers de son « Livre vert sur les pratiques commerciales déloyales dans la chaîne d'approvisionnement alimentaire et non-alimentaire interentreprises en Europe » publié en 2013, dans l'idée d'aller vers une législation efficace et harmonisée au niveau de l'UE[23][24][25][26].

§ 2. La notion d'abus de puissance économique

A. Pluralité des termes employés pour une notion homogène

8. D'abord, un exemple typique d'abus de puissance économique : Dans le but d'échapper aux difficultés économiques ou de maximaliser les profits, les parties fortes, à l'instar de la grande distribution ou du grand industriel ont tendance à favoriser unilatéralement leurs intérêts économiques au détriment de leurs partenaires en imposant des droits et obligations économiquement ou juridiquement disproportionnés ou déloyaux aux parties faibles, qu'il s'agisse de PME fournisseurs ou de PME sous-traitantes, par le biais de diverses conditions commerciales. Néanmoins, si les parties faibles

---

[23] Daniel Mainguy et Malo Depincé, « Droit de la concurrence », LexisNexis, 2ème éd., 2015, p. 187. Marie Malaurie-Vignal, « Droit de la distribution » : Sirey, 3ème éd., 2015, pp. 121 et 122.

[24] « *Il n'existe aucune législation de l'UE sur les pratiques commerciales déloyales interentreprises dans la chaîne d'approvisionnement alimentaire* ». Commission européenne, « Rapport de la Commission au Parlement européen et au Conseil sur les pratiques commerciales déloyales interentreprises dans la chaîne d'approvisionnement alimentaire », le 29 janvier 2016, p. 3.

[25] La directive européenne 2005/29/CE en matière de pratiques commerciales déloyales ne porte que sur la protection des consommateurs (B2C) et ne contrôle pas les pratiques déloyales « *pouvant affecter les transactions entre professionnels* » (B2B). Frédéric Marty, « La sanction des pratiques commerciales déloyales : la préservation de l'ordre concurrentiel au risque de la protection des concurrents ? », Les pratiques commerciales déloyales en droit de l'union européen, Revue européenne de droit de la consommation, 2013, p. 277. Edern Thébaud et Katia Merten-Lenz, « Les pratiques commerciales déloyales dans le secteur agroalimentaire », Les pratiques commerciales déloyales en droit de l'Union européenne, Revue européenne de droit de la consommation, 2013, p. 309. Bert Keirsbilck, « Vers un règlement européen unique relatif aux pratiques commerciales déloyales « b2c » et « b2b » ? », Droit européen des pratiques commerciales déloyales : évolution et perspectives, sous la direction de Évelyne Terryn et Denis Voinot, Larcier, 2012, pp. 161 et s.

[26] Dans le but de lutter contre le retard de paiement dans les relations commerciales, l'UE a remplacé en 2011 la directive 2000/35/CE par la nouvelle directive 2011/7/UE. Cette dernière considère le retard de paiement comme « *l'abus de la liberté contractuelle au détriment du créancier* ». Elle se caractérise par l'harmonisation partielle qui donne aux États membres une certaine marge de manœuvre lors de la transposition. Denis Voinot, « La lutte contre les retards de paiement dans les transactions commerciales : une harmonisation du droit des pratiques commerciales déloyales dans les relations entre professionnels ? », Droit européen des pratiques commerciales déloyales : évolution et perspectives, sous la direction de Évelyne Terryn et Denis Voinot, Larcier, 2012, pp. 136 et s.

se plaignent ou ne cèdent pas aux volontés des parties fortes, ces dernières peuvent, par représailles commerciales, ne pas conclure le contrat ou rompre les relations commerciales établies ou encore réduire considérablement la quantité ou la qualité de la transaction, etc.[27][28]. En sorte que « *la partie la plus faible n'a pas, en tout état de cause, d'autre choix que d'en accepter les termes* »[29].

9. Les termes formels pour qualifier ce type de pratique abusive d'une partie en position de force varient. Tandis que le droit français adopte l'expression de « pratiques restrictives de concurrence » (Livre IV, Titre IV, Chapitre II du Code de commerce), le droit coréen utilise celle de « pratiques commerciales déloyales » (la LRMCL). La Commission européenne et le Parlement européen optent aussi pour « les pratiques commerciales déloyales » dans le Livre vert, les rapports et les communications.

10. Toutefois, ces notions semblent globalement similaires. En France[30], selon la DGCCRF, « *le droit des pratiques commerciales restrictives de concurrence (PCR) est issu de la volonté de garantir des relations commerciales transparentes et loyales entre professionnels. Depuis que les prix et la concurrence sont libres, ce droit réprime ainsi les pratiques révélatrices d'un rapport de force déséquilibré entre les partenaires commerciaux* »[31][32]. A cet égard, l'article L. 442-6 du Code de commerce

---

[27] Louis Vogel, Droit de la concurrence : [droits européen et français], Paris : LawLex ; Bruxelles : Bruylant, 2015, p. 1174 et s. Commission européenne, « Livre vert sur les pratiques commerciales déloyales dans la chaîne d'approvisionnement alimentaire et non-alimentaire interentreprises en Europe », le 31 janvier 2013, p. 7. KFTC, « Livre blanc sur le commerce loyal 2016 », 2016, p. 498.

[28] En l'occurrence, alors que les parties fortes poursuivent leurs activités économiques sans difficulté, les parties faibles subissent de réels et graves préjudices, tels qu'une importante perte du marché et du chiffre d'affaires.

[29] Parlement européen, « Projet de rapport sur les pratiques commerciales déloyales dans la chaîne d'approvisionnement alimentaire », le 6 juillet 2015, p. 7.

[30] En France, le Livre IV, Titre IV, Chapitre II, intitulé « les pratiques restrictives de concurrence », ne donne pas de définition légale des « pratiques restrictives ». L'Ordonnance n° 86-1243 du 1er décembre 1986 sur la liberté des prix et de la concurrence a introduit le terme de « pratiques restrictives de concurrence » en droit français de la concurrence. Ce terme s'est substitué à celui de « pratiques anticoncurrentielles individuelles », source fréquente de confusion. Laurence Nicolas-Vullierme, « Fasc. 290 : Pratiques restrictives de l'article L. 442-6 du Code de commerce », JurisClasseur Concurrence – Consommation, le 30 septembre 2012.

[31] CEPC, rapport annuel d'activité, année 2014, p. 210.

[32] Selon Marie Malaurie-Vignal, les pratiques restrictives de concurrence désignent « *une série de règles prohibitives destinées à protéger le contractant, car la théorie générale apparaissait insuffisante pour protéger le contractant* », « *le droit des pratiques restrictives protège le contractant contre son contractant par un contrôle de la formation, du contenu contractuel et de la rupture* ». Marie Malaurie-Vignal, « Droit de la concurrence interne et européen » : Sirey, 6ème éd., 2013, p. 121. Selon Guillaume Mallen, la pratique restrictive se définit comme « *une pratique contractuelle abusive impulsée par un opérateur au détriment de son partenaire* ». Guillaume Mallen, « L'appréhension des pratiques restrictives par les autorités françaises et européennes de la concurrence : Analyse des pratiques contractuelles

permet de sanctionner les types principaux de pratiques restrictives de concurrence[33].

11. En Corée, les pratiques commerciales déloyales visent les comportements susceptibles d'affecter les commerces loyaux (article 23, ① de la LRMCL). En particulier, l'article 23, ①, 4ème de la LRMCL interdit de « faire affaire avec un partenaire commercial en profitant indûment de sa position supérieure dans le commerce »[34]. D'après la Cour suprême de Corée, ce dispositif a pour finalité d'assurer que les parties au contrat commercent, de façon loyale et sur un pied d'égalité, quand bien même il y a disproportion de puissance économique des deux contractants[35]. Autrement dit, il a pour objectif de protéger les avantages économiques d'un partenaire commercial en position de faiblesse, à l'aune de la loyauté de chaque commerce[36]. A ce titre, l'article 36 ① du décret présidentiel de la LRMCL prévoit cinq principales pratiques susceptibles de défavoriser un partenaire commercial faible[37].

12. A l'échelon de l'UE, la Commission européenne définit les pratiques commerciales déloyales comme « *des pratiques qui s'écartent largement de la bonne conduite commerciale, qui sont contraires à la bonne foi et à la loyauté et qui sont imposées de manière unilatérale par un partenaire commercial à un autre* »[3839]. Elle en dénombre, dans son rapport de 2016,

---

abusives entre professionnels à l'épreuve du droit des pratiques anticoncurrentielles », Thèse de doctorat, L'Harmattan, DL 2014, p. 19.

[33] « *Obtention d'un avantage sans contrepartie* », « *soumission ou tentative de soumission à des obligations créant un déséquilibre significatif* », « *obtention de conditions manifestement abusives sous la menace de rupture* », etc. Didier Ferrier et Nicolas Ferrier, « Droit de la distribution », LexisNexis, 7ème éd., 2014, pp. 167 et s.

[34] Oh-Seung KWON, « Droit économique », Bobmunsa, 11ème éd., 2014, p. 304 et 305. Ho-Young LEE, « Droit anticoncurrentiel », Hongmoonsa, 5ème éd., 2015, p. 275 et s. Myung-Su HONG, « L'analyse des arrêts de la Cour suprême relatifs aux pratiques restrictives de concurrence (2010) », La délibération du droit de la concurrence III, Kyungin Publishing, 2013, p. 296. Bong-Eui LEE, « Le caractère indu pour l'atteinte portée aux intérêts d'un partenaire commercial », Concurrence loyale, juin 2016, p. 25 et s. Tae-Hi HWANG, « Le caractère indu pour l'atteinte portée aux intérêts d'un partenaire commercial au sens de l'abus de position supérieure dans le commerce », Les enjeux du droit de la concurrence, *Center for competition law*, Bobmunsa, 2010, p. 281.

[35] Cour suprême de Corée, 97Nu19427 du 9 juin 2000.

[36] Ho-Young LEE, « Droit anticoncurrentiel », Hongmoonsa, 5ème éd., 2015, p. 329.Yong-Jung KIM, « Rendre meilleures les prohibitions dans la loi sur le grand distributeur », *Korea law review*, n ° 71, décembre 2013, p. 353.

[37] 1. Imposer d'acheter des produits ou des services, 2. Imposer d'offrir à l'auteur des avantages économiques, tels de l'argent, des produits ou des services, 3. Imposer de réaliser des objectifs de vente, 4. Fixer ou modifier les conditions contractuelles au détriment d'un partenaire commercial : porter atteinte aux intérêts d'un partenaire commercial, 5. L'ingérence dans la gestion des affaires d'un partenaire commercial.

[38] Commission européenne, « Rapport de la Commission au Parlement européen et au Conseil sur les pratiques commerciales déloyales interentreprises dans la chaîne d'approvisionnement alimentaire », le 29 janvier 2016, p. 2.

quatre grands types: 1. « *Une partie ne devrait pas faire supporter indûment ou de manière déloyale ses propres coûts ou ses risques commerciaux par l'autre partie* », 2. « *Une partie ne devrait pas demander à une autre partie des avantages, quelle qu'en soit la nature, sans lui fournir un service en contrepartie* », 3. « *Une partie ne devrait pouvoir modifier unilatéralement ou rétroactivement les clauses d'un contrat que si ce dernier l'autorise expressément dans des conditions équitables* », 4. « *Il ne devrait pas y avoir de cessation abusive d'une relation contractuelle ni de menace de résiliation injustifiée d'une relation contractuelle* »[40][41].

13. Dans notre thèse, nous optons pour les termes « abus de puissance économique dans les relations commerciales déséquilibrées ». En effet, avant tout, il s'agit de mettre au cœur du problème par ces abus le rapport de force déséquilibré entre les parties en position de domination et celles en position de faiblesse. En d'autres termes, il paraît opportun d'envisager conjointement, d'un point de vue systématique et structurel, la manière dont les conditions commerciales disproportionnées sont imposées aux parties faibles et la raison pour laquelle la liberté contractuelle ne fonctionne pas dans ces relations fortement déséquilibrées.

14. En revanche, l'expression « pratiques commerciales déloyales », utilisée en Corée et dans l'UE, n'illustre pas suffisamment le rapport de

---

[39] Selon le Professeur Muriel Chagny, l'impact de la pratique à l'égard de la victime pourrait constituer un deuxième élément de cette définition en vue d'harmoniser la liberté contractuelle et la protection des parties faibles. A ce titre, elle propose un élément supplémentaire inspiré par les pratiques anticoncurrentielles : « *affecte ou est susceptible d'affecter de manière substantielle la situation de l'entreprise* ». Mais, cette proposition ne nécessite pas la référence au marché, et elle tient seulement compte de la situation de la victime. Muriel Chagny, « Quel(s) modèle(s) pour un droit européen des pratiques commerciales déloyales entre professionnels ? », Droit européen des pratiques commerciales déloyales : Evolution et perspectives, sous la direction de Évelyne Terryn et Denis Voinot, Larcier, 2012, p. 155. AFEC, « Réponse à la Consultation du Livre vert sur les pratiques commerciales déloyales dans la chaîne d'approvisionnement alimentaire et non-alimentaire interentreprises en Europe », le 30 avril 2013, p. 10 et 11. http://www.afec.asso.fr/rapports-des-groupes-de-travail/travaux-de-l-annee-2013/article/reponse-a-la-consultation-du-livre.

[40] Commission européenne, « Rapport de la Commission au Parlement européen et au Conseil sur les pratiques commerciales déloyales interentreprises dans la chaîne d'approvisionnement alimentaire », le 29 janvier 2016, p. 5.

[41] Le Livre vert de 2013 a identifié sept types de pratiques commerciales déloyales: « *clauses contractuelles ambiguës* », « *absence de contrats écrits* », « *changements rétroactifs dans le contrat* », « *transfert abusif de risque commercial* », « *utilisation abusive d'informations* », « *cessation abusive d'une relation commerciale* », « *restrictions territoriales de l'offre* ». Commission européenne, « Livre vert sur les pratiques commerciales déloyales dans la chaîne d'approvisionnement alimentaire et non-alimentaire interentreprises en Europe », le 31 janvier 2013, pp. 20 et s. Le groupe de travail de l'AFEC distingue ces sept types des pratiques en trois : « *la phase de négociation (questions de transparence)* », « *le contenu même du contrat (déséquilibre significatif)* », « *exécution (compensation sauvage) ou encore la fin du contrat (rupture brutale)* ». AFEC, « Réponse à la Consultation du Livre vert sur les pratiques commerciales déloyales dans la chaîne d'approvisionnement alimentaire et non-alimentaire interentreprises en Europe », le 30 avril 2013, pp. 16 et s.

force, car cette notion se concentre sur l'analyse du comportement dans la relation bilatérale en matière de bonne conduite commerciale ou de bonne foi. Principalement en France, employer ce terme laisserait à penser à des « actes de concurrence déloyale », qui englobent la confusion, le dénigrement, la désorganisation et le parasitisme[42][43][44][45]. En parallèle, la notion de « pratiques restrictives de concurrence » utilisée en France se montre également très imprécise[46]. En effet, les pratiques anticoncurrentielles se caractérisent fréquemment par « des restrictions à la concurrence », vues sous l'angle de l'analyse économique[47]. Enfin, l'expression « abus de puissance économique dans les relations

---

[42] Louis Vogel, Droit de la concurrence : [droits européen et français], Paris : LawLex ; Bruxelles : Bruylant, 2015, pp. 895 et s.

[43] Il est possible d'utiliser les termes de « les pratiques commerciales trompeuses » pour des pratiques telles que la publicité trompeuse. Didier Ferrier et Nicolas Ferrier, « Droit de la distribution », LexisNexis, 7ème éd., 2014, pp. 225, 244 et s. Nicolas Éréseo, « Fasc. 3480 : Pratiques commerciales trompeuses », Jurisclasseur Communication, le 5 octobre 2009.

[44] En France, les actes de concurrence déloyale peuvent être sanctionnés en vertu des articles 1382 et 1383 du Code civil. Laurence Nicolas-Vullierme, « Fasc. 290 : Pratiques restrictives de l'article L. 442-6 du Code de commerce », JurisClasseur Concurrence – Consommation, le 30 septembre 2012.

[45] L'expression d'« abus de dépendance » par les parties fortes, choisie par certains auteurs, pourrait créer, *a priori*, la confusion avec l'abus de dépendance économique an sens des pratiques anticoncurrentielles (C. Com, art. L. 420-2). Louis Vogel, Droit de la concurrence : [droits européen et français], Paris : LawLex ; Bruxelles : Bruylant, 2015, pp. 1174 et s. Hélène Narayan-Fourment, « L'approche concurrentielle et contractuelle de la détermination du prix : dans les ventes commerciales et les contrats-cadre », Thèse de doctorat, Presses universitaires d'Aix-Marseille, 2003, p. 435.

[46] Hélène Narayan-Fourment observe qu'il existe « *une différence de degré d'atteinte à la concurrence* » entre pratique anticoncurrentielle et pratique restrictive de concurrence : Alors que la pratique anticoncurrentielle s'oppose au jeu de la concurrence, la pratique restrictive de concurrence ne s'oppose pas à la concurrence mais lui fixe des limites. Hélène Narayan-Fourment, « L'approche concurrentielle et contractuelle de la détermination du prix : dans les ventes commerciales et les contrats-cadre », Thèse de doctorat, Presses universitaires d'Aix-Marseille, 2003, pp. 428 et 429. Guillaume Mallen, « L'appréhension des pratiques restrictives par les autorités françaises et européennes de la concurrence : Analyse des pratiques contractuelles abusives entre professionnels à l'épreuve du droit des pratiques anticoncurrentielles », Thèse de doctorat, L'Harmattan, DL 2014, p. 30. Pourtant, *a priori*, il est contestable de sanctionner « *per se* » la pratique restrictive de concurrence, qui ne fixe que certaines limites à la concurrence, et de sanctionner de façon plus stricte la pratique anticoncurrentielle, qui s'oppose à la concurrence, sous condition d'affecter le jeu de la concurrence sur le marché pertinent.

[47] Christopher Bellamy, « *Restriction of competition – a historical perspective* », *The notion of restriction of competition, Revisiting the foundation of antitrust enforcement in Europe*, Bruylant, 2017, pp. 31 et s. Laurence Nicolas-Vullierme, « Fasc. 290 : Pratiques restrictives de l'article L. 442-6 du Code de commerce », JurisClasseur Concurrence – Consommation, le 30 septembre 2012. Selon Laurence Nicolas-Vullierme, il ne s'avère pas aisé de faire la distinction entre les pratiques restrictives et anticoncurrentielles pour des non-spécialistes du droit. De plus, dans quelques droits étrangers, la pratique restrictive de concurrence s'utilise en tant que synonyme de pratique anticoncurrentielle.

commerciales déséquilibrées » permet de mieux rendre compte de la disparité du rapport de force entre les parties[48][49].

B. La définition de l'abus de puissance économique dans les relations commerciales déséquilibrées

15. « L'abus[50] » définit la pratique réalisée souvent unilatéralement par une partie, qui favorise de façon disproportionnée ses propres intérêts économiques au détriment de son partenaire. L'approche de cet abus se fonde sur une interdiction « *per se*[51] » comme il en va des pratiques restrictives de concurrence, autrement dit, la prohibition de cet abus de puissance économique ne suppose pas une atteinte sur le marché ou un impact sensible sur la concurrence, à la différence des pratiques anticoncurrentielles[52][53][54]. En effet, l'objectif étant la protection de la partie faible en interférant dans une relation commerciale individuelle, l'analyse du marché pris dans son ensemble apparaît hors de propos.

---

[48] Si la future directive européenne relative aux transactions entre professionnels adopte officiellement les pratiques commerciales déloyales, il paraît envisageable d'adopter les pratiques commerciales déloyales dans le Code de commerce de France lors de la transition, en modifiant le terme des actes de concurrence déloyale.

[49] Dans notre thèse, nous utilisons l'expression « les pratiques restrictives de concurrence », lorsqu'il est nécessaire de les distinguer d'avec « les pratiques anticoncurrentielles ».

[50] L'abus désigne l' « *usage excessif d'une prérogative juridique ; action consistant pour le titulaire d'un droit, d'un pouvoir, d'une fonction, à sortir, dans l'exercice qu'il en fait, des normes, qui en gouvernent l'usage licite* ». Gérard Cornu, Association Henri Capitant, « Vocabulaire juridique », PUF, Quadrige, 10ème éd., 2014, p. 7.

[51] « *Per se est une locution latine qui signifie en soi* ». Guillaume Mallen, « L'appréhension des pratiques restrictives par les autorités françaises et européennes de la concurrence : Analyse des pratiques contractuelles abusives entre professionnels à l'épreuve du droit des pratiques anticoncurrentielles », Thèse de doctorat, L'Harmattan, DL 2014, p. 27.

[52] Daniel Mainguy et Malo Depincé, « Droit de la concurrence », LexisNexis, 2ème éd., 2015, pp. 187 et 188. Marie Malaurie-Vignal, « Droit de la concurrence interne et européen », Sirey, 6ème éd., 2013, p. 121. Mary-Claude Mitchell et Tiphaine Delannoy, « Abus de puissance contractuelle et pratiques commerciales restrictives », AJCA, 2015, p. 504. Laurence Nicolas-Vullierme, « Fasc. 290 : Pratiques restrictives de l'article L. 442-6 du Code de commerce », JurisClasseur Concurrence – Consommation, le 30 septembre 2012. Jean-Louis Fourgoux, « Fasc. 281 : Transparence et pratiques restrictives de concurrence. – Règles de fond », JurisClasseur Commercial, le 19 janvier 2016, p. 3.

[53] Le droit des pratiques anticoncurrentielles « *vise à préserver le libre jeu de concurrence et comprend exclusivement des dispositions destinées à appréhender les pratiques susceptibles de le fausser* ». Muriel Chagny, « Droit de la concurrence et droit commun des obligations », Thèse de doctorat, Dalloz, 2004, p. 25. Ce droit des pratiques anticoncurrentielles a pour objectif de « *préserver la concurrence sur le marché* » en traitant « *généralement des questions de pouvoir de marché* ».

[54] Contrairement à l'abus de dépendance économique, l'abus de puissance économique n'est pas lié à l'état de dépendance économique entre l'auteur et la victime. Muriel Chagny, « La situation de faiblesse des contractants, objet de compétition entre les droits ? », AJCA, 2015, p. 193. Frédéric Puel et Virginie Rebeyrotte, « Abus de puissance contractuelle et pratique anticoncurrentielle », AJCA, 2015, p. 499.

16. « La puissance économique » d'une partie se situe non seulement à l'origine du rapport de force déséquilibré entre partenaires mais encore à celle du pouvoir d'imposer des conditions inégales à un partenaire plus faible. La puissance économique relève étroitement du pouvoir de négociation[55] et de la puissance d'achat[56] et de vente. Plus concrètement, les facteurs tels que la taille des parties, le chiffre d'affaires ou le volume d'achat et de vente peuvent expliquer la puissance économique. D'autres facteurs variables peuvent également qualifier ou augmenter la puissance économique d'une partie : l'occupation du marché ou des canaux de distribution au préjudice des concurrents, l'absence de cocontractant alternatif, la forte loyauté des clients envers la marque, la détention de droits de propriété intellectuelle, des barrières à l'entrée élevées sur le marché, etc.

17. S'agissant de la notion de « relation commerciale déséquilibrée », elle concerne toutes les relations commerciales entre professionnels sans préjudice de la présence du contrat. L'une des caractéristiques principales des « relations commerciales déséquilibrées » réside dans la distorsion des principes attachés à la liberté contractuelle et notamment à la liberté de négocier le contenu du contrat[57]. Autrement dit, à travers l'imposition de conditions commerciales disproportionnées, la partie en position de force peut fausser la liberté contractuelle et la liberté de négociation[58][59].

---

[55] Bien qu'un déséquilibre relatif au pouvoir de négociation dans les relations commerciales soit « *un phénomène absolument naturel et universel et se justifie par le fonctionnement du marché* », « *tout abus d'une position plus forte sur le marché doit être considéré comme faussant la relation entre les entreprises* » et également « *l'utilisation à mauvais escient de ces variations* » du pouvoir de négociation pourrait constituer des pratiques commerciales déloyales. Commission européenne, communication, « Lutter contre les pratiques commerciales déloyales dans la chaîne d'approvisionnement alimentaire interentreprises », le 15 juillet 2014, p. 2. Parlement européen, « Projet de rapport sur les pratiques commerciales déloyales dans la chaîne d'approvisionnement alimentaire », le 6 juillet 2015, p. 9.

[56] La puissance d'achat se définit par le « *pouvoir que les acheteurs peuvent actionner au détriment des fournisseurs* ». Dans le domaine de la grande distribution, « *la taille des acheteurs est bien plus grande que celle des fournisseurs et leur nombre souvent bien plus réduit. La demande est alors plus concentrée que l'offre, ce qui renverse l'analyse standard des rapports de pouvoir établis sur les marchés* ». Laurent Benzoni et Alexandre Journo, « La puissance d'achat : nouveaux enseignements économiques », AJCA, 2015, p. 508.

[57] Selon le Livre vert, seules les parties se situant dans une position qui permet une véritable négociation des clauses du contrat peuvent profiter de la liberté contractuelle. En revanche, l'une des parties contractantes en position de force peut favoriser exclusivement ses propres intérêts. Commission européenne, « Livre vert sur les pratiques commerciales déloyales dans la chaîne d'approvisionnement alimentaire et non-alimentaire interentreprises en Europe », le 31 janvier 2013, p. 7.

[58] Frédéric Puel et Virginie Rebeyrotte, « Abus de puissance contractuelle et pratique anticoncurrentielle », AJCA, 2015, p. 499.

[59] Ce problème peut être envisagé au regard du contrat d'adhésion. Le partenaire dominant impose à son partenaire faible d'accepter une rédaction anticipée sans objection. « *La négociation contractuelle est alors le fruit d'une démarche unilatérale et non collective* ». Guillaume Mallen, « L'appréhension des pratiques restrictives par les autorités françaises et européennes de la concurrence : Analyse des pratiques contractuelles abusives entre

18. Soulignons en effet que le « *facteur crainte* » est au cœur des problèmes associés aux relations déséquilibrées. La Commission européenne a précisé cette notion en ces termes « *la partie la plus faible craint souvent que la relation commerciale se termine si elle se plaint* »[60][61]. L'AFEC estime que le « facteur crainte » joue un double rôle : d'une part, l'auteur de la pratique peut avoir la jouissance du résultat recherché en raison du « facteur crainte », d'autre part, « *il dissuade l'entreprise victime d'agir à l'encontre de l'auteur de la pratique* »[62].

§ 3. Le cadre juridique

A. Des cadres juridiques divergents

19. Certains pays se montrent assez peu partisans d'une législation spécifique consacrée aux abus de puissance économique : les Pays-Bas, le Portugal, la Slovénie et l'Espagne encouragent les codes de conduite ou envisagent de le faire ; la République tchèque estime que le droit général de la concurrence peut suffire à régler ce problème ; il subsiste une inquiétude au Royaume-Uni quant à l'atteinte portée à la liberté contractuelle des parties, en particulier à défaut de tout manquement aux règles de concurrence. En revanche, d'autre pays, à l'instar de la France, de la Corée, de la Belgique, de l'Italie adoptent des cadres réglementaires spécifiques en la matière dédiés aux abus de puissance économique[63].

---

professionnels à l'épreuve du droit des pratiques anticoncurrentielles », Thèse de doctorat, L'Harmattan, DL 2014, p. 23. Nicolas Kilgus, « L'abus de domination économique et la théorie générale du contrat. Violence économique et vice du consentement: définir, sanctionner ? », Editions universitaires européennes, 2011, p. 13.

[60] Commission européenne, « Livre vert sur les pratiques commerciales déloyales dans la chaîne d'approvisionnement alimentaire et non-alimentaire interentreprises en Europe », le 31. 1. 2013, p. 8. Le Livre vert cite un exemple de la gravité du « facteur crainte » : « *87 % des fournisseurs n'iraient pas au-delà d'une discussion avec leur client. Près de 2/3 (65 %) d'entre eux ne prennent aucune mesure par crainte de représailles et 50 % doutent de l'efficacité du système de recours* ». *Dedicated Research, AIM-CIAASurvey on Unfair Commercial Practices in Europe* (enquête AIMCIAA sur les pratiques commerciales déloyales en Europe), mars 2011.

[61] Selon Christophe Pecnard et Gaëlle Robic, « le facteur crainte » « *met le distributeur à l'abri de toute action judiciaire destinée à combattre les abus* ». Christophe Pecnard et Gaëlle Robic, « Lutte contre les pratiques déloyales dans la chaîne d'approvisionnement alimentaire : les recommandations de la Commission européenne à la lumière de l'expérience française », AJCA, 2014, p. 338.

[62] AFEC, « Réponse à la Consultation du Livre vert sur les pratiques commerciales déloyales dans la chaîne alimentaire et non-alimentaire interentreprises en Europe », le 30 avril 2013, p. 13. L'AFEC considère que cette crainte se manifeste notamment par le déséquilibre des forces causé ou par l'incapacité de l'entreprise victime à trouver une solution alternative.

[63] Commission européenne, « Livre vert sur les pratiques commerciales déloyales dans la chaîne d'approvisionnement alimentaire et non-alimentaire interentreprises en Europe », le 31 janvier 2013, pp. 12 et s.

20. De plus, il existe des divergences dans les cadres juridiques. En premier lieu, le champ d'application de la protection contre les abus peut se trouver restreint dans la chaîne d'approvisionnement ou dans le commerce de détail ou être étendu de manière globale en utilisant des termes généraux (comme le Livre IV le Titre IV du Code de commerce de France). En deuxième lieu, les différentes autorités disposent de la faculté d'ouvrir des enquêtes, lorsqu'il existe suffisamment d'éléments concernant l'abus interdit par la législation. Certaines autorités nationales de la concurrence (comme la *KFTC* en Corée) ont la responsabilité de ces missions, alors que dans d'autres pays ce sont d'autres organes spécialisés, à l'exemple d'un ministère national, d'une agence nationale des produits alimentaires ou d'une agence nationale de lutte contre la fraude (comme la DGCCRF en France) qui sont en charge de ces questions. En troisième lieu, relativement aux mécanismes choisis pour remédier aux abus, il existe tantôt « *le recours juridictionnel* », « *les actions que peuvent mener les autorités de la concurrence en vertu des règles nationales sur les actes unilatéraux (par ex. en Espagne)* », « *le recours administratif (par ex. en France)* » ou « *la médiation (par ex. au Royaume-Uni)* ». En quatrième lieu, la protection des parties les plus faibles contre les abus est prévue soit « *dans le cadre du droit civil, par exemple en adoptant des dispositions spécifiques de droit commercial (comme la France)* » soit dans le cadre du droit administratif[64]. En cinquième lieu, il y a une grande variété de sanctions des abus : elles vont de la sanction civile à l'exemple des dommages-intérêts, de la répétition de l'indu et de l'amende civile, etc., (comme la France) à la sanction administrative telle que l'amende administrative et l'injonction ou encore à la sanction pénale comme l'emprisonnement et l'amende pénale[65].

21. S'agissant du droit coréen de la concurrence, il se compose d'une loi générale sur la concurrence (la LRMCL[66]) ainsi que d'autres lois plus spécifiques destinées à lutter contre le déséquilibre entre certaines parties. En tant que loi générale de la concurrence, la LRMCL contrôle non seulement les pratiques anticoncurrentielles[67][68] mais encore les pratiques restrictives de

[64] Commission européenne, « Rapport de la Commission au Parlement européen et au Conseil sur les pratiques commerciales déloyales interentreprises dans la chaîne d'approvisionnement alimentaire », le 29 janvier 2016, pp. 7 et 13.

[65] A l'échelle européenne, dans la mesure où la diversité au niveau des législations nationales consacrées aux abus de puissance économique est regardée comme une entrave au commerce transfrontière, il semble opportun d'entreprendre une action européenne. AFEC, « Réponse à la Consultation du Livre vert sur les pratiques commerciales déloyales dans la chaîne d'approvisionnement alimentaire et non-alimentaire interentreprises en Europe », le 30 avril 2013, p. 3.

[66] « La loi sur la régulation de monopole et le commerce loyal ». La LRMCL est en vigueur depuis le 1er avril 1981.

[67] Par exemple, l'abus de position dominante sur le marché (articles 3 et s) et le « *cartel* » (articles 19 et s), le contrôle de concentration excessive (articles 7 et s).

concurrence[69]. La LRMCL précise d'autre part les sanctions envisageables lors de la violation, l'organisation de la *KFTC*, les procédures relatives à la décision et les recours, etc.[70][71].

[68] En ce qui concerne le droit *antitrust*, le droit coréen de la concurrence se conforme généralement aux standards globaux. Par exemple, il adopte la notion de position dominante sur le marché en se fondant sur la part de marché, la délimitation du marché pertinent du produit et de celui pertinent géographique, l'analyse économique du marché, le parallélisme conscient, le calcul de l'amende, la zone de sécurité, le programme de clémence, la procédure de transaction, la procédure de l'enquête et de la décision, etc. Dès lors, le droit *antitrust* et le contrôle de concentration en Corée ressemblent globalement à ceux de la France, de l'Europe et des États-Unis. Néanmoins, à la différence des droits européen et français de la concurrence, le droit coréen de la concurrence et les juges coréens n'adoptent ni les restrictions de concurrence présumées ou caractérisées (la notion de restriction par objet pour l'entente) ni la responsabilité particulière pour l'entreprise dominante sur le marché (les standards juridiques, l'approche ordo-libérale pour l'abus de position dominante sur le marché). En d'autres termes, la jurisprudence coréenne, influencée par l'école de Chicago et la jurisprudence américaine, met l'accent sur la démonstration des effets anticoncurrentiels par les faits et l'analyse économique. Par exemple, afin de caractériser l'abus de position dominante sur le marché, la *KFTC* est obligée de prouver concrètement la distorsion de la concurrence sur le marché pertinent, le fait que les effets anticoncurrentiels se trouvent directement liés à la pratique abusive en cause et même l'intention anticoncurrentielle de l'auteur (Cour suprême de Corée, 2002Du8626 du 22 novembre 2007, 2008Du1832 du 13 octobre 2011, 2007Du25183 du 11 décembre 2008 et 2008Du16322 du 10 juin 2011). Bong-Eui LEE, « Un arrêt de *Posco* et l'abus d'exclusion », Journal de concurrence, septembre 2008, pp. 16 et s. Jeong SEO, « Les critères pour qualifier l'abus d'éviction », Les enjeux du droit de la concurrence, *Center for competition law*, Bobmunsa, 2010, pp. 89 et s. Dong-Kweon SHIN, « Les enjeux de la réglementation de l'abus de position dominante sur le marché », Les enjeux du droit de la concurrence, *Center for competition law*, Bobmunsa, 2010, pp. 29 et s. Hwang LEE, « Le contrôle de la pratique unilatérale en droit coréen de la concurrence : le refus de transaction au regard de l'abus de position dominante sur le marché », Sabub, n° 5, septembre 2008, pp. 201 et s. Nicolas Petit, « Droit européen de la concurrence », Montchrestien – Lextenso éditions, 2013, p. 218 et s, 312 et s. Jean-François Bellis, « Droit européen de la concurrence », Bruylant, 2ème éd., 2017, p. 100 et s. Marie Malaurie-Vignal, « Droit de la concurrence interne et européen », Sirey, 6ème éd., 2013, pp. 206, 236 et s. Frédéric Marty, « La sanction des pratiques commerciales déloyales : la préservation de l'ordre concurrentiel au risque de la protection des concurrents ? », Les pratiques commerciales déloyales en droit de l'Union européenne, Revue européenne de droit de la consommation, 2013, pp. 290 et 291. Laurence Idot, « Chronique Droit européen de la concurrence : pratiques anticoncurrentielles - Les suites de l'arrêt dit « des cartes bancaires » : la distinction « restriction de concurrence par objet/restriction par effet » toujours au cœur des débats sur l'article 101 TFUE », RTD eur, 2016, p. 817. Voir infra, pp. 210 et s.

[69] Par exemple, « l'abus de position supérieure dans le commerce » (article 23, ①) est un texte central relatif aux pratiques restrictives de la concurrence en Corée. En effet, d'une part, ce dispositif coréen peut s'appliquer, de manière globale, aux pratiques abusives des parties fortes au détriment de leurs partenaires. D'autre part, ce dispositif est à l'origine de chacune des lois spécifiques contre l'abus de puissance économique.

[70] Par exemple, la sanction administrative (articles 5, 6, 16, 17, 17-3, 18, 21, 22, 24, 24-2, etc.) ou pénale (articles 66 et s) ou civile (article 69-2), l'organisation de la *KFTC* (articles 35 et s), les procédures de décision (articles 42 et s), les voies de recours contre la décision de la *KFTC* (articles 53, 54 et 55), les pouvoirs d'investigation de la *KFTC* (articles 49 et s) et le calcul de l'amende (articles 55-3 et s), etc.

22. Dans le même temps, dans le but de mieux protéger les parties les plus faibles susceptibles de devenir victimes d'abus, le législateur coréen a instauré, selon le secteur en cause, des lois spécifiques qui s'appliquent uniquement à certaines relations particulières (entre un grand distributeur et son fournisseur, entre un donneur d'ordre et son sous-traitant ou entre un franchiseur et son franchisé) sous réserve de remplir des conditions spécifiques concernant la taille ou l'effectif ou le chiffre d'affaire de l'entreprise en cause, etc.[72][73]. Par exemple, l'article 2 de « la loi sur le grand distributeur » définit « le grand distributeur » comme « l'opérateur économique qui s'approvisionne en produits à revendre au consommateur auprès de plusieurs fournisseurs, à condition que son chiffre d'affaires annuel de distribution de détail de l'année civile précédente dépasse 100 milliards de wons (environ 80 000 000 euros[74]) ou que la surface de l'un de ses magasins soit supérieure à 3 000 m² ». Tandis que la LRMCL ne détient aucune obligation liée au formalisme, les lois spécifiques contre l'abus de puissance économique sont dotées de dispositions variées et contraignantes concernant la transparence, telles que le contrat écrit et les délais de paiement.

B. La nécessité d'une législation spécifique contre les abus

23. Au regard du contexte, nous doutons que les abus de puissance économique puissent être réprimés efficacement par le droit des obligations ou le droit *antitrust* ou encore l'autorégulation souhaitée par la Commission européenne. A notre sens, il est nécessaire de disposer d'un cadre national réglementaire spécifiquement dirigé contre les abus à l'exemple du Livre IV, Titre IV du Code de commerce français ou de la LRMCL et des lois spécifiques coréennes[75].

---

[71] Les lois spécifiques coréennes contre l'abus de puissance économique citent certains articles procéduraux de la LRMCL. Par exemple, les textes de la LRMCL concernant l'enquête, la délibération, la décision, les droits de défense, les recours et la juridiction spéciale sont mentionnés dans l'article 38 de « la loi sur le grand distributeur ».

[72] La loi sur la transaction équitable dans les affaires de distribution de grande envergure, la loi sur l'équité des opérations de sous-traitance, la loi sur l'équité dans les opérations de franchisage (ci-après, « la loi sur le grand distributeur », « la loi sur la sous-traitance », « la loi sur le franchisage »). Dans notre thèse, le terme de « grand distributeur » s'utilise pour englober la grande distribution et le grand magasin, car « la loi sur le grand distributeur » vise en Corée non seulement les grandes distributions mais également les grands magasins.

[73] Au cas où les conditions d'application de chaque loi spécifique sont entièrement remplies, la loi spécifique a primauté sur la LRMCL et le droit civil. L'article 4 de « la loi sur le grand distributeur », l'article 28 de « la loi sur la sous-traitance », l'article 38 de « la loi sur le franchisage ».

[74] Dans cette thèse, nous appliquons le taux de change euro / won Corée du Sud : « 1 euro = 1 250 wons ».

[75] Le rapport de Hagelsteen partage notre idée : « *Une suppression pure et simple du titre IV ne paraît pas souhaitable. Il faut toutefois avoir conscience que, dans un contexte structurel*

24. En premier lieu, le droit des obligations ne pourrait résoudre efficacement les abus de puissance économique. En théorie, les victimes des abus peuvent demander des dommages-intérêts devant les cours, toutefois, les actions en justice ne constituent pas, dans la pratique, une modalité efficace pour la répression des abus, notamment en raison du « facteur crainte », qui caractérise les relations entre les enseignes de la grande distribution et les PME fournisseurs, et dissuade les victimes d'abus à agir[76][77]. En effet, on a pu évoquer « *la tendance des fournisseurs à n'agir qu'au moment où ils n'ont plus rien à perdre* »[78]. Autrement dit, le fournisseur introduit l'action une fois rompue la relation commerciale entretenue avec la grande distribution. Cependant, une somme d'argent en dédommagement de l'abus ne pourra jamais compenser correctement la perte du marché ou la faillite. Par ailleurs, dans les procès qui se révèlent onéreux et de longue durée, les requérants (les victimes de l'abus) se voient tenus de présenter des preuves suffisamment probantes[79]. Ces circonstances justifient l'initiative du législateur français qui a instauré une procédure originale permettant au ministre de l'Économie d'agir à la place des victimes[80]. En Corée, compte tenu du « facteur crainte », la *KFTC* a mis en

---

de fort déséquilibre des parties en présence, le droit actuel permet de saisir des pratiques qui ne pourraient l'être efficacement ni par le droit de la concurrence, ni par le droit des obligations ». Rapport de Marie-dominique Hagelsteen, « La négociabilité des tarifs et des conditions générales de vente », Bercy, le 12 février 2008, p. 19.

[76] Commission européenne, communication, « Lutter contre les pratiques commerciales déloyales dans la chaîne d'approvisionnement alimentaire interentreprises », le 15 juillet 2014, p. 8.

[77] « *La partie la plus faible n'intente aucune action de nature juridique et accepte, malgré leur gravité, les pratiques déloyales car elle craint que la partie la plus forte ne mette un terme à la relation commerciale* ». Parlement européen, « Projet de rapport sur les pratiques commerciales déloyales dans la chaîne d'approvisionnement alimentaire », le 6 juillet 2015, p. 9.

[78] Nicolas Éréseo, « Le détournement du droit des pratiques restrictives de concurrence à travers l'exemple de l'article L. 442-6, I, 5° », *Concurrences*, 2010, n° 2, p. 58.

[79] Certains auteurs observent que le droit des obligations peut offrir des solutions adaptées pour lutter contre les abus de puissance économique au motif que la théorie générale des obligations permet un contrôle généralisé. Rose-Monde Zang Ndong, « Le droit des pratiques restrictives de concurrence et la protection de la partie faible dans la relation commerciale », Thèse de doctorat, Université Lille 2, 2014, pp. 298, 299 et 377. Pourtant, nous émettons un autre avis. La disposition du déséquilibre significatif (C. Com., art. L. 442-6, I, 2°) donne aux juges une marge de manœuvre suffisante. L'élargissement de la notion d'obligations pour répondre aux abus de puissance économique pourrait compromettre la sécurité juridique, car le droit des obligations s'applique à tous les domaines privés au-delà de la grande distribution.

[80] Christophe Pecnard et Gaëlle Robic, « Lutte contre les pratiques déloyales dans la chaîne d'approvisionnement alimentaire : les recommandations de la Commission européenne à la lumière de l'expérience française », AJCA, 2014, p. 338. Martine Béhar-Touchais et Rafael Amaro, « À propos du Livre vert sur les pratiques commerciales déloyales dans la chaîne d'approvisionnement alimentaire et non alimentaire interentreprises en Europe (Réponse du réseau Trans Europe Experts) », Revue Lamy de la Concurrence, n° 36, 2013. Selon Martine

place depuis 2015 un centre de dénonciation anonyme dédié aux abus de puissance économique dans les secteurs de la sous-traitance et de la grande distribution[81].

25. En deuxième lieu, l'abus de puissance économique n'est que partiellement couvert par le droit des pratiques anticoncurrentielles[82], puisque ce droit « *n'est pas en soi concerné par la loyauté dans les relations commerciales individuelles, à moins que celles-ci entraînent un dysfonctionnement du marché en raison de l'existence d'un pouvoir de marché* »[83][84]. Aussi, les effets anticoncurrentiels sur le marché pertinent, dont la preuve se voit fréquemment exigée de l'autorité en vue de la sanction des pratiques anticoncurrentielles, n'apparaissent pas, dans la pratique, de façon manifeste lors d'abus de puissance économique entre partenaires[85][86]. Par ailleurs, à la différence de secteurs plus classiques comme le secteur industriel, il n'est peut-être pas opportun d'essayer de limiter les abus de la grande distribution par le biais de l'augmentation de la concurrence. En

---

Béhar-Touchais et Rafael Amaro, la confirmation du « facteur crainte » par le Livre vert est convaincante « *pour la réalité économique de la France* ».

[81] KFTC, « Livre blanc sur le commerce loyal 2015 », 2015, pp. 467, 468 et 469. Les sous-traitants et les fournisseurs ont fortement sollicité la *KFTC* de garantir la discrétion au sujet du dépôt de la plainte. En 2015, les plaintes (313) anonymes sont inscrites auprès de ce centre.

[82] Parlement européen, « Projet de rapport sur les pratiques commerciales déloyales dans la chaîne d'approvisionnement alimentaire », le 6 juillet 2015, p. 5.

[83] Commission européenne, « Livre vert sur les pratiques commerciales déloyales dans la chaîne d'approvisionnement alimentaire et non-alimentaire interentreprises en Europe », le 31 janvier 2013, p. 15.

[84] « *Le droit des pratiques anticoncurrentielles, n'a pas, en principe, vocation à interférer dans les négociations commerciales entre les entreprises* ». L'autorité nationale ou communautaire ne peut sanctionner des « *situations dont le déséquilibre et le préjudice sont tout d'abord internes au contrat* ». Frédéric Puel et Virginie Rebeyrotte, « Abus de puissance contractuelle et pratique anticoncurrentielle », AJCA, 2015, p. 499.

[85] « *Il ne nous est pas possible de quantifier les incidences négatives pouvant exister* ». « *En ce qui concerne les incidences potentielles sur les consommateurs, il n'existe pas d'éléments indiquant des répercussions négatives sur les prix à la consommation* ». Commission européenne, communication, « Lutter contre les pratiques commerciales déloyales dans la chaîne d'approvisionnement alimentaire interentreprises », le 15 juillet 2014. p. 14. AFEC, « Réponse à la Consultation du Livre vert sur les pratiques commerciales déloyales dans la chaîne d'approvisionnement alimentaire et non-alimentaire interentreprises en Europe », le 30 avril 2013, p. 4.

[86] Paradoxalement, dans la perspective pure du jeu de concurrence sur le marché, nous ne pouvons pas exclure la possibilité que l'abus de la grande distribution au détriment d'un fournisseur augmente la concurrence sur le marché de fabrication et le bien-être du consommateur. Par exemple, si une grande distribution exerce une pression excessive sur les fournisseurs en matière de prix bas et de qualités élevées des approvisionnements, et si elle rompt ses relations commerciales avec un fournisseur en cas de non-respect, cette non-stabilité des relations commerciales avec la grande distribution pourrait provoquer un renforcement de la concurrence entre les fournisseurs. Certes, ces pratiques déloyales pourront devenir, en théorie, à long terme, nuisibles pour l'ensemble de l'économie, mais ces effets néfastes sur les marchés, au moins à court et moyen termes, ne sont pas avérés, notamment pour les produits aisément remplaçables à l'instar des produits alimentaires.

effet, dans la perspective de protéger les petits commerçants, il ne paraît pas souhaitable de permettre aux entreprises d'entrer facilement sur les marchés de la grande distribution. Paradoxalement, le législateur doit maintenir une barrière à l'entrée sur le marché de la grande distribution afin de limiter les installations excessives des magasins de grande distribution.

26. Plus concrètement, face aux abus de puissance économique, l'application de l'abus de position dominante sur le marché[87] se révèle inopportune, puisque « *la majorité des acteurs se trouvent en position forte mais non dominante*[88] »[89][90][91]. Quant à la résolution des abus de puissance économique dans le cadre de l'entente[92], elle peut engendrer des difficultés relatives aux « concours de volontés », condition essentielle pour l'entente en France, en Corée et dans l'UE. Autrement dit, les abus de puissance économique se produisent souvent au travers d'une demande unilatérale des parties fortes et d'un consentement vicié des parties faibles sous la contrainte économique[93]. Il convient de faire la distinction entre les participants à une entente, soit spontanés soit forcés et les victimes des abus de puissance économique. Enfin, l'abus de dépendance économique s'applique rarement

---

[87] L'article L. 420-2, alinéa 1er du Code français de commerce. L'article 3-2 de la LRMCL. L'article 102 du TFUE.

[88] Commission européenne, « Rapport de la Commission au Parlement européen et au Conseil sur les pratiques commerciales déloyales interentreprises dans la chaîne d'approvisionnement alimentaire », le 29 janvier 2016, p. 3.

[89] La part de marché représente un indice et un facteur importants pour qualifier une position dominante sur le marché. De faibles parts de marché (par exemple, 10 %) donnent lieu à « *une quasi-présomption d'absence de position dominante* ». En outre, d'après la Commission européenne, de manière empirique, il apparaît « *peu probable* » que l'entreprise détenant moins de 40 % du marché en cause ait la position dominante. Nicolas Petit, « Droit européen de la concurrence », Montchrestien – Lextenso éditions, 2013, pp. 288 et 289.

[90] Les centrales d'achat des grandes distributions en France ne détiennent pas la position dominante sur le marché en termes de poids sur le marché. André Decocq et Georges Decocq, « Droit de la concurrence : Droit interne et droit de l'Union européenne », LGDJ, 7ème éd., 2016, p. 155. En outre, la Commission européenne n'a pas retenu la position dominante collective par les grands distributeurs. Didier Ferrier et Nicolas Ferrier, « Droit de la distribution », LexisNexis, 7ème éd., 2014, p. 180. Commission européenne, décision n° COMP/M.1684-Carrefour/Promodes du 25 janvier 2000.

[91] Alors que l'abus de position dominante sur le marché s'est développé dans le cadre de l'abus d'éviction, les abus de puissance économique s'apparentent davantage à un abus d'exploitation. Guillaume Mallen, « L'appréhension des pratiques restrictives par les autorités françaises et européennes de la concurrence : Analyse des pratiques contractuelles abusives entre professionnels à l'épreuve du droit des pratiques anticoncurrentielles », Thèse de doctorat, L'Harmattan, DL 2014, p. 269.

[92] L'article L. 420-1 du Code français de commerce. Les articles 19 et 23 de la LRMCL. L'article 101 du TFUE.

[93] Guillaume Mallen, « L'appréhension des pratiques restrictives par les autorités françaises et européennes de la concurrence : Analyse des pratiques contractuelles abusives entre professionnels à l'épreuve du droit des pratiques anticoncurrentielles », Thèse de doctorat, L'Harmattan, DL 2014, pp. 631 et 639. « *Dès lors qu'il est démontré que l'opérateur n'a pas adhéré librement à la pratique restrictive, la qualification d'entente doit être exclue* ».

en France, en raison de l'interprétation rigoureuse, par les juges et par l'ADLC, des conditions d'application telles que l'état de dépendance économique, l'absence de solution équivalente ou l'affectation sur le marché (C. Com., art. L. 420-2, alinéa 2ème)[94][95].

27. En troisième lieu, l'autorégulation, souhaitée par la Commission européenne[96], ne peut servir couramment de principal moyen pour protéger efficacement les parties les plus faibles à défaut d'un cadre réglementaire spécifique. Certes, le renforcement de l'autorégulation permet de restreindre la survenue des abus de puissance économique[97][98][99], mais son efficacité

---

[94] Aut. conc., avis n° 15-A-06 du 31 mars 2015. Aut. conc., rapport annuel 2010, étude thématique « Concurrence et distribution », p. 111. AFEC, « Réponse à la Consultation du Livre vert sur les pratiques commerciales déloyales dans la chaîne d'approvisionnement alimentaire et non-alimentaire interentreprises en Europe », le 30 avril 2013, p. 24. Christophe Pecnard et Gaëlle Robic, « L'Autorité de la concurrence veut s'inviter dans les négociations commerciales », AJCA, 2015, pp. 269 et s.

[95] Selon certains auteurs, il faut interpréter plus souplement des éléments de l'abus de dépendance économique pour la protection du partenaire contractuel. Guillaume Mallen, « L'appréhension des pratiques restrictives par les autorités françaises et européennes de la concurrence : Analyse des pratiques contractuelles abusives entre professionnels à l'épreuve du droit des pratiques anticoncurrentielles », Thèse de doctorat, L'Harmattan, DL 2014, p. 360 et s.719. Martine Béhar-Touchais, « De Lefebvre à Macron : la valse des contrats d'affiliation devant l'Assemblée nationale et le Sénat », Revue des contrats, n° 3, septembre 2015, pp. 532 et 533. Pour autant, nous émettons une autre idée. L'élargissement de l'abus de dépendance économique risque de troubler la frontière entre les pratiques anticoncurrentielles et les pratiques restrictives de concurrence. Aussi, cet élargissement pourrait provoquer une restriction de l'abus de position dominante sur le marché.

[96] La Commission souhaite que « *en présence d'un facteur de dissuasion crédible, les initiatives volontaires telles que la Supply Chain Initiative pourraient être le principal moyen de résoudre les conflits entre les partenaires commerciaux* ». Commission européenne, communication, « Lutter contre les pratiques commerciales déloyales dans la chaîne d'approvisionnement alimentaire interentreprises », le 15 juillet 2014, p. 15.

[97] En Europe, la « *Supply Chain Initiative* » a été lancée en septembre 2013 afin de résoudre les différends individuels à travers non seulement les mécanismes de résolution des litiges mais aussi la médiation et l'arbitrage, et afin de prévenir les abus par le biais de la formation du personnel. Un cadre volontaire se fondant sur les principes de bonne pratique présente des avantages : « *La SCI encourage des changements culturels concernant les PCD* », « *Les modes de résolution des litiges promus par la SCI offrent généralement une solution plus rapide et moins coûteuse qu'une action en justice* ». Commission européenne, communication, « Lutter contre les pratiques commerciales déloyales dans la chaîne d'approvisionnement alimentaire interentreprises », le 15 juillet 2014, pp. 9 et 10. Commission européenne, « Rapport de la Commission au Parlement européen et au Conseil sur les pratiques commerciales déloyales interentreprises dans la chaîne d'approvisionnement alimentaire », le 29 janvier 2016, p. 11. M. Jérôme Foucault abonde dans ce sens et soutient la création d'un cadre volontaire : « *Il est nécessaire non seulement de respecter la loi et de renforcer les contrôles, mais également de changer de mentalité et de passer d'une logique de confrontation à une logique de co-construction* ». Jérôme Foucault, « La loi Hamon, un instrument imparfait de rééquilibrage des relations entre fournisseurs et distributeurs », AJCA, 2014, p.192.

« *par incitation et non par contrainte* » nous semble très limitée[100]. En effet, eu égard au « facteur crainte », la Commission, qui « *propose une combinaison d'initiatives volontaires et de mesures réglementaires* », admet elle-même, dans sa communication et son rapport, les insuffisances de l'autorégulation relativement à la réalisation des enquêtes ou des sanctions en cas de non-respect des principes de bonne pratique et notamment aux garanties de confidentialité des plaintes, etc.[101]. Dans ce contexte, nous pouvons sérieusement craindre que l'autorégulation ne réponde pas de manière significative aux abus de puissance économique particulièrement aggravés en France et en Corée, quoique certains pays comme la Belgique aient fait la démonstration empirique de l'efficacité de l'initiative volontaire, ce qui laisserait à penser qu'un système réglementaire ne s'avère pas nécessaire[102][103]. Quant à la législation européenne, il est déplorable que la

---

[98]En France, la Commission d'examen des pratiques commerciales (ci-après CEPC) est « *une instance consultative, qui veille à l'équilibre des relations entre producteurs, fournisseurs et revendeurs au regard de la législation en vigueur* ». http://www.economie.gouv.fr/cepc/Presentation-de-la-Commission. Selon l'article L. 440-1 du Code de commerce, « *la commission peut également décider d'adopter une recommandation sur les questions dont elle est saisie et sur toutes celles entrant dans ses compétences, notamment celles portant sur le développement des bonnes pratiques* ».

[99] En Corée, la *KFTC a* adopté, depuis 2001, un programme de conformité (*Compliance Program*) pour encourager les réglementations volontaires des entreprises. La *KFTC* octroie aux entreprises, qui respectent correctement ce programme, des avantages tels que l'exemption d'une enquête sectorielle ou la réduction d'une future sanction administrative par la *KFTC*. En 2015, 636 entreprises coréennes ont adhéré à ce programme. KFTC, « Livre blanc sur le commerce loyal 2016 », 2016, pp. 269 et s. http://www.kofair.or.kr/hp/kof/role.do. D'autre part, la *KFTC* encourage l'accord volontaire entre les grands distributeurs et les fournisseurs en vue de travailler et vivre ensemble de manière durable et loyale ainsi que de faire baisser le nombre des abus des grands distributeurs (article 19 de la loi sur le grand distributeur). Hyeon-Yun SIN, « Droit économique », Bobmunsa, 6ème éd., 2014, p. 548. Keum-Seok OH, Seong-Un YUN, Hyun-Kyu LEE, « La loi sur le grand distributeur : la théorie et la pratique », Bakyoungsa, 2012, pp. 386 et s. Su-Young PARK, « L'interprétation de la loi sur le grand distributeur », Fides, 2013, p. 66.

[100] Muriel Chagny, « Vers un droit européen des pratiques commerciales déloyales entre professionnels : la méthode des « petits pas »», RTD com, 2014, pp. 571 et s. Ce cadre volontaire, la « *Supply Chain Initiative* », « *n'est contraignant que pour celles des entreprises qui ont accepté d'y prendre part en adhérant* ».

[101] Commission européenne, communication, « Lutter contre les pratiques commerciales déloyales dans la chaîne d'approvisionnement alimentaire interentreprises », le 15 juillet 2014, p. 10. Commission européenne, « Rapport de la Commission au Parlement européen et au Conseil sur les pratiques commerciales déloyales interentreprises dans la chaîne d'approvisionnement alimentaire », le 29 janvier 2016, pp. 10 et s.

[102] Commission européenne, « Rapport de la Commission au Parlement européen et au Conseil sur les pratiques commerciales déloyales interentreprises dans la chaîne d'approvisionnement alimentaire », le 29 janvier 2016, p. 13.

[103] Le Parlement européen émet également des doutes quant à l'efficacité de l'autorégulation. « *Les méthodes consistant à inciter les entreprises à renoncer à l'usage de pratiques déloyales tendent à réduire l'ampleur de ce problème mais ne permettent pas de le*

Commission européenne hésite à créer une directive européenne spécifiquement dédiée aux abus de puissance économique et qu'elle mette tous ses espoirs peu réalisables dans l'autorégulation pour résoudre les abus [104]. Il paraît opportun de créer sans retard une réglementation harmonisée au niveau de l'UE consacrée aux abus de puissance économique[105].

§ 4. La méthodologie de la recherche

A. L'objet de cette étude comparative : les dispositifs essentiels français et coréens

28. Il semble inapproprié de comparer toutes les règles concernées, certaines étant peu appliquées en France comme en Corée[106]. Aussi, notre étude se focalisera-t-elle principalement sur les dispositions françaises et coréennes qui sont fréquemment utilisées telles que celles concernant les conditions générales de vente (les CGV), la convention unique (le contrat

---

résoudre ». Parlement européen, « Projet de rapport sur les pratiques commerciales déloyales dans la chaîne d'approvisionnement alimentaire », le 6 juillet 2015, p. 10.

[104] Cet attitude passive paraît compréhensible eu égard à la grande diversité des cadres juridiques adoptés par les États membres. Or, après 5 ans ou 10 ans, il semble peu probable que les abus de puissance économique, notamment par les grandes distributions, soient efficacement résolus dans le cadre de l'autorégulation dans tous les États membres de l'UE (en réalité, tout au plus la moitié). Faudra-t--il dès lors attendre encore 5 ans pour d'autres pays? Le problème réside dans la fragmentation encore plus importante des cadres juridiques de réglementation des États membres contre ces abus durant cette période d'attente. Puisque, selon la Commission elle-même, « *les vingt États membres disposant déjà d'une législation, quinze l'ont mise en place au cours des cinq dernières années* » et « *quelques autres pourraient envisager la voie législative dans un avenir proche, tandis que d'autres ont renforcé leurs cadres plus anciens au cours des cinq dernières années* ». Commission européenne, « Rapport de la Commission au Parlement européen et au Conseil sur les pratiques commerciales déloyales interentreprises dans la chaîne d'approvisionnement alimentaire », le 29 janvier 2016, pp. 3 et s. *A posteriori*, il sera coûteux et pénible de modifier ultérieurement les institutions ou les systèmes nationaux déjà créés au titre de l'intégration à l'UE.

[105] S'agissant du type d'instrument et d'harmonisation de la législation européenne future, nous partageons l'observation de l'AFEC. Il paraît adéquat d'adopter un texte contraignant sous la forme d'une directive qui impose une harmonisation minimale reposant sur un haut niveau de protection. AFEC, « Réponse à la Consultation du Livre vert sur les pratiques commerciales déloyales dans la chaîne d'approvisionnement alimentaire et non-alimentaire interentreprises en Europe », le 30 avril 2013, pp. 3 et s. *A priori*, bien que l'harmonisation à minima assure moins d'uniformité dans les législations nationales, elle peut offrir aux États membres des références en matière de législation.

[106] En Corée, il existe de nombreux textes spécifiques dans des lois spécifiques, destinés à lutter contre les abus par les grandes distributions, les donneurs d'ordre et les franchiseurs.

écrit), les délais de paiement, le déséquilibre significatif et la rupture brutale, etc.[107].

29. Parmi les différentes relations commerciales déséquilibrées susceptibles d'être constatées sur les marchés, l'étude comparative que nous entreprenons se concentrera sur celle qui concerne la grande distribution et ses fournisseurs. En effet, la cible prioritaire des textes du Livre le Titre IV du Code de commerce porte sur l'abus de la grande distribution vis-à-vis des fournisseurs. Cependant, nous mentionnerons en temps utiles certaines règles coréennes spécifiques qui sont relatives à la sous-traitance[108].

30. Le prix imposé, la revente à perte et la facture restent en dehors de l'objectif principal de notre thèse, le « rééquilibrage des relations commerciales déséquilibrées », bien que ces dispositions se trouvent dans le Livre IV du Titre IV du Code de commerce. En effet, la revente à perte concerne les opérateurs économiques qui interviennent à un « *stade identique du processus économique* » et n'entretiennent pas de « *relations contractuelles entre eux* »[109]. De fait, les prohibitions de la revente à perte et du prix imposé s'apparentent au problème de l'inflation[110]. Notamment, en Corée, ni la LRMCL ni « la loi sur le grand distributeur » n'interdisent la revente à perte elle-même et n'obligent l'entreprise à une facturation[111]. En Corée, le prix imposé se voit davantage examiné au regard des pratiques anticoncurrentielles[112].

---

[107] En France, après la loi Hamon, le droit des pratiques restrictives de concurrence comprend 11 interdictions d'abus « *per se* » (C. Com., art. L. 442-6, I) et 5 clauses noires ((C. Com., art. L. 442-6, II). Or, l'efficacité de ces dispositions est dans la pratique fortement différente. D'autres textes que le déséquilibre significatif (2°) et que la rupture brutale (5°) dans l'article L. 442-6 s'appliquent rarement. Louis Vogel, Droit de la concurrence : [droits européen et français], Paris : LawLex ; Bruxelles : Bruylant, 2015, p. 1177. AFEC, « Réponse à la Consultation du Livre vert sur les pratiques commerciales déloyales dans la chaîne d'approvisionnement alimentaire et non-alimentaire interentreprises en Europe », le 30 avril 2013, p. 25.

[108] Par exemple, le problème du respect du délai de paiement s'est initialement développé en Corée avec les relations entre donneurs d'ordre et sous-traitants.

[109] Muriel Chagny, « Droit de la concurrence et droit commun des obligations », Thèse de doctorat, Dalloz, 2004, p. 772.

[110] Hélène Narayan-Fourment, « L'approche concurrentielle et contractuelle de la détermination du prix : dans les ventes commerciales et les contrats-cadre », Thèse de doctorat, Presses universitaires d'Aix-Marseille, 2003, p. 436.

[111] En Corée, la facture fait prioritairement partie du secteur de l'impôt pour prévenir la fraude fiscale.

[112] Selon la Cour suprême de Corée qui est influencée par l'arrêt américain connu sous le nom de « *Leegin Creative Leather Products v. PSKS, Inc.* 551 U.S 877 (2007) », pour qualifier l'imposition du prix minimal de revente, il faut que la *KFTC* prouve la distorsion de la concurrence sur le marché pertinent. Même au cas où l'imposition du prix minimal risque de fausser la concurrence intra-marque, elle peut être légale à condition qu'elle encourage la concurrence inter-marque sur le marché et l'augmentation du bien-être du consommateur. Cour suprême de Corée, 2010Du28120 du 13 mai 2011, 2009Du9643 du 25 novembre 2010, 2010Du13753 du 14 juillet 2011, etc. Myung-Su HONG, « La signification de l'arrêt *Leegin* »,

31. Dans le corps de notre thèse, le droit européen de la concurrence lui-même se trouve hors du domaine principal de l'étude, puisque, commentés ci-dessus, les travaux de la législation européenne contre les pratiques commerciales déloyales se trouvent maintenant suspendus dans l'attente du développement de l'autorégulation. Aussi nous contenterons-nous de présenter dans cette introduction l'évolution des discutions relatives à la législation au niveau européen dans le cadre du Livre vert, de la communication et du rapport européen.

B. Les finalités de l'étude comparative

32. Réglementer sur la question des abus de puissance économique est une mission beaucoup plus complexe qu'il n'y paraît, même en faisant le choix d'un système reposant sur des interdictions « *per se* ». Le Titre IV du Livre IV du Code français de commerce et les lois coréennes spécifiques s'attirent des reproches sévères : En France, on relève, ici ou là, « *un dirigisme* [113] », « *un mille-feuille législatif, qui fera le bonheur des avocat* [114] », « *une forme de police des relations commerciales* [115] », « *l'interventionnisme de l'État dans la vie économique*[116] », et « *l'histoire sans fin des loi éphémères*[117] » ; en Corée, on évoque « *le contrôle exorbitant à l'encontre des grands distributeurs*[118] » et « *l'obstacle à la croissance économique, les dégâts substantiels vis-à-vis des petits fournisseurs et le populisme* [119] ». En réalité, les textes contre les abus de la puissance économique pèchent parfois par inefficacité (ils peuvent même rester lettre morte), par rajout ou par contradiction avec d'autres réglementations. Ces imperfections de la législation amènent à concevoir de constantes nouvelles

---

La délibération du droit de la concurrence III, Kyungin Publishing, 2013, pp. 399 et s. Ho-Young LEE, « Droit anticoncurrentiel », Hongmoonsa, 5ème éd., 2015, pp. 456, 459 et s.

[113] Claude Lucas De Leyssac et Muriel Chagny, « Le droit des contrats, instrument d'une forme nouvelle de régulation économique ? », Revue des contrats, n ° 3, juillet 2009, pp. 1268 et s.

[114] Marie Malaurie-Vignal, « Droit de la distribution » : Sirey, 3ème éd., 2015, p. 127.

[115] Daniel Mainguy et Malo Depincé, « Droit de la concurrence », LexisNexis, 2ème éd., 2015, pp. 164 et 188. Dans le sens pareil, Gilbert Parleani s'inquiète de la possibilité d'« *une véritable police administrative de la forme et du contenu des contrats, et même des prix* ». Gilbert Parleani, « Loi Macron : toujours plus en « pratiques restrictives » », AJCA, 2015, pp. 407 et s.

[116] Marie Malaurie-Vignal, « Bilan et avenir du droit de la distribution et de la concurrence », Contrats Concurrence Consommation, n° 2, février 2015, repère 2.

[117] Guy Cavinet, « L'histoire sans fin des lois éphémères ou de la régulation des relations entre la production et la grande distribution », Études sur le droit de la concurrence et quelque thèmes fondamentaux, Mélanges en l'honneur d'Yves Serra, Dalloz, 2006, pp. 69 et s.

[118] Keum-Seok OH, Seong-Un YUN, Hyun-Kyu LEE, « La loi sur le grand distributeur : la théorie et la pratique », Bakyoungsa, 2012, p. 19.

[119] Jeong SEO, « Le champ d'application de la loi sur le grand distributeur : la position supérieure dans la relation commerciale », Journal de droit de la concurrence et de politique, n° 4, 2015, pp. 52 et s.

réformes mais les parties les plus puissantes possèdent un fort pouvoir d'adaptation et ont souvent la possibilité de repérer des failles afin de contourner les règles[120][121].

33. A ce titre, le premier objectif de notre étude comparative consiste à rendre le droit des pratiques restrictives de concurrence plus efficace en réduisant ses effets secondaires sur le marché et sur d'autres dispositifs tels que le droit *antitrust*. Ainsi, nous n'entendons pas cantonner notre étude à une réflexion de droit positif[122]. Afin d'améliorer les règles adoptées contre les abus, nous comparerons les règles françaises et coréennes au regard du champ d'application [123], des conditions d'application, des sanctions éventuelles encourues par l'auteur de la violation, des administrations compétentes et des démarches nécessaires à effectuer, etc.

34. Par ailleurs, il convient de veiller à ce que l'extension ou la restriction du domaine d'un instrument juridique puisse influencer le destin d'autres instruments susceptibles d'être concernés. Le Professeur Muriel Chagny évoque ce problème en utilisant l'expression « *de compétition entre les droits* » au motif que *« la compétition n'a pas seulement lieu entre les*

---

[120] « *Les abus restrictifs de concurrence ont fait l'objet de nombreuses dispositions légales souvent redondantes, dans un souci de pédagogie semble-t-il, impuissante toutefois à saisir tous les comportements condamnables du fait notamment des capacités d'adaptation* ». Didier Ferrier et Nicolas Ferrier, « Droit de la distribution », LexisNexis, 7ème éd., 2014, p.166.

[121] Les tentatives de régulation des prix ou des marges des grands distributeurs ont été quelquefois vouées à l'échec sur le long terme en métropole. Par exemple, la loi Galland, destinée à contrôler le prix de revente en imposant que son seuil de revente à perte dépende du montant d'achat facturé sans considération de la marge arrière, a causé le manque de transparence de la négociation et enfin l'augmentation du prix. Daniel Mainguy et Malo Depincé, « Droit de la concurrence », LexisNexis, 2ème éd., 2015, p. 167. A cet égard, l'ancien président de l'ADLC, M. Bruno Lasserre « *émet des doutes sur l'efficacité à long terme du bouclier qualité-prix* » en disant que : « *Nous ne sommes pas les gardiens des prix et des marges, et ne disposons pas du pouvoir d'en fixer le juste niveau. Nous ne sommes pas une autorité de contrôle des prix (...)* ». Florent Venayre, « Audition du président de l'Autorité de la concurrence : confirmation du dynamisme de l'action outre-mer et premiers effets de la loi REOM », Revue Lamy de la Concurrence, n° 39, 2014, pp. 137 et s. Aussi, *« la vocation régulatrice de l'Autorité n'était pas d'intervenir dans* les *mécanismes de formation du prix mais dans l'établissement du régime de concurrence ».* Michaël Cousin, « La loi Macron, une certaine idée des missions de l'Autorité », *Concurrences*, n° 4, 2015, p. 26.

[122] Par exemple, l'injonction structurelle visant le marché de distribution très concentré mérite d'être encore prise en considération malgré l'avortement du projet de loi Macron.

[123] En France, le champ d'application du formalisme et des pratiques restrictives dans le Livre IV, Titre IV du Code de commerce est général, bien que cette réglementation vise principalement les relations entre les grandes distributions et les fournisseurs. Daniel Mainguy et Malo Depincé, « Droit de la concurrence », LexisNexis, 2ème éd., 2015, p. 159. Joseph Vogel, « Loi Hamon : Guide de la négociation commerciale dans le commerce de gros », éditions CGI, 2014, p. 14. En revanche, en Corée, le champ d'application du formalisme ou des pratiques restrictives de concurrence dans le cadre de la loi spécifique se montre très limité (articles 1 et 2 de la loi sur la sous-traitance et articles 1 et 2 de la loi sur le grand distributeur).

entreprises »[124]. Dès lors, la règle luttant contre les abus de puissance économique doit être examinée non seulement dans le cadre du contenu même du texte mais aussi d'un point de vue plus global en corrélation avec d'autres textes sur les pratiques restrictives de concurrence ou les pratiques anticoncurrentielles. Il faut un rééquilibrage subtil entre les dispositifs concernés en matière de champ d'application, de contenu, d'effet et notamment de degré de difficulté pour réunir les preuves requises, etc.

35. De surcroît, la présentation du droit coréen de la concurrence et de la *KFTC* représente un objectif important de notre étude[125]. En Corée, la *KFTC* a compétence pour la prévention et la sanction des abus de puissance économique[126]. Similairement aux affaires concernant les pratiques anticoncurrentielles, la *KFTC*, en tant qu'organe quasi juridictionnel, peut constater l'abus de puissance économique et infliger elle-même l'injonction ou l'amende administrative à l'encontre de l'auteur, à l'issue de son enquête et de sa décision[127][128][129]. En Corée, la sanction administrative infligée par la

---

[124] S'agissant de l'influence interactive entre les dispositifs en cause, elle cite un exemple de l'évolution des contenus des textes français relatifs à l'abus de dépendance économique et au déséquilibre significatif à travers l'ordonnance du 1er décembre 1986, la loi NRE, la LME et le projet de loi Macron (C. Com., art. L. 420-2, alinéa 2 et L. 442-6, I, 2°). Cette évolution est liée à la difficulté pour remplir les conditions d'application de l'abus de dépendance économique. Muriel Chagny, « La situation de faiblesse des contractants, objet de compétition entre les droits ? », AJCA, 2015, p. 193.

[125] Notre thèse est la première thèse française sur le droit coréen de la concurrence. En France, peu d'études ont été menées sur ce droit coréen et la *KFTC*.

[126] La *KFTC* veille même à la protection du consommateur. A cet égard, la *KFTC* régit également « la loi sur les clauses abusives entre professionnel et consommateur », « la loi sur la loyauté en matière d'étiquetage et de publicité », « la loi sur le commerce électronique », « la loi sur les transactions prévoyant des versements échelonnés » et « la loi sur le démarchage à domicile », etc. OCDE, « Corée : Mise à jour du Rapport sur la loi et les institutions en matière de concurrence », Revue de l'OCDE sur le droit et la politique de la concurrence vol. 9, n° 3, 2007, pp. 123 et s. Ainsi, par rapport à l'ADLC et la DGCCRF qui, en France, se répartissent les compétences relatives aux pratiques anticoncurrentielles, aux pratiques restrictives de concurrence et à la protection du consommateur, les compétences de la *KFTC* sont très étendues.

[127] La *KFTC* exerce, de manière indépendante, ses fonctions sous la forme d'une administration collégiale. La *KFTC* comprend une commission collégiale de neuf membres nommés pour trois ans, renouvelable une fois, par le président de la République de Corée. Le président et le vice-président et trois commissaires permanents de la *KFTC* exercent leurs fonctions à temps plein. Et les quatre commissaires non permanents de la *KFTC*, qui exercent à temps partiel, sont des personnalités nommées pour leurs expériences et connaissances professionnelles relatives à la concurrence, au monopole, et à la consommation (articles 37, ① et 39 de la LRMCL). La *KFTC* peut décider en formation plénière composée de neuf membres ou en petite section composée d'un commissaire permanent et de deux commissaires non permanents (article 37-2 de la LRMCL).

[128] La *KFTC* assure les droits de la défense des entreprises dans la procédure de délibération, respectant « une procédure contradictoire ». La commission de *KFTC* garantit à l'entreprise l'opportunité de contester tous les faits, tous les arguments et toutes les pièces à conviction. En outre, un journaliste, un concurrent et même un citoyen peuvent assister aux séances de la *KFTC* à moins que la *KFTC* ne juge de la nécessité de protection d'un savoir-faire

KFTC constitue le principal outil pour sanctionner les abus de puissance économique ; les sanctions civiles[130] ou pénales[131] prononcées par les juges venant la compléter selon les cas.

36. Ensuite, il convient de se pencher sur l'histoire moderne de la Corée marquée par une croissance économique très rapide et une concentration de puissance économique élevée autour des conglomérats ou des grands groupes, dénommés « *chaebols*[132]»[133]. Dès les années soixante, la Corée a connu un prodigieux essor économique grâce à des politiques de développement économique très efficaces mises en place par le gouvernement coréen. En raison du manque de ressources et de budget, le gouvernement a adopté la stratégie « Choix et Concentration[134]», le soutien national s'est donc concentré sur les entreprises d'exportation et sur les principales industries de base, telles le bâtiment et les travaux publics, l'électroménager, l'automobile, la construction navale, la sidérurgie et la pétrochimie, etc. La croissance économique a gagné par la suite tous les

---

confidentiel (article 43, ① de la LRMCL). Le texte complet de sa décision est consultable sur son site d'internet. Oh-Seung KWON, « Droit économique », Bobmunsa, 11ème éd., 2014, p. 402 et s. Ho-Young LEE, « Droit anticoncurrentiel », Hongmoonsa, 5ème éd., 2015, pp. 474 et s.

[129] La *KFTC* garantit à l'entreprise les procédures du recours contre ses sanctions devant la Haute Cour de Séoul (article 55 de la LRMCL et article 38, ② de « la loi sur le grand distributeur »).

[130] Bien que la victime de l'abus puisse introduire librement l'action civile en responsabilité devant les juges, les victimes préfèrent déposer d'abord la plainte auprès de la KFTC en raison du « facteur crainte », des frais d'un procès civil et de la difficulté à réunir les preuves suffisantes. Sun-Hee LEE, « Un recouvrement des dommages-intérêts au sens de la LRMCL », Les commentaires sur le droit de la concurrence III, Bobmunsa, 2002, p. 600.

[131] A défaut de la dénonciation au parquet par la *KFTC*, le parquet ne peut commencer ou continuer en principe la poursuite pénale des affaires du droit de la concurrence (article 71 de la LRMCL). Ce pouvoir exclusif de la *KFTC* relatif à la dénonciation au parquet a pour finalité d'empêcher la pénalisation excessive dans les affaires du droit de la concurrence. Ho-Young LEE, « Droit anticoncurrentiel », Hongmoonsa, 5ème éd., 2015, p. 565. Oh-Seung KWON, « Droit économique », Bobmunsa, 11ème éd., 2014, p. 424. Hyeon-Yun SIN, « Le droit économique », Bobmunsa, 6ème éd., 2014, p. 423.

[132] Les « *chaebols* » sont des ensembles d'entreprises exerçant leurs activités dans des domaines variés et des conglomérats coréens constitués de différentes entreprises partageant des liens capitalistiques étroits entres elles. Établis sur la structure de la société mère-filiales, *les « chaebols* » ont développé leurs activités dans plusieurs secteurs, tout en contrôlant étroitement leurs filiales. Leur influence positive et négative agit comme une arme à double tranchant sur l'économie coréenne. En effet, d'une part, ils ont en leur possession une grande entreprise multinationale réputée dans le monde entier par les économies d'échelle. De l'autre, ils altèrent l'ordre du marché.

[133] Cette explication nous aidera à comprendre pourquoi le législateur coréen a octroyé des compétences larges à la *KFTC*, pourquoi la réglementation administrative par la *KFTC* vis-à-vis des grandes entreprises est si forte et pourquoi le législateur coréen a adopté « la loi sur le grand distributeur » et « la loi sur la sous-traitance ».

[134] La stratégie de management en Corée : au lieu d'investir dans un grand nombre de secteurs de façon équitable, l'on cible quelques secteurs d'avenir auxquels l'on se consacre activement en vue d'atteindre le résultat le meilleur possible.

secteurs de l'industrie de fabrication[135]. Cette politique d'encouragement à l'exportation des produits fabriqués a produit de nombreuses relations compliquées de sous-traitance[136].

37. Cependant, en dépit de son efficacité, cette stratégie de développement est contestable au regard d'une croissance équilibrée et de l'égalité des chances. Notamment, la concentration excessive de la puissance économique aux mains des « *chaebols* » a aggravé le déséquilibre entre les grandes entreprises et les PME. Leur pouvoir économique excessif est souvent à l'origine de la distorsion du fonctionnement du marché[137]. Par rapport aux conglomérats occidentaux, les « *chaebols* » possèdent la particularité d'élargir leur secteur d'affaires[138]. Les « *chaebols* » deviennent de plus en plus puissants dans chaque secteur et obtiennent très souvent un statut monopolistique ou oligopolistique sur les marchés en Corée. Récemment, ils se sont vu reprocher d'aller jusqu'à empiéter sur des marchés dominés par les PME (même des boulangeries locales). Cela a conduit la *KFTC* à mettre en œuvre de nouvelles mesures, notamment à interdire les nouvelles prises de participations circulaires entre les entreprises affiliées aux « *chaebols* », et à durcir les règles applicables aux relations commerciales internes. En Corée, le problème des « *chaebols* » est indissociable de la question des abus de puissance économique[139140].

---

[135] Jusqu'à présent, en Corée, le taux de l'industrie de fabrication est resté relativement très élevé. Le taux de l'industrie de la fabrication y compris la construction s'élève à 38, 2 % du produit intérieur brut, alors que celui de l'industrie du service se borne à 59, 5%. En revanche, la moyenne de taux de l'industrie de la fabrication et de la construction pour les membres de l'OCDE se limite à 26, 4 % du produit intérieur brut, quand celui de l'industrie du service s'élève à 71, 1%. OCDE, « *Economic Surveys Korea* », mai 2016. p. 10. http://www.keepeek.com/Digital-Asset-Management/oecd/economics/oecd-economic-surveys-korea-2016_eco_surveys-kor-2016-en#page12.

[136] Initialement, en Corée, les interventions administratives destinées à corriger le déséquilibre entre les parties ont eu lieu pour des abus des donneurs d'ordre vis-à-vis de leurs sous-traitants. L'intervention administrative spécifique au niveau des relations entre les donneurs d'ordre et les sous-traitants a été antérieure à celle des relations entre les grands distributeurs et les fournisseurs : « La loi sur la sous-traitance » a été mise en vigueur en 1985, suivie 27 ans plus tard, en 2012, par « la loi sur le grand distributeur » qui a revisité « la loi sur la sous-traitance ».

[137] En outre, le pouvoir politique et les « *chaebols* » ont vécu épisodiquement des relations incestueuses, ce que l'on appelle la corruption politico-économique. Jeong-Pyo CHOI, « Les défauts et les avantages de la politique de concurrence loyale », Haenam, 2011, pp. 137 et s.

[138] Le conglomérat français LVMH-Moët Hennessy s'est concentré sur le domaine du luxe (vins, champagnes, vêtements, montres et parfumerie). En revanche, le groupe *Samsung* est présent dans divers secteurs (*Samsung Electronics, Samsung Heavy Industries, Samsung Engineering, Samsung Display, Samsung Life Insurance*, etc.). Le groupe *Samsung* possède même des filiales de la chaîne d'hôtels « *Shinra* » et du parc d'attractions « *Everland* ».

[139] En Corée, la moitié des PME travaillent comme fournisseurs pour des entreprises affiliées à des « *chaebols* ». OCDE, « Études économiques de l'OCDE, Corée », juin 2014, p. 18. Selon l'OCDE, « *en principe, le jeu des forces du marché devrait favoriser une coopération « gagnant-gagnant » entre les PME et les chaebols, étant donné que la réussite des grandes*

38. A la lumière des observations précédentes, il convient d'étudier les points faibles des mesures comportementales qui ont été adoptées contre les abus de puissance économique en les confrontant à la possibilité d'adopter un mécanisme d'injonction structurelle fonctionnant *ex post*. Néanmoins, certaines mesures comportementales demeurent essentielles pour prévenir les abus, notamment celles qui concernent la transparence (**Partie I**).

39. Ensuite, nous nous proposons d'étudier la teneur des pratiques interdites par les droits français et coréen au titre des abus de puissance économique. Nous comparons leurs modalités de sanction lors de la confirmation des abus. Il semble intéressant de rendre compte de la nature des dispositions par lesquelles les droits français et coréen entendent réagir face à un même ennemi **(Partie II)**.

Partie I : La prévention des abus de puissance économique
Partie II : La sanction des abus de puissance économique

---

entreprises dans le contexte de la concurrence mondiale dépend en partie de l'existence de relations mutuellement bénéfiques avec leurs fournisseurs ».

[140] Face à cette concentration excessive par les « *chaebols* », le Professeur Bong-Eui LEE propose des réformes de la politique de la concurrence. D'abord, il faut que les mesures législatives luttant contre la concentration exorbitante des puissances économiques se renforcent. Ainsi, il s'agit de contrôler plus strictement les partages des liens capitalistiques étroits entres les filiales et la société mère, les structures de la société holding et les transactions abusives à l'intérieur des grands groupes (« le soutien abusif entre les filiales du conglomérat » : Par exemple, malgré la perte pécuniaire, une filiale fournit ses produits à une autre filiale en dessous du prix de revient dans l'intention injuste de soutenir l'autre filiale pour l'intérêt, en fin de compte, de quelques grands actionnaires ou du patron). De plus, il apparaît souhaitable de créer un nouveau bureau spécifique à la *KFTC* consacré aux applications du droit de la concurrence concernant les PME. Bong-Eui LEE, « *Role of Law from the Perspective of Co-existence of Large, Small and Medium Enterprises* », Justice, *Korean Legal Center*, 2013, pp. 221 et s. Ho-Young LEE, « L'étude de la réforme relative au soutien abusif par l'achat massif entre les filiales », Journal de droit de la concurrence et de politique, n° 1, 2013, p. 63.

PREMIÈRE PARTIE

La prévention des abus de puissance économique

40. Malgré l'existence de nombreux textes français et coréens qui contrôlent exhaustivement les abus des parties les plus fortes au détriment de leurs partenaires, les abus de puissance économique s'aggravent en réalité. A première vue, il semble aisé pour le gouvernement d'intervenir dans le contrôle d'une relation bilatérale entre les parties fortes et faibles, par application du droit des pratiques anticoncurrentielles qui contrôle les relations multilatérales sur les marchés où de nombreux opérateurs économiques pratiquent dans le même temps leurs activités économiques. Néanmoins, des règles naïves et produites dans la précipitation, par exemple l'énumération des comportements à adopter et à ne pas adopter, ne peuvent réprimer de manière efficiente les abus des enseignes de la grande distribution ou des grands industriels, contredisant en cela l'espérance du législateur.

41. Notre étude s'intéresse d'abord aux causes de l'imperfection des mesures comportementales. Aussi, compte tenu de la concentration croissante des marchés de la distribution, surtout au niveau local, l'injonction structurelle *ex post* mérite d'être réexaminée afin de résoudre la disparité des rapports de force entre la grande distribution et ses fournisseurs et de déconcentrer le marché de la distribution **(TITRE PREMIER)**.

42. En dépit de l'imperfection des mesures comportementales, les obligations portant sur le formalisme sont essentielles pour lutter contre les abus de puissance économique. Il ne suffit pas seulement de critiquer le formalisme, mais de trouver les moyens de l'améliorer à travers une étude comparative entre le droit français et le droit coréen. En particulier, le champ d'application du formalisme, excessivement large en France et fortement réduit en Corée, attirera notre attention. (**TITRE DEUXIÈME**).

TITRE PREMIER

La prévention des abus par les mesures structurelles

43. La régulation portant sur les abus de puissance économique dans les relations commerciales déséquilibrées est une mission plus complexe et laborieuse que ce qu'elle pourrait laisser supposer, même si elle ne nécessite pas une analyse économique du marché comme en matière de pratique anticoncurrentielle ou de contrôle des concentrations. Surtout, les parties extrêmement puissantes peuvent contourner les réglementations luttant contre les abus de puissance économique au préjudice des parties au contrat. Or, les législateurs, qu'ils soient Français ou Coréens, ont tendance à sous-estimer le fort pouvoir d'adaptation d'un partenaire fort.

44. De surcroît, lorsque le marché de la distribution de détail reste concentré, la disparité du rapport de force entre parties fortes et faibles s'aggrave. Nous allons démontrer comment le marché de distribution subit d'ores et déjà la concentration en France et en Corée. Par ailleurs, le problème de la concentration locale sur le marché de la distribution pose actuellement des problèmes plus complexes. Si le marché de la distribution est significativement concentré, non seulement les prix peuvent augmenter au détriment du consommateur mais les abus de puissance économique dans les relations commerciales peuvent survenir encore plus facilement en raison du manque d'alternative pour les agriculteurs et les fabricants. Nous allons nous intéresser à la concentration du marché de détail sous l'angle de l'accélération donnée aux abus de puissance économique. Au cas où la grande distribution, qui se montre déjà omnipotente vis-à-vis de ses parties contractuelles, détient une position monopolistique ou oligopolistique sur le marché national ou local, il convient de prendre des mesures novatrices à l'instar des mesures structurelles en vue de déconcentrer le marché de détail. Sinon, il se révélera plus difficile de remédier à l'abus de puissance économique dans les relations commerciales déséquilibrées.

45. En Corée, « la loi sur la régulation de monopole et le commerce loyal (la LRMCL) », « la loi sur le grand distributeur » et « la loi sur la sous-traitance » ne prévoient aucune possibilité de prononcer l'injonction

structurelle *ex post* à l'encontre d'une pratique anticoncurrentielle ou d'une pratique restrictive de concurrence. Par conséquent, nous nous focaliserons principalement sur les règles et les exemples français concernant la mesure structurelle.

46. Nous verrons que les mesures comportementales ne sont pas suffisantes pour lutter contre les abus de puissance économique en examinant les causes de leur imperfection **(CHAPITRE I)**. Dans ce contexte, l'injonction structurelle apparaît incontournable pour rééquilibrer les rapports de force entre la grande distribution et ses fournisseurs et déconcentrer le marché de la distribution au détail **(CHAPITRE II)**.

CHAPITRE PREMIER

L'insuffisance des mesures comportementales

47. En dépit de nombreuses mesures comportementales existant en France et en Corée pour la transparence de la transaction et contre les pratiques restrictives de concurrence, les parties fortes les paralysent de temps à autre en usant de moyens divers et indirects. Plusieurs textes, destinés à lutter contre l'abus de puissance, se voient relégués au fil du temps, en dépit de leur objectif ambitieux, aux oubliettes.

48. L'imperfection des mesures pourrait relever de diverses causes. Parmi les éléments variables, nous voudrions mettre l'accent sur l'adaptation de la partie forte aux règles et le contournement des dispositions adoptées par la loi **(SECTION I)**.

49. Par ailleurs, dans le secteur de la distribution où l'abus de puissance économique par la partie forte se matérialise aisément, la concentration du marché de la distribution de détail rend moins efficaces les mesures comportementales. Dans la situation actuelle où les distributeurs prennent une significative primauté sur les fournisseurs sans rapport avec leurs tailles, les mesures comportementales normales auront plus de difficulté à fonctionner correctement sur le marché concentré de la distribution. En effet, le rapport de force entre la grande distribution et le fournisseur se montre extrêmement disproportionné sur un marché de la distribution de nature oligopolistique **(SECTION II)**.

SECTION I. LES STRATÉGIES DE CONTOURNEMENT

50. Les mesures comportementales contre l'abus de puissance économique dans les relations déséquilibrées aboutissent souvent à un mauvais dénouement, lorsqu'elles ne prémunissent pas efficacement contre les contournements éventuels.

51. D'un côté, les mesures contre l'abus de puissance économique paraissent parfois trop naïves par rapport au grand pouvoir d'adaptation de la partie forte. En particulier, la grande distribution peut faire obstacle aux

fournisseurs, qui se plaignent, à travers sa puissance d'achat renforcée par le « facteur crainte » **(§ 1)**. De l'autre côté, les mesures prises contre l'abus de puissance économique sont quelquefois préparées dans la précipitation par comparaison avec les dispositifs anticoncurrentiels et sous-estiment le pouvoir d'adaptation des parties puissantes **(§ 2)**.

§ 1. Les contournements liés au pouvoir d'adaptation de la partie forte

52. La partie contractuelle détient le pouvoir de réagir à la réglementation. Ce pouvoir d'adaptation d'une partie en force s'accroît lorsque le rapport de force entre les parties se montre très inégal, car elle peut agir à sa guise au détriment de son cocontractant **(A)**. Nous allons envisager la façon dont cette adaptation s'opère **(B)**.

A. Les causes du pouvoir d'adaptation

53. Le déséquilibre significatif du rapport de force **(1)**, qui résulte du pouvoir d'achat et qui est renforcé par le « facteur crainte » **(2)**, génère fondamentalement le pouvoir d'adaptation aux régulations luttant contre l'abus du partenaire fort qui soumet son partenaire faible à ses demandes impératives.

1. La disparité du rapport de force

54. Par rapport à la disparité du rapport de force, l'on se pose la question de savoir d'où procède le pouvoir d'adaptation aux régulations de la partie forte. Certes, la capacité interne d'une entreprise constitue la première source d'un pouvoir d'adaptation aux réglementations : les patrimoines, les fonciers, la compétence des employés, la technologie de pointe, l'innovation constante, le savoir-faire, les droits de propriété intellectuelle et l'occupation d'un marché avant ses concurrents, etc.

55. Toutefois, la relation entre les parties au contrat joue également un rôle important dans la faculté du pouvoir d'adaptation face aux textes contraignants de l'État. A ce titre, nous observons la disparité du rapport de force entre parties faibles et fortes : les positions et les pouvoirs clairement inégaux entre deux cocontractants dans les relations commerciales [141].

---

[141] Certainement, cette disparité du rapport de force joue également un rôle dans les affaires anticoncurrentielles comme dans l'abus de position dominante et l'entente. Néanmoins, son rôle dans les affaires anticoncurrentielles se restreint à une fonction accessoire, celle de prendre en considération une situation très particulière, lorsque l'autorité désire sanctionner plus légèrement une pratique illicite de la partie faible qui a souhaité faire face à la pression de la partie forte. Récemment, dans l'affaire de la volaille, l'ADLC a infligé aux entreprises concernées un montant exceptionnel bien moindre de l'amende pour entente des organisations

Imaginons que le rapport de force entre deux parties au contrat ne soit pas déséquilibré. En l'occurrence, une partie peut également s'adapter aux textes réglementaires jusqu'à un certain point, mais sa capacité d'adaptation reste limitée, car son partenaire peut agir de façon autonome et indépendante. Autrement dit, dans un rapport de force équilibré, une partie contractuelle peut ne pas obtempérer à l'autre partie qui ne cesse de réitérer des demandes inacceptables et insupportables. A l'inverse, lorsque le rapport de force entre les parties est très déséquilibré, une partie forte peut soumettre la partie faible à ses diverses demandes en faveur d'une partie forte. Il en ressort que le pouvoir d'adaptation d'une partie puissante à l'égard des règles pourra être maximalisé. Il est permis de s'interroger en outre sur le fait de savoir si cette disparité du rapport de force peut essentiellement reposer sur « le pouvoir d'achat » et « le facteur crainte ».

2. Le pouvoir d'achat et le facteur crainte

56. Tout d'abord, le pouvoir d'achat et la disparité entre la grande distribution et le fournisseur entretiennent une relation étroite. En ce sens, l'ADLC considère que la puissance d'achat résulte de « *l'asymétrie entre les points de menace du fournisseur et du distributeur* » puisque la grande distribution peut plus facilement se dispenser de l'un des fournisseurs que dans le cas contraire[142].

57. D'un point de vue économique, la puissance d'achat signifie le pouvoir par lequel « *les acheteurs peuvent actionner au détriment des fournisseurs* ». Inversement, « *face à des acheteurs puissants, les fournisseurs peuvent se retrouver en situation de faiblesse* »[143]. Les jurisprudences ont précisé la notion de puissance d'achat. Selon le Conseil de la concurrence, « *La puissance d'achat des distributeurs* » a été assimilée à « *un fort pouvoir de négociation vis-à-vis des fournisseurs* »[144]. Ensuite, dans l'affaire concernant le secteur de la grande distribution sur les marchés

professionnelles et des industriels de la volaille, au motif que « *l'engagement collectif de mettre en place une interprofession ... est susceptible d'avoir ... une plus grande efficacité que des sanctions pécuniaires calculées selon la méthode habituelle* » dans un domaine spécifiquement représentatif du déséquilibre des forces. Aut. conc., communiqué de presse relatif à la décision n °15-D-08 du 5 mai 2015. Frédéric Puel et Virginie Rebeyrotte, « Abus de puissance contractuelle et pratique anticoncurrentielle », AJCA, 2015, p. 499.

[142] Aut, conc., rapport annuel 2010, étude thématique : « Concurrence et distribution », p. 103.

[143] Laurent Benzoni et Alexandre Journo, « La puissance d'achat : nouveaux enseignements économiques », AJCA, 2015, p. 508. « *Sur nombre de marchés, la taille des acheteurs est bien plus grande que celle des fournisseurs et leur nombre souvent bien plus réduit* ». « *Ainsi, la demande est alors plus concentrée que l'offre, ce qui renverse l'analyse standard des rapports pouvoir établis sur les marchés* ».

[144] Conseil de la concurrence, avis n° 02-A-07 du 15 mai 2002 relatif à l'acquisition d'une partie des actifs du groupe Moulinex par le groupe Seb. Rapport de Cavinet, « Restaurer la concurrence par les prix - Les produits de grande consommation et les relations entre industrie et commerce », octobre 2004, p. 88.

de l'approvisionnement (*Rewe Meinl*), la Commission européenne a, pour sa part, reconnu que « *la puissance d'achat confère ... à une entreprise commerciale une influence considérable sur le choix des produits mis sur le marché, c'est-à-dire ceux que le consommateur peut acheter. Des produits qui ne sont pas achetés par une entreprise disposant d'une forte puissance d'achat n'ont pratiquement aucune chance d'atteindre le consommateur final, dans la mesure où pour le fournisseur les autres débouchés sont rares* »[145].

58. Ce pouvoir d'achat soulève plusieurs préoccupations au sujet du déséquilibre dans la relation commerciale, en particulier entre la grande distribution et le fournisseur. Si le cocontractant détient un pouvoir d'achat très fort sur le marché, la partie faible n'aura pas la capacité de changer de partenaire commercial, de sorte que cette situation pourra devenir un catalyseur des pratiques restrictives de la concurrence. L'ADLC mentionne, dans un avis, plusieurs risques liés au pouvoir d'achat[146] excessif de la grande distribution : « *La fragilisation du secteur amont ... est susceptible ... d'entraîner une réduction de l'offre ou de sa diversité... De plus, en s'octroyant une très forte part du profit de la chaîne économique, les distributeurs pourraient réduire la part de leurs fournisseurs jusqu'à limiter les investissements amont...*»[147][148]. De même, la puissance d'achat risque d'entraîner l'élimination du fournisseur « *qui ne consent pas de rabais suffisants et, par voie de conséquence, une diminution du nombre d'offreurs* »[149]. Et, dans le secteur de la distribution, l'essor des produits à marque de distributeur (ci-après, MDD) permet à la grande distribution d'exercer un pouvoir de négociation tout à fait considérable à l'égard des fabricants[150]. En effet, la grande distribution peut mettre le fabricant de petite taille (PME) en péril par le biais du parasitisme, autrement dit, avec la mise

---

145 Commission européenne, décision n° IV/M.1221-Rewe/Meinl du 3 février 1999. Rapport de Cavinet, « Restaurer la concurrence par les prix - Les produits de grande consommation et les relations entre industrie et commerce », octobre 2004, p. 88.

146 Mais, l'ADLC ne considère pas que la puissance d'achat des grandes surfaces signifie en soi une menace pour la concurrence sur les marchés d'approvisionnement. Aut, conc, avis n° 00-A-02 du 4 avril 2000 relatif à une demande d'avis sur un projet de réforme de l'ordonnance du 1er décembre 1986.

147 Aut. conc., avis n° 15-A-06 du 31 mars 2015 relatif au rapprochement des centrales d'achat et de référencement dans le secteur de la grande distribution, p. 61.

148 Mais, dans cet avis sur les centrales, l'ADLC considère que les effets de ces risques apparaissent quelque peu ambigus si l'on tient compte des effets positifs de la puissance d'achat qui peuvent pousser à investir et à innover pour récupérer un pouvoir de négociation. En outre, dans cet avis, elle ajoute que « *le partage du surplus entre les opérateurs* » n'est pas l'objectif de la politique de la concurrence.

149 Marie Malaurie-Vignal, « Droit de la distribution », Sirey, 3ème éd., 2015, p. 226.

150 Aut, conc., rapport annuel 2010, étude thématique, « Concurrence et distribution », p. 85.

sur le marché des produits MDD similaires aux produits de marques nationaux (ci-après, MN) à un prix plus bas[151].

59. Ensuite, le « facteur crainte[152] » occupe une place remarquable dans le domaine de l'abus de puissance économique dans les relations commerciales. *A priori*, ce « facteur crainte » joue un rôle important dans le durcissement, la consolidation et la perpétuation du rapport de force inéquitable déjà présent entre les parties fortes et faibles. En effet, ce « facteur crainte » prive la partie faible de ses dispositions à contester et refuser une pratique inéquitable et à dénoncer, publiquement ou non, une pratique scandaleuse. Enfin, la dernière pièce de l'arsenal dont elle dispose (déposer ses plaintes devant l'autorité ou la cour) se trouve fondamentalement bloquée par le « facteur crainte », à moins que la relation entre les parties contractuelles n'ait préalablement pris fin. Dès lors, le fait que les parties faibles fassent silence sur les demandes injustes rassure les parties fortes quand elles œuvrent à contourner les règles.

B. Les manifestations du pouvoir d'adaptation

60. L'adaptation de l'entreprise aux règles se présente sous une forme double, « seule » **(1)** ou « coopérée » **(2)**. Au cas où la partie faible collabore activement, en dépit de ses pertes économiques, à l'abus du pouvoir par la partie puissante, la résolution de cet abus nous semble compliquée.

1. L'adaptation de l'entreprise en solo

61. La Corée en donne un exemple intéressant. La soustraction indue du savoir-faire ou de la technique des PME par la grande industrie dans le processus de sous-traitance était très polémique en Corée[153]. Alors, « la loi sur la sous-traitance » interdit explicitement, depuis 2010, la revendication, par le donneur d'ordre, des documents concernant le savoir-faire ou la technique vis-à-vis du sous-traitant, à moins que le donneur d'ordre ne fournisse une justification satisfaisante à cette demande (article 12-3 de la loi sur la sous-traitance)[154]. Pourtant, dès la création de cet article, la *KFTC*, en

---

[151] Didier Ferrier et Nicolas Ferrier, « Droit de la distribution », LexisNexis, 7ème éd., 2014, p. 248.

[152] Voir supra, p. 16.

[153] Les PME dénoncent le fait que les grands industriels volent leurs savoir-faire en arguant d'un travail de concert durant le temps de la négociation et l'exécution du contrat. En d'autres termes, les grands industriels observent attentivement les nouvelles idées, les techniques et les brevets des PME au travers d'examens variés des performances durant la négociation ou l'exécution du contrat. Puis, ils suspendent la relation commerciale avec ces PME, et une filiale des grands industriels fabrique elle-même des produits similaires en utilisant de manière adroite les savoir-faire de ces PME.

[154] En outre, cet article dit que, pour obtenir des documents de savoir-faire ou de techniques, le donneur d'ordre doit rédiger un dossier contenant l'objectif de la demande, le maintien de la confidentialité et la contrepartie pour l'offre, etc. par la voie de la négociation.

dépit de ses diverses tentatives d'application, a pris peu de décisions pour sanctionner la soustraction du savoir-faire des PME. En effet, les grands industriels peuvent alléguer différents prétextes au sujet de leurs demandes de renseignements sur la sous-traitance, par exemple la nécessité d'opérer des tests de conformité sur les produits au contrat. De la sorte, les agents de la *KFTC* peinent à démontrer de façon satisfaisante le fait que l'une des demandes n'est en rien nécessaire pour l'exécution du contrat. De plus, en pratique, lorsque la *KFTC* entreprend l'enquête contre les grands industriels soupçonnés d'avoir volé le savoir-faire des PME, ces derniers s'obstinent à dire que ce savoir-faire actuel des grands industriels ne provient pas du savoir-faire des PME, autrement dit, ils refusent de reconnaître l'analogie entre les deux savoir-faire. En l'occurrence, l'enquête de la soustraction de technique risque de se retrouver mêlée à un litige sur le droit de propriété intellectuelle ou de brevet, qui s'avère très complexe et dépasse les compétences de l'autorité administrative.

2. L'adaptation de l'entreprise en duo

62. La partie forte peut contourner la législation en coopérant avec la partie faible afin de maintenir ses profits. Autrement dit, la partie forte peut laisser, à sa guise, la partie faible coopérer activement au contournement de la règle, quand bien même cette pratique de coopération serait désavantageuse pour cette dernière[155].

63. Nous évoquerons à titre d'exemple les délais de paiement convenus par les entreprises en France. Après la loi Macron[156], le délai de paiement convenu ne peut en principe dépasser soixante jours à compter de la date d'émission de la facture et un délai maximal de quarante-cinq jours fin de mois à compter de la date d'émission de la facture peut, par dérogation, être convenu entre les parties, à condition que ce délai soit expressément stipulé par contrat et qu'il ne constitue pas un abus manifeste de la part du créancier[157]. En ce qui concerne le délai de paiement convenu, la date d'émission de la facture par les vendeurs sert de premier jour de calcul du délai de paiement. En conséquence, il est possible de contourner la règle en exerçant une grosse pression sur les créanciers faibles afin qu'ils émettent leurs factures plus tard[158]. Le Professeur Martine Béhar-Touchais en donne

---

[155] Nous remplaçons ici le terme « accord » par celui de « coopération », puisqu'une coopération de la victime à l'égard des abus de puissance économique de la partie puissante s'effectue souvent au détriment de la victime elle-même. En outre, elle se produit souvent contre sa véritable volonté. Sur ce point, cette coopération de la victime possède également, du moins en partie, un caractère unilatéral, à la différence d'une situation d'accord mutuel.

[156] La Loi n° 2015-990 du 6 août 2015 pour la croissance, l'activité et l'égalité des chances économiques.

[157] L'article L. 441-6, I, alinéa 9 du Code de commerce.

[158] A ce propos, la LME a notifié que « *Est notamment abusif le fait, pour le débiteur, de demander au créancier, sans raison objective, de différer la date d'émission de la facture* »

l'illustration : « *pour gagner une quinzaine de jours, le fournisseur envoie délibérément sa facture incomplète ; le distributeur la lui renvoie en indiquant qu'elle est incomplète ; le fournisseur la renvoie complétée ; 15 jours ont été gagnés* »[159].

64. En toute logique, il paraît anormal que les fournisseurs ou les sous-traitants collaborent positivement à cette demande indue portant une atteinte significative à leurs propres bénéfices financiers[160]. Or, malheureusement, dans la réalité, il ne leur reste souvent plus qu'à se soumettre aux revendications injustes et, au surplus, à coopérer activement au contournement, au préjudice de leurs propres profits, afin de maintenir leur relation avec la partie forte. Cette collaboration inévitable de la victime renforce le pouvoir d'adaptation des parties fortes et rend la tâche plus difficile à l'administration pour déceler les abus de puissance économique dans les relations commerciales déséquilibrées[161].

65. *A priori*, cette coopération plutôt irrationnelle avec un partenaire caractérise bien l'abus de puissance économique dans les relations commerciales déséquilibrées par rapport à la pratique anticoncurrentielle telle que l'entente ou l'abus de position dominante sur le marché[162]. En temps normal, un participant à l'entente ne pratique pas l'accord de prix ou de répartition de marché qui nuirait, de façon directe et considérable, à ses propres profits économiques. Imaginons l'entente du prix minimum ou l'entente de la répartition du marché. Par ailleurs, s'agissant de l'abus d'éviction par la position dominante sur le marché (rabais de fidélité, prix prédateurs, ventes liées), le cocontractant de l'entreprise détenant la position dominante bénéficie, au moins à court terme et à première vue, d'avantages économiques à l'exemple de prix plus attractifs, avant que l'entreprise dominante ne commence à récupérer des frais grâce à la hausse du prix, à la suite de l'éviction des concurrents sur le marché.

---

pour prévenir un contournement (l'ancien article L. 442-6, I, 7° du Code de commerce). Mais, quant à l'abus de paiement, « les conditions de règlement manifestement abusives » (C. Com., art. L. 442-6, I, 7°) ont été supprimées par la loi Hamon. Louis Vogel, Droit de la concurrence : [droits européen et français], Paris : LawLex ; Bruxelles : Bruylant, 2015, p. 1132.

[159] Martine Béhar-Touchais, « Droit européen des pratiques commerciales déloyales. Rapport conclusif », Droit européen des pratiques commerciales déloyales : évolution et perspectives, sous la direction de Évelyne Terryn et Denis Voinot, Larcier, 2012, p. 192.

[160] En outre, pour la plupart, les frais dépensés par les parties faibles pour le contournement des règles ne sont pas récompensés par les parties fortes.

[161] Au long de l'enquête de l'administration, nous ne pouvons pas exclure que la victime participerait à la destruction des preuves, y compris à la production d'un faux témoignage, au profit des parties fortes.

[162] Les articles L. 420-1 et L. 420-2 du Code de commerce.

§ 2. Les contournements liés aux imperfections de la législation

66. Le législateur, français ou coréen, a tendance à simplifier les problèmes et les solutions en matière d'abus de puissance économique. Les réformes sont achevées dans la précipitation sans que soient envisagés en profondeur leurs effets et leur efficacité sur le long terme **(A)**. Nous donnerons des exemples concrets tirés du droit français ou du droit coréen et qui concernent les représailles de la partie forte **(B)**.

A. Les causes des imperfections

67. Les textes luttant contre l'abus de puissance économique ne prennent pas pour cibles principales des entreprises dociles qui iront volontiers se soumettre aux directives de l'Etat **(1)**. De surcroît, les dispositifs conçus au lance-pierre ne sont pas susceptibles de contrôler efficacement les abus des grandes entreprises et notamment celles de la grande distribution **(2)**.

1. Les sous-estimations des cibles puissantes

68. Nous pouvons penser à première vue qu'il s'avère facile pour le gouvernement d'intervenir dans le contrôle d'une relation bilatérale entre les parties fortes et faibles, en regard du droit *antitrust* qui contrôle les relations multilatérales sur les marchés.

69. De plus, contrairement à la pratique anticoncurrentielle ou au contrôle de concentration qui ont toujours pour effet d'empêcher, de restreindre ou de fausser le jeu de la concurrence sur un marché, la qualification d'une pratique restrictive de concurrence n'exige pas de l'autorité la délimitation du marché pertinent et la démonstration d'une atteinte au marché (l'interdiction « *per se* »)[163]. A cet égard, le législateur souhaite que des armes grossières et naïves puissent réprimer effectivement les abus de puissance économique des grands distributeurs ou des grands industriels. Ainsi le législateur inventorie-t-il facilement les pratiques interdites et imposées à l'entreprise en procédant à une simplification pour chaque situation : certaines obligeant à faire ceci, d'autres prohibant de faire cela (1, 2, 3, 4, 5, 6, etc.). La teneur de cette énumération à faire ou à ne pas faire peut varier en fonction des multiples plaintes formulées par les parties faibles auprès du gouvernement. A titre d'exemple, si les fournisseurs dénoncent une certaine pratique de la grande distribution au détriment du

---

[163] Guillaume Mallen, « L'appréhension des pratiques restrictives par les autorités françaises et européennes de la concurrence : Analyse des pratiques contractuelles abusives entre professionnels à l'épreuve du droit des pratiques anticoncurrentielles », Thèse de doctorat, L'Harmattan, DL 2014, pp. 27 et s. Jean-Louis Fourgoux, « Fasc. 281 : Transparence et pratiques restrictives de concurrence – Règles de fond », Juri Classeur Commercial, 19 janvier 2016, p. 3.

fournisseur, le législateur inaugure un dispositif qui interdit cette pratique scandaleuse.

70. Or, il s'agit d'une illusion d'optique. Cette réaction sous-estime ses cibles. Ses ennemis principaux demeurent, en réalité, très bien entraînés, organisés, tout autant qu'agressifs aux fins d'engranger des profits maximaux. Les grandes entreprises se révèlent fréquemment plus adaptées que les autorités publiques pour réagir à l'évolution des situations. En outre, les grandes entreprises peuvent avoir à leur disposition de nombreux employés, avocats, experts comptables et des alliés économiques, politiques et sociaux[164]. En bref, le législateur commet parfois une erreur grave, en les tenant pour empêchés et immobilisés (une cible de tir à l'arc) sans considération de leurs pouvoirs d'adaptation.

71. À ce titre, la lutte contre l'abus de puissance économique est une tâche plus compliquée qu'elle n'y paraît et qui demande du temps pour évaluer en profondeur les effets principaux et secondaires probables des règles. Ce qui signifie que, lors de la préparation du projet ou de la proposition des règles contre l'abus de pouvoir, il faut prévoir, par avance, de manière synthétique et minutieuse, toutes les réactions et tous les contournements possibles de la part de la partie forte, en tentant d'atténuer au maximum les effets pervers sur les marchés. En cas contraire, les entreprises de la grande distribution inventent sans difficulté de nouvelles dispositions alternatives qui évitent les réglementations naïves.

2. La précipitation de la législation et le recours à des palliatifs

72. Le législateur prend parfois à la hâte des mesures comportementales à l'égard des opérateurs économiques dans le but d'obtenir des résultats satisfaisants et visibles sur le court terme. Le gouvernement cherche de la sorte à présenter rapidement des résultats tangibles au public, dans un contexte de crise économique, de récession significative, de chômage élevé, de conflit entre la grande distribution et les agriculteurs[165], de manifestations violentes et de futures élections importantes, etc. C'est-à-dire que les régulations se montrent davantage enclines à nuancer instantanément les plaintes manifestées au lieu de s'attaquer aux sources réelles des problèmes. Les effets secondaires à long terme se situent hors des intérêts des politiciens

---

[164] Ces alliés pourraient être leurs partenaires de commerce, la presse, les politiciens, les fonctionnaires et les universitaires entretenant une relation amicale avec la partie forte.

[165] En France, après avoir été hué par les agriculteurs au salon de l'agriculture à cause du prix des produits agricoles après coup par la grande distribution, François Hollande a déclaré « *Je veux dire aux distributeurs : attention à ce que vous allez faire dans les 48 prochaines heures, parce que ça va déterminer le contenu de cette prochaine loi* », « *Il y a des pressions qu'il faut exercer ici en France sur la grande distribution* ». http://www.lefigaro.fr/conjoncture/2016/02/28/20002-20160228ARTFIG00170-hollande-hue-stands-saccages-le-salon-de-l-agriculture-sous-tension.php.

ou des agents administratifs, parce qu'il apparaît peu probable qu'ils seront encore responsables quand ces effets se produiront.

73. Dès lors que les personnes se pressent de parachever la législation en fonction du calendrier politique, elles n'accordent pas l'attention exigeante que requiert la mise en place des systèmes, aussi, les règles existantes sont-elles incomplètes. Il en résulte que, malgré les retouches constantes apportées au tableau, cela débouche parfois et de façon prévisible sur des textes qui font preuve de discordes[166], de répétitions[167], de manque de réalisme[168] et, enfin, d'inefficacité. Alors, contrairement au commencement de la réforme, il arrive que certaines mesures destinées à lutter contre les pratiques abusives fonctionnent mal. Par ailleurs, ces imperfections de la législation donnent fréquemment lieu à d'autres réformes sur l'abus de puissance économique dans les relations commerciales déséquilibrées. Il semble paradoxal que les révisions et réformes successives attestent de la défaillance des mesures comportementales contre l'abus de puissance économique. L'on peut noter que cette dépendance à la nouvelle réforme se poursuit.

74. En France, pas moins de dix lois ont modifié le droit de la négociation depuis 1986 : l'ordonnance du 1er décembre en 1986, la loi Galland en 1996, la loi NRE en 2001, la loi Dutreil en 2005, la loi Chatel en 2008, la LME en 2008 et la loi Hamon en 2014, etc. M. Joseph Vogel souligne que *« les interventions législatives se multiplient, cherchant toujours à mieux faire, en créant de nouveaux cas d'abus et de nouveaux pouvoirs de l'administration. Mais ces mesures s'avèrent peu efficaces pour régler le problème et en appellent d'autres qui n'y parviennent pas*

---

166 En France, un nouveau texte de l'article L. 441-7, alinéa 6 du Code de commerce concernant la disproportion manifeste de rémunération par rapport à la valeur des obligations pourrait se trouver en contradiction avec l'article L.442-6, I, 1° existant. Mary-Claude Mitchell, « Les pratiques restrictives dans la loi Hamon », Contrats concurrence consommation, n° 5, 2015, p. 30. Louis Vogel, Droit de la concurrence : [droits européen et français], Paris : LawLex ; Bruxelles : Bruylant, 2015, p. 1105.

167 En Corée, l'article 20 de « la loi sur la sous-traitance » prohibe une pratique qui tente de contourner cette loi. Or, cette loi possède déjà plusieurs textes qui empêchent directement et précisément un contournement individuel de chaque article. De surcroît, il est logiquement naturel d'être obligé de ne pas contourner la loi, sans même cet article. Cet article paraît superflu.

168 En France, la loi Macron notifie la possibilité d'une amende civile, de manière proportionnée aux avantages tirés du manquement, jusqu'à 5 % du chiffre d'affaires hors taxes réalisé en France (C. Com., art. L. 442-6, III). Or, Martine Béhar-Touchais indique l'irréalité de ces amendes. Alors que 5 % du chiffre d'affaires de Carrefour en France atteint dans la réalité 20 milliards d'euros, les sénateurs n'ont parlé que d'à peine plusieurs millions d'euros. Selon elle, « *le Parlement souhaite augmenter l'amende civile, mais ne vérifie même pas à quoi pourraient correspondre les chiffres qu'il vote !* ». Martine Béhar-Touchais, « L'amende civile devant le Parlement ou le vote à l'aveugle ! », Revue des contrats, n° 3, 2015, p. 535.

davantage »[169]. Et, selon le Professeur Muriel Chagny, bien que les règles françaises en matière de CGV aient été soumises à des révisions quatre fois en dix ans, les questions et les difficultés subsistent encore[170][171].

B. Les manifestations des imperfections

75. Nous allons nous intéresser à des exemples français **(A)** et coréen **(B)** de l'imperfection de la règle luttant contre la menace ou les représailles par la grande distribution vis-à-vis de ses fournisseurs. Dans le but de prévenir un abus de pouvoir à travers une vengeance, les législateurs français et coréen ont adopté des mesures comportementales quelque peu différentes. Mais, malheureusement, il semble qu'autant les unes que les autres manquent d'efficacité, et que leur application, rare, soit prévue *ab ovo*.

1. Un exemple de texte français

76. En France, l'article L. 442-6, I, 4° du Code de commerce interdit la menace de déréférencement destinée à obtenir les meilleurs conditions commerciales[172]. Cependant, les juges français refusent le plus souvent de sanctionner la grande distribution sans avoir la preuve de la menace[173]. Ce qui pose question est le fait que la grande distribution, bien conseillée par des avocats compétents, manifeste ses demandes diverses sans menace explicite. En ce sens, le Professeur Muriel Chagny met aussi l'efficacité de cette clause en doute en considérant que la menace s'avère difficile à prouver, car la menace se profère, de manière générale, oralement[174].

77. Par ailleurs, la grande distribution ne nécessite pas cette mesure radicale de la menace, puisqu'elle peut exprimer indirectement à son fournisseur, qui n'écoute pas, la circonstance actuelle, en diminuant par exemple, de façon lente et échelonnée, le volume des achats ou en défavorisant les conditions variables de transaction sous des prétextes plausibles et élaborés[175]. En outre, bien que la grande distribution choisisse

---

[169] Joseph Vogel, « Loi Hamon : Guide de la négociation commerciale dans le commerce de gros », éditions CGI, 2014, pp. 11 et 14.

[170] Muriel Chagny, « Le droit (substantiel) des pratiques restrictives de concurrence s'invite dans la loi consommation (1re partie) ... », RTD com, 2014, p. 67.

[171] Voir infra, p. 123.

[172] « *D'obtenir ou de tenter d'obtenir, sous la menace d'une rupture brutale totale ou partielle des relations commerciales, des conditions manifestement abusives concernant les prix, les délais de paiement, les modalités de vente ou les services ne relevant pas des obligations d'achat et de vente* ».

[173] Mary-Claude Mitchell et Tiphaine Delannoy, « Abus de puissance contractuelle et pratiques commerciales restrictives », AJCA, 2015, p. 504.

[174] Muriel Chagny, « Vers un droit européen des pratiques commerciales déloyales entre professionnels : la méthode des « petits pas » », RTD com, 2014. p. 571.

[175] Cette non-brutalité pourrait permettre également à la grande distribution d'échapper à la sanction d'une rupture brutale (C. Com., art. L. 442-6, I, 5°).

cette disposition violente de menace du déréférencement malgré le risque juridique encouru, la victime n'ose pas rendre publique cette pratique scandaleuse en raison de sa situation de dépendance vis-à-vis de la grande distribution pour son approvisionnement. A ce stade, il est rare que le fournisseur introduise l'action avant la réalisation du déréférencement. L'introduction de l'action après le déréférencement se révèle tout aussi peu probable, car le fournisseur hésite à compromettre sa relation commerciale établie avec la grande distribution, surtout au cas où elle représente un passage obligé pour accéder au marché[176].

2. Un exemple de texte coréen

78. En Corée, la situation ne se présente pas différemment. L'article 18 de « la loi sur le grand distributeur » prohibe les mesures de représailles[177] contre le fournisseur, au motif que le fournisseur dénonce une pratique illicite du grand distributeur à l'autorité concernée[178]. Cet article a l'intention d'encourager les plaintes des fournisseurs et de les protéger contre une vengeance du grand distributeur pour avoir fait la déclaration. De surcroît, l'infraction à cet article est passible d'un emprisonnement allant jusqu'à 2 ans ou d'amendes pénales dont le montant ne peut excéder 150 millions de wons (120 000 euros environ).

79. Son objectif, la protection renforcée des dénonciateurs, mérite certainement d'être préconisé pour déceler les abus de la grande distribution qui se manifestent rarement en public. Nous comprenons la gravité de la situation de la victime qui peine à divulguer le préjudice subi. La mesure est liée au problème du « facteur crainte ». En Corée, les fournisseurs et les sous-traitants, qui s'abstenaient de faire une déclaration à l'autorité ou à la cour, ont souvent allégué le « facteur crainte », en dépit des abus faits par le maître d'œuvre ou par la grande distribution. Dans cette situation, le législateur cherchait à disposer d'un procédé simple pour soulager ces craintes en démontrant sa volonté d'éliminer les représailles.

80. Néanmoins, nous pouvons nous demander si cette mesure réprimant les représailles peut mettre un terme, de manière efficace, à cette hésitation du partenaire faible à dénoncer à l'administration le manquement des parties

---

[176] Louis Vogel, Droit de la concurrence : [droits européen et français], Paris : LawLex ; Bruxelles : Bruylant, 2015, p. 1189.

[177] Cet article cite quelques exemples de représailles : Le grand distributeur modifie les conditions de transaction au détriment du fournisseur ou il restreint l'opportunité de l'approvisionnement ou il désavantage le fournisseur au cours de l'exécution du contrat.

[178] La pratique illicite ne se limite pas à la violation de « la loi sur le grand distributeur », et la *KFTC* ne constitue pas la seule autorité à laquelle l'on peut s'adresser pour faire la déclaration. Les plaintes comportent tous les actes qui dénoncent la pratique illégale de la grande distribution au gouvernement. Keum-Seok OH, Seong-Un YUN, Hyun-Kyu LEE, « La loi sur le grand distributeur : la théorie et la pratique », Bakyoungsa, 2012, pp. 380 et 381.

fortes, en ignorant sa crainte essentielle d'un blocage potentiel à l'accès du marché ou d'une perte significative de son chiffre d'affaires. Les juges coréens demanderont vraisemblablement la preuve concrète des représailles ou au moins celle de la menace afin de sanctionner le grand distributeur aux termes de cet article. Aussi nous faut-il nous interroger sur le fait de savoir si la grande distribution exprime explicitement son intention de représailles pour punir la plainte du fournisseur, notamment sous la forme de documents formels. C'est pourquoi jusqu'à présent, la *KFTC* n'a pas encore infligé de sanction en vertu de cet article, et la sanction définitive confirmée par la cour à l'aune de cette mesure n'existe pas.

SECTION II. LA CONCENTRATION CROISSANTE DES MARCHÉS DE DISTRIBUTION

81. La distribution permet la circulation de l'économie et des produits de l'industrie. L'ADLC remarque l'importance de l'effet de la distribution. *« La distribution fait le lien entre les activités économiques menées en amont par les fabricants et les consommateurs en aval... Le rôle de la distribution est donc déterminant, et toute mesure affectant son fonctionnement est susceptible d'avoir une incidence sur d'autres activités tout au long de la chaîne économique »*[179].

82. A l'inverse, si le marché de distribution est trop concentré, cela peut fausser les diverses relations tout au long de la chaîne économique. C'est à dire que les problèmes dans l'industrie de distribution ne concernent pas seulement la relation entre la concurrence opportune entre les distributeurs, ils affectent aussi largement les marchés de fabrication autant amont qu'aval[180]. Autrement dit, les fournisseurs deviennent plus dépendants des grandes distributions, car ils n'ont pas de plan B pour leurs débouchés. La concentration élevée du marché de distribution aux niveaux national **(§ 1)** et local **(§ 2)** aggrave le déséquilibre du rapport de force entre la grande distribution et ses fournisseurs, en dégradant l'efficacité des remèdes étatiques contre les abus de puissance économique.

§ 1. La concentration élevée au niveau national

83. Auparavant, lorsque le marché de la distribution était atomisé par de nombreux distributeurs nationaux et locaux et lorsque la puissance d'achat

[179] Aut. conc., avis n° 15-A-06 du 31 mars 2015 relatif au rapprochement des centrales d'achat et de référencement dans le secteur de la grande distribution, p. 12.

[180] Les relations entre les fournisseurs, entre les distributeurs, entre le fournisseur et le distributeur, entre le fournisseur et le consommateur, entre le distributeur et le consommateur risquent d'être anormales.

des distributeurs ne surpassait pas la puissance de vente des producteurs, il fallait des dispositifs pour protéger les distributeurs contre l'abus des fabricants géants, à l'instar du refus d'approvisionnement.

84. Néanmoins, au fur et à mesure, cet équilibre de force au profit des producteurs s'est inversé. A la suite des dures épreuves de la guerre des prix, les entreprises de la grande distribution ont acquis leurs fortes croissances internes par l'augmentation de leurs chiffres d'affaires ou celles externes par l'acquisition et la fusion des concurrents. Il en ressort que le secteur de la distribution au niveau national se caractérise par une concentration exorbitante s'apparentant à un oligopole, en France **(A)** comme en Corée **(B)**.

A. La concentration nationale en France

85. En dépit des tentatives diverses pour empêcher les entreprises de la grande distribution d'accaparer le marché de détail, le marché de la distribution en France se voit, au fil du temps, passer aux mains de six principaux groupes de distribution **(1)**. D'ailleurs, le rapprochement entre les grandes distributions par le biais des centrales d'achat ou de référencement est caractéristique du marché de la distribution en France **(2)**.

1. Les indices de la concentration excessive

86. Malencontreusement, plusieurs indices objectifs indiquent des concentrations excessives dans le marché de la distribution en France. Selon la DGCCRF, il existe en France au 1er juillet 2012, plus de 12 300 grandes surfaces alimentaires. De fait, « *les grandes surfaces alimentaires constituent le principal circuit de distribution de produits alimentaires (plus de 60 % des ventes totales du commerce alimentaire en magasins et près de 45 % des ventes toutes taxes comprises en volume du commerce de détail et de l'artisanat commercial en 2012)* »[181]. Notamment, le chiffre d'affaires estimé par le Xerfi en 2011 révèle que les six principaux opérateurs français en captent presque 80 %, et que les groupes Carrefour et E. Leclerc, numéros 1 et 2 de la grande distribution en France, en détiennent presque 40 % dans le secteur de la grande distribution alimentaire[182].

---

[181] DGCCRF, eco n° 25, « Panorama de la grande distribution alimentaire en France », février 2014. En revanche, leur part de marché dans la distribution des produits non alimentaires reste modeste (plus de 15 %).

[182] DGCCRF, eco n° 25, préc.

Tableau 1 : Panorama des acteurs de la grande distribution alimentaire en France en 2012

Groupes (enseignes)	Chiffre d'affaires du groupe en 2012 en milliards d'euros	Part de marché en France en 2011 selon Xerfi
Carrefour (Carrefour / Shopi)	76,8	21 %
E. Leclerc (Leclerc / Coop)	43,7	17 %
ITM Entreprises (Intermarché / Netto)	39,1	14 %
Casino (Casino / Franprix / Leader Price/Monoprix)	42,0	10 %
Système U	23,2	9 %
Auchan (Auchan/Simply Market/Atac)	46,9	8 %
Lidl[183]	Nd	6 %
Aldi	60,0	3 %

Sources : DGCCRF, eco n° 25, préc, sites internet et rapports annuels des groupes, Xerfi

87. Dans cette situation, l'ADLC confirme, dans son avis n° 10-A-26, que *« Le secteur de la distribution alimentaire se caractérise par une concentration élevée, proche de celle d'un oligopole. Au premier semestre 2009, les six principaux groupes, tous d'origine française (Auchan, Carrefour, Casino, E. Leclerc, ITM Entreprises et Système U) détiennent près de 85 % de parts de marché »*[184].

88. D'ailleurs, il est difficile de trouver des alternatives à la grande distribution. Dans la mesure où la préférence des consommateurs pour la grande distribution pourrait être constante, en raison des prix relativement bas dus à la guerre des prix, de la facilité à disposer de produits alimentaires ou non-alimentaires en une seule visite, de l'aspect pratique du parking, etc., cette situation a peu de chances d'évoluer à court terme. Autrement dit, des recours autres que la grande distribution ne se trouveront pas en position dominante du moins dans un avenir proche. Certes, il existe le commerce en ligne. Pourtant, si l'on prend en compte le caractère périssable des aliments frais, pour que la vente alimentaire en ligne se substitue à la grande distribution, cela exigera du temps. L'ADLC partage cette idée. Selon son

[183] En France, Lidl et Aldi sont désignés sous les noms de « maxi-discompteur » ou « *hard discount* » : « *format de vente proposant aux consommateurs un assortiment restreint de produits à prix faibles et offrant des services commerciaux minimaux* ». Marie-Laure Allain, Claire Chambolle et Thibaud Verge, « La loi Galland sur les relations commerciales ; jusqu'où la réformer ? », Rue D'Ulm, 2013, p. 71.

[184] Aut. conc., avis n° 10-A-26 du 7 décembre 2010 relatif aux contrats d'affiliation de magasins indépendants et les modalités d'acquisition de foncier commercial dans le secteur de la distribution alimentaire, p. 8.

avis n° 12-A-01[185], même pour les Parisiens, *« la vente alimentaire en ligne ne représente qu'une très faible part des dépenses des ménages. Le commerce électronique de produits alimentaires demeure un marché marginal. »*.

2. Le processus de la concentration excessive

89. Quelles sont les causes de cette concentration élevée sur le marché de la distribution ? D'abord, les nouveaux entrants rencontreraient une barrière haute à l'entrée administrative. Face à la croissance rapide du grand distributeur depuis les années 60, le législateur français a dressé des barrières réglementaires pour l'urbanisme en matière d'implantation de nouveaux établissements dans le but de protéger le petit commerce : il en va ainsi des critères relatifs à la surface[186], de la localisation, de l'agencement et de la conformité aux plans locaux, etc.[187]. Il apparaît très difficile d'harmoniser tout à la fois la promotion de la concurrence, la protection du petit commerce et le bien-être du consommateur. En outre, il existe également des barrières non réglementaires relatives à la gestion du foncier commercial, tels les clauses de non-concurrence et les droits de priorité[188].

90. Par ailleurs, l'existence des centrales d'achat et de référencement rend ce marché concentré plus compliqué en France. Les centrales jouent un rôle de négociateur dans les conditions de transaction au profit de leurs affiliés, et le groupement peut également y adjoindre d'autres activités complémentaires, à l'instar de la sélection des produits, de l'établissement de collections et de la publicité nationale, etc.[189]. Elles ne sont pas toujours réputées négatives par l'autorité, car *« elles contribuent à rationaliser l'approvisionnement des magasins »*[190]. Cependant, en France, suite à la suppression de l'interdiction de la discrimination par la LME, dans la guerre des prix entre distributeurs, « Système U et Auchan », « ITM et Casino », « Provera et Carrefour » ont conclu des accords de rapprochement qui ont grandement influé sur le marché concerné en 2014[191].

---

185 Aut. conc., avis n° 12-A-01 du 11 janvier 2012 relatif à la situation concurrentielle dans le secteur de la distribution alimentaire à Paris, p. 23.

186 Par exemple, les projets ayant pour objet de la création d'un magasin de commerce de détail d'une surface de vente supérieure à 1 000 mètres carrés sont soumis à une autorisation d'exploitation commerciale (C. Com., art. L. 752-1).

187 Aut, conc., rapport annuel 2010, étude thématique, « Concurrence et distribution », p. 60.

188 Aut, conc., rapport annuel 2010, étude thématique, « Concurrence et distribution », p. 74.

189 Marie Malaurie-Vignal, « Droit de la distribution », Sirey, 3ème éd., 2015, p. 228.

190 Marie Malaurie-Vignal, « Droit de la distribution », Sirey, 3ème éd., 2015, p. 226.

191 Nicolas Éréseo, « Avis : L'Autorité de la concurrence publie un avis sur les rapprochements des centrales d'achat ou de référencement qui révèle plusieurs risques pour la concurrence, sur les marchés amont ou aval, et formule différentes recommandations à destination du législateur, septembre 2015 », *Concurrences*, n° 3, 2015, Art. n ° 75049, p. 97. Selon lui, l'effet spiral pourrait favoriser partiellement le regroupement entre les distributeurs.

91. Quelles difficultés provoquent ces rapprochements ? En premier lieu, après ces accords, il s'avère que quatre grands acheteurs (ITM/Casino, Carrefour/Cora, Auchan/Système U, E. Leclerc) détiennent ensemble plus de 90 % des parts de marché aval de la distribution[192]. En second lieu, les accords de rapprochement peuvent causer plusieurs risques significatifs au regard de la concurrence : *« échanges d'informations sensibles »*, *« collusion liée à la symétrie accrue des coûts »*, *« limitation de la mobilité inter-enseignes »* sur les marché aval, et *« limitation de l'offre »*, *« réduction de la qualité ou de l'incitation de certains fournisseurs à innover ou investir »* et *« éviction de certains fournisseurs »* sur les marchés amont[193]. Nous nous préoccupons notamment des effets pervers sur les fournisseurs de la concentration élevée sur le marché aval. Côté fournisseurs, la concentration élevée sur le marché aval de distribution signifie moins d'alternatives pour accéder aux grands distributeurs et à leurs centrales et dans le même temps plus de dépendance à leur égard. Dans ce contexte, il se pourrait que le rapport de force déséquilibré entre la grande distribution et le fournisseur s'aggrave et se consolide[194].

92. En conséquence, cette concentration exorbitante sur le marché aval peut de plus affaiblir l'efficacité des mesures comportementales. Car l'effet du « facteur crainte » s'accroît sur un marché concentré sur lequel la victime peine à trouver d'autres partenaires. *A posteriori*, l'abus de puissance économique par les parties fortes peut avoir le vent en poupe sur le marché concentré. L'ADLC croit pareillement que *« cette concentration suscite également un deuxième type de craintes, concernant un déséquilibre accru dans les relations commerciales entre fournisseurs et distributeurs, le renforcement de la grande distribution lui permettant d'exiger des petits fournisseurs des concessions qui pourraient affaiblir considérablement ces derniers, voire les faire disparaître »*[195].

L'effet spiral signifie que si le distributeur perd sa puissance d'achat sur les marchés amont, il risque de reculer aussi sur le marché aval, enfin, d'être évincé par ce dernier.

[192] Aut. conc., avis n° 15-A-06, préc, p. 34.

[193] Aut. conc., avis n° 15-A-06, préc, p. 67. Dans cet avis, l'Autorité recommande *« l'utilisation de critères objectifs et non discriminatoires aux fins de la sélection des fournisseurs concernés, en tenant compte de l'impact que peuvent avoir leurs rapprochements sur les modes de négociation ... »*. Selon Marie Malaurie-Vignal, « *La même liberté bénéficie aux enseignes de la distribution qui sont libres de choisir leurs fournisseurs. Cependant, les enseignes de distribution peuvent prévoir de subordonner la sélection des fournisseurs à des conditions d'agrément... Les critères de sélection des fournisseurs ne doivent pas conférer un avantage concurrentiel injustifié (ex. : attribution d'un label de qualité non justifié)* ». Marie Malaurie-Vignal, « Rapprochement entre centrales d'achat et de référencement », Contrats Concurrence Consommation, n° 8-9, 2015, Commentaire.

[194] Par exemple, les centrales pourraient exclure leurs contractants avec des critères arbitraires afin de soumettre leurs partenaires actuels et éventuels.

[195] Aut, conc., rapport annuel 2010, étude thématique, « Concurrence et distribution », pp.100 et 101.

B. La concentration nationale en Corée

93. La concentration sur le marché de la distribution de détail à l'échelle nationale semble plus grave en Corée qu'en France. Les trois premiers distributeurs géants détiennent d'importantes parts de marché sur le marché de la grande distribution et sur celui des grands magasins en Corée **(1)**, à la suite de nombreuses acquisitions des concurrents et des guerres de prix entre distributeurs concurrents **(2)**.

1. Les indices de la concentration excessive

94. Le marché de distribution en Corée [196] devient rapidement très concentré, sans qu'il soit pris conscience de sa gravité, du fait de son regroupement autour de quelques grandes entreprises de distribution. Dans le secteur de la grande distribution, selon la *KFTC*, en 2014, les trois premières enseignes de la grande distribution (*Emart*, *Homeplus, Lotte mart*) possèdent 65,6 % de parts de marché[197]. Et d'autres parts de marché sont fragmentées par de nombreux petits distributeurs locaux.

Tableau 2 : Panorama des parts de marché des trois premières grandes distributions en Corée

Les parts de marché	2010	2011	2012	2013	2014
Les parts de marché cumulées des trois premiers opérateurs	68,3 %	69,1 %	67,7 %	67,2 %	65,6 %
Emart	28,3 %	28,6 %	28,3 %	27,9 %	28,2 %
Homeplus	24,3 %	23,8 %	23,0 %	23,4 %	22,4 %
Lotte mart	15,7 %	16,7 %	16,4 %	15,9 %	15,0 %

Sources : KFTC, décision, n° 2016-221 du 20 juillet 2016

95. A notre connaissance, la concentration sur le marché aval des produits de grande surface est, pour le moment, considérée comme excessive en Corée. Par rapport à la France, le degré de concentration en Corée paraît plus sérieux à l'aune du nombre des trois (3) principaux acteurs et de leurs parts importantes de marché. En France, il y a huit concurrents effectifs de taille considérable (*Auchan, Carrefour, Casino, E. Leclerc, ITM Entreprises, Système U, Lidl et Aldi).* En outre, en raison de la libre circulation des produits, des personnes et des capitaux au niveau de l'Union européenne,

[196] Lors du contrôle de concentration, la *KFTC* considère que le marché de grande distribution est un marché pertinent séparé d'autres marchés de détail, en considération de son accès au libre-service et de son prix relativement bas. Ho-Young LEE, « Droit anticoncurrentiel », Hongmoonsa, 5ème éd., 2015, pp. 112 et 113. KFTC, décision, n° 2008-285 du 27 octobre 2008.

[197] KFTC, décision, n° 2016-221 du 20 juillet 2016.

d'autres marques européennes pourraient entrer sur le marché français, à l'exemple de Lidl et d'Aldi dont les sièges se situent en Allemagne.

96. Ensuite, le marché du grand magasin[198][199] se montre plus concentré en Corée. D'après la KFTC, en 2013, les trois premiers grands magasins (*Lotte Departement Store, Hyundai Departement Store, Shinsegae Departement Store*) captent 77,5 % de parts de marché des grands magasins[200]. En Corée, il existe au total sept entreprises de grands magasins.

Tableau 3 : Panorama des parts de marché des trois premiers grands magasins en Corée

	2010	2011	2012	2013
Les parts de marché cumulées des trois premiers opérateurs	82,0 %	76,4 %	77,2 %	77,5 %

Sources : KFTC, « Livre blanc sur le commerce loyal 2015 », 2015, p. 442.

2. Le déroulement de la concentration excessive

97. Depuis l'ouverture du premier magasin de grande distribution qui a pour nom *Emart* en 1993, l'histoire de la grande distribution a démarré en Corée[201]. Puis, à la suite du cycle d'Uruguay (*Uruguay Round*) sur la négociation commerciale, le marché de la distribution en Corée a permis un accès global aux entreprises étrangères en 1996 avec la suppression des limites concernant la surface et la quantité maximale de magasins. Cela a favorisé la pénétration du marché coréen de la distribution par l'enseigne française Carrefour, l'américaine *Walmart* et la britannique *Homeplus*, etc.[202].

98. Dans cette concurrence forte entre entreprises coréennes et étrangères pour prendre les premières le marché coréen de grande distribution, le nombre de magasins de grande distribution en Corée se trouve en plein essor et, dix ans après sa première installation, la grande distribution occupe la première place de la distribution en détail. En Corée, les grands magasins, les supermarchés locaux et indépendants inférieurs aux 3,000 m², les petits commerçants spécialisés et les marchés couverts ou sur la voie publique

---

[198] Ces entreprises de grands magasins sont équivalentes au « *Printemps* » ou aux « *Galeries Lafayette* » en France. Lors du contrôle de concentration, la *KFTC* considère que le marché du grand magasin devient le marché pertinent séparé d'autres marchés de détail, compte tenu de ses produits coûteux de qualité supérieure. KFTC, décision, n° 2015-210 du 25 juin 2015. Sang-Hyean GWACK et Bong-Eui LEE, « *Regulation Law of Business Combination* », Bobmunsa, 2012, pp. 83 et 84.

[199] En Corée, la plupart des grands magasins ont des rayons de produits alimentaires haut de gamme, tels que les produits agricoles et maritimes. Quant aux types de produits vendus, il n'y a guère de différence entre la grande distribution et le grand magasin.

[200] KFTC, « Livre blanc sur le commerce loyal 2015 », 2015, p. 442.

[201] KFTC, décision, n° 2016-190 du 8 juillet 2016.

[202] Su-Young PARK, « L'interprétation de la loi sur le grand distributeur », Fides, 2013, p. 21.

constituaient, autrefois, les principaux canaux de distribution de détail des produits alimentaires ou ménagers.

99. Avec l'arrivée de la grande distribution en Corée, de nombreux distributeurs de type PME se virent évincés du marché de distribution suite à la violente guerre des prix et des services. A l'origine, il semblait difficile d'envisager qu'ils puissent concurrencer les géants de la distribution, nationaux ou étrangers. Aussi, la crainte largement répandue en Corée était-elle que la grande surface finirait par délaisser les petits commerçants voisins et par porter atteinte aux profits des fournisseurs du fait de sa position infiniment supérieure[203].

100. Sur ce point, la Corée continue à élaborer des législations diverses contre les grands distributeurs. Ainsi, « la loi sur le développement de l'industrie de distribution » contrôle le développement immodéré des grands distributeurs à la lumière de l'urbanisme[204]. Pour l'implantation d'un nouveau « magasin de grande envergure », il faut que l'entreprise s'enregistre préalablement auprès des administrations régionales (article 8). Un magasin d'entreprise, dont les surfaces totales des magasins excèdent les 3,000 m^2, peut devenir un « magasin de grande envergure » selon cette loi (article 2)[205]. Dans la pratique, la démarche pour procéder à cet enregistrement auprès de l'administration régionale est complexe compte tenu des différentes barrières destinées à la protection des petits commerçants. D'ailleurs, en fonction des tailles des grands distributeurs, « la loi sur le développement de l'industrie de distribution » contrôle les horaires d'ouverture des grands magasins[206].

101. Au fil du temps, le marché de la grande distribution en Corée commence à parvenir à quasi-saturation à la fin de l'année 2000 en raison de la pénurie d'emplacements urbains disponibles pour les magasins et surtout des contraintes administratives fortes pesant sur l'installation et l'extension des magasins de grande distribution[207]. Dans ce contexte hostile à la grande distribution, les grandes entreprises de distribution n'ont eu de cesse de parvenir à la fusion et à l'acquisition de distributeurs concurrents, soit petits et locaux, soit grands et nationaux, pour échapper à l'entrave administrative. Par exemple, le groupe *Eland* a racheté la moitié des capitaux du Carrefour *Korea* en avril 2006 pour 750 millions d'euros à la condition imposée par la

---

203 KFTC, « Livre blanc sur le commerce loyal 2016 », 2016, p. 478.

204 L'administration régionale exerce la réglementation indirecte relative à l'obtention de la propriété foncière au sens de « la loi sur la construction ».

205 Ce magasin se caractérise par le service à plein temps et les produits vendus sans recours à l'employé.

206 Hyuk LEE, « L'étude sur la légalité des *Business* restrictions vers les grands distributeurs », *Commercial Law Review*, n° 86, mai 2015, pp. 319 et s.

207 KFTC, décision, n° 2016-221 du 20 juillet 2016. Selon cette décision, le total du marché coréen de grande distribution est estimé à environ 30 milliards d'euros en 2013.

KFTC de céder trois magasins régionaux de Carrefour[208]. Ainsi, quelques grandes entreprises de distribution rendent, à la suite de la disparition des concurrents et des regroupements des distributeurs, ce marché constamment plus oligopolistique[209].

102. *A priori*, il paraît regrettable que le contrôle de l'opération de concentration par la *KFTC* ne distingue pas les seuils de l'obligation de notification soit dans le secteur du commerce de détail soit pour l'opération dans d'autres secteurs tels que l'industrie de la fabrication. Effectivement, l'obligation de notification préalable à la *KFTC* s'applique, lorsque l'actif total ou le chiffre d'affaires du repreneur est supérieur à 200 milliards de wons (environ 160 millions d'euros), ou lorsque l'actif total ou le chiffre d'affaires de la société reprise est supérieur à 20 milliards de wons (environ 16 millions d'euros) sans préjudice du secteur en question (article 12, ① de la LRMCL et l'article 18 de son décret présidentiel). Depuis 1996, plusieurs acquisitions de distributeurs sont autorisées en Corée par la *KFTC* sur la base de critères relativement souples et opportuns dans le secteur de la fabrication. Nous pouvons en conclure qu'en tenant compte des différences significatives entre les deux marchés de fabrication et de distribution, il serait nécessaire d'adopter une réforme différenciant les seuils du contrôle de l'opération de concentration en fonction des secteurs, comme le fait l'article L. 430-2 du Code de commerce.

103. Enfin, nous ajoutons un point remarquable concernant le commerce de détail en Corée. À la différence de la France, les centrales d'achat ou de référencement n'existent pas en Corée. Chaque enseigne de la grande distribution négocie elle-même avec les fournisseurs. En Corée, la notion de centrale d'achat ou de regroupement se révèle inacceptable, puisque les Coréens pensent que l'entreprise de la grande distribution représente déjà en soi une grosse menace par rapport aux fournisseurs et aux distributeurs PME. En revanche, les petits distributeurs peuvent se regrouper sous forme de société de coopération.

§ 2. La concentration élevée au niveau local

104. A l'insu de l'autorité, le marché local de la distribution est fortement concentré en France à cause des choix stratégiques des distributeurs **(A)**. Bien qu'une étude empirique sur ce problème n'existe pas encore en Corée, la situation n'est pas très différente **(B)**.

---

[208] KFTC, décision, n° 2006-261 du 6 novembre 2006.

[209] KFTC, « Livre blanc sur le commerce loyal 2016 », 2016, p. 478.

A. La concentration régionale en France

105. En France, la concentration sur les marchés régionaux pouvait être présumée, mais pas clairement constatée par l'étude empirique. Toutefois, un avis de l'ADLC sur la ville de Paris (n° 12-A-01) a fait état de la concentration régionale en France **(1)**, et a déclenché plusieurs nouveaux enjeux relatifs à la concentration élevée sur le marché local en France **(2)**.

1. Les indices de la concentration excessive

106. L'ADLC a commencé à sensibiliser sur la question de cette concentration élevée sur le marché local : *« la proportion de zones de chalandise susceptibles d'être dominées par un seul opérateur est vraisemblablement inférieure à 10 %, voire à 5 %, sur le format des supermarchés. En revanche, le degré de concentration élevée d'une part très significative des zones de chalandise est confirmé, notamment dans le cas des hypermarchés et du commerce de proximité. Dans le premier cas, au moins 40 % des zones de chalandise où sont présents les distributeurs ayant répondu à notre demande peuvent être considérées comme concentrées. Dans le second, c'est plus de 85 % des communes échantillonnées qui présentent un marché du commerce de proximité concerné et 65 % des communes de plus de 100 000 habitants*[210] ».

107. En réalité, le cas du groupe Casino en représente une bonne illustration. Selon la statistique précitée de la DGCCRF[211], le groupe Casino (Casino/Franprix/Leader Price/Monoprix) détient 10% des parts du marché national dans les grandes enseignes alimentaires en France, et occupe la quatrième place derrière Carrefour (21 %), E. Leclerc (17 %) et ITM Entreprises(14 %), et il se situe tout juste devant Système U (9 %) et Auchan (8 %). A première vue, il semble que le groupe Casino ne dispose pas d'une position forte face à des concurrents assez puissants avec des parts de marché au moins équivalentes aux siennes. En conséquence, il est difficile d'imaginer que le groupe Casino acquière lui-même une position trop forte ou un statut d'oligopole sur le marché français alimentaire à l'échelle autant nationale que régionale.

108. Néanmoins, si nous braquons notre projecteur sur la région, le groupe Casino peut gagner le statut d'oligopole dans la grande ville. Un avis n° 12-A-01 de l'ADLC a bien soulevé le problème de la concentration excessive dans le secteur de la distribution à Paris[212]. Cet avis dit qu'à Paris la part de marché du groupe Casino s'élève à plus de 50 % et qu'elle est de trois fois supérieure à celle de son 2ème concurrent. En effet, à Paris, la part de marché en surface s'élève à 61,7% (Casino 44,3%, Monoprix 17,4 %) et

---

[210] Aut. conc., avis n° 10-A-26, préc, p. 22.
[211] DGCCRF, eco n° 25, préc.
[212] Aut. conc., avis n° 12-A-01, préc.

celle en part de chiffre d'affaires à 50 –70 % (Casino [30-40] %, Monoprix [20-30] %). Encore, selon ce même avis, *« le groupe Casino détient plus de la moitié des magasins dans 54 quartiers sur 80, et même plus de 80 % des magasins dans 11 quartiers, également la part de marché (en chiffre d'affaires) du groupe Casino est supérieure à 50 % dans 69 quartiers sur 80... Elle est supérieure à 80 % dans 15 quartiers sur 80 ».*

109. Nous pouvons ajouter d'autres exemples de concentration élevée au niveau local en France. Dans un rayon de 10 km autour de Strasbourg, les groupes Auchan et Cora possèdent respectivement 50 et 26 % de la surface en mètres carrés des hypermarchés et des grands supermarchés. De plus, généralement, « *la part de marché cumulée des deux premiers groupes (en termes de surface de vente) est supérieure à 60 % dans trente-trois départements pour les magasins de plus de 1 500 m^2, et dans quatorze départements pour les magasins de plus de 400 m^2* »[213].

2. Le processus de la concentration excessive

110. L'Autorité a attribué plusieurs causes à cette concentration au niveau local dans l'avis n° 12-A-01 sur Paris. D'abord, elle détermine, en général, que les « zones de chalandise » des magasins alimentaires de détail se montrent très limitées par rapport aux marchés géographiques à l'amont des approvisionnements, expliquant cette situation par la tendance des consommateurs et par « l'accessibilité des magasins »[214]. En conséquence, les zones des chalandises à Paris sont estimées de taille inférieure à un arrondissement. Dans ce contexte, l'Autorité croit que l'impact de la concurrence par les prix des produits entre les distributeurs se doit d'être limité. Autrement dit, non seulement les magasins ne peuvent attirer de manière significative des clients par une baisse de prix, mais encore ils ne perdent pas de manière significative des clients suite à une hausse de prix. Elle en conclut que malgré les implantations de magasins concurrents, les

---

[213] Marie-Laure Allain, Claire Chambolle et Thibaud Verge, « La loi Galland sur les relations commerciales ; jusqu'où la réformer ? », Rue D'Ulm, 2013, p. 59.

[214] Aut. conc., décision, n° 11-DCC-05 du 17 janvier 2011 relative à la prise de contrôle exclusif de la société Distri Sud-Ouest par la société Retail Leader Price Investissement. « *L'Autorité de la concurrence a rappelé qu'en fonction de la taille des magasins concernés, les conditions de la concurrence devaient s'apprécier sur deux zones différentes : - un premier marché où se rencontrent la demande des consommateurs d'une zone et l'offre des hypermarchés auxquels ils ont accès en moins de 30 minutes de déplacement en voiture et qui sont, de leur point de vue, substituables entre eux ; - un second marché où se rencontrent la demande des consommateurs et l'offre des supermarchés et formes de commerce équivalentes situés à moins de 15 minutes de temps de déplacement en voiture*. En plus, l'ADLC ajoute que « *le commerce d'alimentation générale de proximité se caractérise par une clientèle composée majoritairement de personnes habitant à moins de 500 mètres du point de vente, se rendant à pied sur le lieu de ventes et réalisant des achats de faibles montant* ».

magasins du groupe Casino ne baisseront pas leurs prix et qu'ils ne perdront pas de façon alarmante leurs clients ni leurs marges de bénéfices.

111. Par contre, d'après cet avis, les concurrents de Casino ont des difficultés significatives à pénétrer le marché de Paris en considération de barrières soit administratives soit économiques à l'exemple des frais d'investissement. Aussi les concurrents s'intéressent-ils moins aux implantations de leurs nouveaux magasins à Paris où le groupe Casino dispose déjà d'une position solide et d'avantages établis. Selon cet avis, quand une enseigne de la grande distribution occupe un marché local de distribution de détail devant d'autres enseignes de distributions concurrentes, à l'exemple du groupe Cora à Paris, les enseignes concurrentes renoncent à ce marché et se tournent vers d'autres marchés locaux ou à la périphérie d'une grande ville.

112. Nous ne pouvons ignorer que l'acquisition entre distributeurs représente une cause majeure de la concentration élevée à Paris. Comme l'ADLC le reconnaît elle-même, la position actuelle anormalement puissante du groupe Casino à Paris est principalement due à son acquisition entre 1998 et 2000 des enseignes *Franprix* et *Leader Price*, car, auparavant, Casino ne détenait que 5% des surfaces de vente en supermarché et possédait 10 magasins à Paris[215]. Sur ce point, l'Autorité, qui a donné son assentiment à ces acquisitions controversables, peut difficilement échapper à la critique formulée à son encontre pour n'y avoir pas prêté attention lors de l'examen des concentrations[216].

113. Cependant, dans l'avis concernant la ville de Paris, l'ADLC a préconisé plusieurs recommandations face à cette concentration excessive à l'échelle régionale : l'assouplissement des contrats d'affiliation entre les grandes enseignes et les distributeurs indépendants, une injonction structurelle telle que la cession forcée de magasins [217]. L'injonction structurelle prévue dans le projet de loi Macron a d'ailleurs été motivée par ces recommandations de l'ADLC[218]. Nous aborderons cet instrument très polémique plus avant.

---

[215] Aut. conc., avis n° 12-A-01, préc, p. 10.

[216] Marie Malaurie-Vignal, « L'injonction structurelle et le projet de loi Macron », Recueil Dalloz, 2015, p. 690. Marie Malaurie-Vignal, « Réflexions entre les liens existant entre urbanisme commercial, contrôle des structures et protection de la concurrence », Recueil Dalloz, 2012, p. 691.

[217] David Bosco a dénoncé cette recommandation de l'ADLC sur l'injonction structurelle au motif que cela permet à l'ADLC d'enjoindre au groupe Casino de céder des magasins à ses concurrents pour une domination du marché et une préférence d'un équilibre des forces. David Bosco, « Dernière étape du dirigisme concurrentiel : l'injonction structurelle », Contrats Concurrence Consommation, n° 3, 2012, repère 3.

[218] Martine Béhar-Touchais, « L'injonction structurelle sans faute ou les excès de la régulation », Revue des contrats, n° 3, septembre 2015, p. 536.

B. La concentration régionale en Corée

114. Pour le moment, la *KFTC* s'intéresse moins que l'ADLC à la gravité du phénomène de la concentration sur le marché local de la distribution **(1)**. Néanmoins, la *KFTC* veille à la concentration excessive au niveau local lors du contrôle de l'opération de concentration **(2)**.

1. Les indices non établis de la concentration

115. En Corée, bien que la concentration élevée à l'échelle régionale puisse causer un véritable problème vis-à-vis des opérateurs économiques et des consommateurs, ses effets néfastes se sont moins manifestés jusqu'à présent, en comparaison de la concentration nationale. En d'autres termes, les études empiriques exhaustives comme l'avis sur Paris de l'ADLC, démontant concrètement et synthétiquement les problèmes de la concentration locale, n'existent pas encore en Corée. Les Coréens s'intéressent davantage pour le moment à la concentration au niveau national ou à l'installation des nouveaux magasins au détriment des petits commerçants.

116. Mais, nous ne pouvons pas exclure que la concentration locale en Corée puisse un jour être aussi grave qu'en France. De fait, dans plusieurs régions, il y aurait des cas de concentration très élevée au niveau local comme à Paris. Notamment, comme nous venons de le vérifier auparavant en matière de concentration à l'échelle nationale, les grandes entreprises de distribution ont réalisé en Corée de nombreuses fusions et acquisitions de petits distributeurs en vue d'échapper aux régulations lourdes de l'administration régionale régissant l'installation des magasins. Dans la mesure où les distributeurs repris étaient souvent des distributeurs locaux, il paraît vraisemblable que le marché local de distribution se trouve concentré à la suite des absorptions continues. Il conviendrait que la *KFTC* montre dès que possible qu'elle prend le problème au sérieux, sous forme d'avis ou de Livre blanc spécifiquement dédiés au monopole sur le plan local.

2. La prise en considération lors du contrôle de l'opération de concentration

117. S'agissant de l'examen des opérations de concentration, la *KFTC* n'est pas indifférente au problème de la concentration au niveau régional. Par exemple, il y a l'affaire de l'acquisition, par la première entreprise (*Lotte Departement Store*) du marché de la distribution sous forme de grand magasin, d'un grand magasin local se situant dans la ville de *Changwon.* Ce qui s'avérait problématique, *Lotte Departement Store* possédant déjà son propre grand magasin à *Changwon*[219]. Dans cette affaire, la *KFTC* confirme

---

[219] Par rapport aux grandes distributions, qui peuvent s'établir à la périphérie d'une ville, les grands magasins, qui se situent généralement au centre-ville, sont moins nombreux. Autour de la ville de *Changwon*, il n'y avait que trois grands magasins. Pareillement, autour de

que *Lotte Departement Store* détiendra 64, 2 % de parts de marché sur ce marché régional autour de la ville de *Changwon* suite à l'acquisition de ce grand magasin et elle considère qu'il y aura atteinte à la concurrence par rapport aux fournisseurs qui font des affaires autour de cette ville. Par suite, la *KFTC* a infligé cette injonction au repreneur d'un magasin : l'interdiction d'augmenter le taux de commission de vente des produits approvisionnés par les fournisseurs locaux sur une durée de trois ans[220].

118. Cette mesure imposée à un grand distributeur de ne pas augmenter le taux de commission de vente payée par les fournisseurs locaux se révèle tout à fait unique dans les affaires de concentration traitées par la *KFTC*, puisque celle-ci impose en temps normal à la concentration entre les grands distributeurs des conditions selon lesquelles la société absorbante ne doit pas augmenter le prix à la consommation de certains produits sur quelques années. Selon la *KFTC*, cette injonction spécifique pour la protection des petits fournisseurs locaux est nécessaire afin d'empêcher que le grand distributeur n'abuse de sa puissance économique sur le marché régional au travers de la hausse du taux de commission de vente réglée par les fournisseurs locaux[221]. Or, nous pouvons nous demander si la protection des fournisseurs représente la finalité principale du contrôle de la concentration entre les distributeurs. Nous espérons néanmoins que la concentration du marché local de la distribution suscite davantage l'intérêt du public en Corée après cet examen de l'opération de concentration par la *KFTC* (KFTC, décision, n° 2015-210 du 25 juin 2015).

Strasbourg en France, il n'y a que deux grands magasins : les « *Galeries Lafayette* » et le « *Printemps* ». En conséquence, la reprise d'un grand magasin pourrait porter une atteinte cruciale à la concurrence sur le marché.

[220] KFTC, décision, n° 2015-210 du 25 juin 2015. KFTC, « Livre blanc sur le commerce loyal 2015 », 2015, pp. 260 et 261.

[221] KFTC, communiqué de presse du 1er juin 2015 relatif à la violation d'une règle sur le contrôle de l'opération de concentration par *Lotte Departement Store.*

CONCLUSION CHAPITRE I TITRE I PARTIE I

119. Dans les rapports de force déséquilibrés, par exemple entre grande distribution et petits fournisseurs, la partie puissante peut aller jusqu'à manipuler la partie faible au contrat pour contourner la réglementation. La résistance de la partie faible aux pratiques restrictives de la concurrence est vaincue, sans peine, par la puissance d'achat de la grande distribution et par le « facteur crainte » des fournisseurs. Face à ces ennemis puissants et capricieux, les mesures législatives comportementales contre les abus de puissance économique apparaissent parfois naïves et précipitées.

120. D'ailleurs, dans le processus de concentration élevé sur le marché de la distribution de détail, la grande distribution exerce une influence sans précédent vis-à-vis de ses fournisseurs. Après la guerre féroce des prix entre les distributeurs et les opérations de concentration continuelles, les enseignes victorieuses s'emparent du marché de la distribution. Ensuite, en matière de marchés régionaux des grandes distributions, une concentration plus importante finit par être observée au niveau local.

121. Dans ces circonstances, les mesures comportementales existantes paraissent imparfaites pour lutter contre les abus de puissance économique, notamment ceux commis par la grande distribution.

CHAPITRE SECOND

La tentation des mesures structurelles

122. Dès lors que les mesures comportementales ne résolvent pas efficacement les abus de puissance économique de la grande distribution et que le marché de distribution demeure très concentré, de nouvelles solutions doivent être trouvées pour déconcentrer le marché de détail occupé par quelques distributeurs.

123. A cet effet, nous allons envisager les dispositifs applicables actuels grâce auxquels l'ADLC peut intervenir directement sur le marché français **(SECTION I)**, puis, nous analyserons la raison pour laquelle le projet d'extension de l'injonction structurelle à la métropole par la loi Macron a échoué et la façon dont nous pouvons améliorer les points faibles de ce projet **(SECTION II)**.

En revanche, en Corée, la *KFTC* n'a pas du tout vocation à mettre en œuvre l'injonction structurelle *ex post,* soit pour les pratiques anticoncurrentielles, soit pour les pratiques restrictives de concurrence, soit pour les prix ou les marges élevés. S'agissant du dispositif *ex ante*, la *KFTC* examine préalablement l'opération de concentration dont résulterait un marché significativement concentré. Mais les textes spécifiquement consacrés au distributeur en matière d'opération de concentration n'existent pas. Par exemple, le seuil déclenchant l'obligation de notifier les concentrations à la *KFTC* est identique pour les fabricants et les distributeurs.

Aussi allons-nous envisager prioritairement les règles existant en France et, en particulier, l'injonction structurelle.

SECTION I. LES DISPOSITIFS LIMITÉS APPLICABLES SUR LE MARCHÉ FRANÇAIS

124. En France, le législateur n'ignore pas la nécessité de déconcentrer les marchés de détail. Aussi bien en métropole **(§ 1)** que dans les DOM[222] **(§ 2)**, des dispositions diverses contre la concentration du marché de détail sont en vigueur.

§ 1. Les dispositifs relevant du droit de l'équipement commercial

125. En vue de prévenir la concentration élevée sur le marché de détail, les dispositions *ex ante* sont préparées en France, soit à travers le contrôle préalable des concentrations de l'autorité, soit à travers l'assouplissement des contrats d'affiliation dans le secteur de la distribution. Néanmoins, leur efficacité paraît restrictive pour améliorer fondamentalement le marché concentré **(A)**.

126. L'ADLC a pour vocation de prononcer les injonctions structurelles sur le marché gravement concentré en cas d'abus. Cependant, nous verrons que ce dispositif *ex post* se trouve très difficile à appliquer en raison de la rigueur des conditions **(B)**.

A. Les dispositifs *ex ante*

127. En France, plusieurs dispositifs *ex ante* concernant la reprise des concurrents peuvent aboutir au contrôle de la concentration du marché de détail **(1)**. Aussi, la loi Macron a-t-elle ajouté de nouvelles dispositions supplémentaires en vue de déconcentrer le marché de détail **(2)**.

1. Les dispositifs relevant du contrôle des concentrations

128. En France, le législateur a statué sur plusieurs mesures dans l'objectif de prévenir préalablement la concentration élevée sur le marché. Mais, en considérant des marchés déjà significativement concentrés, ces dispositifs *ex ante* existants ne suffisent pas à améliorer en profondeur la situation actuelle.

129. Il convient de s'intéresser au contrôle *ex ante* de l'opération de concentration, premier outil en France pour lutter contre le marché concentré. En ce qui concerne le commerce de détail, le contrôle de la concentration joue un rôle important, celui de prévenir les rapprochements susceptibles de créer des positions dominantes au niveau local, de dissuader les opérateurs de tenter la concentration qui réduirait la concurrence,

[222] La Guadeloupe, la Martinique, la Guyane, la Réunion et Mayotte, ainsi que Saint-Barthélemy, Saint-Martin Wallis-et-Futuna, et Saint-Pierre-et-Miquelon, etc.

d'améliorer les connaissances générales de l'ADLC sur le marché[223]. Notamment, avant mars 2009 en France, l'acquisition d'un ou de quelques magasins au niveau régional pouvait échapper à un examen *ex ante* par l'ADLC, car elle se situait normalement en dessous des seuils pour l'application de l'obligation. Ces reprises continues de magasins indépendants et locaux par la grande distribution ont abouti lentement et de manière souterraine à une concentration très forte au niveau national[224].

130. En conséquence, « la LME » a baissé les seuils de manière significative : 75 millions d'euros contre 150 millions d'euros, et 15 millions d'euros contre 50 millions d'euros[225][226]. Cette exception à l'égard du marché de détail permet d'effectuer « *un contrôle plus effectif des opérations de concentration dans la grande distribution* »[227]. Et cette différence spécifique des seuils est considérée comme raisonnable à l'aune de la distinction du marché amont de l'approvisionnement et du marché aval de la distribution[228]. En pratique, cette baisse des seuils a augmenté les contrôles des opérations dans le commerce de détail par l'ADLC qui a adopté 101 décisions dans ce secteur entre le 2 mars 2009 et le 31 décembre 2010[229].

131. Pourtant, ce contrôle préalable de concentration nous paraît actuellement insuffisant surtout en matière de concentration forte à l'échelle locale. Sur ce point, nous partageons l'opinion de l'ADLC dans son avis n° 12-A-01 sur Paris. En premier lieu, dans la plupart des magasins à Paris, le chiffre d'affaires ne dépasse pas les seuils de 15 millions d'euros pour l'obligation de notification à l'ADLC conformément à l'article L. 430-2, II

---

[223] Aut, conc., rapport annuel 2010, étude thématique, « Concurrence et distribution », pp. 84 et 85.

[224] Aut, conc., rapport annuel 2010, étude thématique, « Concurrence et distribution », pp. 85 et 86.

[225] C. com. L.430-2, II.- Lorsque deux au moins des parties à la concentration exploitent un ou plusieurs magasins de commerce de détail, est soumise aux dispositions des articles L. 430-3 et suivants du présent titre toute opération de concentration, au sens de l'article L. 430-1, lorsque sont réunies les trois conditions suivantes : le chiffre d'affaires total mondial hors taxes de l'ensemble des entreprises ou groupes de personnes physiques ou morales parties à la concentration est supérieur à 75 millions d'euros ; le chiffre d'affaires total hors taxes réalisé en France dans le secteur du commerce de détail par deux au moins des entreprises ou groupes de personnes physiques ou morales concernés est supérieur à 15 millions d'euros ; l'opération n'entre pas dans le champ d'application du règlement (CE) n° 139/2004 du Conseil, du 20 janvier 2004, précité.

[226] Emmanuelle Claudel mentionne un des problèmes posés par ces seuils : « *l'abaissement des seuils est utile pour les concentrations entre hypermarchés ou supermarchés, mais pas pour les opérations concernant le commerce de proximité* ». Emmanuelle Claudel, « Régulation de la distribution par les autorités de concurrence. Quels objectifs ? », Revue Lamy Droit des Affaires, n° 83, juin 2013, p. 9.

[227] Marie Malaurie-Vignal, « Droit de la concurrence interne et européen » : Sirey, 6ème éd., 2013, p. 315.

[228] Didier Ferrier et Nicolas Ferrier, « Droit de la distribution » : LexisNexis, 7ème éd., 2014, p. 431.

[229] Aut, conc., rapport annuel 2010, étude thématique, « Concurrence et distribution », p. 87.

du Code de commerce. En outre, l'abaissement de ces seuils ne pourrait avoir qu'un effet restrictif. En effet, l'élargissement du groupe Casino à Paris ne résulte pas d'une opération de concentration, mais de l'ouverture ou de l'affiliation des points de vente. S'agissant de ce développement « *en interne* » de la distribution, « *le droit des concentrations n'a donc pas vocation à s'appliquer* »[230]. De plus, un renforcement du contrôle préalable de l'ouverture des nouveaux magasins risque de conduire également ses concurrents à renoncer aux projets d'ouverture des magasins[231]. En second lieu, le contrôle *ex ante* se borne proprement à l'intervention avant l'exécution de la pratique concernée. Autrement dit, en ce qui concerne le marché déjà sérieusement concentré avant l'opération, le contrôle des concentrations n'a pas assez d'efficacité[232]. L'ADLC a bien exprimé, dans son avis sur Paris, cette limitation du contrôle des concentrations : « *un contrôle ex ante, sous la forme du contrôle des concentrations, mais qui ne permettrait que d'éviter un renforcement de la position détenue par les opérateurs les plus importants* »[233].

2. Les dispositifs ne relevant pas du contrôle des concentrations

132. En France, eu égard à ces points faibles du contrôle de concentration, la loi Macron a créé deux nouveaux instruments législatifs pour lutter contre les marchés de distribution concentrés. De fait, les articles L. 341-1 et L. 341-2 du Code de commerce parlent de l'échéance commune et des résiliations conjointes des contrats concernés. Ils ont pour objet de favoriser le changement d'enseigne des magasins indépendants après l'échéance du contrat d'affiliation en assouplissant les contrats de franchise. Ces nouveaux textes ont sans doute été inspirés par les avis n° 10-A-26 de l'ADLC[234]. Dans son avis, l'ADLC a exposé ses inquiétudes quant au problème du durcissement et de l'immobilité des contrats d'affiliation dans le secteur de la distribution de l'alimentation[235].

---

[230] Emmanuelle Claudel, « Régulation de la distribution par les autorités de concurrence. Quels objectifs ? », Revue Lamy Droit des Affaires, n° 83, juin 2013, p. 9.

[231] Aut. conc., avis n° 12-A-01, préc, pp. 53 et 54.

[232] Virginie Beaumeunier, « L'injonction structurelle outre-mer dans le commerce de détail », *Concurrences*, n° 2, 2013, p. 17. Dans ce sens, Emmanuelle Claudel dit que « *le contrôle qui s'exerce désormais ne peut remédier à des structures de concurrence qui étaient déjà sclérosées par des situations de concurrence largement concentrées* ». Emmanuelle Claudel, « Régulation de la distribution par les autorités de concurrence. Quels objectifs ? », Revue Lamy Droit des Affaires, n° 83, juin 2013, p. 9.

[233] Aut. conc., avis n° 12-A-01, préc, p. 53.

[234] Martine Béhar-Touchais, « De Lefebvre à Macron : la valse des contrats d'affiliation devant l'Assemblée nationale et le Sénat », Revue des contrats, n° 3, septembre 2015, pp. 532 et 533.

[235] « *La durée relativement longue des engagements souscrits* », « *la multiplicité des contrats et le décalage de leurs échéances* », « *les droits d'entrée à paiement différé* », « *les clauses de non-réaffiliation et de non-concurrence post-contractuelles* », « *les droits de priorité au profit*

133. Cependant, nous doutons de l'efficacité de ces nouveaux instruments sur le marché de la distribution. Le Professeur Marie Malaurie-Vignal énumère les contournements possibles de ces règles par d'autres accords : « *il suffira aux parties de conclure des contrats de société avec prise de participation dans le capital des distributeurs pour échapper à la loi Macron. La tête de réseau, échappant ainsi à la loi Macron, pourra dès lors contrôler les conditions de sortie du distributeur, via des clauses de préemption ou d'agrément !*[236] ». Le Professeur Louis Vogel manifeste lui aussi ses doutes sur ces mesures discutables : « *La loi ... n'atteindra pas son objectif de déverrouillage des contrats de la grande distribution, car celle-ci pourra toujours recourir à des clauses de préemption ou de non-concurrence post-contractuelles* [237] ». En outre, l'avis de l'ADLC qui propose l'assouplissement des contrats d'affiliation reconnaît lui-même que ces mesures ne fonctionnent pas bien dans la région où le taux des magasins franchisé est insignifiant, tel qu'à Paris[238].

134. Ensuite, la loi Macron a légiféré sur l'obligation d'une notification préalable à l'ADLC deux mois avant la conclusion d'un accord de rapprochement entre plusieurs distributeurs (C. Com., art. L. 462-10). Avec la constitution d'une centrale, les distributeurs ont généralement plus de pouvoir sur leurs fournisseurs. L'ADLC fait aussi état des problèmes significatifs liés à la centrale dans son avis n° 10-A-26 précité, « *Si, théoriquement, les magasins indépendants opérant sous une même enseigne sont à même de se concurrencer les uns et les autres, leur politique commerciale est cependant... en grande partie déterminée par la tête de réseau* ». De surcroît, comme nous l'avons déjà constaté, l'ADLC s'inquiète, dans son récent avis n° 15-A-06, des effets secondaires significatifs et variés des rapprochements entre les distributeurs au terme de la concurrence.

135. En outre, la centrale se situe hors de la compétence de l'ADLC au terme du contrôle des opérations de concentration. En effet, dans l'affaire de l'Opéra, le Conseil d'État déclare que la centrale ne possède pas les

---

des groupes de distribution » sont mentionnés comme des freins à la mobilité des magasins indépendants dans cet avis. Pourtant, ces problèmes posés par l'ADLC ne sont pas suffisamment réglés par la loi Macron. « *Contrairement aux vœux de l'Autorité de la concurrence et à ceux du gouvernement, la loi ne prévoit pas de limitation de la durée des contrats d'affiliation à un réseau. La loi laisse les parties contractantes libres de fixer la durée et l'échéance commune de l'ensemble des contrats qui les lient et de prévoir leur tacite reconduction.* ». Marie Malaurie-Vignal, « Les apports de la loi Macron en droit de la distribution », Contrats Concurrence Consommation, n° 11, novembre 2015, comm. 256. p. 33.

[236] Marie Malaurie-Vignal, « Les apports de la loi Macron en droit de la distribution », Contrats Concurrence Consommation, n° 11, novembre 2015, comm. 256. p. 33.

[237] « Le droit de la concurrence et de la distribution après la loi Macron- entretien avec Louis Vogel », AJCA, 2015, p. 392.

[238] Aut. conc., avis n° 12-A-01, préc, p. 52.

caractéristiques d'« *une entité économique autonome* »[239]. À ce titre, l'ADLC a proposé, dans son récent avis, n° 15-A-06 précité « *l'introduction d'une obligation légale d'information de la part des distributeurs pour tout nouvel accord de rapprochement* ». Cette proposition a donné naissance à la règle de la loi Macron. Ce mouvement relève d'« *un premier pas vers un contrôle des opérations de concentration interne (résultant d'accords conduisant à un rapprochement)*[240]». Pour autant, en cas de notification par les distributeurs ou les centrales, l'ADLC ne pourra émettre que des recommandations. Autrement dit, l'opinion de l'ADLC n'a pas force contraignante. Ainsi, la non-notification ou le non-respect de la recommandation ne peuvent être sanctionnés, car la clause de sanction n'existe pas[241]. Enfin, cette mesure se confrontera au problème de son efficacité.

136. Dans le cadre de cette étude comparative, les problèmes posés par les contrats d'affiliation (obstacles à la sortie du contrat) dans le secteur de la distribution d'alimentation ne se rencontrent guère en Corée. Par rapport à la France, les magasins indépendants peuvent modifier leurs enseignes sans grandes entraves, et la durée des contrats est relativement courte. En revanche, en Corée, les refus discrétionnaires touchant le renouvellement du contrat par les grandes enseignes portent quelquefois gravement atteinte aux distributeurs indépendants à l'aune des investissements déjà réalisés. Du fait de cette flexibilité du contrat d'affiliation, les grandes enseignes mettent leurs affiliés en concurrence avec d'autres affiliés potentiels. Donc, contrairement à la France, la garantie de continuation du contrat d'affiliation au profit des distributeurs affiliés demeure un sujet important. D'autre part, dans la mesure où il n'existe pas de centrales en Corée, il n'existe pas de règles spécifiques relatives aux centrales.

B. Les dispositifs *ex post*

137. En France, la LME permet à l'ADLC d'intervenir lorsque la structure du marché de la distribution est très concentrée **(1)**, mais uniquement si elle justifie des conditions d'application très délicates à satisfaire **(2)**. Par contre, en Corée, la *KFTC* n'est pas autorisée à utiliser la mesure structurelle en toutes circonstances.

---

[239] Conseil d'État, décision du 31 mai 2000, n° 213161 213352.

[240] Marie Malaurie-Vignal, « Les apports de la loi Macron en droit de la distribution », Contrats Concurrence Consommation, n° 11, novembre 2015, comm. 256, p. 33.

[241] Marie Malaurie-Vignal, « Les apports de la loi Macron en droit de la distribution », Contrats Concurrence Consommation, n° 11, novembre 2015, comm. 256, p. 35.

1. L'introduction d'une mesure structurelle par la LME

138. Dès lors que le droit des concentrations se montrait impuissant à réguler le marché de la grande distribution qui était déjà fortement concentré, l'Autorité a, dès l'avis n° 07-A-12, demandé la possibilité « *d'agir sur la structure du marché via le pouvoir de prononcer des injonctions structurelles* »[242]. Dans ces conditions, le législateur français a adopté, en 2008, dans le cadre de la LME, un article L. 752-26 du Code de commerce qui a reconnu à l'ADLC un pouvoir d'injonction en matière de commerce de détail[243]. Cette mesure vise également à instaurer « *un équilibre entre la libéralisation des relations "fournisseurs-distributeurs" et le renforcement de la concurrence à l'aval* »[244].

139. L'article L. 752-26 du Code de commerce mentionne l'injonction structurelle liée à la contestation de l'abus de position dominante ou à l'abus de dépendance économique de la part de l'entreprise exploitant un magasin de commerce de détail. En vertu de cet article, l'ADLC peut enjoindre à l'entreprise « *de modifier, de compléter ou de résilier, dans un délai déterminé, tous accords et tous actes par lesquels s'est constituée la puissance économique qui a permis ces abus* ». Cet article permet aussi à l'ADLC de lui imposer de procéder à la cession d'actifs ou des magasins, « *si cette cession constitue le seul moyen permettant de garantir une concurrence effective dans la zone de chalandise considérée* »[245]. A première vue, cet instrument semble suffisamment puissant pour régler le problème du marché déjà concentré.

---

242 Con. conc., avis n° 07-A-12 du 11 octobre 2007 relatif à la législation relative à l'équipement commercial.

243 Emmanuelle Claudel, « Régulation de la distribution par les autorités de concurrence. Quels objectifs ? », Revue Lamy Droit des Affaires, n° 83, juin 2013, p. 9. Thomas Picot et Gildas de Muizon, « Le pouvoir d'injonctions structurelles », Revue Lamy de la Concurrence, n° 43, avril 2015, p. 108.

244 Virginie Beaumeunier, « L'injonction structurelle outre-mer dans le commerce de détail », *Concurrences*, n° 2, 2013, p. 17. « *Cet outil a en effet été conçu comme une sanction complémentaire en cas de réitération, par rapport aux sanctions habituelles de l'Autorité de la concurrence* ».

245 A l'échelon de l'Union européenne, l'article 7-1 du règlement (CE) n° 1/2003 permet à la Commission d'imposer aux entreprises intéressées toute mesure corrective de nature structurelle, dès lors qu'elle est proportionnée à l'infraction et nécessaire pour la cessation effective de l'infraction. Cet article « *limite l'usage des remèdes structurels aux seuls cas dans lesquels des remèdes comportementaux également efficaces n'existent pas ou si ces remèdes comportementaux étaient plus lourds* ». François Souty, « Le droit et la politique de la concurrence de l'Union européenne », Montchrestien, 4ème éd., 2013, p. 144. Ces pouvoirs se développent particulièrement sous la forme d'engagements, ce qu'introduit l'article 9 de ce règlement. Peter Alexiadis et Elsa Sependa, « *Structural remedies under European Union antitrust rules* », *Concurrences*, n° 2, 2013, p. 21.

2. Les conditions très strictes d'application

140. Or, cet outil confié à l'ADLC par « la LME » est jugé inefficace à cause de ses conditions très strictes. Tout d'abord, constater dans la pratique l'existence d'un abus de position dominante sur le marché ou de l'abus de dépendance économique ne relève pas d'une partie de plaisir. Quand on veut prouver l'abus de position dominante, cela nécessite de pouvoir démontrer la restriction de la concurrence par objet ou par effet anticoncurrentiel et de devoir fréquemment recourir à l'analyse économique. D'ailleurs, l'abus de dépendance économique a grand-peine à s'appliquer en raison des conditions cumulatives demandées par l'ADLC et la Cour : « *l'existence d'une situation de dépendance économique* », « *une exploitation abusive de cette situation* », « *une affectation, réelle ou potentielle du fonctionnement ou de la structure de la concurrence sur le marché* »[246].

141. Avant tout, cette injonction structurelle exige que d'autres sanctions telles que l'amende et l'injonction comportementale ne puissent mettre un terme à l'abus. Autrement dit, l'injonction structurelle prévue à l'article L. 752-26 est subordonnée à « *la persistance de l'abus en dépit d'une décision de condamnation* »[247]. En ce sens, l'ADLC, dans son avis n° 12-A-01 précité, a relevé que ces conditions ne sont remplies que dans des cas « *extrêmement rares* »[248]. Même si l'ADLC avait manifesté son intention de mettre en œuvre ce nouvel instrument si ses conditions d'application étaient satisfaites, quatre ans après son adoption, elle ne l'a toujours pas appliqué[249]. La doctrine partage les opinions de l'ADLC au sujet de la sévérité exagérée de ces conditions et de l'inefficacité de cet instrument : « *ces conditions, qui n'ont jamais rendu possible l'utilisation du texte*[250] » ; « *En effet, son utilisation et son efficacité étaient substantiellement obérées en raison de conditions de mise en œuvre quasi-impossibles à satisfaire*[251] » ; « *la procédure d'injonction structurelle pour les DOM-COM de l'article L. 752-26 du Code de commerce, n'a encore jamais été mise en œuvre par*

[246] Aut, conc., rapport annuel 2010, étude thématique, « Concurrence et distribution », p. 110. Sandra Nicolet, « L'abus de dépendance économique en droit des affaires », Thèse de doctorat, Université Montpellier I, 2008, p. 204 et s.

[247] Thomas Picot et Gildas de Muizon, « Le pouvoir d'injonctions structurelles », Revue Lamy de la Concurrence, n° 43, avril 2015, p. 108. Mélanie Comert et Sara Nasser El Dine-Pomar, « De nouvelles dispositions procédurales en matière de concurrence », Contrats Concurrence Consommation, n° 3, 2013, étude 4.

[248] Emmanuelle Claudel, « Régulation de la distribution par les autorités de concurrence. Quels objectifs ? », Revue Lamy Droit des Affaires, n ° 83, 2013, p. 9.

[249] Virginie Beaumeunier, « L'injonction structurelle outre-mer dans le commerce de détail », *Concurrences*, n° 2, 2013, p. 17.

[250] Emmanuelle Claudel, « Les implications procédurales de la loi du 20 novembre 2012 relative à la régulation économique outre mer – 1er volet. L'injonction structurelle : une loi pour l'outre-mer, un terrain d'expérimentation pour la métropole ? », RTD com, 2013, p. 506.

[251] Séverine Manna, « Loi de régulation économique outre-mer : les bases d'un droit de la concurrence ultramarin », Revue Lamy de la Concurrence, n° 35, 2013, p.129.

l'Autorité de la concurrence[252] » ; « *L'ensemble de ces conditions rend cet article presque inapplicable et, par conséquent, la dissuasion peu crédible*[253] ».

§ 2. Les dispositifs propres aux marchés ultramarins

142. Les marchés ultramarins par rapport aux marchés de la métropole montrent des particularités remarquables en termes économique, géographique et concurrentiel. Ces spécificités favorisent souvent l'extrême cherté des prix dans les DOM **(A)**. Pour lutter contre les prix ou les marges élevés dans les DOM, l'injonction structurelle à l'encontre des entreprises exploitant un magasin de commerce de détail a été adoptée par la loi de régulation économique outre-mer de 2012 dite loi « Lurel » **(B)**.

A. La situation très particulière du marché

143. Les prix des produits de consommation dans les DOM sont souvent beaucoup plus élevés que ceux de la métropole **(1)**. Nous allons aborder les causes de cette situation : les marchés étroits, isolés et dépendants de la métropole et le manque de concurrence **(2)**.

1. La vie chère dans les DOM

144. Les manifestations aux Antilles françaises du début de l'année 2009 qui dénonçaient « *la vie chère* » se sont poursuivies durant quelques années. Cette problématique de la « vie chère » affecte tous les territoires ultramarins. Ainsi, la Nouvelle-Calédonie se situe au troisième rang des pays les plus chers du monde du fait de l'indice « *Big Mac* »[254].

145. Les pétitions des antillais ont de fait contraint le Secrétaire d'État à l'outre-mer et l'ADLC à s'occuper des problèmes de concurrence sur les marchés ultramarins. D'où l'avis de l'ADLC : Aut. conc., avis n° 09-A-45 du 8 sept 2009 relatif aux mécanismes d'importation et de distribution des produits de grande consommation dans les départements d'outre-mer (ci-après « DOM ») ; Aut. conc., avis n° 09-A-21 du 24 juin 2009 relatif à la

---

[252] Thierry Titone et Régis Pihéry, « Distribution et concurrence en outre-mer – Ou comment les entreprises sont incitées, par l'Autorité de la concurrence, à recourir à des mécanismes d'autorégulation », Revue Lamy de la Concurrence, n° 45, 2015, p. 116. Ils soulignent que cette mesure se borne à « *l'arme de dissuasion* » et ne relève pas beaucoup d'« *un pouvoir effectif* ».

[253] Virginie Beaumeunier, « L'injonction structurelle outre-mer dans le commerce de détail », *Concurrences*, n° 2, 2013, p. 17.

[254] Nancy Tagliarino-Vignal, « Un droit de la concurrence pour la Nouvelle-Calédonie », Revue Lamy de la Concurrence, 2014, n° 41, p. 82.

situation de la concurrence sur les marchés des carburants dans les DOM[255]. Nous nous concentrerons sur ces derniers qui relèvent précisément de l'abus de puissance économique par la grande distribution.

146. D'une part, l'avis n° 09-A-45 sur les DOM s'appuie sur les études et les statistiques réalisées par l'INSEE. Par exemple, de 1990 à 2007, l'indice des prix à la consommation défini par l'INSEE s'avérait plus élevé aux Antilles et à la Réunion que sur l'ensemble du territoire national : « *Sur cette période, la hausse de l'indice des prix à la consommation (IPC) est de 34,5 % (soit 1,8 % par an en moyenne) pour la France entière, contre 43,2 % pour la Réunion (soit 2,1 % par an en moyenne), 42 % pour la Martinique et 36,2 % pour la Guadeloupe* »[256].

147. D'autre part, pour permettre d'établir une comparaison entre les prix des produits importés de métropole par les DOM et ceux pratiqués en métropole, cet avis n° 09-A-45 sur les DOM a consulté les relevés de la DGCCRF à la demande de l'ADLC qui ont effectué des recherches sur les prix en métropole et dans les DOM concernant 100 produits vendus en grande surface sélectionnés de manière aléatoire. L'ADLC constate que « *selon les relevés effectués sur un échantillon d'environ 75 produits importés de métropole dans les quatre DOM, les écarts de prix en magasin avec la métropole dépassent 55 % pour plus de 50 % des produits échantillonnés, un pourcentage trop élevé pour trouver exclusivement sa source dans les frais de transport et l'octroi de mer* », et elle souligne qu'« *il apparaît que des écarts significatifs existent entre d'une part les prix des produits importés de métropole et vendus dans les DOM et d'autre part les prix de ces mêmes produits vendus en métropole* »[257].

2. Les causes de la vie chère dans les DOM

148. D'abord, ces écarts de prix entre la métropole et les DOM se trouvent liés aux particularités géographiques et économiques des DOM. L'avis n° 09-A-45 sur les DOM relève ces spécificités de l'outre-mer : « *des marchés étroits, isolés et largement dépendants de la métropole avec des disparités de revenus élevées* ». Cela signifie que « *l'étroitesse des marchés intérieurs* » empêche les entreprises locales « *d'atteindre une taille minimale optimale de production* », et favorise « *le maintien de cartels et d'arrangements collusifs* ». De plus, le commerce international autre que venant de métropole ne peut compenser ces problèmes ultramarins liés aux marchés étroits, en effet, les DOM sont largement dépendants de

[255] Séverine Manna, « Loi de régulation économique Outre-mer : les bases d'un droit de la concurrence ultramarin », Revue Lamy de la Concurrence, n° 35, 2013, p.125.

[256] « L'évolution des prix depuis 1990 », Economie de la Réunion, INSEE. Aut. conc., avis n° 09-A-45 du 8 sept 2009. p. 5.

[257] Aut. conc., communiqué de presse relatif à l'avis n° 09-A-45 du 8 septembre 2009. Aut. conc., avis n° 09-A-45 du 8 sept 2009, p. 16.

l'importation des produits de métropole. Par ailleurs, l'inégalité des revenus et la différenciation de la demande dans les DOM expliquent aussi le niveau des prix. De même, la fiscalité sur les importations afin de financer les DOM et protéger les entreprises locales conduit à majorer le prix. « *Le fret maritime* » ou « *l'octroi de mer* » entraîne des coûts supplémentaires d'approvisionnement dans les DOM[258].

149. Ensuite, les entreprises ajoutent à « *ces handicaps structurels* », « *par leur comportement, des obstacles supplémentaires* »[259]. Dans l'avis n° 09-A-45 sur les DOM, l'ADLC observe « *un marché de détail peu concurrentiel* » dans les DOM par rapport à la métropole. En aval, la concentration relativement élevée et les barrières à l'entrée plus fortes spécifiques aux DOM restent problématiques. Ainsi, les marges arrière sont faiblement répercutées sur les prix de revente en outre-mer. Surtout, l'ADLC révèle « *des marges commerciales relativement élevées dans les DOM, fréquemment supérieures à 40 %, pour certaines catégories de produits* ». Quant aux circuits d'approvisionnement, l'ADLC souligne qu'« *au stade intermédiaire des importateurs-grossistes, les exclusivités, de droit mais le plus souvent de fait, dont bénéficient ces importateurs, les barrières à l'entrée que constituent les nécessaires économies d'échelle dans ce secteur et, enfin, la faible pression concurrentielle que peuvent exercer à l'encontre des grossistes des distributeurs de détail, expliquent, au moins en partie, les marges relativement élevées perçues par ces opérateurs* ». L'ADLC en déduit que, dans cette situation, les marchés d'outre-mer deviennent moins attractifs pour les fabricants et les distributeurs et souffrent en conséquence du manque de concurrence[260][261].

150. Pour ce qui concerne la Nouvelle-Calédonie, l'ADLC a diligenté deux rapports sur son secteur de distribution qui font le constat suivant. La Nouvelle-Calédonie se trouve éloignée de 16 000 km de la métropole, de 2 000 km de *Sydney* et de 1 800 km d'*Auckland*. La répartition des revenus se fait très inégalement entre un nombre restreint de consommateurs (245 000 habitants en 2009), très irrégulièrement sur le territoire. Elle est aussi caractérisée par de grosses disparités quant à la consommation liée aux modes de vie des communautés. Ainsi, une situation oligopolistique et une forte concentration sur le marché de la distribution de détail représentent des

---

258 Aut. conc., avis n° 09-A-45 du 8 sept 2009, pp. 17 et s.

259 Florent Venayre, « Audition du président de l'Autorité de la concurrence : confirmation du dynamisme de l'action outre-mer et premiers effets de la loi REOM », Revue Lamy de la Concurrence, n° 39, 2014, pp. 137 et s.

260 Dans ce contexte, face aux prix plus élevés dans DOM, l'ADLC conclut, dans son avis n° 09-A-45, que « *une approche interventionniste par la régulation des prix était contre-productive, le développement de la concurrence étant le meilleur moyen de promouvoir une économie locale moins dépendante et plus compétitive, au bénéfice de la collectivité tout entière* ». Aut, conc., rapport annuel 2010, étude thématique, « Concurrence et distribution », p. 69.

261 Aut. conc., avis n° 09-A-45 du 8 sept 2009, pp. 29 et s.

constantes en Nouvelle-Calédonie. Et les barrières à l'entrée, combinées à une interdiction de répercussion sur le consommateur des remises hors facture au regard de la revente à perte, provoquent des prix élevés qui incitent le gouvernement de Nouvelle-Calédonie à intervenir sur les prix[262].

151. La loi Lurel [263] a été adoptée pour mettre au service du gouvernement plusieurs dispositions importantes de régulation des marchés de détail dans les DOM contre les prix élevés. Par exemple, dans les DOM, l'interdiction des contrats d'importation exclusive non justifiés par des motifs économiques objectifs, l'abaissement du seuil concernant le contrôle des concentrations dans le commerce de détail et l'injonction structurelle sur laquelle nous allons nous pencher, etc.[264][265].

B. L'adoption de l'injonction structurelle par la loi Lurel

152. Lorsque l'entreprise qui détient une position dominante sur le marché de la distribution de détail **(1)** en profite pour pratiquer des prix ou des marges élevés dans les DOM **(2)**, l'injonction structurelle prévue par la loi Lurel peut être déclenchée sans avoir à constater l'infraction de l'entreprise dominante.

1. Les conditions d'application *ratione personae*

153. La loi Lurel a introduit un article L.752-27 du Code de commerce qui octroie à l'ADLC un pouvoir d'injonction structurelle controversé. L'ADLC peut enjoindre à l'entreprise « *de modifier, de compléter ou de résilier... tous accords et tous actes par lesquels s'est constituée la puissance économique qui permet les prix ou les marges élevés constatés* ». Surtout, « *elle peut, dans les mêmes conditions, lui enjoindre de procéder... à la*

---

262 Aut. conc., rapport relatif aux mécanismes d'importation et de distribution des produits de grande consommation en Nouvelle-Calédonie, le 21 septembre 2012. Aut. conc., rapport relatif aux structures de contrôle en matière de concurrence en Nouvelle-Calédonie, le 21 septembre 2012. Emmanuelle Claudel, « Régulation de la distribution par les autorités de concurrence. Quels objectifs ? », Revue Lamy Droit des Affaires, n° 83, 1er juin 2013, p. 9.

263 La Loi n° 2012-1270 du 20 novembre 2012 relative à la régulation économique outre-mer.

264 Emmanuelle Claudel, « Les implications procédurales de la loi du 20 novembre 2012 relative à la régulation économique outre mer – 1er volet. L'injonction structurelle : une loi pour l'outre-mer, un terrain d'expérimentation pour la métropole ? », RTD com, 2013, p. 506.

265 Par la loi Lurel, l'activité du contrôle des concentrations dans les DOM s'est renforcée dans les DOM, tandis qu'elle était, par le passé, peu réalisée. Selon l'ancien président de l'ADLC (M. Bruno Lasserre), depuis la loi Lurel qui abaisse les seuils de contrôlabilité des concentrations, « *onze nouvelles décisions ont été rendues* », et « *quatre autres sont actuellement à l'étude* » en 2013. Florent Venayre, « Audition du président de l'Autorité de la concurrence : confirmation du dynamisme de l'action outre-mer et premiers effets de la loi REOM », Revue Lamy de la Concurrence, n° 39, 2014, pp. 137 et s.

cession d'actifs... si cette cession constitue le seul moyen permettant de garantir une concurrence effective »[266][267].

154. Tout d'abord, à la différence de l'injonction structurelle de l'article L. 752-26 du Code de commerce, l'application géographique de l'article L. 752-27 du Code de commerce est évidemment restreinte aux entreprises des DOM. Ensuite, l'article L. 752-27, I du Code de commerce vise l'entreprise ou le groupe se trouvant dans « une position dominante » sur le marché via l'exploitation d'un magasin de commerce de détail. Dans cet article, les notions d'« entreprise », de « groupe », de « magasin » et de « commerce de détail » peuvent être saisies sans difficulté, au regard du droit de la concurrence, de sorte que nous nous focaliserons sur l'expression « une position dominante ».

155. Sur la question d'« une position dominante » sur le marché de distribution de détail, l'article L. 752-27 du Code de commerce n'évoque pas directement le seuil de parts de marché. Toutefois, l'avis précité n° 09-A-45 sur les DOM permet de se faire une idée de l'opinion de l'ADLC à savoir que les parts de marché de plus de 40 % amènent à une concentration élevée et critiquable. En revanche, les parts de marché de 13 à 20 % sont regardées comme des positions équilibrées par l'ADLC. Nous pouvons encore consulter l'article L. 422-1 du Code de commerce applicable en Nouvelle-Calédonie : cet article mentionne la présupposition d'une position dominante[268] « *lorsqu'une entreprise ou un groupe d'entreprises détient, dans une zone de chalandise, une part de marché dépassant 25 %, représentant un chiffre d'affaires supérieur à 600 000 000 F. CFP* ».

2. Les conditions d'application *ratione materiae*

156. En premier lieu, alors que l'article L. 752-27, I, 2°du Code de commerce exige que l'entreprise jouisse d'une « position dominante » sur le marché, ce dispositif ne subordonne pas l'injonction au constat d'une infraction commise par l'entreprise dominante. En d'autres termes, la constatation de l'abus de position dominante sur le marché n'est pas requise

---

266 L'article L. 752-27, II, deuxième alinéa du Code de commerce. Par exemple, le non-renouvellement du contrat d'affiliation pourra être prononcé comme l'injonction. Virginie Beaumeunier, « L'injonction structurelle outre-mer dans le commerce de détail », *Concurrences*, n° 2, 2013, p. 17. Emmanuelle Claudel, « Les implications procédurales de la loi du 20 novembre 2012 relative à la régulation économique outre mer – 1er volet. L'injonction structurelle : une loi pour l'outre-mer, un terrain d'expérimentation pour la métropole ? », RTD com, 2013, p. 506.

267 En matière de cession d'actifs, l'ADLC est chargée de vérifier et démontrer que d'autres solutions légales autres que la cession d'actifs ne sont pas satisfaisantes. Mélanie Comert et Sara Nasser El Dine-Pomar, « De nouvelles dispositions procédurales en matière de concurrence », Contrats Concurrence Consommation, n° 3, 2013, étude 4.

268 Nancy Tagliarino-Vignal, « Un droit de la concurrence pour la Nouvelle-Calédonie », Revue Lamy de la Concurrence, n° 41, 2014, p. 86.

pour l'injonction structurelle dans les DOM. Par contre, l'ADLC est tenue de mettre à jour « *des prix ou des marges élevés en comparaison des moyennes habituellement constatées dans le secteur économique concerné* ». En deuxième lieu, cet article L. 752-27, I, 1° exige actuellement, après la loi Macron, que « *cette concentration excessive porte atteinte à une concurrence effective dans la zone considérée* »[269]. Auparavant, la loi Lurel imposait de « *faire connaître ses préoccupations de concurrence à l'entreprise ou au groupe d'entreprises en cause* ». En troisième lieu, lorsque l'ADLC utilise son pouvoir, il faut que des engagements proposés par l'entreprise soient défectueux ou insuffisants. Si l'ADLC adresse un rapport motivé à l'entreprise en cause, cette entreprise peut lui proposer des engagements dans les conditions prévues à l'article L. 464-2 du Code de commerce. Autrement dit, une forme de procédure d'engagement de l'ADLC est applicable dans le cadre de l'injonction.

157. L'entreprise peut faire un recours contre la décision de l'ADLC devant la cour d'appel de Paris[270]. Mais, tandis qu'un engagement classique par l'article L. 464-2 demande à l'ADLC de s'appuyer sur des pratiques susceptibles de constituer un abus de position dominante, l'injonction structurelle de l'article L. 752-27 n'oblige pas l'ADLC à constater cet abus. De même, au cas où l'engagement proposé ne suffit pas à résoudre les problèmes concernés, l'engagement classique exige une constatation de l'infraction à travers la procédure d'instruction avant que l'ADLC n'inflige à l'auteur l'amende ou l'injonction. En revanche, lorsqu'un engagement proposé se voit refusé, l'article L. 752-27 du Code de commerce permet à l'ADLC de prononcer immédiatement une injonction structurelle sans caractériser au préalable l'infraction, quelle qu'elle soit[271].

158. À cet égard, les conditions d'application de cette injonction de l'ADLC destinée aux DOM nous paraissent infiniment moins contraignantes par comparaison à celles de l'article L. 752-26 du Code de commerce pour la métropole qui sont liées à la démonstration stricte de l'abus de position dominante sur le marché ou l'abus de dépendance économique qui doit passer par plusieurs étapes complexes. Dès lors, plusieurs doctrines s'inquiètent de cet instrument audacieux isolé de l'abus. Le Professeur Emmanuelle Claudel relève que « *le texte ouvre une boîte de Pandore : celle d'un contrôle amont des structures déconnecté du contrôle des*

---

[269] La loi Macron a apporté aux outils ultramarins de signifiantes améliorations autant de fond que procédurales. Robert Saint-Esteben, « La loi Macron : Etendue et limites de la "régulation concurrentielle" », *Concurrences*, n° 4, 2015, p. 16.

[270] Séverine Manna, « Loi de régulation économique outre-mer : les bases d'un droit de la concurrence ultramarin », Revue Lamy de la Concurrence, n° 35, 2013, p. 129.

[271] Mélanie Comert et Sara Nasser El Dine-Pomar, « De nouvelles dispositions procédurales en matière de concurrence », Contrats Concurrence Consommation, n° 3, 2013, étude 4. Aut. conc., communiqué de procédure du 2 mars 2009 relatif aux engagements en matière de concurrence, p. 40.

concentrations et de tout constat préalable de pratiques anticoncurrentielles. Pour cela, il déverrouille une institution encore rare »[272]. Le Professeur David Bosco observe que « *ce nouvel outil offert à l'Autorité de la concurrence est aussi exorbitant qu'inquiétant. Il est exorbitant, d'une part, parce qu'aucun constat d'une pratique anticoncurrentielle ne viendra précéder et justifier de telles mesures... d'autre part, inquiétant parce que cette vente forcée n'est subordonnée à aucune condition de fond sérieuse et prévisible* » (un prix ou une marge élevés)[273]. Par ailleurs, « *trouver un repreneur de l'actif cédé* » n'est pas chose aisée, car « *ces marchés souffrent d'un manque d'attractivité dû à leurs caractéristiques géographiques notamment* »[274], puis « *à quel prix se fera cette cession ? Une indemnité sera-t-elle en outre allouée à l'entreprise ?* »[275].

159. Malgré tout, le Conseil constitutionnel a validé les dispositifs de régulations spéciales en Nouvelle-Calédonie au motif que sa situation économique de la concurrence s'avère très particulière et que l'atteinte à la liberté d'entreprendre par ces dispositifs n'apparaît pas disproportionnée si l'on prend en compte l'ordre public économique[276]. Il semble que les particularités économiques, géographiques, administratives et concurrentielles tout à fait uniques de l'outre-mer par rapport à la métropole justifient cette injonction spécifique en outre-mer en dépit des inquiétudes de constitutionnalité, en particulier au regard de la liberté d'entreprendre et du droit de propriété[277].

---

[272] Emmanuelle Claudel, « Les implications procédurales de la loi du 20 novembre 2012 relative à la régulation économique outre mer – 1er volet. L'injonction structurelle : une loi pour l'outre-mer, un terrain d'expérimentation pour la métropole ? », RTD com, 2013, p. 506.

[273] David Bosco, « Une nouvelle injonction structurelle décomplexée », Contrats Concurrence Consommation, n° 1, 2013, repère 1.

[274] Mélanie Comert et Sara Nasser El Dine-Pomar, « De nouvelles dispositions procédurales en matière de concurrence », Contrats Concurrence Consommation, n° 3, 2013, étude 4. Emmanuelle Claudel, « Les implications procédurales de la loi du 20 novembre 2012 relative à la régulation économique outre mer – 1er volet. L'injonction structurelle : une loi pour l'outre-mer, un terrain d'expérimentation pour la métropole ? », RTD com, 2013, p. 506.

[275] Emmanuelle Claudel, « Les implications procédurales de la loi du 20 novembre 2012 relative à la régulation économique outre mer – 1er volet. L'injonction structurelle : une loi pour l'outre-mer, un terrain d'expérimentation pour la métropole ? », RTD com, 2013, p. 506.

[276] Conseil constitutionnel, n° 2013-3 LP du 1er octobre 2013. Jean-Paul Pastorel, « Contrôle de concentration et outils de régulation en Nouvelle-Calédonie », AJDA, 2013, p. 2499.

[277] Certains émettent des doutes quant à savoir si la question de constitutionnalité de ce dispositif aux DOM est bien réglée par cette décision. Puisqu'elle n'est examinée qu'au regard de la liberté d'entreprendre, elle n'est pas abordée sous l'angle de l'atteinte susceptible au droit de propriété. Jean-Paul Pastorel, « Contrôle de concentration et outils de régulation en Nouvelle-Calédonie », AJDA, 2013, p. 2499. Florent Venayre, « Audition du président de l'Autorité de la concurrence : confirmation du dynamisme de l'action outre-mer et premiers effets de la loi REOM », Revue Lamy de la Concurrence, n° 39, 2014, pp. 137 et s.

SECTION II. LE PROJET D'EXTENSION DE L'INJONCTION STRUCTURELLE A LA MÉTROPOLE

160. Si les dispositifs existants ne sont pas assez efficaces pour déconcentrer le marché de la distribution de détail en métropole, nous pouvons considérer la solution autorisée dans les DOM pour résoudre la difficulté **(§ 1)**. En dépit de l'échec du projet de loi Macron, il faut continuer à lancer un défi au marché de détail déjà sérieusement concentré en métropole **(§ 2)**.

§ 1. La tentative d'extension de l'injonction structurelle en métropole

161. La tentative d'extension de l'injonction structurelle en métropole trouve notamment sa source d'inspiration dans le dispositif prévu pour les DOM **(A)**. Mais les conditions qui étaient prévues apparaissaient insuffisantes pour justifier le déclenchement du pouvoir d'injonction **(B)**.

A. Les sources d'inspiration de l'injonction structurelle prévue en métropole

162. L'élargissement de l'injonction structurelle en métropole s'inspire prioritairement de l'avis n° 12-A-01 sur Paris, qui insiste fortement sur « *la nécessité de renforcer le contrôle ex post des structures de marché* » **(1)**. L'injonction structurelle par la loi Macron ressemble par ailleurs au dispositif réservé aux DOM au motif qu'elle ne demande pas l'abus, mais des prix ou des marges élevés de la part du distributeur **(2)**.

1. Les constats découlant de l'avis n° 12-A-01 de l'ADLC

163. Selon cet avis n° 12-A-01, l'ADLC constate que certaines zones, à l'instar de Paris, sont spécialement concentrées, et que cette concentration élevée entraîne divers problèmes au regard du droit de la concurrence. Cependant, des mesures telles que l'ouverture « *de nouveaux magasins* » ou « *un contrôle des concentrations renforcé* » ne sont pas jugées efficaces pour restituer la concurrence sur un marché déjà significativement concentré à l'échelle locale. Certes, le Code français de commerce possède déjà une disposition en matière de structure du marché en métropole (C. Com., art. L. 752-26). Mais les conditions de l'injonction structurelle prévues par L. 752-26 semblent trop difficiles à satisfaire, cette disposition étant jugée par l'ADLC comme « *quasiment inapplicable en pratique* ». Ainsi, l'ADLC souligne qu'une action plus directe « *et plus immédiate sur les structures de marché* » se révèle nécessaire. Au sujet du marché de Paris, elle insiste sur le

fait que « *la vente de certains magasins du groupe Casino à ses concurrents serait de nature à permettre un tel renforcement de la concurrence* »[278].

164. Par ailleurs, dans cet avis n° 12-A-01, l'ADLC se réfère à la disposition législative du Royaume-Uni permettant à une autorité nationale de concurrence d'enjoindre aux opérateurs économiques de céder des actifs à des concurrents. Dans l'affaire *BAA*, *UK's Competition Commission* a ordonné à l'entreprise, en 2009, de revendre à d'autres opérateurs les aéroports de *Stansted* et de *Gatwick* ainsi que celui entre *Edinburg* et *Glasgow*. En 2009, *the Competition Appeal Tribunal* a remis en cause la décision de *UK's Competition Commission,* mais *the Court of Appeal* a cassé le jugement de *the Competition Appeal Tribunal* en reprenant la décision initiale de la *UK's Competition Commission*[279]. En 2011, *UK's Competition Commission a enjoint à BAA* d'exécuter l'injonction structurelle, puisqu'il n'y avait pas de changement significatif de circonstances. Les recours de *BAA* ont ensuite été rejetés par *the Competition Appeal Tribunal* et *the Court of Appeal* en 2012[280].

165. Certains auteurs ne soutiennent pas l'ADLC lorsqu'elle s'appuie sur le droit comparé. D'après le Professeur Marie Malaurie-Vignal, il existe une différence entre les cadres juridiques britannique et français. En effet, contrairement à la France, il n'existe pas de contrôle préalable sur l'opération de concentration comme l'obligation de notifier à l'avance à l'autorité de la concurrence en Grande-Bretagne. Par ailleurs, le projet sur l'injonction structurelle en Allemagne a été retiré en 2010 par le gouvernement allemand[281]. Le Professeur Louis Vogel souligne aussi le rejet, en droit américain, de propositions similaires « *qui aboutissent à faire planer une menace permanente de déconcentration au-dessus d'un certain*

---

[278] Cet avis n° 12-A-01 préconise le pouvoir d'injonction structurelle comme « *le moyen le plus efficace d'agir sur la structure de marché au bénéfice du consommateur* ». Par exemple, la mise en œuvre « *des efforts de surveillance des marchés supplémentaires* » n'est pas nécessaire, par opposition à des mesures de régulation des prix ou des marges.

[279] Comme le premier opérateur aéroportuaire en Grande-Bretagne possédant sept aéroports y compris Heathrow, *BAA* représente plus de 60 % de tous les passagers utilisant les aéroports en Grande-Bretagne, 90 % dans le Sud-Est de l'Angleterre, 84 % en Ecosse. Stephen Kinsella et David Went, « *The use of divestiture remedies in UK market investigations: What can be learnt from the BAA saga ?* », *Concurrences*, n° 2, 2013, p. 27. *BAA Limited v. Competition Commission,* [2009] CAT 35. *Competition Commission v. BAA Limited,* [2010] Civ 1097.

[280] Stephen Kinsella et David Went, « *The use of divestiture remedies in UK market investigations: What can be learnt from the BAA saga ?* », *Concurrences*, n° 2, 2013, p. 27. *BAA Limited v. Competition Commission,* [2012] CAT 3. *BAA Limited v. Competition Commission,* [2012] EWCA Civ 1077.

[281] Marie Malaurie-Vignal, « L'injonction structurelle et le projet de loi Macron », Recueil Dalloz, 2015, p. 690. Marie Malaurie-Vignal, « Réflexions entre les liens existant entre urbanisme commercial, contrôle des structures et protection de la concurrence », Recueil Dalloz, 2012, p. 691. Elle doute de l'efficacité de ce type d'injonction structurelle pour déconcentrer rapidement le marché de détail. Car la grande distribution fait des recours contre la décision de l'autorité, l'intervention pourrait être retardée ou invalidée devant les cours.

seuil de part de marché », car elles sont réputées « *contraires aux droits fondamentaux, à la croissance interne par les mérites et à l'innovation* »[282].

166. Dans l'affaire BAA, la Cour britannique soutient malgré tout la décision de *UK's Competition Commission* qui enjoint à BAA de céder ses aéroports en dépit du problème de proportionnalité. Il en résulte que cet outil de la *UK's Competition Commission* pourra être considéré par les entreprises comme une menace plausible pour convaincre les parties d'offrir plus de mesures effectives alternatives[283].

2. L'imitation de l'injonction structurelle prévue dans les DOM : la sanction de la croissance en dehors de toute infraction

167. Pareillement à l'article L. 752-27 du Code de commerce réservé aux DOM, le projet de la loi Macron permet à l'ADLC d'enjoindre à la grande distribution de modifier des accords et des actes, d'y mettre fin, ou même de céder des actifs, quand elle juge que l'entreprise en question pratique « *des prix ou des marges élevés* », même si l'entreprise en cause ne commet aucune infraction aux règles du droit de la concurrence[284]. Les textes du projet de loi Macron relatifs à l'injonction structurelle s'apparentent à ceux de l'article L. 752-27 du Code de commerce[285]. En d'autres termes, l'article

---

[282] Louis Vogel, « Le droit de la concurrence et de la distribution après la loi Macron », AJCA, 2015, p. 392.

[283] Stephen Kinsella et David Went, « *The use of divestiture remedies in UK market investigations: What can be learnt from the BAA saga ?* », *Concurrences*, n° 2, 2013, p. 27.

[284] Denis Waelbroeck, « Les projets de procédure d'injonction structurelle en France face au droit de l'Union européenne », *Concurrences*, n° 4, 2015, p. 29.

[285] L'article 39 du projet de loi Macron. *2° (...) I. - En cas d'existence d'une position dominante et de détention par une entreprise ou un groupe d'entreprises exploitant un ou plusieurs magasins de commerce de détail d'une part de marché supérieure à 50 %, l'Autorité de la concurrence peut adresser un rapport motivé à l'entreprise ou au groupe d'entreprises en cause si elle constate :*

« 1° D'une part, que cette concentration excessive porte atteinte à une concurrence effective dans la zone considérée ;

« 2° D'autre part, que cette atteinte se traduit, dans la même zone, par des prix ou des marges élevés pratiqués par l'entreprise ou le groupe d'entreprises en comparaison des moyennes habituellement constatées dans le secteur économique concerné.

« L'Autorité de la concurrence précise son estimation de la part de marché et du niveau de prix ou de marges qui justifie ce constat. L'entreprise ou le groupe d'entreprises peut, dans un délai de deux mois, lui proposer des engagements, dans les conditions prévues à l'article L. 464-2.

« La part de marché mentionnée au premier alinéa du présent I est évaluée selon le chiffre d'affaires réalisé dans le secteur économique et dans la zone de chalandise concernés ou selon les surfaces commerciales exploitées dans la zone de chalandise concernée.

« II. – Si l'entreprise ou le groupe d'entreprises conteste le constat établi dans les conditions prévues au I ou ne propose pas d'engagements ou si les engagements proposés ne lui paraissent pas de nature à mettre un terme à l'atteinte à une concurrence effective, un rapport est notifié par l'Autorité de la concurrence à l'entreprise ou au groupe d'entreprises, qui peut présenter ses observations dans un délai de deux mois.

39 du projet de loi Macron reprend partout le modèle de mécanisme consacré aux DOM en matière de conditions de déclenchement du pouvoir d'injonction structurelle et des démarches d'injonction recourant aux engagements. En conséquence, cet instrument dérogatoire pourrait être regardé comme une extension de l'injonction structurelle des DOM à la métropole.

168. Nous avons constaté que ce type d'injonction structurelle sans faute en outre-mer est exceptionnellement toléré par le Conseil constitutionnel, eu égard aux contraintes particulières de ces territoires découlant notamment des caractéristiques géographiques et économiques des DOM. Or, la question pourrait se poser s'il existait une certaine similitude entre les contextes du marché de détail dans les DOM et ceux de la ville en métropole. La situation de concentration existant à Paris s'apparente-t-elle à celle de certains territoires insulaires dans les DOM[286][287] ? Certains auteurs en doutent si bien que l'injonction structurelle prévue par le projet de loi Macron a essuyé de sévères critiques[288].

169. Avant tout, cette injonction structurelle n'exige que des prix ou des marges élevés « *sans aucun abus constaté ou analyse sérieuse de l'entrave à la concurrence, comme il en est ainsi dans le contrôle des opérations de concentration* »[289]. Cela pourrait sanctionner sérieusement la croissance interne par les mérites, tels que l'innovation et l'investissement de

---

« L'Autorité de la concurrence peut, par une décision motivée, prise après réception des observations de l'entreprise ou du groupe d'entreprises en cause et à l'issue d'une séance devant le collège, lui enjoindre de modifier, de compléter ou de résilier, dans un délai déterminé qui ne peut excéder six mois, tous accords et tous actes par lesquels s'est constituée la puissance économique qui permet les prix ou les marges élevés constatés. Elle peut, dans les mêmes conditions, lui enjoindre de procéder, dans un délai qui ne peut être inférieur à six mois, à la cession d'actifs, y compris de terrains, bâtis ou non, si cette cession constitue le seul moyen permettant de garantir une concurrence effective. L'Autorité de la concurrence peut sanctionner l'inexécution de ces injonctions dans les conditions prévues à l'article L. 464-2.

« III. – Au cours des procédures définies aux I et II du présent article, l'Autorité de la concurrence peut demander communication de toute information, dans les conditions prévues aux articles L. 450-3, L. 450-7 et L. 450-8, et entendre tout tiers intéressé. ». http://www.assemblee-nationale.fr/14/ta/ta0565.asp.

[286] Anne Outin-Adam reste sceptique sur cette question : « *créé initialement pour l'Outre-mer, il ne saurait correspondre au marché très étendu et hétéroclite de la Métropole* ». Anne Outin-Adam, « Loi Macron : le point de vue de l'entreprise », AJCA, 2015, p. 144.

[287] Compte tenu des obstacles évidents géographiques et économiques naturels à l'entrée sur le marché dans les DOM, l'étude d'impact de la loi Macron mentionne un motif moins convaincant en faveur de l'injonction structurelle : « *les zones [où] le foncier commercial est rare* ». Robert Saint-Esteben, « La loi Macron : Etendue et limites de la "régulation concurrentielle" », *Concurrences*, n° 4, 2015, p. 16.

[288] Emmanuelle Claudel, « La loi Macron au crible du contrôle de constitutionnalité : feu l'injonction structurelle », RTD com, 2015, p. 699.

[289] Marie Malaurie-Vignal, « L'injonction structurelle et le projet de loi Macron », Recueil Dalloz, 2015, p. 690.

l'entreprise en cause, ce qui pourrait s'opposer au principe de base du droit de la concurrence qui interdit non pas la détention de la position dominante en soi mais uniquement l'exploitation abusive de la position dominante[290]. À ce titre, nous partageons l'observation d'Anne Outin-Adam : « *il octroie une facilité procédurale excessive à l'Autorité de la concurrence, en exemptant ni plus ni moins de la démonstration d'une exploitation abusive de la position dominante...* »[291].

B. Les conditions contestables du déclenchement du pouvoir d'injonction

170. Outre qu'elle semble punir la croissance sans abus constaté, l'injonction structurelle prévue par le projet de loi Macron interroge encore sur la manière d'évaluer la part de marché supérieure à 50 % **(1)** et de déterminer les critères pour la fixation des prix ou des marges élevés **(2)**.

1. L'évaluation de la part de marché supérieure à 50 %

171. Le projet de loi Macron vise l'entreprise en position dominante qui détient une part de marché supérieure à 50 % sur le marché de commerce de détail. Cette condition d'une part de marché supérieure à 50 % n'existe pas dans l'article L. 752-27 du Code de commerce. Le législateur pensait assurément que cette restriction en fonction de la part de marché rendrait ce nouvel outil clair et prévisible. Également, le fait que l'avis n° 12-A-01 de l'ADLC mette en avant que « *la part de marché du leader du marché, le groupe Casino, est supérieure à 50 %* » à Paris ne devrait rien au hasard,[292] ce qui signifie que le marché parisien de détail, la première cible du projet, peut satisfaire le seuil du déclenchement par le projet de loi Macron.

172. Pourtant, nous nous demandons si l'évaluation de l'avis sur la part de marché du commerce de détail se montre assez fiable. D'abord, le groupe Casino soutient qu'il ne détient avec Monoprix que 36,5 % des parts de marché à Paris[293]. Et l'ADLC parle, elle-même, de manière imprécise, de la part de marché du groupe Casino située aux alentours de [50-70] %, en alléguant que plusieurs opérateurs, principalement les magasins indépendants, n'établissent pas de données portant sur le chiffre d'affaires[294]. En revanche, cet avis présume la part de marché du groupe Casino à Pari intra-muros à 61,7 % en fonction des surfaces de vente[295]. Quant au critère principal déterminé pour évaluer la part de marché, l'article 39 de ce projet

---

[290] Robert Saint-Esteben, « L'injonction structurelle : Rencontre du troisième type du droit de la concurrence », *Concurrences*, n° 2, 2013, p. 14.

[291] Anne Outin-Adam, « Loi Macron : le point de vue de l'entreprise », AJCA, 2015, p. 144.

[292] Aut. conc., avis 12-A-01, préc, p. 29.

[293] Aut. conc., avis 12-A-01, préc, pp. 28 et 29.

[294] Aut. conc., avis 12-A-01, préc, pp. 17 et 30.

[295] Aut. conc., avis 12-A-01, préc, p. 30.

déclare que « *la part de marché mentionnée au premier alinéa du présent I est évaluée selon le chiffre d'affaires réalisé dans le secteur économique et dans la zone de chalandise concernés ou selon les surfaces commerciales exploitées dans la zone de chalandise concernée* ». L'ADLC peut par conséquent choisir entre le chiffre d'affaires et les surfaces commerciale pour définir la position dominante et la part de marché supérieure à 50 %[296][297]. Dans l'avis de l'ADLC n° 12-A-01 et dans son rapport relatif aux mécanismes d'importation et de distribution des produits de grande consommation en Nouvelle-Calédonie, *« l'ADLC a corroboré son analyse fondée sur des parts de marché calculées en fonction des surfaces de vente par des parts de marché calculées en fonction du chiffre d'affaires ou du nombre des magasins »*[298].

173. Or, soit par les surfaces de vente soit par le chiffre d'affaires, l'évaluation de la part de marché par l'ADLC pourrait être déstabilisée, en considérant de nombreux distributeurs de détail qui pourraient devenir les concurrents des magasins de la grande distribution : les magasins spécialisés, les marchés sur la voie, les marchés couverts, les hypermarchés en périphérie et les sociétés de vente en ligne, etc. Par exemple, dans l'avis n° 12-A-01, l'ADLC ignore les chiffres d'affaires des commerces spécialisés et des marchés, lors de la délimitation du marché pertinent, au motif que la concurrence entre les magasins d'alimentation générale et les commerces spécialisés ou les marchés sur la voie est limitée[299]. Dès lors, pourquoi les petits commerçants manifestent-ils leur colère et pourquoi l'administration intervient-elle dans la perspective de protéger les commerçants, lorsqu'une enseigne de la grande distribution prépare l'installation d'un nouveau magasin à proximité des leurs ? Sans doute, l'évaluation de la part de marché par l'ADLC pour le déclenchement de l'injonction structurelle serait vigoureusement contestée devant les juges, si la grande distribution introduisait des recours devant la cour.

---

[296] L'ADLC reconnaît que le critère par les surfaces de vente pourrait provoquer une symétrie exacte en valeur : « *la part de plancher peut être sensiblement différente de la part de marché en valeur* ». Aut. conc., avis 12-A-01, préc, p. 18.

[297] Mais, pour l'injonction structurelle, il nous semble que l'ADLC privilégiera les surfaces de vente qui sont plus faciles à saisir.

[298] Mélanie Comert et Sara Nasser El Dine-Pomar, « De nouvelles dispositions procédurales en matière de concurrence », Contrats Concurrence Consommation, n° 3, 2013, étude 4. « *Comme en droit des concentrations, le critère principal, adopté dans cette branche d'activité pour caractériser la position dominante, est la part de marché calculée en surfaces de vente, exploitées en propre ou en franchise par le groupe de distribution concerné* ».

[299] Aut. conc., avis 12-A-01, préc, p. 23. Dans une logique plutôt similaire, la vente alimentaire en ligne et les hypermarchés de périphérie sont également exclus lors de la délimitation du marché pertinent.

2. L'appréciation des prix ou des marges élevés

174. L'article 39 du projet de loi Macron requiert « *des prix ou des marges élevés pratiqués par l'entreprise ou le groupe d'entreprises en comparaison des moyennes habituellement constatées dans le secteur économique concerné* » pour déclencher le mécanisme de l'injonction. Tout d'abord, cette notion apparaît opaque et floue et risque à ce titre d'être contraire au principe de sécurité juridique[300]. Le Professeur Marie Malaurie-Vignal exprime ses inquiétudes dans ce domaine : « *Quels sont les critères d'appréciation du caractère élevé ? De quels prix s'agit-il, ceux de l'ensemble des produits distribués par l'entreprise poursuivie, ou d'une gamme représentative de produits, ou simplement ceux d'un produit ?* »[301].

175. Ce critère tarifaire soulève plusieurs problèmes supplémentaires. Si la référence est non le marché géographique mais le secteur, cette approche ne considère pas les variantes régionales, telles que la différence des coûts de transport ou de foncier[302]. Et la sanction pour des prix ou des marges élevés pratiqués pourrait compromettre une stratégie commerciale de l'entreprise sans aucune pratique anticoncurrentielle (par exemple, des prix plus élevés pour les MN et des prix moins élevés pour les MDD qui privilégient les produits de sa propre marque sur les produits des marques de tiers)[303].

176. De surcroît, ce nouveau dispositif s'appuyant sur les prix élevés pourrait se révéler contraire au principe de proportionnalité eu égard au préjudice causé à l'entreprise. En comparaison du contrôle des concentrations *ex ante*, l'injonction structurelle *ex post* peut causer des dégâts plus graves et, au surplus, imprévisibles pour l'entreprise[304]. En tenant compte de ces préjudices importants causés à l'entreprise, les conditions de l'injonction structurelle, en dehors de tout comportement blâmable, doivent être plus strictes que celles applicables aux mesures comportementales. Or, il semble que celles du projet de loi Macron se montrent plutôt souples au regard du prix élevé. En ce qui concerne l'abus de position dominante sur le marché, si les prix sont vraiment excessifs, cette pratique peut constituer, en théorie, un abus d'exploitation, mais cet abus d'exploitation par les prix

---

[300] Emmanuelle Claudel, « Projet de loi « Macron » : un texte controversé. Brève présentation », RTD com, 2015, p. 75.

[301] Marie Malaurie-Vignal, « L'injonction structurelle et le projet de loi Macron », Recueil Dalloz, 2015, p. 690. D'ailleurs, elle ajoute que le projet de loi Macron ignore diverses raisons qui peuvent justifier et expliquer les prix ou les marges élevés dans un secteur en cause : « coût de transport », « coût de l'immobilier », etc.

[302] Anne Outin-Adam, « Loi Macron : le point de vue de l'entreprise », AJCA, 2015, p. 144.

[303] Robert Saint-Esteben, « L'injonction structurelle : Rencontre du troisième type du droit de la concurrence », *Concurrences*, n° 2, 2013, p. 14. Selon l'avis n° 12-A-01, le groupe de Casino a utilisé cette stratégie commerciale sur le marché de détail de Paris.

[304] Martine Béhar-Touchais, « L'injonction structurelle sans faute ou les excès de la régulation », Revue des contrats, n° 3, septembre 2015, p. 537.

élevés se voit rarement démontré dans la pratique[305][306]. Il semble irrationnel que le déclenchement de l'injonction structurelle soit moins strict que celui de l'abus de position dominante sur le marché.

§ 2. La censure de l'injonction structurelle en métropole

177. La tentative de l'extension de l'injonction structurelle à la métropole a été déjouée en France, puisqu'elle a été jugée contraire à la Constitution par les juges constitutionnels **(A)**. Pour autant, il conviendrait de proposer un nouveau dispositif **(B)**.

A. La censure du projet de loi Macron par le Conseil constitutionnel

178. S'agissant de l'injonction structurelle prévue par le projet de loi Macron, le Conseil constitutionnel a rendu sa décision en mettant en balance les objectifs tirés de l'ordre public économique **(1)** et la proportionnalité entre l'intérêt général et les atteintes à la liberté d'entreprendre et au droit de propriété **(2)**.

1. Les objectifs rattachés à l'ordre public économique

179. À la suite des critiques sévères formulées à son encontre par la doctrine et les praticiens, le projet de loi Macron a été examiné par le Conseil constitutionnel. Contrairement à la décision n° 2013-3 LP qui avait validé l'injonction structurelle dans les DOM en mettant en avant les particularités économiques de la Nouvelle-Calédonie, le Conseil constitutionnel a jugé cette nouvelle mesure du projet de loi Macron contraire à la Constitution[307].

180. Sur la question du projet de loi Macron, le Gouvernement entendait protéger cet instrument structurel à la lumière de l'intérêt général comme dans le cas de la Nouvelle-Calédonie et il insistait sur le fait que les notions utilisées étaient bien connues et objectives, que la procédure contradictoire se trouvait renforcée sous le contrôle juridictionnel et que la part de marché pour le seuil d'application passait de 25 % dans le texte calédonien à 50%

---

[305] Martine Béhar-Touchais, « L'injonction structurelle sans faute ou les excès de la régulation », Revue des contrats, n° 3, septembre 2015, p. 537.

[306] Sur ce point, la CJUE est extrêmement prudente, « *lorsqu'il s'est agi exceptionnellement, pour fixer le caractère abusif de prix élevés, de procéder à des comparaisons avec les pratiques sur des marchés distincts* ». Robert Saint-Esteben, « L'injonction structurelle : Rencontre du troisième type du droit de la concurrence », *Concurrences*, n° 2, 2013, p. 14.

[307] Conseil constitutionnel, n° 2015-715 DC du 5 août 2015. Jean-Paul Pastorel, « Contrôle de concentration et outils de régulation en Nouvelle-Calédonie, AJDA, 2013, p. 2499.

dans la loi Macron, etc.[308]. Néanmoins, ces arguments n'ont pas influencé les juges constitutionnels.

181. En revanche, l'objectif en soi de ce projet de loi Macron est jugé convenable par le Conseil. Les juges constitutionnels admettent que cet outil a *« poursuivi un objectif de préservation de l'ordre public économique et de protection des consommateurs »*. M. Robert Saint-Esteben souligne que « *l'absence d'abus n'est de ce fait retenue par le Conseil qu'au regard de l'appréciation de la proportionnalité de l'atteinte aux principes et non pour celle de la légitimité des injonctions structurelles dans leur principe, que le Conseil ne remet donc pas en cause* ». Sinon, en toute logique, l'injonction structurelle dans les DOM se verrait également compromise, car elle ne demande pas pareillement la pratique illégale et la faute[309].

2. Les contraintes excessives aux libertés fondamentales et à la concurrence par les mérites

182. Concernant les contraintes excessives aux libertés fondamentales et à la concurrence par les mérites, le problème se situe dans la proportionnalité entre l'intérêt général retenu et les atteintes exorbitantes aux libertés fondamentales et à la croissance interne par les mérites. Les juges constitutionnels ont déclaré la non-conformité à la Constitution de l'injonction structurelle en métropole, en arguant du fait que « *d'une part, les dispositions contestées peuvent conduire à la remise en cause des prix ou des marges pratiqués par l'entreprise ou le groupe d'entreprises et, le cas échéant, à l'obligation de modifier, compléter ou résilier des accords ou actes, ou de céder des actifs alors même que la position dominante de l'entreprise ou du groupe d'entreprises a pu être acquise par les mérites et qu'aucun abus n'a été constaté ;... qu'ainsi, eu égard aux contraintes que ces dispositions font peser sur les entreprises concernées et à leur champ d'application, les dispositions de l'article L. 752-26 du Code de commerce portent tant à la liberté d'entreprendre qu'au droit de propriété une atteinte manifestement disproportionnée au regard du but poursuivi* »[310]. Robert Saint-Esteben estime que « *la décision du Conseil est d'autant plus remarquable que le principe de libre concurrence n'a pas valeur constitutionnelle, même s'il constitue un "objectif d'un intérêt général"* »[311].

---

[308] Emmanuelle Claudel, « La loi Macron au crible du contrôle de constitutionnalité : feu l'injonction structurelle », RTD com, 2015, p. 699.

[309] Robert Saint-Esteben, « La loi Macron : Etendue et limites de la "régulation concurrentielle" », *Concurrences*, n° 4, 2015, p. 16.

[310] Cons. const. 5 août 2015, n° 2015-715 DC.
http://www.conseil-constitutionnel.fr/conseil-constitutionnel/francais/les-decisions/acces-par-date/decisions-depuis-1959/2015/2015-715-dc/decision-n-2015-715-dc-du-5-aout-2015.144229.html.

[311] Robert Saint-Esteben définit la concurrence par les mérites comme « *la volonté d'être le meilleur et le plus efficace, par des moyens licites* ». Selon lui, entraver injustement la

183. La doctrine partage généralement cette conclusion du Conseil constitutionnel. En effet, les juges ont bien envisagé la proportionnalité entre l'objectif et le moyen et le caractère excessif du dispositif que nous avons souligné. Par conséquent, nous partageons l'avis sur cette décision du Conseil constitutionnel émis par le Professeur Martine Béhar-Touchais : « *à moins de considérer que la situation concurrentielle dans certaines zones de chalandise de la métropole est comparable à la situation de non-concurrence qui existe en Nouvelle-Calédonie ou dans les DOM, ce qui nous paraîtrait excessif, une injonction structurelle sans faute nous paraît être une grave atteinte au droit de propriété, et à la liberté d'entreprendre, atteinte qui mériterait d'être sanctionnée par le Conseil constitutionnel* »[312].

B. Un deuxième essai pour franchir les obstacles constitutionnels ?

184. Malgré cet échec du projet de loi Macron, il demeure toujours nécessaire de déconcentrer le marché de la grande distribution au profit des consommateurs, des fournisseurs et des distributeurs concurrents. Néanmoins, les outils usuels ne peuvent être efficaces pour prévenir les abus des entreprises de la grande distribution détenant une puissance extraordinaire vis-à-vis de leurs partenaires commerciaux. Aussi une mesure structurelle forte, semblable à celle prévue par le projet de loi Macron, est-t-elle indispensable en dépit de toutes les difficultés juridiques ou économiques.

185. Pour lever les obstacles constitutionnels à l'injonction structurelle, il est possible de durcir les conditions d'application du dispositif **(1)** en écartant les prix ou les marges élevés **(2)**.

1. Le renforcement et la clarification des conditions d'application

186. Le reproche, fait au projet de loi Macron par la doctrine ou par les juges constitutionnels, ne tient pas à l'objectif de son adoption, mais davantage à ses contraintes excessives au droit de propriété ou à la liberté d'entreprendre et à la croissance interne par les mérites, compte tenu, en particulier, de l'inexistence d'un comportement illicite reproché à l'entreprise. En conséquence, à l'inverse, si la mesure structurelle en métropole rétablit la proportionnalité relative à l'atteinte aux libertés fondamentales et à la concurrence par les mérites, elle pourrait échapper à la sanction constitutionnelle, comme c'est le cas pour les DOM. En considérant

concurrence par les mérites conduit paradoxalement à fausser le jeu de la concurrence et enfin à causer un dommage à l'ordre public économique. Robert Saint-Esteben, « La loi Macron : Etendue et limites de la "régulation concurrentielle" », *Concurrences*, n° 4, 2015, p. 16.

[312] Martine Béhar-Touchais, « L'injonction structurelle sans faute ou les excès de la régulation », Revue des contrats, n° 3, septembre 2015, p. 537.

la gravité du préjudice causé à l'entreprise par cette injonction, les conditions de déclenchement doivent être plus strictes.

187. À ce titre, il convient de consulter encore l'avis 12-A-01 précité de l'ADLC qui préconise le pouvoir d'enjoindre la mesure structurelle. En effet, les points faibles de cet avis nous amènent à plusieurs interrogations.

188. Imaginons que le projet de loi Macron soit adopté et mis en vigueur, et que l'ADLC impose au groupe Casino de céder quelques magasins de Paris sur la base des arguments mentionnés par l'ADLC dans cet avis et que le groupe Casino fasse des recours contre cette mesure structurelle. Comment les avocats de Casino défendraient-ils leur client devant la Cour contre l'injonction structurelle prononcée ? Cette hypothèse fonctionne comme un indicateur pour une injonction structurelle future.

189. Pour pouvoir préciser les conditions du déclenchement de l'injonction structurelle concernant la part de marché, nous n'aurions pas d'autre choix que d'exclure les commerces spécialisés et les marchés traditionnels lors du calcul des parts de marché, puisqu'il est quasiment impossible de calculer exactement leurs surfaces de vente ou leurs chiffres d'affaires fragmentés. Il vaut donc mieux que la législation limite le champ d'application aux magasins généraux sous l'enseigne de grande distribution.

190. De surcroît, à l'aune du caractère de gravité et d'imprévisibilité de l'injonction structurelle, nous proposons d'augmenter son seuil de part de marché de 50 % à 60 % ou 70 % par exemple. Cela permettrait peut-être d'échapper au reproche d'une contrariété à la Constitution. Il est certain que la décision d'un seuil approprié constitue toujours un défi compliqué pour le législateur, mais la part de marché de 50 % ne justifie que difficilement l'intervention directe de l'administration sur la structure du marché, notamment lorsqu'elle n'exige pas le constat de l'abus.

191. Par ailleurs, le renforcement de la procédure contradictoire et l'assurance des droits attachés à la défense doivent parvenir à un niveau proche de la procédure judiciaire. En particulier, la durée de la procédure doit être allongée afin de ne pas porter atteinte à la liberté d'entreprendre et au droit de propriété. A cet égard, nous partageons l'observation du Professeur Marie Malaurie-Vignal sur le projet de loi Macron : « *La procédure est trop sommaire... Eu égard à la gravité des sanctions possibles, les droits de l'entreprise devraient être davantage protégés...* », « *La procédure est trop rapide... Si le délai imparti est trop bref, la négociation sera bâclée et le prix sera injustement bas. Le risque est alors celui d'une spoliation. Le délai devrait être rallongé (tant pour la résiliation de contrats que la cession d'actifs) ...* »[313].

[313] Marie Malaurie-Vignal, « L'injonction structurelle et le projet de loi Macron », Recueil Dalloz, 2015, p. 690.

2. Le critère de l'abus en lieu et place des prix ou des marges élevés

192. Comme nous l'avons vérifié plus haut, le déclenchement du pouvoir d'injonction en fonction des prix ou des marges élevés paraît inopportun en métropole. Un duplicata avec quelques modifications mineures des textes exceptionnellement tolérés en outre-mer ne pourrait pas être validé par le Conseil constitutionnel.

193. Dès lors, il s'agit en premier lieu de rejeter le critère des « prix ou marges élevés » qui est incertain et inefficace. Si nous décidons de mettre « les prix ou les marges élevés » à l'écart en matière d'injonction structurelle, le deuxième enjeu portera sur le comportement illicite, puisqu'une non-exigence de l'abus dans le projet de loi Macron deviendrait une cible majeure à critiquer à la lumière de la sanction des croissances internes par les mérites. Sur ce point, il nous semble qu'une sanction très grave telle que l'injonction structurelle nécessite un comportement illicite et blâmable sous l'angle du droit de la concurrence ou de celui de la distribution.

194. Ainsi, nous proposons de nous tourner vers les pratiques restrictives de la concurrence concernant l'abus. D'une part, si l'injonction structurelle du projet de loi Macron vise prioritairement le marché de détail, principalement le marché alimentaire déjà concentré par la grande distribution, il semble logique que l'infraction pour déclencher l'injonction structurelle relève des textes luttant contre les abus par la grande distribution (titre IV). Actuellement, en France, les grands enjeux concernant les abus des enseignes de la grande distribution ne tiennent pas à leurs pratiques anticoncurrentielles comme l'abus de position dominante sur le marché, mais à leurs abus de puissance économique dans les relations commerciales déséquilibrées. N'oublions pas que la forte concentration du marché en aval par la grande surface peut devenir un incubateur pour les abus de puissance économique à l'égard de ses fournisseurs en augmentant leur dépendance.

195. En outre, il existe déjà un texte qui autorise l'injonction structurelle basée sur l'abus de position dominante sur le marché ou sur l'entente (C. Com., art. L.752-26). Même si ce texte ne s'applique que rarement, l'injonction structurelle peut, dans la pratique, dissuader l'entreprise de contrevenir au droit des pratiques anticoncurrentielle en l'avertissant d'un risque de mesure structurelle. Par conséquent, il nous faut, pour cette, foi, une mesure structurelle pour le droit des pratiques restrictives de concurrence. *A priori*, il nous semble convenable que deux injonctions structurelles pour le droit des pratiques anticoncurrentielles et pour le droit des pratiques restrictives de concurrence coexistent en fonction des pratiques et des secteurs concernés. A cet égard, nous n'adoptons pas l'idée de Séverine Manna qui pense qu'il vaudrait mieux réécrire tout bonnement l'injonction structurelle existante qui ne s'applique pas (C. Com., art. L. 752-

26), plutôt que d'avoir affaire à la coexistence de deux procédures identiques[314].

196. Nous proposons comme condition du déclenchement de l'injonction structurelle la réitération du manquement aux pratiques restrictives de la concurrence. Par exemple plus de trois manquements définitifs à l'article L.442-6 du Code de commerce dans un délai de trois ans à compter de la date à laquelle la première décision de sanction est devenue définitive. Ou encore des amendes cumulées supérieures à 50 millions d'euros en trois ans pour un manquement à l'article L. 442-6 du Code de commerce.

197. En vue du déclenchement de l'injonction structurelle, les amendes pour la violation de l'article L. 442-6 du Code de commerce infligées à la centrale sont-elles imputables à son adhérent ? Selon un arrêt du Conseil d'État relatif à la centrale d'achat Opéra, la centrale ne peut être qualifiée d'entité économique autonome ; en effet, les acheteurs (les maisons-mères ou leurs filiales des grandes distributions) prennent des décisions d'achat sur le marché de l'approvisionnement des produits de grande surface[315]. Si nous suivons cette logique, les amendes infligées à la centrale pourraient, *a priori*, être pratiquées à l'encontre de ses adhérents. Mais, en principe, l'entreprise n'est responsable civilement ou administrativement que de son propre fait. Aussi, dans le cas où les amendes sont prononcées à l'encontre de la centrale pour sa violation de l'article L. 442-6 du Code de commerce, elle ne peut engager la responsabilité des adhérents qu'en fonction des taux du montant d'achats de chaque adhérent par le biais de cette centrale ou qu'en fonction de leurs parts de capital dans la centrale. Pour l'instant, eu égard aux profits des entreprises de la grande distribution au travers de leurs centrales et aux risques considérables causés par l'utilisation des centrales sur le plan du droit de la concurrence, cette imputation de charge sur les adhérents n'apparaît pas injuste et peut par ailleurs aider à réduire les abus de puissance économique par les centrales.

---

[314]Séverine Manna, « Loi de régulation économique outre-mer : les bases d'un droit de la concurrence ultramarin », Revue Lamy de la Concurrence, n° 35, 2013, p. 125.

[315] Conseil d'État, décision du 31 mai 2000 n° 213161 213352. Aut. conc., avis n° 15-A-06 préc, p. 22.

CONCLUSION CHAPITRE II TITRE I PARTIE I

198. Nous venons de vérifier que les dispositifs structurels actuellement applicables sont limités pour intervenir efficacement sur la structure du marché de la distribution en France. Dans ce contexte, le projet de loi Macron relevait d'un challenge audacieux qui visait à adopter la puissante injonction structurelle sur le marché de détail dans la France entière, mais il a été censuré en raison de plusieurs obstacles majeurs.

199. Pourtant, il est encore trop tôt pour renoncer définitivement à l'injonction structurelle visant les enseignes de la grande distribution qui monopolisent le marché de la distribution. En effet, comme nous l'avons exposé, de nouvelles mesures davantage respectueuses de la Constitution sont parfaitement envisageables.

CONCLUSION TITRE I PARTIE I

200. Nous avons fait le constat de l'imperfection des mesures comportementales contre les abus de puissance économique et la concentration élevée sur le marché de la distribution aux niveaux national et local. Ainsi, à défaut de mesures novatrices contre la concentration élevée et stabilisée sur le marché aval de la distribution, il semble très difficile de résoudre fondamentalement les abus de puissance économique par les parties les plus puissantes, en particulier par la grande distribution.

A cet égard, l'injonction structurelle constituerait l'unique moyen pour affaiblir la puissance économique exorbitante de la grande distribution vis-à-vis de ses fournisseurs en offrant à ces derniers plus d'opportunités de pouvoir changer de cocontractant, et pour rendre les mesures comportementales plus efficaces en réprimant le contournement des textes par les parties puissantes[316]. Notamment, s'agissant du problème du « facteur crainte », l'injonction structurelle à l'encontre de la grande distribution dominante, qui commet souvent et gravement des abus de puissance économique à l'encontre de ses fournisseurs, pourrait devenir une véritable solution pour rééquilibrer les relations commerciales entre la grande distribution et le fournisseur.

[316] *A priori*, l'effet d'abaisser des prix des produits par l'injonction structurelle est supplémentaire et aléatoire.

TITRE DEUXIÈME

La prévention des abus par le formalisme

201. Malgré l'imperfection des mesures comportementales s'agissant de marchés très concentrés, on ne peut guère nier que les obligations portant sur le formalisme se montrent essentielles pour lutter contre les abus de puissance économique. Même si l'injonction structurelle sans l'abus devait être adoptée dans l'avenir pour le marché de la distribution, elle s'appliquerait sans doute, de manière complémentaire, dans des situations tout à fait exceptionnelles. En conséquence, pour ce qui a trait aux transactions habituelles entre les grandes entreprises et les PME, plusieurs dispositifs demeurent nécessaires pour réprimer préalablement et systématiquement les abus de puissance économique : ces dispositifs deviendraient des obligations sous couvert de formalisme.

202. Dès lors, qu'est-ce que le formalisme ? Le Chapitre 1er du Titre IV du Livre IV du Code de commerce s'intitule « De la transparence ». Au sens large, la transparence tarifaire[317] est composée de plusieurs dispositions en matière de facturation, de conditions générales, de conditions de négociation commerciale, et de délai de paiement, etc.[318]. Cependant, dans notre thèse, nous préférons employer le terme de « formalisme » à celui de « transparence tarifaire ». D'une part, les législateurs français et coréen obligent les enseignes de la grande distribution à suivre et respecter certaines règles spécifiques tarifaires ou non-tarifaires pour prévenir les pratiques restrictives de la concurrence. Par exemple, nous nous interrogeons pour savoir si l'obligation de respecter le délai de paiement imparti concorde bien avec le terme de transparence tarifaire. Certes, l'obligation de clarifier un délai de paiement dans les CGV et dans la convention unique porte sur la transparence tarifaire, mais l'obligation de respecter le délai de paiement

---

317 Certains préfèrent le terme « transparence tarifaire », puisque la transparence porte prioritairement sur les prix des produits ou services. Laurence Nicolas-Vullierme, « Droit de la concurrence », Vuibert, 2ème éd., 2011, p. 245.

318 Daniel Mainguy et Malo Depincé, « Droit de la concurrence », LexisNexis, 2ème éd., 2015, pp. 159 et s.

n'est, en toute logique, guère proche de la transparence tarifaire[319]. D'autre part, parce qu'en Corée le terme de « formalisme » s'utilise généralement pour le contrat écrit et le délai de paiement, l'emploi du terme de « formalisme » convient à l'étude comparative de cette thèse.

203. Nous allons envisager sous quelles conditions le formalisme s'applique à certaines entreprises, comme le point de départ pour comprendre les disparités entre les droits français et coréen. Surtout, il est à noter que les champs d'application du formalisme en France et en Corée sont très dissemblables en dépit de leur objectif identique, celui de la prévention des abus de puissance économique **(CHAPITRE I)**.

204. Nous établirons les teneurs des obligations relevant du formalisme en France et en Corée en mettant l'accent sur la transparence de la négociation, de la conclusion et des contenus du contrat et sur le délai de paiement. Nous passerons en revue les points communs et les différences des obligations entre les droits français et coréen **(CHAPITRE II)**.

---

319 Dans la plupart des cas, les débiteurs outrepasseraient délibérément le délai de paiement, même s'ils en ont connaissance. *A priori*, ce problème relève davantage de la volonté du débiteur au regard de sa promesse. « Tenir sa parole » ou « maintenir son crédit » semble différer du problème de la transparence tarifaire.

CHAPITRE I

Le champ d'application du formalisme

205. Notre étude comparative portant sur le champ d'application de la transparence a pour finalité de réduire les effets secondaires du formalisme tout en maintenant son efficacité. Ainsi, nous examinerons les défauts de chaque système du formalisme, français et coréen, autour des conditions et du champ d'application du formalisme.

206. Aux mêmes fins de prévention des abus de puissance économique par les parties en situation de force, si les textes français sur le formalisme contrôlent la plupart des entreprises **(SECTION I)**, les textes coréens visent directement les relations particulières entre certains partenaires forts, susceptibles d'avoir commis un abus de puissance économique et certains partenaires faibles, victimes potentielles de cet abus **(SECTION II)**.

SECTION I. LE CHAMP D'APPLICATION DU FORMALISME EN DROIT FRANÇAIS

207. En France, le champ d'application du formalisme pour la répression de la pratique restrictive de concurrence se montre très étendu, voire universel **(§ 1)**. Cette application globale paraît discutable en ce qu'elle impacte lourdement des entreprises non responsables d'abus ; elle est également contestable sous le prisme de la sécurité juridique **(§ 2)**.

§ 1. Un champ d'application universel

208. Globalement, le formalisme en droit français s'applique aux entreprises sans considération pour leur poids économique **(A)** et la nature des produits ou des services concernés **(B)**.

A. Le champ d'application *ratione personae*

209. En général, le formalisme dans le Titre IV du Livre IV du Code de commerce ne s'intéresse pas au secteur ou à l'envergure de l'entreprise en cause **(1)** avec pour effet un décalage entre le champ d'application théorique et celui qui s'observe dans la réalité **(2)**.

1. L'indifférence quant au secteur d'activité et à la taille de l'entreprise

210. En France, pour ce qui touche au formalisme à l'exemple des CGV, la convention unique et le délai de paiement dans le Titre IV du Livre IV du Code de commerce, le secteur et l'envergure d'entreprise en cause importent peu, sauf exception[320]. Autrement dit, les opérateurs économiques visés par le formalisme se voient spécifiés de façon très large et globale dans les textes concernés.

211. En premier lieu, l'article L. 441-6, I du Code de commerce impose que « *tout producteur, prestataire de service, grossiste ou importateur* » communique ses CGV à « *tout acheteur de produits ou tout demandeur de prestation de services qui en fait la demande pour une activité professionnelle* ». Les notions de « *producteur* », de « *grossiste* », d'« *importateur* » et de « *professionnel* » ne se trouvent pas légalement définies par le législateur, et la qualité de « *prestataire* » cause des incertitudes en raison de la difficulté à l'identifier[321]. Ensuite, quant au délai de paiement, cet article prévoit le champ d'application *ratione personae* en termes très généraux tels que « *parties* », « *client* », « *fournisseur* », « *créancier* » ou « *débiteur* ». D'un point de vue juridique, parce que d'autres limitations précises relatives aux conditions complémentaires ne sont pas accompagnées dans ces textes, il faut interpréter, de manière étendue, ces expressions d'après la signification qu'en donne le dictionnaire, donc sans préjudice des secteurs ou de la taille des entreprises en cause[322]. Ainsi, si l'on s'en tient au sens littéral des termes, la plupart des professionnels en France se voient concernés par ces obligations en matière de CGV et de délai de paiement[323].

---

[320] Exceptionnellement, en ce qui concerne la convention écrite, il existe un texte consacré au grossiste (C. Com, art. L. 441-7-1). Cette règle particulière qui atténue les obligations de convention unique du grossiste a été établie par la loi Macron, compte tenu des spécificités du grossiste.

[321] Marielle Martin, « Le droit français de la transparence et des pratiques restrictives de concurrence », Thèse de doctorat, Presses universitaires d'Aix-Marseille, 2012, pp. 63 et s.

[322] « *L'acheteur* » est « *quelqu'un, d'un groupe, etc., qui achète quelque chose* ». http://www.larousse.fr/dictionnaires/francais/acheteur/685?q=acheteur#682. Ce dernier pourrait faire l'achat de produits agricoles, de produits manufacturés ou de la sous-traitance de travaux, etc. Il pourra en conséquence devenir le fournisseur ou le distributeur.

[323] Mais « *Les conditions générales de vente peuvent être différenciées selon les catégories d'acheteurs de produits ou de demandeurs de prestation de services. Dans ce cas, l'obligation de communication prescrite au premier alinéa porte sur les conditions générales de vente*

212. En deuxième lieu, cette globalité du champ d'application *ratione personae* pour le formalisme est maintenue dans l'article L. 441-7 du Code de commerce intéressant la convention unique. En effet, les opérateurs économiques visés par la convention unique concernent « *le fournisseur* », « *le distributeur ou le prestataire de services* ». Les notions de « *fournisseur* » et de « *distributeur* » ne bénéficient pas de définition légale[324][325]. Nous observons que l'emploi de ces expressions dans l'article 441-7 semble relativement restrictif, puisque les CGV et le délai de paiement dans l'article L. 441-6 du Code de commerce mentionnent les termes d' « *acheteur* » et de « *client* » qui ont une acception plus globale[326].

213. Cette généralité des termes est retenue dans d'autres articles concernant le formalisme. Il est difficile de trouver des textes qui bornent manifestement le champ d'application du formalisme à la relation particulière, notamment celle liée à la grande distribution. De ce fait, nous estimons qu'en France le champ d'application *ratione personae* du formalisme est global. Dès lors, il importe peu que l'auteur soit un fabricant, un constructeur, un agriculteur ou un distributeur, et que son envergure soit grande ou petite, lorsque nous envisageons la possibilité de l'application des règles sur les CGV, les délais de paiement ou la convention unique. D'évidence, le contenu concret de l'obligation pourrait être modifié en fonction de la règle dérogatoire consacrée à l'entreprise en question.

214. Notamment, l'obligation de transparence ne distingue pas, de manière détaillée, les distributeurs et les fournisseurs en fonction de leurs chiffres d'affaires réalisés, de leurs effectifs, de leurs surfaces de magasin, de leurs parts de marché, de leurs pouvoirs de marque, ou de leurs possessions de brevet, etc. Ce critère précisément chiffré, qui peut classifier chaque fournisseur et chaque distributeur, se retrouve rarement dans le Chapitre

---

applicables aux acheteurs de produits ou aux demandeurs de prestation de services d'une même catégorie » (C. Com., art. L. 441-6, I, 6ème alinéa).

[324] « *Le fournisseur* » est « *la personne qui procure au distributeur de la marchandise ou des services, afin que celui-ci les distribue ou les utilise* ». « *Le terme de fournisseur n'est, en général, employé que lorsque l'opération revêt un caractère habituel entre les deux parties...* ». Daniel Mainguy, « Dictionnaire de droit du marché : Concurrence · Distribution · Consommation », Ellipses, 2008, p. 180. En général, la doctrine considère que « *le producteur* » est synonyme de « *le fournisseur* ». Marielle Martin, « Le droit français de la transparence et des pratiques restrictives de concurrence », Thèse de doctorat, Presses universitaires d'Aix-Marseille, 2012, pp. 63 et s.

[325] « *Le distributeur* » est le « *revendeur faisant profession de commercialiser les produits d'un ou plusieurs fabricants ou autres fournisseurs* ». Gérard Cornu, Association Henri Capitant, « Vocabulaire juridique », PUF, Quadrige, 10ème éd., 2014, p. 357.

[326] En ce sens, les opérateurs économiques« *qui agissent comme courtier* » (par exemple, la centrale en qualité de courtier) ou « *qui transforment les produits avant de les revendre* » ou « *qui achètent des produits pour leur propre usage* » n'appartiennent pas aux distributeurs ou aux prestataires de services aux termes de ce texte de la convention unique, et ils ne sont donc pas soumis à l'obligation de la convention unique. Joseph Vogel, « Loi Hamon : Guide de la négociation commerciale dans le commerce de gros », éditions CGI, 2014, pp. 31, 32 et 33.

premier (De la transparence) du Titre IV du livre IV du Code de commerce. A peine mentionne-t-on une catégorie d'entreprises dans l'article L. 441-6-1 du Code de commerce portant sur le commissaire aux comptes et le délai de paiement[327] : une grande entreprise ou une entreprise de taille intermédiaire, à l'exclusion des micro-entreprises et des PME[328]. En outre, un critère probable en fonction de différents paramètres auprès des distributeurs n'existe pas dans le Chapitre premier (De la transparence) du Titre IV du livre IV du Code de commerce, même si l'ADLC particularise, dans son rapport annuel, « *six marchés en utilisant plusieurs critères, notamment la taille des magasins, leurs techniques de ventes, leur accessibilité, la nature du service rendu et l'ampleur des gammes de produits proposés : les hypermarchés, les supermarchés, le commerce spécialisé, le petit commerce de détail, les maxi-discompteurs, la vente par correspondance* »[329].

2. L'écart entre le champ d'application dans les textes et celui dans la pratique

215. Nous devons en théorie interpréter les textes concernés dans ce sens que les hypermarchés et les supérettes se trouvent soumis au même dispositif du formalisme. Ensuite, à la lettre, le formalisme pourrait s'appliquer à l'ensemble des relations entre les distributeurs et les fournisseurs sans considération des spécificités tenant à la taille du fournisseur (petite entreprise ou grand groupe industriel) ou à celle du distributeur.

216. Toutefois, les règles de formalisme du Code de commerce visent prioritairement l'abus de la grande distribution vis-à-vis de ses fournisseurs en dépit de son utilisation de termes généraux. La doctrine et les praticiens mentionnent cette discordance entre les vraies cibles particulières et le champ d'application général dans les textes. En ce sens, le Professeur Daniel Mainguy indique qu'en matière de transparence contractuelle et tarifaire « *ces règles s'inscrivent dans une perspective de réglementation des relations établies entre les « producteurs » et la « grande distribution », même si la généralité des termes utilisés permet d'envisager des situations plus larges* »[330][331].

---

[327] « *Lorsque la société concernée est une grande entreprise ou une entreprise de taille intermédiaire, au sens de l'article 51 de la loi n° 2008-776 du 4 août 2008 de modernisation de l'économie, le commissaire aux comptes adresse son attestation au ministre chargé de l'économie si elle démontre, de façon répétée, des manquements significatifs de la société aux prescriptions des neuvième et dixième alinéas du I de l'article L. 441-6 du présent code* ».

[328] L'article 51 de la loi n° 2008-776 du 4 août 2008 de modernisation de l'économie distingue les entreprises selon les quatre catégories suivantes : les micro-entreprises, les petites et moyennes entreprises, les entreprises de taille intermédiaire et les grandes entreprises.

[329] Aut, conc., rapport annuel 2010, étude thématique, « Concurrence et distribution », p. 97.

[330] Daniel Mainguy et Malo Depincé, « Droit de la concurrence », LexisNexis, 2ème éd., 2015, p. 159.

217. D'un point de vue international, cette application large des dispositions luttant contre l'abus du pouvoir économique sans distinction des secteurs et des relations entre entreprises ne concerne pas l'Europe dans son entier[332].

B. Le champ d'application *ratione materiae*

218. D'ordinaire, le formalisme dans le Titre IV du Livre IV du Code de commerce ne se montre pas curieux de la nature des produits ou des services en cause **(1)**, à l'exception de certaines règles dérogatoires **(2)**.

1. L'indifférence quant à la nature des produits et des services en cause

219. En France, le caractère des produits et des services en cause ne revêt habituellement pas assez d'importance pour décider de l'application ou non du formalisme. La plupart des produits ou des services commerciaux peuvent être soumis au formalisme.

220. D'abord, l'article L. 441-6, I du Code de commerce impose au producteur, prestataire de services, grossiste ou importateur de communiquer ses CGV à l'acheteur de « *produits* » ou au demandeur de « *prestations de services* » qui les sollicite pour une activité professionnelle. Ainsi, les CGV doivent être communiquées « *pour toute vente de biens et toute prestation de services entre professionnels* »[333]. Ensuite, selon cet article, le délai de règlement des sommes dues est fixé au trentième jour à compter de la date de réception des « *marchandises* » ou d'exécution de « *la prestation demandée* ». Enfin, l'article L. 441-7 du Code de commerce ne mentionne que « *des produits* » ou « *des prestations de services* », lorsque la convention écrite fixe les conditions commerciales et les obligations des parties. Il en

---

331 Joseph Vogel croit que « *le champ d'application du droit français de la négociation commerciale, de la transparence et des pratiques restrictives ne se limite pas aux relations entre la grande distribution et ses fournisseurs. Même si ces relations particulières constituent le fait causal principal de toute cette réglementation, son champ d'application est général* ». Joseph Vogel, « Loi Hamon : Guide de la négociation commerciale dans le commerce de gros », éditions CGI, 2014, p. 14.

332 Commission européenne, « Livre vert sur les pratiques commerciales déloyales dans la chaîne d'approvisionnement alimentaire et non-alimentaire interentreprises en Europe », le 31. 1. 2013. pp. 13 et 14. « *Tandis que certains États membres prévoient une protection contre les PCD dans la chaîne d'approvisionnement au détail ou dans un secteur donné du commerce de détail, d'autres appliquent leurs règles de manière générale.* », « *Par exemple, le Portugal, la Slovénie, l'Espagne, la Belgique et le Royaume-Uni ont déjà des codes de conduite axés sur la chaîne d'approvisionnement alimentaire, et les Pays-Bas et l'Irlande projettent d'en adopter. La République tchèque, la Hongrie et l'Italie ont adopté des lois contre les PCD dans le secteur agro-alimentaire... En revanche, en France, les dispositions de droit commercial concernant les PCD s'appliquent à tous les secteurs et à toutes relations entre entreprises* ».

333 Marielle Martin, « Le droit français de la transparence et des pratiques restrictives de concurrence », Thèse de doctorat, Presses universitaires d'Aix-Marseille, 2012, p. 91.

ressort qu'en matière de CGV, de délai de paiement et de convention unique, la nature des produits ou des services ne fait pas, en principe, partie des points importants.

2. Les règles dérogatoires eu égard à la nature des produits ou des services

221. Par rapport au champ d'application *ratione personae*, le législateur français crée plusieurs règles dérogatoires du formalisme sur le champ d'application *ratione materiae* à l'aune des spécificités des produits et des services. En premier lieu, en ce qui concerne la convention écrite, il existe un texte réservé à certains contrats de sous-traitance de fabrication : « *Tout achat de produits manufacturés, fabriqués à la demande de l'acheteur en vue d'être intégrés dans sa propre production* » (C. Com., art. L. 441-9). En l'occurrence, cet article oblige les donneurs d'ordre et les sous-traitants à conclure un contrat écrit en stipulant quelques clauses, quand l'achat de production dépasse un seuil de 500 000 euros[334]. En outre, pour les ventes de produits ou les prestations de services relevant de secteurs présentant un caractère saisonnier particulièrement marqué (l'agroéquipement, les articles de sport, la filière du cuir, l'horlogerie, la bijouterie, la joaillerie et l'orfèvrerie), les parties peuvent convenir d'un délai de paiement spécifique[335].

222. Surtout, il y a plusieurs règles particulières relatives aux produits alimentaires ou agricoles dans le domaine du formalisme. Peut-être, ces dérogations au formalisme ont-elles pour objet de saisir l'opportunité au cas par cas et de protéger notamment les agriculteurs face à l'abus de la grande distribution eu égard au déséquilibre du pouvoir de négociation entre eux. L'article de L.441-7, I, 10ème alinéa du Code de commerce prévoit que l'article L. 441-7, I n'est pas applicable aux produits mentionnés au premier alinéa de l'article L. 441-2-1 du Code de commerce[336]. Et, pour ce qui est de l'achat de fruits et légumes frais, le distributeur ne peut bénéficier de remises, rabais et ristournes, il ne peut par contre bénéficier de la réfaction tarifaire résultant d'une non-conformité qu'avec l'accord d'une organisation

---

334 L'article D. 441-8 du Code de commerce. Décret n° 2016-237 du 1er mars 2016 fixant le seuil prévu à l'article L. 441-9 du Code de commerce.

335 L'article L. 441-6, I 14ème alinéa du Code de commerce. Le décret n° 2015-1484 du 16 novembre 2015.

336 « *Pour les produits agricoles périssables ou issus de cycles courts de production, d'animaux vifs, de carcasses ou pour les produits de la pêche et de l'aquaculture, figurant sur une liste établie par décret, un distributeur ou prestataire de services ne peut bénéficier de remises, rabais et ristournes ou prévoir la rémunération de services rendus à l'occasion de leur revente, propres à favoriser leur commercialisation et ne relevant pas des obligations d'achat et de vente, ou de services ayant un objet distinct, que si ceux-ci sont prévus dans un contrat écrit portant sur la vente de ces produits par le fournisseur* » (C. Com., art. L. 441-2-1).

interprofessionnelle (C. Com., art. L. 441-2-2). Également, la clause de renégociation liée aux fluctuations des prix des matières premières agricoles et alimentaires par l'article L. 441-8 du Code de commerce porte indirectement sur le formalisme ; en effet, les professionnels sont tenus de prévoir cette clause de renégociation munie des seuils de déclenchement et des indices publics des prix des produits agricoles ou alimentaires, de respecter le délai et d'établir un compte rendu[337]. De plus, l'article L. 443-1 du Code de commerce prévoit un délai de paiement spécifique « *pour les achats de produits alimentaires périssables et de viandes congelées ou surgelées, de poissons surgelés, de plats cuisinés et de conserves fabriqués à partir de produits alimentaires périssables* ... », « *pour les achats de bétail sur pied destiné à la consommation et de viandes fraîches dérivées* ... », « *pour les achats de boissons alcooliques* ... », « *pour les achats de raisins et de moûts destinés à l'élaboration de vins ainsi que de boissons alcooliques* ... ». Ces dérogations en matière de produits agricoles ou alimentaires renforcent le formalisme en vue de protéger les parties faibles dans le domaine des produits agricoles et alimentaires.

§ 2. Un caractère universel contestable

223. L'application du formalisme, indifféremment du secteur, de la taille de l'entreprise et de la nature des produits pourrait susciter une surabondance d'interventions administratives **(A)** et une certaine insécurité juridique **(B)**.

A. L'encadrement superflu de l'activité de certains opérateurs

224. Par effet corollaire, un désaccord sur le formalisme en France entre la véritable cible (la grande distribution) et le champ d'application généralisé (quasiment toutes les entreprises) engendre un problème de réglementation excessive **(1)**, particulièrement lourde vis-à-vis des PME **(2)**.

1. Une réglementation sans raison à l'égard des entreprises non visées

225. Tout d'abord, au regard de la logique, nous doutons que cette discordance entre les objectifs de substance et d'apparence respecte le

---

[337] Or, nous restons sceptiques quant à l'efficacité de cette règle pour protéger les parties faibles. Car cet article n'a pas prévu de moyen pour sanctionner les parties dans le cas où le prix n'aurait pas changé malgré la renégociation et dans celui où les résultats de la renégociation s'avéreraient encore injustes. En conséquence, le conflit relevant de la renégociation aboutira, pour finir, à un déséquilibre significatif. Muriel Chagny, « Le droit (substantiel) des pratiques restrictives de concurrence s'invite dans la loi consommation (1re partie)... », RTD com, 2014, p. 67. Et, les parties fortes décident des conditions du déclenchement de cette renégociation et des modalités des changements des prix. Mélanie Comert et Élisabeth Flaicher-Maneval, « La négociation des contrats d'affaires après la loi Hamon », AJCA, 2014, p.16.

principe de proportionnalité en ce qui concerne la règlementation administrative. Autrement dit, elle fait naître, en corollaire, une réglementation irrationnelle à l'égard des entreprises non visées par la loi. Lorsque la véritable cible et le champ d'application par la loi diffèrent, les entreprises qui n'ont pas été envisagées par le législateur se soumettent, en dépit de l'absence d'une faute propre, aux règles contraignantes des autres. Nous partageons l'observation suivante de M. Joseph Vogel : « *Alors que la plupart des secteurs et des relations ne présentent pas de problème particulier à résoudre au regard des pratiques restrictives de concurrence, ils sont soumis aux contraintes, aux règles et au formalisme qui ont été imaginés pour tenter de répondre aux problèmes des relations entre grande distribution et fournisseurs* »[338].

226. Plus concrètement, les obligations fondées sur le formalisme du Titre IV du Livre IV du Code de commerce ignorent la grande diversité des pouvoirs économiques entre les partenaires commerciaux. Daniel Mainguy évoque ce problème : « *Ces relations se concentrent sur quelques grandes enseignes de la grande distribution (six majeures) et un grand nombre de producteurs de tailles différentes, de la petite PME locale à des multinationales qui tous partagent une même logique* » et « *Les fournisseurs et les distributeurs ne forment pas une catégorie homogène* », autrement dit, « *certains sont des multinationales disposant de marques à forte notoriété, d'autres sont des producteurs plus modestes, disposant d'une notoriété nationale, voire régionale, ou pas de notoriété du tout : certains produisent sous une marque, d'autres sous la marque d'un distributeur ; certains sont des nationaux, d'autres des producteurs étrangers ; certains proposent des produits dont un distributeur peut difficilement se passer, d'autres vendent des produits « aveugles », etc.* »[339].

2. Les entraves lourdes à l'égard des PME : la discrimination inverse

227. Nous doutons que le contrôle sous le régime du formalisme des activités des PME, qui sont les cocontractants des grandes entreprises, corresponde à la finalité du formalisme : la prévention préalable de l'abus, la dissuasion efficace de la tentative d'abus, la cessation de l'abus et la facilité du décèlement de l'abus par l'administration, etc. Etant donné que les PME fournisseurs ou les PME distributeurs pratiquent rarement l'abus à l'encontre des enseignes de la grande distribution ou des grands industriels, il semble incompréhensible d'assujettir toutes les PME aux contraintes lourdes du formalisme. De plus, si les PME fournisseurs ou les PME distributeurs commettent des erreurs intentionnelles ou par négligence au cours d'un

---

[338] Joseph Vogel, « Loi Hamon : Guide de la négociation commerciale dans le commerce de gros », éditions CGI, 2014, p. 15.

[339] Daniel Mainguy et Malo Depincé, « Droit de la concurrence », LexisNexis, 2ème éd., 2015, p. 160.

contrat, les enseignes de la grande distribution ou les grands industriels peuvent, sans difficulté, suspendre ou interrompre leurs approvisionnements en cherchant d'autres cocontractants et, du reste, ils peuvent demander eux-mêmes l'exécution opportune du contrat ou la réparation du préjudice par les moyens assurés en droit commun. En l'occurrence, le problème du « facteur crainte » ou de la difficulté de trouver un partenaire commercial alternatif n'existe pas ici.

228. A l'inverse, imaginons que la PME fournisseur détenant une part de marché très élevée dispose d'un produit incontournable et breveté ou d'une marque à forte notoriété, ou que la PME distributeur représente un circuit de distribution indispensable et irremplaçable protégé par une clause d'exclusivité de longue durée. Le refus de commerce par les PME pourrait alors porter un coup aux grandes entreprises. Mais ces situations exceptionnelles pourraient être résolues par le droit des pratiques anticoncurrentielles au titre de l'entente ou de l'abus de position dominante sur le marché (C. Com., art. L. 420-1 et L. 420-2).

229. Par ailleurs, les entraves résultant du formalisme se montreraient relativement plus lourdes à l'égard des PME. En effet, compte tenu de la notable différence de pouvoir économique entre les entreprises, les charges infligées par le formalisme ne se présentent pas, en réalité, de façon identique pour les PME et les grandes entreprises, alors qu'elles sont textuellement tenues d'exécuter les mêmes pratiques[340]. Par exemple, de nombreuses PME fournisseurs ou distributeurs ne possèdent ni suffisamment de ressources humaines ou matérielles internes pour assumer leurs obligations ni le pouvoir de contourner leurs obligations de formalisme ou de transférer leurs risques à d'autres opérateurs économiques. Le cas échéant, paradoxalement, les PME producteurs ou distributeurs se trouveront désavantagées par rapport à leurs concurrents, grands industriels ou grandes surfaces, car les PME risquent d'épuiser leurs compétences internes et externes en se conformant à des obligations pénibles, et elles risquent de perdre l'opportunité de devenir des concurrentes substantielles des grandes entreprises. *A priori*, cela ne doit rien au hasard que de nombreux distributeurs indépendants et locaux aient cédé leurs magasins aux grands distributeurs, à la suite de l'augmentation fulgurante de l'intervention législative et administrative dans le domaine de l'industrie de la distribution en France et en Corée.

B. Les conséquences en termes de sécurité juridique

230. Un éloignement du formalisme en France entre la véritable cible (la grande distribution) et le champ d'application généralisé (quasiment toutes les entreprises) pourrait compromettre la sécurité juridique, dès lors que la

---

340 Voir supra, pp. 44 et s.

sanction pourrait être imprévisible **(1)** et dépendrait de la décision au jugé et arbitraire des agents de la DGCCRF ou des juges **(2)**.

1. L'imprévisibilité de la sanction administrative

231. En France, après la loi Hamon, plusieurs dispositifs essentiels sur le formalisme se retrouvent dépénalisés. Par exemple, en cas de manquement de l'entreprise à la convention unique, la DGCCRF peut directement prononcer à son encontre l'amende administrative et l'injonction de se conformer à ses obligations, de cesser tout agissement illicite ou de supprimer toute clause illicite (C. Com., art. L. 441-7 et L. 465-1). De même, l'inexécution des mesures d'injonction prévues à l'article L. 465-1 du Code de commerce peut enclencher des amendes administratives (C. Com., art. L. 465-2). Cette disposition administrative est réputée plus rapide, dissuasive et efficace que l'ancienne disposition pénale[341].

232. Alors que la convention unique avant la loi Hamon ne débouchait quasiment jamais sur une sanction pénale, elle ouvre désormais une possibilité élevée de sanction administrative pour toutes les entreprises, bien que de nombreux fournisseurs et distributeurs n'aient pas même conscience de leurs obligations à préparer tout au long de l'année avant le 1er mars une convention unique assortie des conditions commerciales convenues entre eux[342].

233. Sur ce point nous pouvons nous demander si la DGCCRF infligera des amendes administratives à toutes les TPE fournisseurs et à toutes les TPE distributeurs dénoncées ou repérées pour une contravention dérisoire aux dispositions relatives à la convention unique ou au délai de paiement. Notre réponse se veut négative. Certes, d'un côté, ce traitement s'avère, sous l'angle administratif, irréalisable à l'aune de l'effectif réduit du personnel de la DGCCRF et du nombre de manquements éventuels des TPE et PME. D'un autre côté, il se révèle également, d'un point de vue économique, inopportun, eu égard aux contextes du manquement des TPE ou PME. Imaginons qu'une TPE distributeur retarde son paiement à la grande entreprise multinationale en raison de son besoin provisoire de trésorerie. Nul ne penserait que la sanction administrative supplémentaire, en particulier l'amende administrative, s'applique nécessairement à l'encontre de ce petit distributeur défaillant, même si la disposition contractuelle, qui prévoit ce cas de non-paiement, existe dans son contrat et conformément au

---

341 Nathalie Homobono, « Les nouveaux pouvoirs de la DGCCRF issue de la loi Hamon », AJCA, 2014, p.144. Daniel Mainguy et Malo Depincé, « Droit de la concurrence », LexisNexis, 2ème éd., 2015, p. 180.

342 Blog Vogel & Vogel, « Comment, après la loi Hamon, faire face au casse-tête de la convention unique ? », le 14 octobre, 2014. http://www.vogel-vogel.com/blog/comment-apres-la-loi-hamon-faire-face-au-casse-tete-de-la-convention-unique.

droit commun[343]. Il semblerait indiqué que le manquement dérisoire de la part de PME ou de TPE puisse échapper à la sanction des agents de la DGCCRF en considération de circonstances concrètes.

2. L'arbitrage des agents de la DGCCRF ou des juges

234. Dans la situation où l'application générale et indifférente du formalisme ne correspond pas à la situation économique et administrative, il reste problématique que les textes du formalisme gardent le silence sur la manière dont les agents administratifs ou les juges peuvent restreindre son champ d'application. Dans ce contexte, parce que les textes ne précisent pas la frontière entre légalité et illégalité, il suffirait de le limiter à l'appréciation des personnes : l'appréciation discrétionnaire des agents de la DGCCRF ou la décision des juges en cas de recours.

235. En l'espèce, les entreprises en cause, notamment les TPE, ont du mal à prévoir si elles seront, par principe, sanctionnées par des amendes administratives, ou si elles auront, par dérogation, la chance d'être tolérées par les agents de la DGCCRF. Si la responsabilité de la DGCCRF décide arbitrairement de l'application ou non de la loi, cela paraît discutable, puisque les règles du Code de commerce ne lui octroient pas cette marge d'interprétation. Aussi, si la DGCCRF crée ses propres circulaires ou règles internes qui lui permettent de cerner le champ d'application du formalisme sans délégation manifeste de la loi, cela apparaît de même contestable au regard du principe de séparation des pouvoirs. Enfin, cette application équivoque et imprévisible du formalisme peut faire courir un risque à la sécurité juridique.

SECTION II. LE CHAMP D'APPLICATION DU FORMALISME EN DROIT COREEN

236. En Corée, le champ d'application des règles par le formalisme est très limité **(§ 1)**. Il est cependant contestable en ce qu'il repose sur une notion incertaine, la notion de « grand distributeur ». En outre, l'intervention excessive de l'administration à travers la loi spécifique pourrait être problématique **(§ 2)**.

[343] La pénalité portant sur le délai de paiement ne demande plus la présence de l'abus à l'issue de la suppression de l'article L. 442-6, I, 7° du Code de commerce, qui se voit remplacé par le mécanisme d'amendes administratives depuis la loi Hamon.

§ 1. Un champ d'application limité

237. En droit coréen, la prise en considération du secteur et de la taille de l'entreprise en cause est une première étape pour l'application de la loi spécifique, puis pour l'assujettissement aux dispositions du formalisme **(A)**. Encore, faut-il satisfaire à la nature des produits et à la nature des transactions précisées par chaque loi spécifique **(B)**.

A. Le champ d'application *ratione personae*

238. En ce qui concerne le champ d'application *ratione personae* du formalisme, nous envisagerons deux grands textes : « la loi sur le grand distributeur » **(1)** et « la loi sur la sous-traitance » **(2)**.

1. La prise en compte du secteur et de la taille de l'entreprise par les règles applicables à la grande distribution

239. Afin de mieux protéger les parties faibles au contrat, le législateur coréen a instauré, selon le secteur en cause, une loi spécifique qui ne s'applique qu'à chaque relation spécifique à condition d'établir les conditions particulières concernant la taille ou l'effectif ou le chiffre d'affaires de l'entreprise en cause, etc. Si les conditions d'application de la loi spécifique ne sont pas remplies, seule peut s'appliquer à l'affaire en cause la loi générale sur la concurrence (la LRMCL).

240. « La loi sur le grand distributeur » limite, de manière claire, son champ d'application au « grand distributeur » et à son partenaire commercial, à savoir « le fournisseur » ou « le preneur du magasin »[344]. Une doctrine coréenne estime que « la loi sur le grand distributeur » est une première loi distincte, dans le monde entier, qui se focalise uniquement sur l'abus de pouvoir économique du grand distributeur, au-delà du droit des pratiques anticoncurrentielles[345].

241. Son article 2 définit « le grand distributeur » comme « l'opérateur économique qui s'approvisionne en produits à revendre au consommateur auprès de plusieurs fournisseurs, à condition que son chiffre d'affaires annuel de distribution de détail de l'année civile précédente dépasse 100 milliards de wons (environ 80 000 000 euros) ou que la surface de l'un de ses magasins soit supérieure à 3000 m^2 ». Non seulement la grande distribution, les hypermarchés et les supermarchés, mais encore les grands magasins du type « Galeries Lafayette » et « Printemps » en France peuvent devenir « le grand distributeur » de cette loi[346].

---

[344] L'article 1 [l'objet] de la loi sur le grand distributeur. Hong-Seok KIM et Sang-Mo KOO, « La loi sur la sous-traitance », Hsmedia, 2010, p. 17.

[345] Young-Hong CHOI, « La législation et les enjeux en pratique de la loi sur le grand distributeur », Journal du droit coréen de la concurrence, n° 25, 2014, p. 4.

[346] Voir supra, p. 56.

242. Par ailleurs, cet article 2 énonce que « le fournisseur » désigne l'opérateur qui approvisionne le grand distributeur en produits à revendre, et que « le preneur du magasin » concerne l'opérateur économique qui prend en location au grand distributeur un espace de son magasin pour la revente des produits aux consommateurs en payant au grand distributeur la contrepartie du bail.

2. La prise en compte du secteur et de la taille de l'entreprise par les règles applicables à la sous-traitance

243. « La loi sur la sous-traitance » contrôle, de manière exhaustive, la relation de sous-traitance. Cette loi borne, de manière manifeste, son champ d'application aux relations entre « le donneur d'ordre » et « le sous-traitant » définis par cette loi[347]. Cette loi ne dispose que d'un seul article portant sur le maître d'ouvrage, selon lequel celui-ci est tenu de payer directement au sous-traitant en cas de faillite du donneur d'ordre, dans le but de protéger le sous-traitant qui souffre d'un brusque besoin financier (article 14 de la loi sur la sous-traitance)[348]. Tous les autres articles sont exclusivement consacrés aux relations entre « le donneur d'ordre » et « le sous-traitant ».

244. Ensuite, selon son article 2, ②, ③ [la définition], « le donneur d'ordre » ne se soumet à cette loi que dans deux cas suivants. D'une part, quand le donneur d'ordre ne fait pas partie des PME et que le sous-traitant fait, en même temps, partie des PME, le donneur d'ordre, qui sous-traite à une autre entreprise des activités de fabrication, de réparation, de construction ou de service, se subordonne à cette loi[349]. D'autre part, lorsque le donneur d'ordre participe de la catégorie des PME, le donneur d'ordre, qui sous-traite à une autre entreprise les activités de fabrication, de réparation, de construction ou de service, se soumet à cette loi, à condition que la taille du donneur d'ordre soit supérieure à celle du sous-traitant en termes de chiffre d'affaires ou d'effectif constant d'employés estimé sur l'année civile précédente. Toutefois, « la loi sur la sous-traitance » n'engage pas la responsabilité lourde du donneur d'ordre, lorsque ce donneur d'ordre est considéré comme une très petite entreprise (article 2, ④ du décret de la loi sur la sous-traitance)[350]. Ainsi, les TPE se voient toujours dispensées de toutes les charges de cette loi, y compris des obligations de transparence.

---

[347] L'article 1 [l'objet] de la loi sur la sous-traitance.

[348] Sur ce point, cet article ressemble à la loi française n° 75-1334 du 31 décembre 1975 relative à la sous-traitance.

[349] L'article 2 de « la loi sur les PME » précise les critères pour appartenir aux PME ; il classifie le chiffre d'affaires annuel des PME selon les secteurs concernés en cinq seuils. Par exemple, en Corée, dans le domaine de l'agriculture, le chiffre d'affaires annuel doit être inférieur à 100 milliards de wons (environ 80 000 000 euros) pour être protégé pareillement aux PME.

[350] Pour devenir de très petites entreprises immunes des obligations de cette loi, il faut que le chiffre d'affaires annuel ne dépasse pas 2 milliards de wons (environ 1 600 000 euros), en cas

245. Par conséquent, lorsqu'un donneur d'ordre de PME sous-traite à une entreprise qui n'appartient pas aux PME (par exemple le grand industriel) des activités économiques, ce donneur d'ordre n'est pas concerné par les charges lourdes, telles que les obligations du formalisme exigées par la loi coréenne sur la sous-traitance. En raison de la qualification faite du « donneur d'ordre » et du « sous-traitant » en fonction de sa taille, la grande entreprise, qui est le partenaire des petites entreprises, ne peut requérir, dès le début, la protection par « la loi sur la sous-traitance ». En bref, le bénéficiaire de cette loi doit toujours avoir une taille moindre que son débiteur en fonction des tailles objectives.

B. Le champ d'application *ratione materiae*

246. En droit coréen, la nature des produits et la nature des transactions sont pareillement très importantes pour l'application de la loi spécifique, puis du formalisme. Nous réfléchissons sur les cas de « la loi sur le grand distributeur » **(1)** et de « la loi sur la sous-traitance » **(2)**.

1. La prise en compte de la nature des produits et des transactions par les règles applicables à la grande distribution

247. S'agissant des moyens dont dispose la distribution, l'article 2 [la définition] de « la loi du grand distributeur » liste, de manière exhaustive, trois types de transaction qui se soumettent à cette loi : 1. « la transaction par l'achat direct » par laquelle le grand distributeur, en supportant la charge des produits invendus, achète les produits du fournisseur ; 2. « la transaction par l'achat associée à la convention spécifique sur le retour[351] » par laquelle le grand distributeur achète, à crédit, les produits du fournisseur sous réserve de

de sous-traitance pour la fabrication ou la réparation. En cas de sous-traitance de service, il faut que le chiffre d'affaires annuel soit inférieur à 1 milliard de wons (environ 800 000 euros). En cas de sous-traitance dans la construction, il faut que le chiffre sur la capacité annuelle à construire appréciée par l'association des professionnels soit inférieur à 3 milliards de wons (environ 2 400 000 euros).

[351] En Corée, les grands magasins préfèrent ce type particulier d'achat qui accorde au grand distributeur le droit de retour des produits invendus, surtout en matière de vente de produits non alimentaires tels que les vêtements. Néanmoins, ce type de transaction spécifique peut entraîner lui-même un déséquilibre significatif entre les grands magasins et leurs fournisseurs. Par le biais de cette transaction unique qui mêle achat direct et contrat de commission, le grand magasin peut transférer aux fournisseurs les charges de la vente et les risques de la gestion des stocks par l'exécution de son droit de retour, en jouissant de ses pleins droits en tant qu'acheteur. Il conviendrait par conséquent que les grands magasins adoptent davantage l'achat direct que cet achat anormal. Jung-Won SONG, « Faire la directive sur la transaction par l'achat associée à la convention spécifique sur le retour », Journal de concurrence, juillet 2014, pp. 70 et s. Su-Young PARK, « L'interprétation de la loi sur le grand distributeur », Fides, 2013, p. 14. *A priori*, il conviendrait que « la loi sur le grand distributeur » interdit, au fond, ce type de transaction anormale qui incite systématiquement le grand distributeur aux abus .

permettre au grand distributeur de demander au fournisseur le retour des invendus, après quoi le grand distributeur lui paie le prix des produits réellement vendus après une déduction de la rémunération qui peut être forfaitaire ou proportionnelle à la valeur des produits vendus ; 3. « la transaction de commission[352] » par laquelle le grand distributeur revend les produits approvisionnés pour le compte du fournisseur mais à son propre nom, puis lui paie une commission forfaitaire ou proportionnelle à la valeur des produits vendus.

248. A propos de la nature des produits, « la loi sur le grand distributeur » a instauré deux règles particulières sur les produits agricoles et maritimes qui sont frais, périssables et non transformés. En cas de fourniture de ces produits, la réfaction tarifaire ou le retour en raison de défauts ou de vices ou de non-conformité des produits approvisionnés n'est possible qu'avant la fin de la procédure d'acceptation ou de vérification des produits approvisionnés. Et la durée pour la procédure d'acceptation ou de vérification de ces produits frais ne peut excéder deux jours hormis circonstance particulière[353]. Cette durée procédurale très courte a pour objet de diminuer les pertes du fournisseur de produits frais en cas de réalisation de réfaction tarifaire, compte tenu de leur caractère périssable[354].

2. La prise en compte de la nature des produits et des transactions par les règles applicables à la sous-traitance

249. S'agissant de la sous-traitance, l'article 2 [la définition] de « la loi de la sous-traitance » prévoit, d'après les produits de sous-traitance et la nature de la transaction, quatre modèles limitatifs de sous-traitance pour l'application de cette loi. En d'autres termes, seuls quatre types de pratiques de sous-traitance remplissant des conditions complexes se subordonnent à « la loi sur la sous-traitance » : 1. « la sous-traitance de fabrication » par laquelle un opérateur économique, qui « fait les affaires » [355] de la fabrication, de la vente ou de la réparation des produits, donne à un autre

---

[352] En l'espèce, la propriété des produits invendus appartient au fournisseur selon la théorie du contrat de commission.

[353] Les articles 7 et 10 de « la loi sur le grand distributeur » évoquent les règles dérogatoires sur ces produits frais lors de la réfaction tarifaire et du retour. L'article 6 de son décret précise aussi leur durée maximale d'exécution.

[354] Keum-Seok OH, Seong-Un YUN, Hyun-Kyu LEE, « La loi sur le grand distributeur : la théorie et la pratique », Bakyoungsa, 2012, p. 146.

[355] « Faire les affaires » signifie ici qu'une entreprise effectue, de manière continuelle et répétitive, ces activités économiques. Il ne suffit pas qu'une entreprise soit capable de pratiquer une certaine activité économique. Les professionnels coréens sont obligés d'enregistrer leurs affaires majeures et de les rendre publiques. Au cas où les objectifs de la sous-traitance sont extérieures des affaires principales du donneur de l'ordre, la loi sur la sous-traitance ne s'applique pas. Hong-Seok KIM et Sang-Mo KOO, « La loi sur la sous-traitance », Hsmedia, 2010, pp. 23 et s.

opérateur économique un ordre pour la fabrication de produits appartenant aux affaires majeures du donneur d'ordre[356] ; 2. « la sous-traitance de réparation » par laquelle un opérateur économique, qui « fait les affaires » de réparation des produits, ou qui la réalise soit à la demande d'autrui soit pour sa propre utilisation, donne à un autre opérateur économique un ordre pour ses œuvres totales ou partielles de réparation ; 3. « la sous-traitance de construction » par laquelle un opérateur économique de construction donne à un autre opérateur économique de construction un ordre sur ses travaux totaux ou partiels de construction appartenant aux affaires majeures du donneur d'ordre ; 4. « la sous-traitance de service » par laquelle un opérateur économique, qui « fait les affaires » de prestations de services, donne à un autre opérateur économique de prestations de services un ordre sur ses prestations totales ou partielles de services à effectuer. Quelle complexité que ces définitions et conditions !

250. A titre de comparaison, il paraît intéressant de noter que le champ d'application du droit coréen sur la sous-traitance semble plus large que celui du droit français. En France, la convention unique dans un contrat de sous-traitance ne s'applique qu'à la sous-traitance « *pour tout achat de produits manufacturés, fabriqués à la demande de l'acheteur en vue d'être intégrés dans sa propre production* », dont le montant est supérieur à 500 000 euros[357]. Aussi, en France, la sous-traitance de construction, de réparation ou de service se situe-t-elle en dehors du champ de l'obligation d'une convention unique. Egalement, les produits fabriqués à la demande de l'acheteur mais non intégrés dans sa propre production ne participent pas de la convention unique (par exemple l'achat des outils qui servent à la fabrication)[358]. De surcroît, la Loi n° 75-1334 du 31 décembre 1975 relative à la sous-traitance se limite à un remède direct du sous-traitant à l'égard du maître d'ouvrage pour le protéger de la faillite du maître d'œuvre[359]. Cette loi contrôle prioritairement le paiement direct du maître d'ouvrage au sous-traitant[360].

---

[356] L'approvisionnement des écrans et des claviers d'un ordinateur, sur lesquels figure la marque du demandeur par le biais du fabricant d'équipement d'origine (*original equipement manufacturer*), fait partie de la sous-traitance de fabrication dans cette loi spécifique. Cour suprême de Corée, 2001Nu3655 du 12 avril 2002. Hong-Seok KIM et Sang-Mo KOO, « La loi sur la sous-traitance », Hsmedia, 2010, p. 28.

[357] L'article L. 441-9 du Code de commerce et l'article D. 441-8 du Code de commerce.

[358] L'article L. 441-9 du Code de commerce a été créé par la loi Hamon en vue d'intensifier la transparence dans les relations de sous-traitance. Auparavant, le formalisme en sous-traitance était rare ou dispersé en France. DGCCRF, note d'information n° 2014-185 du 22 octobre 2014, pp. 29 et s. « Application des dispositions de la loi relative à la consommation modifiant le livre IV du code de commerce sur les pratiques commerciales restrictives de concurrence ».

[359] Wilfrid Boyault, « Sous-traitance : un insaisissable faire-faire », AJCA, 2015. p.448.

[360] La loi n° 75-1334 du 31 décembre 1975 relative à la sous-traitance. « *Sans préjudice de l'acceptation prévue à l'article 3, l'entrepreneur principal doit, lors de la soumission,*

251. Cependant, nous pressentons qu'il y aura en France une augmentation du nombre de différends entre le donneur d'ordre et le sous-traitant et une demande accrue de règlementation du formalisme luttant contre l'abus des maîtres d'œuvre[361]. En effet, la sous-traitance partage avec la grande distribution un problème central : le déséquilibre du rapport de force et celui du pouvoir de négociation. La DGCCRF est autorisée et tenue d'intervenir dans les relations de sous-traitance par le biais de l'action du ministre, lorsque le maître d'œuvre abuse de sa puissance économique[362].

§ 2. Un caractère limité contestable

252. Qui doit supporter les obligations très contraignantes imposées par la « loi spécifique » et qui s'en trouve dispensé **(A) ?** Par ailleurs, cette inflation de dispositions spécifiques n'est-elle pas problématique **(B) ?**

A. Les critères équivoques de l'application de la loi spécifique

253. Dans ce contexte où l'entreprise qui se subordonne à la loi spécifique porte un lourd fardeau sur ses épaules par rapport à celle qui ne tombe pas sous le coup de cette loi **(1)**, il paraît difficile de les distinguer, de manière appropriée, l'une de l'autre **(2)**.

1. Les charges considérables des entreprises sous le régime de la loi spécifique

254. Comme nous venons de le voir, chaque loi spécifique coréenne contre les abus de puissance économique dispose de ses propres conditions d'application, concrètes et chiffrées en fonction des secteurs et des tailles de l'entreprise ainsi que de la nature des produits et des transactions.

255. Dans cette situation, il devient problématique que l'application ou non de cette loi spécifique entraîne une considérable disparité entre les entreprises concernées. Les entreprises sous l'empire de la loi spécifique

---

indiquer au maître de l'ouvrage la nature et le montant de chacune des prestations qu'il envisage de sous-traiter, ainsi que les sous- traitants auxquels il envisage de faire appel » (article 5). « *Le sous-traitant direct du titulaire du marché, qui a été accepté et dont les conditions de paiement ont été agréées par le maître de l'ouvrage, est payé directement par lui pour la part du marché dont il assure l'exécution* » (article 6).

[361] Thierry Charles observe les problèmes concernant la sous-traitance en France : « *En pratique, cette relation entre donneurs d'ordre et sous-traitants est souvent déséquilibrée, pénalisant ainsi la compétitivité globale de l'industrie française* ». Thierry Charles, « La protection légale du sous-traitant : une législation en creux », AJCA, 2015, p. 452.

[362] DGCCRF, résultats 2013 de la DGCCRF, p. 3. « *La DGCCRF intervient dans tous les secteurs de l'économie ✓équilibre des relations commerciales (par exemple entre sous-traitants et donneurs d'ordre dans le secteur de la fabrication de cosmétiques, et entre fournisseurs et distributeurs)* ».

s'engagent aux obligations très lourdes du formalisme et aux diverses interdictions des pratiques restrictives de la concurrence, tandis que les entreprises sous le régime de la LRMCL peuvent être libres de ces entraves spécifiques[363]. Par exemple, la LRMCL reste silencieuse sur les délais de paiement, dont les parties commerciales à l'extérieur de la loi spécifique peuvent décider librement par l'intermédiaire de la convention, à moins que cette convention se trouve très exceptionnellement sanctionnée au motif d'abus de position supérieure dans le commerce (article 23, ①, 4ème de la LRMCL).

256. En outre, la loi spécifique diminue partout la charge de la preuve à fournir par l'administration. Par exemple, l'article 7 de « la loi sur le grand distributeur » interdit généralement à ce dernier la réfaction tarifaire des produits approvisionnés, mais l'autorise ensuite, par dérogation à l'article, à la condition que le grand distributeur établisse la preuve qui justifie la réfaction, tels le défaut et la non-conformité des produits. En d'autres termes, il y a une inversion de la charge de la preuve. Ainsi, quand la *KFTC* ne prouve que la seule existence de la réduction du prix des produits approvisionnés, c'est le grand distributeur qui se trouve dans l'obligation d'apporter la justification de la réfaction[364]. En revanche, la *KFTC* se voit dans l'obligation stricte de prouver la présence des conditions associées aux termes « abus » et « indûment » en vue de l'application de la LRMCL au titre de « l'abus de position supérieure dans le commerce » (article 23, ①, 4ème de la LRMCL)[365].

257. Dernièrement, à propos de pratiques similaires restrictives de la concurrence, la sanction par « la loi sur le grand distributeur » se montre plus élevée que celle basée sur la LRMCL[366]. Par exemple, lorsqu'une entreprise enfreint l'article 23, ①, 4ème de la LRMCL par la réfaction tarifaire injuste des produits, elle sera condamnée à une amende administrative, dont le montant ne peut excéder 2 % du chiffre d'affaires pertinent réalisé sur la période des pratiques illicites (article 24-2, ① de la LRMCL). Par contre, lorsqu'un grand distributeur contrevient à la réfaction tarifaire interdite par l'article 7 de « la loi sur le grand distributeur », il sera puni d'une amende administrative, dont le montant ne peut excéder celui de l'approvisionnement total entre le grand distributeur et le fournisseur lésé pendant la transaction concernée (article 35, ① de « la loi sur le grand distributeur »).

---

363 Ce sont des lois spécifiques contre l'abus de puissance économique qui contiennent des dispositions variées au titre du formalisme.

364 Keum -Seok OH, Seong-Un YUN, Hyun-Kyu LEE, « La loi sur la grande distribution : la théorie et la pratique », Bakyoungsa, 2012, pp. 149 et 150.

365 Voir infra, pp. 177 et s.

366 Jeong SEO, « Le champ d'application de la loi sur le grand distributeur : la position supérieure dans la relation commerciale », Journal du droit de la concurrence et de politique, n° 4, 2015, p. 55.

2. Les difficultés pour cerner les contours des critères d'application de la loi spécifique

258. A ce titre, il faut, sans aucun doute, circonscrire soigneusement le contour des conditions d'application des lois spécifiques. En ce qui concerne « la loi sur le grand distributeur », notamment, l'essentiel du problème réside dans la manière de déterminer « le grand distributeur » et « le fournisseur ».

259. « Le grand distributeur » de cette loi exige que son chiffre d'affaires annuel de distribution de détail de l'année civile précédente dépasse 100 milliards de wons (environ 80 000 000 euros) ou que la surface de l'un de ses magasins soit supérieure à 3000 m^2. Sur quel fondement le législateur coréen s'appuie-t-il pour imposer les chiffres de « 100 milliards de wons » et de « 3000 m^2 » au grand distributeur ? Malheureusement, nous ne pouvons pas apporter de réponses précises à cette question.

260. Quant aux surfaces des magasins, d'après ce critère, si la surface de chaque magasin du distributeur n'atteint pas 3000 m^2, celui-ci ne peut conformément à cette loi prendre le nom de « grand distributeur ». Il n'est donc pas tenu de respecter cette loi, même si la surface totale et cumulée des magasins de ce distributeur est énorme [367]. Inversement, si un petit distributeur spécialisé possède un seul magasin dont la surface est supérieure 3000 m^2, il peut devenir « un grand distributeur » de cette loi spécifique malgré son chiffre d'affaires moins significatif. Ces évaluations en matière de seuil de surface pour qualifier le grand distributeur semblent discutables.

261. Quant au chiffre d'affaires, nous émettons des doutes sur le fait que ce seuil de 100 milliards de wons (environ 80 000 000 euros) serve de critère adéquat dans cette loi pour distinguer le grand distributeur d'un non grand distributeur. Par exemple, en 2014, les chiffres d'affaires des trois premières enseignes de la grande distribution en Corée équivalaient en moyenne à 84,21 fois plus que ce seuil de chiffre d'affaires requis pour devenir le grand distributeur. En Corée, en 2014, *Emart* avec ses 150 magasins a enregistré un chiffre d'affaires de 10 838 milliards de wons (environ 8, 670 milliards d'euros) ; *Homeplus* avec ses 140 magasins, un chiffre d'affaires de 8 653 milliards de wons (environ 6, 922 milliards d'euros) ; *Lotte mart* avec ses 115 magasins un chiffre d'affaires de 5 772 milliards de wons (environ 4, 62 milliards d'euros)[368].

262. Ce gros écart entre les trois cibles majeures et le seuil légal signifie que les obligations et les interdictions strictes imposées par cette loi s'appliquent, de façon identique, à ces trois géants et à d'autres distributeurs indépendants qui dépassent à peine le seuil légal, en dépit de leur grosse

[367] Keum-Seok OH, Seong-Un YUN, Hyun-Kyu LEE, « La loi sur la grande distribution : la théorie et la pratique », Bakyoungsa, 2012, p. 30.

[368] KFTC, communiqué de presse du 8 mai 2016 relatif aux violations de la loi sur le grand distributeur par trois grandes distributions majeures.

différence de taille[369]. Nous pouvons présumer que le législateur coréen a voulu abaisser ce seuil pour « le grand distributeur » en vue d'une protection suffisante de ses fournisseurs, en considérant que le distributeur, quelle que soit son envergure, a tendance à exercer de nos jours un pouvoir de négociation très fort à l'égard de ses fournisseurs. En tout état de cause, ce seuil de 100 milliards de wons (environ 80 000 000 euros) pour devenir « le grand distributeur » est si bas que la majorité des distributeurs intermédiaires coréens, gérant quelques supermarchés locaux, font également partie du grand distributeur de cette loi, bien que leurs puissances soient bien moindres en comparaison de ces trois géants de la grande distribution en Corée[370].

263. Afin de diminuer cet effet secondaire, cette loi spécifique instaure une règle dérogatoire qui dispense le distributeur, quand il est moins puissant que son fournisseur dans la relation commerciale bilatérale. Lorsqu'un distributeur ne détient pas une « position supérieure » dans la relation commerciale vis-à-vis de son fournisseur, cette loi spécifique ne s'applique pas à cette relation commerciale (article 3, ① de « la loi sur le grand distributeur »). Pourtant, en pratique, cette « position supérieure » dans la relation commerciale est largement regardée comme remplie, quand un cocontractant du fournisseur est un grand distributeur au regard de cette loi. En effet, le grand distributeur détient normalement un pouvoir de négociation fort envers ses fournisseurs. Aussi, la *KFTC* dispense-t-elle rarement de l'application de cette loi au terme de cette règle dérogatoire. Dès lors, nous pouvons dire que le rôle de cette règle exceptionnelle n'est pas significatif.

264. Dans ce contexte, le Professeur Bong-Eui LEE et Mme Hye-Shin CHO proposent de classifier les obligations et les interdictions de cette loi spécifique en fonction des envergures ou des positions des grands distributeurs. Selon eux, il conviendrait que cette loi ne soit contraignante que pour les 4 ou 5 premiers distributeurs dans chaque secteur aux obligations et interdictions plus rigides, ou que cette loi instaure, isolément, d'autres dispositions particulières réservées aux grands distributeurs détenant une position dominante sur le marché pertinent à la lumière du droit des pratiques anticoncurrentielles[371]. Cette observation se révèle remarquable,

---

[369] En outre, ce décalage risque de paralyser la croissance des distributeurs intermédiaires, et de les inciter à renoncer à devenir des concurrents effectifs et à céder enfin leurs magasins au grand distributeur au travers de la concentration.

[370] Bong-Eui LEE et Hye-Shin CHO, « Une étude sur l'amélioration législative pour la régulation de l'abus d'exploitation par le grand distributeur – Comparaison avec l'amendement récent du droit allemand anticoncurrentiel », KLRI, 2012, p. 47. Jeong SEO, « Le champ d'application de la loi sur le grand distributeur : la position supérieure dans la relation commerciale », Journal de droit de la concurrence et de politique, n° 4, 2015, p. 54.

[371] Bong-Eui LEE et Hye-Shin CHO, « Une étude sur l'amélioration législative pour la régulation de l'abus d'exploitation par le grand distributeur – Comparaison avec l'amendement récent du droit allemand anticoncurrentiel », KLRI, 2012, p. 67.

compte tenu du décalage manifeste entre les trois premières enseignes de la grande distribution en Corée et les autres.

265. Et M. Jeong SEO estime que mieux vaut restreindre le champ d'application de « la loi sur le grand distributeur » à la relation avec « un fournisseur TPE ». Autrement dit, selon lui, les PME fournisseurs, qui ont une puissance équivalente à celle des grands distributeurs, doivent demeurer à l'extérieur de la protection par la loi spécifique[372]. Pour autant, nous n'adhérons pas à cette idée, car même les grands producteurs multinationaux peuvent également devenir les victimes de l'abus de puissance économique par le grand distributeur. L'affaire de Darty en France concernant le déséquilibre significatif au détriment de *Whirpool, Samsung, SEB, LG, Toshiba*, etc. témoigne bien de cette réalité économique sur le marché de distribution de détail[373].

266. Ces conditions d'application chiffrées et concrètes dans les lois coréennes spécifiques peuvent accorder aux entreprises concernées plus de prévisibilité et d'objectivité sur la possibilité d'application des règles concernant le formalisme. Toutefois, la façon de bien catégoriser et limiter les conditions d'application de ces lois reste un problème épineux. Et la démarche qui consiste à tenter de cerner les contours des critères deviendra une tâche ardue, considérant que le destin des distributeurs, qui se situent sur une ligne frontière entre la grande surface ou la moins grande surface, pourrait osciller d'un pôle à l'autre, suivant qu'ils appartiennent à l'une ou l'autre catégorie.

B. La préférence pour la loi spécifique au détriment de la loi générale

267. Les critiques justifiées contre l'intervention excessive de l'administration pourraient se taire devant la promotion d'une meilleure protection des parties faibles par la loi spécifique **(1)**. *Ipso facto*, le gouvernement préfère le confort de la loi spécifique à la complexité de la loi générale **(2)**.

1. Les arguments politiques en faveur des lois spécifiques

268. Le champ d'application restrictif des lois coréennes spécifiques amène d'autres problèmes. Paradoxalement, la loi directement réservée à la lutte contre le grand distributeur au profit des fournisseurs pourrait paralyser les critiques raisonnables venant de la doctrine. Autrement dit, lorsque la doctrine observe que certaines mesures de « la loi sur le grand distributeur » portent atteinte aux droits fondamentaux ou qu'elle est excessive et

---

[372] Jeong SEO, « Le champ d'application de la loi sur le grand distributeur : la position supérieure dans la relation commerciale », Journal de droit de la concurrence et de politique, n° 4, 2015, p. 54.

[373] Cour d'appel de Paris, pôle 5, chambre 4, n° 12/14513 du 25 novembre 2015.

disproportionnée, l'Etat pourrait recourir à un argument imparable : cet instrument n'est consacré qu'aux relations particulières entre le grand distributeur extraordinairement puissant et les simples fournisseurs ; de même, ses conditions d'application sont claires, objectives et limitatives.

269. En outre, l'administration pourrait contre-attaquer les opposants avec cette question : voulez-vous renoncer à protéger les petits producteurs et les petits agriculteurs ? En d'autres termes, « la loi sur le grand distributeur » cantonnée au cadre dichotomique entre la partie très forte et la partie faible pourrait accabler ses opposants, au motif que les mesures extraordinaires et puissantes de cette loi se montrent justifiées pour régler la situation économique beaucoup plus anormale relevant du grand distributeur et au motif que les effets pervers sont quantité négligeable en considération de son champ d'application assez limité. A ce titre, même les critiques fondées, qui s'inquiètent du protectionnisme, de l'interventionnisme, de la surrèglementation, de la discordance systématique et surtout du manque d'efficacité, perdent de leur vigueur parfois d'un seul coup dans ce cadre logique.

270. De plus, dans le contexte actuel où de nombreux abus par le grand distributeur ont été dénoncés à l'autorité par les PME fournisseurs, et où les opinions publiques se montrent en faveur des dispositifs particuliers au profit des PME fournisseurs, le législateur, soit le député soit le ministre, peine à ignorer le bénéfice des mesures puissantes et simples de la loi spécifique. Quelle tentation mortelle !

2. La prolifération des nouvelles réformes et des affaires relevant de la loi spécifique

271. Dans cette perspective, « la loi sur la sous-traitance », « la loi sur le grand distributeur » et « la loi sur le franchisage » poursuivent jour après jour le renforcement ou la création de règles relevant du formalisme avec pour effet des codes dont l'épaisseur s'accroît[374]. Par exemple, « la loi sur la sous-traitance » coréenne a, depuis 2000, été promptement révisée huit fois de suite pour des motifs divers, mais prioritairement en vue du renforcement de la protection du sous-traitant contre les abus du maître d'ouvrage et du donneur d'ordre, en augmentant les sanctions pour le manquement et en assouplissant les conditions d'application des textes[375][376].

---

[374] KFTC, communiqué de presse du 13 septembre 2016 relatif à l'augmentation des critères décidant du montant des amendes en cas de manquement à l'obligation de conserver des documents importants comme le contrat écrit, et en cas d'obstruction à l'investigation, par le grand distributeur.

[375] Voici les réformes récentes de « la loi sur la sous-traitance » : n° 14143 du 29 mars 2016, n° 13451 du 24 juillet 2015, n° 12709 du 28 mai 2014, n° 12097 du 13 août 2013, n° 11938 du 16 juillet 2013, n° 11842 du 28 mai 2013, n° 10475 du 29 mars 2011, n° 9971 du 25 janvier 2010.

[376] Voir supra, p. 47.

272. En revanche, les textes touchant aux pratiques anticoncurrentielles changent beaucoup moins fréquemment. Par exemple, les textes de la LRMCL concernant l'abus de position dominante sur le marché[377] n'ont été modifiés que quatre fois au total depuis leur adoption par la LRMCL en 1980. De plus, il s'agissait de modifications, mineures pour la plupart, destinées à maintenir la cohérence avec d'autres articles concernés. Nous pouvons également observer cette tendance à la dépendance à la loi spécifique en se référant au nombre d'affaires de la *KFTC*. En 2015, au terme de la LRMCL, la *KFTC* a infligé des sanctions, qui englobent, par ordre de priorité, l'avertissement, l'injonction et l'amende, 5 fois pour abus de position dominante sur le marché, 88 fois pour *cartel*, 121 fois pour contrôle de concentration, 63 fois pour manquement par association de professionnels et 103 fois pour pratiques restrictives de concurrence. En revanche, sous le régime spécifique de la protection de la partie faible dans les relations commerciales déséquilibrées, la *KFTC* a infligé la sanction, comme indiqué plus haut, 1 358 fois en application de « la loi sur la sous-traitance », 15 fois en application de « la loi sur le grand distributeur » et 121 fois en application de « la loi sur le franchisage »[378].

[377] L'article 3 (l'amélioration des marchés monopolistiques ou oligopolistiques), l'article 3-2 (l'interdiction de l'abus de position dominante sur le marché tel que l'abus d'éviction par le prix prédateur, le rabais de fidélité ou les accords d'exclusivité, etc.), l'article 4 (la présomption de détention de la position dominante sur le marché en fonction de la part du marché), l'article 5 (l'injonction : la baisse du prix, la cessation des pratiques illicites ou la publication, la diffusion, l'affichage de la décision de la *KFTC*) et l'article 6 (les amendes administratives qui ne peuvent pas dépasser pas 3% du chiffre d'affaires relevant de la pratique illégale de l'auteur) de la LRMCL contrôlent les pratiques abusives de la position dominante sur le marché en Corée.

[378] KFTC, communiqué de presse du 11 juillet 2016 relatif à la statistique des affaires et des amendes par la *KFTC* en 2015.

CONCLUSION CHAPITRE I TITRE II PARTIE I

273. Nous venons de comparer le champ d'application *ratione personae* et *materiae* du formalisme en France et en Corée. S'agissant de la prévention des abus de puissance économique par les parties fortes, le formalisme français se caractérise par un contrôle large et répandu des entreprises alors que le formalisme coréen se particularise par un contrôle ciblé de certaines entreprises puissantes.

274. Nous pouvons, par l'étude du champ d'application, global en France, spécifique en Corée, en constater les atouts et les imperfections selon les cas de figure. Mais nous pouvons dire avec certitude qu'il faut toujours prêter attention à l'inadéquation du champ d'application dans les droits français et coréen, afin d'éviter qu'il ne devienne trop étendu, restrictif, arbitraire ou désuet.

CHAPITRE II

Les obligations imposées sous couvert de formalisme

275. En France, le Titre IV du Livre IV du Code de commerce expose le formalisme avec les différentes règles relatives à la facturation, à la revente à perte, aux CGV, à la convention unique et au délai de paiement, etc. Cependant, notre thèse ayant pour objectif de mener une étude comparative concernant l'abus de puissance économique[379], nous nous concentrerons sur les conditions générales, la négociation, l'accord unique et les délais de paiement en droit français **(SECTION I)**.

276. En Corée, en vue de réprimer l'abus de puissance économique par les parties puissantes, la loi spécifique précise les obligations contraignantes du formalisme relatives au contrat écrit et au délai de paiement auxquelles se trouvent soumises les parties en situation de force **(SECTION II)**.

SECTION I. LES OBLIGATIONS PRÉVUES PAR LE TITRE IV DU LIVRE IV DU CODE DE COMMERCE FRANÇAIS

277. En droit français, il existe plusieurs obligations, dans le Titre IV du Livre IV du Code de commerce, relevant du formalisme qui visent à la transparence relative aux négociations et à la convention entre les partenaires commerciaux **(§ 1)**.

278. De plus, l'entreprise débitrice est tenue de respecter les délais de paiement prévus par les articles du Titre IV du Livre IV du Code de commerce[380] **(§ 2)**.

---

[379] Etant donné que la facturation fait, en Corée, prioritairement partie du secteur de l'impôt pour empêcher la fraude fiscale, le droit coréen de la concurrence ne vise pas la facturation. De plus, ni la LRMCL ni « la loi sur le grand distributeur », ni « la loi sur la sous-traitance » n'interdisent directement la revente à perte.

[380] Il semble un peu discutable que les obligations relatives aux délais de paiement puissent être comprises dans les obligations sous couvert de formalisme. Mais, considérant que le législateur français a classé lui-même les règles en matière de délais de règlement dans le

§ 1. La transparence relative aux négociations et à la convention

279. En France, le formalisme, largement adopté dans le Titre IV du Livre IV du Code de commerce, contrôle non seulement le point de départ **(A)** mais aussi le résultat de la négociation commerciale **(B)** entre les parties au contrat.

280. Du point de vue de l'étude comparative, la surveillance du déroulement des négociations par l'État est très spécifique, ce qui ne fait susciter que plus de débats.

A. La conduite des négociations

281. Le droit français intervient fortement sur la conduite de la négociation dans le cadre de l'obligation de communication des conditions générales de vente (les CGV) **(1)**. Cependant, l'importance des CGV se voit réduite après la suppression de l'interdiction *per se* des discriminations **(2)**.

1. L'obligation de communiquer les CGV

282. A l'origine, l'obligation de communication des CGV se fonde sur la transparence tarifaire. Elle a été créée par l'article 37-2 de la loi Royer du 27 décembre 1973 dans le but d'équilibrer le rapport des forces entre le petit commerce et la grande distribution, octroyant aux entreprises la faculté de demander un traitement identique relatif aux conditions tarifaires et à l'interdiction des pratiques discriminatoires[381].

283. En France, les prix deviennent négociables depuis la LME, qui a libéré la négociation des prix et des conditions du contrat en abrogeant l'interdiction *per se* des discriminations. Néanmoins, il existe toujours une variété de réglementations ayant trait à la démarche des négociations qui, de plus, se sont encore récemment étoffées avec la loi Hamon.

284. L'article L. 441-6, I du Code de commerce énonce que « *Tout producteur, prestataire de services*[382]*, grossiste ou importateur est tenu de communiquer ses conditions générales de vente à tout acheteur de produits ou tout demandeur de prestations de services qui en fait la demande pour une activité professionnelle* ». A propos de la teneur des CGV, cet article impose que les CGV comprennent les conditions de vente, le barème des prix unitaires, les réductions de prix et les conditions de règlement. En

---

Chapitre 1er relatif à la transparence (C. Com., art. L. 441-1 et s), il est compréhensible que les obligations relatives aux délais de paiement relèvent du formalisme.

[381] Jean-Louis Fourgoux, « Fasc. 281 : Transparence et pratiques restrictives de concurrence. – Règles de fond », Juri Classeur Commercial, 19 janvier 2016, p. 3.

[382] Il subsiste un certain doute quant à l'efficacité de l'obligation de communication des CGV avec le prestataire de services. Marielle Martin, « Le droit français de la transparence et des pratiques restrictives de concurrence », Thèse de doctorat, Presses universitaires d'Aix-Marseille, 2012, p. 68.

matière de réductions de prix, il faut que les CGV indiquent non seulement le montant et les modalités selon lesquelles l'acheteur peut bénéficier de réductions de prix, sous forme de rabais, de remises ou de ristournes, mais aussi les conditions dans lesquelles les réductions de prix sont versées. S'agissant des conditions de règlement, il faut que les CGV précisent les conditions d'application et le taux d'intérêt des pénalités de retard exigibles le jour suivant la date de règlement ainsi que le montant de l'indemnité forfaitaire pour frais de recouvrement dus au créancier (C. Com., art. L. 441-6, I).

285. Les CGV ont pour finalité de « *proposer une base unique comportant l'ensemble des stipulations constituant l'offre émise par un vendeur professionnel aux éventuels acquéreurs et susceptible de constituer une base de négociation* »[383]. Depuis la loi Hamon, les CGV constituent « *le socle unique* » de la négociation commerciale. D'après la DGCCRF, « *le socle unique* » permet de fixer « *le point de départ de la négociation commerciale* » et d'« *obliger les parties au contrat à prendre les CGV comme base de négociation en vue de la rédaction du contrat* »[384]. Et ce socle unique peut se traduire par « *le principe de l'antériorité des conditions générales de vente sur les conditions particulières et les conditions générales d'achat* », ce qui fait que les conditions générales d'achat (les CGA) ne peuvent servir de point de départ dans le cadre de la négociation commerciale[385]. Autrement dit, parce que les CGV ne jouissent pas d'« *une primauté définitive sur les CGA* » et ne permettent que d'établir « *un ordre chronique* », l'acheteur peut les écarter en faveur de ses propres CGA à la suite d'une négociation ultérieure[386].

286. Quant à la sanction en cas de non-communication des CGV, elle était auparavant punie d'une amende pénale de 15 000 euros[387]. Or, actuellement, l'obligation de communication des CGV se veut « spontanée », en effet, aucune sanction particulière n'est réservée au manquement de cette communication des CGV dans la loi. Toutefois, le contrevenant risque d'engager, par ricochet, sa responsabilité concernant la non-conclusion ou une conclusion défectueuse d'une convention unique

[383] Jean-Louis Fourgoux, « Fasc. 281 : Transparence et pratiques restrictives de concurrence. – Règles de fond », Juri Classeur Commercial, 19 janvier 2016, p. 5.

[384] DGCCRF, note d'information n° 2014-185 du 22 octobre 2014, p. 12.

[385] Louis Vogel, Droit de la concurrence : [droits européen et français], Paris : LawLex ; Bruxelles : Bruylant, 2015, p. 1054, 1074 et 1082. Si le distributeur donne, systématiquement, sans négociation, la primauté de ses CGA sur les CGV du fournisseur, cette pratique peut constituer un déséquilibre significatif dans les droits et obligations des parties du contrat. Cour d'appel de Paris, pôle 5, chambre 4, n° 12/03177 du 18 décembre 2013.

[386] Muriel Chagny, « Le droit (substantiel) des pratiques restrictives de concurrence s'invite dans la loi consommation (1er partie) … », RTD com. 2014 p.67.

[387] Jean-Louis Fourgoux, « Fasc. 281 : Transparence et pratiques restrictives de concurrence. – Règles de fond », Juri Classeur Commercial, 19 janvier 2016, p. 9 et 10.

dans le délai requis[388]. Le cas échéant, le fournisseur défaillant supporte des désavantages supplémentaires : « *la responsabilité du distributeur pour défaut d'indication du barème de prix dans la convention ne saurait être recherchée ; de même, le fournisseur ne saurait alors invoquer un éventuel abus dans l'hypothèse où la négociation serait fondée sur les CGA du distributeur* »[389].

2. L'efficacité incertaine des CGV dans les relations déséquilibrées

287. Néanmoins, nous nous interrogeons sur l'efficacité des CGV par rapport au fardeau qu'elles représentent pour les parties au contrat. Avant tout, depuis la suppression de l'interdiction *per se* de la discrimination par la LME, il semble que les CGV revêtent moins d'importance ; en effet, la prévention des pratiques discriminatoires représentait l'un des objets principaux des CGV avant la LME[390]. Nous partageons l'observation de MM. Daniel Mainguy et Malo Depincé selon laquelle : « *Cette hiérarchie et, par là, ce « socle unique », résultait logiquement de l'interdiction des discriminations et, partant, du contrôle ou de la limitation de la négociation entre un fournisseur et un distributeur. On peut alors se demander si la disparition de la stigmatisation particulière en la matière ne change pas le point de vue* ». Par ailleurs, bien que les règles en matière d'obligation de communication des CGV soient, à première vue, maintenues, le rôle des CGV se voit, en réalité, fortement réduit en raison des règles relatives aux CGV catégorielles de vente et des règles concernant les conditions particulières de vente, à la suite des évolutions législatives récentes concernant les CGV[391].

288. *A priori*, en considération du pouvoir d'adaptation de la grande distribution et de ses capacités d'adaptation, les règles relatives aux CGV peinent à remplir leur but. En effet, les centrales ont toujours la possibilité d'évincer en amont les fournisseurs communiquant des CGV qui leur sont favorables. Ainsi, afin d'être référencés, les fournisseurs anticipent le problème et modèrent spontanément les avantages qu'ils pourraient retirer de la prééminence des CGV. Malheureusement, il est, en pratique, très difficile pour l'administration de démontrer que la grande distribution ait forcé le fournisseur à préparer des CGV en sa faveur. Ne reste alors que la possibilité de contester le contrat final, notamment sur le terrain du déséquilibre significatif dans les droits et obligations des parties au contrat. Dès lors,

388 Joseph Vogel, « Loi Hamon : Guide de la négociation commerciale dans le commerce de gros », éditions CGI, 2014, p. 23 et 24.
389 DGCCRF, note d'information n° 2014-185 du 22 octobre 2014, p. 24.
390 Daniel Mainguy et Malo Depincé, « Droit de la concurrence », LexisNexis, 2ème éd., 2015, pp. 170 et 171.
391 Jean-Louis Fourgoux, « Fasc. 281 : Transparence et pratiques restrictives de concurrence. – Règles de fond », Juri Classeur Commercial, 19 janvier 2016, p. 4.

l'administration s'attache, à dessein, à vérifier si la pratique caractérise un déséquilibre significatif dans les obligations et les droits des parties au contrat. Dans ce processus d'enquête, il apparaît que l'administration se focalise sur la convention unique, c'est-à-dire le résultat final de la négociation. En effet, il est rare que les CGV défavorables au fournisseur puissent attester, en soi, d'un déséquilibre significatif dans les obligations et les droits des parties au contrat, à moins qu'il n'existe une preuve évidente de la coercition de la part de la grande distribution. S'agissant de l'objet principal des CGV qui consiste à clarifier les informations des conditions contractuelles, en particulier tarifaires, la convention unique pourra jouer ce rôle.

289. Enfin, dans les relations particulières entre le grand distributeur ou sa centrale et les fournisseurs, l'efficacité des CGV a diminué en raison du pouvoir de négociation et de celui d'adaptation de la grande distribution. Il semble par conséquent nécessaire d'assouplir les règles relatives aux CGV à l'aune de leur efficacité réduite.

B. Le résultat des négociations

290. Le droit français intervient également sur le résultat de la négociation à travers la convention unique **(1)**. Nous allons mesurer la nécessité de cette obligation du recours à la convention unique **(2)**.

1. L'obligation de conclure la convention unique

291. L'article L. 441-7, I du Code de commerce impose qu'une convention écrite indique les obligations auxquelles se sont engagées les parties. Ensuite, elle fixe les conditions de l'opération de vente des produits ou des prestations de services qui résultent de la négociation commerciale dans le respect de l'article L. 441-6, y compris les réductions de prix (1°), les services de coopération commerciale[392][393] ne relevant pas des obligations d'achat et de vente (2°), et les autres obligations destinées à favoriser la

---

[392] « La coopération commerciale » « *désigne traditionnellement un contrat conclu entre un distributeur et un fournisseur, généralement dans le cadre d'opération de la grande distribution, ayant pour objet une prestation de services fournie par le premier pour favoriser la commercialisation des produits et services du second, moyennant rémunération exprimée en pourcentage du prix unitaire net du produit ou service en question* ». Daniel Mainguy, « Dictionnaire de droit du marché : Concurrence · Distribution · Consommation », Ellipses, 2008, p.118.

[393] En pratique, « *il s'agit de services spécifiques (prospectus, tête de gondole, etc.) réalisés par le distributeur au bénéfice du fournisseur... Ces services... sont facturés par le distributeur. Ils entrent dans la marge arrière* ». Marie-Laure Allain, Claire Chambolle et Thibaud Verge, « La loi Galland sur les relations commerciales ; jusqu'où la réformer ? », 2013, Rue D'Ulm, p. 69.

relation commerciale qui ne sont pas détachables de l'opération de vente (3°)[394].

292. Cet article L. 441-7, portant sur la convention unique, a été enrichi par la loi Hamon. Ainsi, en vue du renforcement de la transparence entre le fournisseur et le distributeur, elle exige l'« *indication, dans la convention, du barème de prix ayant servi de base à la négociation ou des modalités de consultation de celui-ci* », la « *mention expresse dans la convention des réductions de prix consenties par le fournisseur au titre de 1° ou du 3° ou de la rémunération versée par celui-ci au distributeur au titre du 3°* », le « *renforcement de l'obligation de préciser les modalités des services de coopération commerciale rendus par le distributeur* », l'« *obligation de conclure un mandat ... nouveaux instruments promotionnels (NIP)* », et l'« *obligation pour le distributeur de répondre à toute demande du fournisseur portant sur l'application de la convention*[395] »[396].

293. Également, la loi Hamon a créé une date butoir pour la rédaction d'une convention unique : « *avant le 1er mars ou dans les deux mois suivant le point de départ de la période de commercialisation des produits ou des services soumis à un cycle de commercialisation particulier* » (C. Com., art. L. 441-7, I, 5ème alinéa). Sous l'empire de la loi Hamon, le vendeur est tenu de communiquer ses CGV à l'acheteur « *au plus tard trois mois avant la date butoir du 1er mars ou, pour les produits ou services soumis à un cycle de commercialisation particulier, deux mois avant le point de départ de la période de commercialisation* » par l'article L. 441-7, I, 3° du Code de commerce. Cette nouvelle disposition a pour objectif d'encourager la mise à exécution d'une véritable négociation entre les parties et l'équilibrage des relations commerciales. Elle permet à l'acheteur de prendre connaissance des CGV avant que les négociations ne démarrent, en empêchant le vendeur de les communiquer tardivement à l'acheteur[397].

294. S'agissant du champ d'application, l'article 441-7 du Code de commerce prévoit la rédaction d'une convention écrite entre « *le fournisseur et le distributeur ou le prestataire de services* », donc, l'obligation d'une convention unique s'applique normalement à tout contrat entre le fournisseur et un distributeur ou un prestataire de services[398]. Cependant, la loi Macron a

---

[394] Marie Malaurie-Vignal, « Droit de la distribution » : Sirey, 3ème éd., 2015, p. 125.

[395] Selon Louis Vogel, parce que cette disposition, un « *devoir de courtoisie* », ne dispose d'aucune sanction spécifique pour le non-respect de ce devoir, sauf à saisir la DGCCRF, le bénéfice qu'elle accorde aux fournisseurs est incertain compte tenu du poids de travail additionnel pour les sociétés. Louis Vogel, Droit de la concurrence : [droits européen et français], Paris : LawLex ; Bruxelles : Bruylant, 2015, p. 1093.

[396] DGCCRF, note d'information n° 2014-185 du 22 octobre 2014, pp. 19 et s.

[397] DGCCRF, note d'information n° 2014-185 du 22 octobre 2014, p. 23. Louis Vogel, Droit de la concurrence : [droits européen et français], Paris : LawLex ; Bruxelles : Bruylant, 2015, p. 1073.

[398] Jean-Louis Fourgoux, « Fasc. 281 : Transparence et pratiques restrictives de concurrence. – Règles de fond », Juri Classeur Commercial, 19 janvier 2016, p. 16.

adopté une règle dérogatoire relative au grossiste (C. Com., art. L. 441-7-1), considérant que l'imposition totale de conclusion annuelle de la convention écrite, y compris les barèmes de prix et les CGV, n'est pas appropriée au grossiste[399][400][401]. Et, pour la transparence des contrats de sous-traitance, la loi Hamon n'a exigé la conclusion d'une convention écrite que « *pour tout achat de produits manufacturés, fabriqués à la demande de l'acheteur en vue d'être intégrés dans sa propre production* » (C. Com., art. L. 441-9).

295. Quant à la sanction, le fait de ne pas avoir conclu une convention conforme au texte ou dans le délai imparti se voyait auparavant sanctionnée d'une amende pénale de 75 000 euros. Ainsi un grand distributeur a été puni d'une amende pénale de 150 000 euros en raison des contrats de coopération commerciale et des conventions de prestations de services distincts, qui s'opposaient à l'obligation prévue par l'article L. 441-7 du Code de commerce[402]. Cependant, la loi Hamon a remplacé la sanction pénale par la sanction administrative qui semble plus dissuasive et efficace pour la convention unique. Actuellement, d'après l'article L. 441-7, II du Code de commerce, le manquement à l'obligation concernée dans le cadre de la convention unique est puni d'une amende administrative dont le montant ne peut excéder 75 000 € pour une personne physique et 375 000 € pour une personne morale. Ces montants peuvent être doublés en cas de réitération du manquement dans un délai de deux ans à compter de la date à laquelle la première décision de sanction est devenue définitive. De plus, les avantages formalisés dans le contrat annuel, conformes à l'article L. 441-7 du Code de commerce, peuvent être critiqués civilement au titre soit de l'avantage sans contrepartie ou manifestement disproportionné (C. Com., art. L. 442-6, I, 1°) soit du déséquilibre significatif des droits et obligations des parties contractuelles (C. Com., art. L. 442-6, I, 2°).

---

[399] Gilbert Parleani, « Loi Macron : toujours plus en « pratiques restrictives » », AJCA, 2015, p.407.

[400] Joseph Vogel exprime ces particularités du grossiste : « *Des produits et services non réductibles à un tarif simple* », « *des relations contractuelles non réductibles à un nombre limité de partenaires* », « *des contrats non réductibles à un cadre annuel* » et « *des négociations commerciales quasi permanentes propres au commerce de gros* ». Joseph Vogel, « Loi Hamon : Guide de la négociation commerciale dans le commerce de gros », éditions CGI, 2014, pp. 15 et 16.

[401] Les grossistes, en particulier ceux de fruits et légumes, ont dénoncé les difficultés pratiques d'application du prix convenu annuel. Jean-Louis Fourgoux, « Fasc. 281 : Transparence et pratiques restrictives de concurrence. – Règles de fond », Juri Classeur Commercial, 19 janvier 2016, p. 18.

[402] Jean-Louis Fourgoux, « Fasc. 281 : Transparence et pratiques restrictives de concurrence. – Règles de fond », Juri Classeur Commercial, 19 janvier 2016, pp. 18 et 19. Cour de cassation, crim., n° 09-81.574 du 9 février 2010.

2. La nécessité de la convention unique dans les relations déséquilibrées

296. Certains se posent des questions sur l'opportunité d'une convention unique en dépit de ses révisions continuelles : « *l'article L. 441-7 enferme de façon artificielle la négociation dans un document unique ou un contrat-cadre annuel alors que la vie des affaires exige des évolutions permanentes qui ne sont pas nécessairement prévisibles en début d'année*[403] » et « *Dans l'intérêt du bon fonctionnement de l'économie française, il serait préférable de supprimer au plus vite le formalisme de la convention unique ou de la cantonner aux rapports entre la grande distribution et ses fournisseurs*[404] ».

297. Néanmoins, malgré quelques imperfections, nous ne pouvons nier l'importance d'une convention unique, dès lors que ses contraintes ne sont pas excessives. Dans le même sens, le « *Livre vert sur les pratiques commerciales déloyales dans la chaîne d'approvisionnement alimentaire et non-alimentaire interentreprises en Europe* » produit par la Commission européenne établit un lien entre l'obligation d'établir une convention et certaines pratiques déloyales. La Commission mentionne en effet comme catégories principales de pratiques déloyales « *les clauses contractuelles ambiguës* », « *l'absence de contrats écrits* » ou « *les changements rétroactifs dans le contrat* ». A ce titre, ce livre vert souligne que les parties au contrat doivent fournir des informations complètes et précises sur leurs transactions, « *en sorte que les droits et les obligations, y compris les sanctions, figurant dans les contrats, soient stipulés de manière claire, transparente et non ambiguë* ». Selon ce livre vert, les pratiques abusives surviennent plus facilement quand les contrats écrits ne sont pas établis, car les cocontractants ne possèdent aucune preuve sûre en matière de conditions convenues. Également, pour prévenir les changements rétroactifs, il faut que l'accord indique « *dans quelles circonstances précises et selon quelles règles détaillées les parties peuvent modifier ensemble, rapidement et en connaissance de cause, les clauses de l'accord...* »[405].

298. *A posteriori*, dans l'objectif de confirmer les conditions convenues entre les parties contractuelles, la convention unique se révèle encore indispensable, notamment dans les relations très déséquilibrées entre le grand distributeur et le fournisseur. Le problème ne réside pas dans

---

[403] Louis Vogel, Droit de la concurrence : [droits européen et français], Paris : LawLex ; Bruxelles : Bruylant, 2015, pp. 1094 et 1095. Il souligne que « *l'exigence d'un contrat unique les contraint ainsi à un formalisme artificiel qui consiste à créer de toutes pièces un accord annuel unique, alors qu'elles disposent déjà d'un accord à durée indéterminée, et à tenter de prévoir les actions commerciales de l'exercice, alors que celles-ci sont déterminées au fur et à mesure de l'évolution de marché* ».

[404] Blog Vogel & Vogel, « Comment, après la loi Hamon, faire face au casse-tête de la convention unique ? », le 14 octobre, 2014. http://www.vogel-vogel.com/blog/comment-apres-la-loi-hamon-faire-face-au-casse-tete-de-la-convention-unique.

[405] Commission européenne, « Livre vert sur les pratiques commerciales déloyales dans la chaîne d'approvisionnement alimentaire et non-alimentaire interentreprises en Europe », le 31. 1. 2013. pp. 20 et 21.

l'efficacité de la convention unique mais bien dans l'ampleur de son champ d'application.

§ 2. Les règles spécifiques concernant les délais de paiement

299. Hormis les obligations en matière de négociation, le droit français impose que les débiteurs règlent les prix aux créanciers dans les délais légalement impartis **(A)**. Il est nécessaire de comprendre la gravité de la situation en ce qui concerne le délai de paiement.

300. L'essentiel consiste à punir de façon appropriée le débiteur en cas de non-respect du délai de règlement prévu **(B)**.

A. La contrainte légale du délai de paiement maximal

301. En France, le délai de paiement est regardé comme un problème grave **(1)**. C'est pourquoi les articles du Code de commerce fixent des délais de règlement maximaux **(2)**.

1. Le risque du retard de paiement

302. Le délai de paiement maximal permet d'empêcher que les débiteurs en profitent financièrement au détriment de la trésorerie de leurs créanciers. Surtout, lorsqu'une grande entreprise retarde les paiements qu'elle réalise auprès de partenaires moins puissants, ceux-ci en viennent paradoxalement à financer la trésorerie de puissantes multinationales[406]. Par ailleurs, un délai de paiement excessivement long rend les entreprises fragiles et vulnérables lorsqu'elles ont affaire à la défaillance d'un cocontractant principal de la chaîne de fabrication ou de distribution[407][408].

303. De nos jours, en France, les retards de paiement sont chroniques : « *à 13, 3 jours, les retards de paiement des entreprises françaises sont au plus haut depuis dix ans* » et « *sur le premier trimestre 2015, à peine plus d'une entreprise sur trois (36,8 %) paye ses factures sans retard* »[409]. En

---

[406] DGCCRF, note d'information n° 2014-185 du 22 octobre 2014, p. 13. Laura Constantin, « Allongement des délais de paiement des factures : attention danger ! », AJCA, 2015, pp. 292 et s.

[407] Joseph Vogel, « Loi Hamon : Guide de la négociation commerciale dans le commerce de gros », éditions CGI, 2014, p. 57. Selon Joseph Vogel, la trésorerie, dont les créanciers se démunissent pour un délai de paiement trop tard, s'élève à 15 milliards d'euros en France.

[408] Louis Vogel, Droit de la concurrence : [droits européen et français], Paris : LawLex ; Bruxelles : Bruylant, 2015, pp. 1134 et 1135.

[409] L'étude par la société d'information financière Altares, le 24 juin 2015, « Comportements de paiement des entreprises en France et en Europe : 1er trimestre 2015 », http://www.altares.com/fr/actualites/nos-publications/comportements-de-paiement-183/article/comportements-de-paiement-des-entreprises-en-france-et-en-europe-1er-trimestre-2015. Laura Constantin, « Allongement des délais de paiement des factures : attention danger ! », AJCA, 2015, p. 292.

comparaison des autres pays européens, les délais de paiement en moyenne en France (66 jours) sont plus longs qu'en Allemagne (47 jours), qu'aux Pays-Bas (40 jours), qu'en Norvège (26 jours)[410]. En Europe, si les délais de paiement dans les pays du Nord, comme en Allemagne, demeurent relativement courts, ils sont par contre très élevés dans les pays du Sud[411].

304. Les délais de règlement font également l'objet de « *codes de bonne conduite, d'accords interprofessionnels encouragés par les pouvoirs publics et de rapports, préconisant leur réduction progressive* », mais si ces dispositions sont considérées insuffisantes, il faut un régime légal punissant les entreprises qui ne respectent pas leurs engagements du délai de paiement au préjudice des parties au contrat[412].

305. Dans ce sens, le ministre de l'Économie, de l'Industrie et du Numérique souligne que la réduction du délai de paiement deviendra son objectif prioritaire, et qu'en 2015, la DGCCRF a fait des efforts pour réduire le délai de paiement et a mis à jour de nombreux retards de paiement qu'elle a sanctionnés en prononçant des amendes administratives : « *La DGCCRF a ainsi mené en 2015 un important plan de contrôle, avec plus de 2 000 entreprises contrôlées et 110 sanctions déjà prononcées, pour 3,5 millions d'euros d'amendes* »[413].

2. L'obligation de respecter le délai de paiement maximal

306. L'article L. 441-6, I, alinéa 8 du Code de commerce, prévoit que le délai de règlement est fixé au trentième jour suivant la date de réception des marchandises ou d'exécution de la prestation demandée sauf dispositions contraires entre les parties.

307. S'agissant du délai du paiement convenu, la LME avait laissé les professionnels choisir entre « *le délai de soixante jours nets* » et « *45 jours + fin de mois* » ou « *fin de mois + 45 jours* ». Mais, la loi Hamon a obligé les opérateurs économiques à déterminer un délai ne pouvant excéder quarante-cinq jours fin de mois ou soixante jours à compter de la date d'émission de la facture, car certains débiteurs manipulaient les modes de computation concernés à la date d'émission de la facture, en faveur des débiteurs. La loi Macron a encore réduit la marge de choix des débiteurs. Après la loi Macron, en cas de convention de délai de paiement entre les parties, ce délai de règlement ne peut dépasser soixante jours à compter de la date d'émission

---

[410] Louis Vogel, Droit de la concurrence : [droits européen et français], Paris : LawLex ; Bruxelles : Bruylant, 2015, pp. 1134 et 1135.

[411] Rose-Monde Zang Ndong, « Le droit des pratiques restrictives de concurrence et la protection de la partie faible dans la relation commerciale », Thèse de doctorat, Université Lille 2, 2014, p. 355.

[412] Louis Vogel, Droit de la concurrence : [droits européen et français], Paris : LawLex ; Bruxelles : Bruylant, 2015, p. 1134.

[413] Ministre de l'Économie, de l'Industrie et du Numérique, communiqué de presse, « Remise du rapport de l'Observatoire des délais de paiement », Paris, n° 1247 du 7 mars 2016.

de la facture, mais un délai maximal de quarante-cinq jours fin de mois à compter de la date d'émission de la facture peut, par dérogation, être convenu entre les parties, dès lors que ce délai se trouve expressément stipulé par contrat et qu'il ne constitue pas un abus manifeste à l'égard du créancier[414]. Du fait de la loi Macron, le texte français sur les délais de paiement s'aligne un peu plus sur la directive 2011/7/ UE concernant la lutte contre le retard de paiement dans la transaction commerciale[415], puisqu'il prend en considération, même par dérogation, une stipulation expresse dans un contrat et une non-existence de l'abus manifeste[416].

308. L'une des particularités du contrôle des délais de paiement en France tient à l'existence de règles dérogatoires dans certains secteurs particuliers[417]. D'abord, l'article L. 441-6, I, alinéa 10 du Code de commerce issu de la loi Hamon autorise les professionnels d'un secteur, clients et fournisseurs, à décider conjointement de réduire le délai de paiement par le biais d'un accord interprofessionnel sur ce point[418]. Ensuite, le droit français conserve les délais plus brefs de paiement spécifiques « *aux produits agricoles périssables*[419] », « *aux marchés publics*[420] », « *au transport routier de marchandises*[421] », « *pour les achats de raisins et de moûts destinés à l'élaboration de vin ainsi que de certaines boissons alcooliques*[422] ». Le droit français reconnaît également des délais plus longs de paiement spécifiques

---

[414] L'article L. 441-6, I, alinéa 9 du Code de commerce. DGCCRF, note d'information n° 2014-185 du 22 octobre 2014, pp. 13 et s.

[415] Cette directive 2011/7/ UE a été transposée en droit français par la loi n° 2012-387 du 22 mars 2012 relative à la simplification du droit et à l'allégement des démarches administratives. Luc-Marie Augagneur, « Délais de paiement : simplifier en dérogeant », Contrats Concurrence Consommation, n° 11, novembre 2012, étude 12. Rose-Monde Zang Ndong, « Le droit des pratiques restrictives de concurrence et la protection de la partie faible dans la relation commerciale », Thèse de doctorat, Université Lille 2, 2014, p. 356.

[416] Gilbert Parleani, « Loi Macron : toujours plus en « pratiques restrictives » », AJCA, 2015, p. 407. L'article 3 § 5 de cette directive européenne prévoit que « *Les États membres veillent à ce que le délai de paiement fixé dans le contrat n'excède pas soixante jours civils, à moins qu'il ne soit expressément stipulé autrement par contrat et pourvu que cela ne constitue pas un abus manifeste à l'égard du créancier au sens de l'article 7* ».

[417] Mais, Muriel Chagny déplore « *la disparité existant entre les points de départ des différents délais de paiement (comp. C. com., art. L. 443-1 et les différents délais prévus à l'art. L. 441-6 C.com.)* ». Muriel Chagny, « Le droit (substantiel) des pratiques restrictives de concurrence s'invite dans la loi consommation (1re partie) ... », RTD com, 2014, p. 67.

[418] Louis Vogel, Droit de la concurrence : [droits européen et français], Paris : LawLex ; Bruxelles : Bruylant, 2015, p. 1137.

[419] L'article L. 443-1 du Code de commerce. Par exemple, 1° « *à trente jours après la fin de la décade de livraison pour les achats de produits alimentaires périssables et de viandes congelées ou surgelées, de poissons surgelés, de plats cuisinés et de conserves fabriqués à partir de produits alimentaires périssables...* ».

[420] L'article 98 du Code des marchés publics. « *Lorsque la personne publique est en position d'acheteur* ».

[421] L'article L. 441-6, I, 11 alinéa du Code de commerce.

[422] L'article L. 443-1 du Code de commerce.

« dans le secteur du jouet, du commerce des articles de sport, des véhicules de loisir, de l'horlogerie, joaillerie et orfèvrerie, des agroéquipements et dans la filière du cuir[423] »[424].

B. La sanction du non-respect du délai de paiement maximal

309. En France, la répression du manquement au délai de paiement se pratique actuellement dans le cadre de la sanction administrative **(1)**. En parallèle, la sanction passe aussi par les intérêts des pénalités de retard et l'indemnité forfaitaire pour frais de recouvrement **(2)**.

1. L'adoption de la sanction administrative

310. Avant la loi Hamon, l'infraction au délai de paiement imparti pouvait exposer à une sanction pénale devant la juridiction correctionnelle. Durant cette période, alors que le simple non-respect du délai prévu pouvait, en théorie, contrevenir aux dispositions légales sans tenir compte d'« *une violation délibérée* » ou d'« *une volonté de nuire* », la sanction pénale était, en pratique, rare à l'aune de la lourdeur de la procédure pénale. Aussi, les procédures de recours à la transaction s'utilisaient-elles dans la plupart des affaires concernées[425].

311. D'après la loi Hamon, le non-respect des conditions de règlement exposera automatiquement à la sanction administrative, en effet la loi ne prévoit « *aucun fait justificatif (comme le fait pour l'entreprise contrevenante de n'être elle-même pas payée par ses partenaires commerciaux)*[426] ». En outre, depuis la loi Hamon, la sanction civile contre le non-respect du délai de paiement n'est plus disponible. La loi a abrogé l'article L. 442-6, I, 7° du Code de commerce, aux termes duquel les conditions de règlement manifestement abusives à la lumière des bonnes pratiques et usages commerciaux donnaient lieu à une sanction civile[427]. Autrement dit, il ne devient plus possible de recourir, en cas de non-respect du délai de paiement, à la réparation des préjudices subis ou aux amendes civiles en vertu de l'article L. 442-6, III du Code de commerce. Ainsi, pour le moment, la sanction administrative pour le retard de paiement n'est pas, en principe, liée à la présence d'un abus manifeste à l'égard du créancier.

---

[423] La Loi n° 2012-287 du 22 mars 2012.

[424] Joseph Vogel, « Loi Hamon : Guide de la négociation commerciale dans le commerce de gros », éditions CGI, 2014, pp. 63, 64 et 65.

[425] Louis Vogel, Droit de la concurrence : [droits européen et français], Paris : LawLex ; Bruxelles : Bruylant, 2015, pp. 1144 et 1145. Marie Malaurie-Vignal, « Droit de la distribution » : Sirey, 3ème éd., 2015, p. 121

[426] Joseph Vogel, « Loi Hamon : Guide de la négociation commerciale dans le commerce de gros », éditions CGI, 2014, p. 57 et 58.

[427] Marie Malaurie-Vignal, « Droit de la distribution » : Sirey, 3ème éd., 2015, p. 121.

312. Néanmoins, le Professeur Muriel Chagny se pose la question de savoir si cette suppression de l'article L. 442-6, I, 7° du Code de commerce est conforme au nouveau dispositif de la directive 2011/7/UE du 16 février sur la lutte contre le retard de paiement, notamment à son article 7 § 1, qui adopte la notion d'abus manifeste. Selon Muriel Chagny, aux termes de l'article 7 § 1 de cette directive, « *les États membres prévoient qu'une clause contractuelle ou une pratique relative à la date ou au délai de paiement, au taux d'intérêt pour retard de paiement ou à l'indemnisation pour les frais de recouvrement, ne soit pas applicable, ou donne lieu à une action en réparation du dommage lorsqu'elle constitue un abus manifeste à l'égard du créancier* »[428].

313. Malgré tout, après la loi Hamon qui a adopté la sanction administrative estimée plus simple, en cas de manquement aux règles en matière de délai de paiement, la DGCCRF peut prononcer des amendes administratives[429], en se soumettant aux conditions de l'article L. 465-2 du Code de commerce, amendes dont le montant pourrait se voir doublé en cas de réitération de la méconnaissance, et au sujet desquelles l'entreprise en cause peut avoir recours au juge administratif[430]. De plus, la loi Hamon a accru la surveillance sur les retards de paiement répétés et significatifs par une grande entreprise ou une entreprise de taille intermédiaire : « *informations publiées par les entreprises sur les délais de paiement et dispositif d'alerte des commissaires aux comptes*[431] » (C. Com., art. L 441-6-1).

2. La pénalité du retard de paiement

314. Quant aux pénalité de retard, l'article L. 441-6, I, 12 alinéa impose que « *les conditions de règlement doivent préciser les conditions d'application et le taux d'intérêt des pénalités de retard exigibles ... ainsi que le montant de l'indemnité forfaitaire pour frais de recouvrement due au créancier dans le cas où les sommes dues sont réglées après cette date* », et impose que « *sauf disposition contraire qui ne peut toutefois fixer un taux inférieur à trois fois le taux d'intérêt légal, ce taux est égal au taux d'intérêt appliqué par la Banque centrale européenne à son opération de refinancement la plus récente majoré de 10 points de pourcentage* ».

315. Cependant, il apparaît que ces sanctions actuelles pour le retard de paiement ne sont pas suffisantes pour exhorter l'entreprise à ne pas retarder

[428]Muriel Chagny, « Le droit (substantiel) des pratiques restrictives de concurrence s'invite dans la loi consommation (1re partie) ... », RTD com, 2014, p. 67.

[429] L'article L. 441-6, VI. « *Sont passibles d'une amende administrative dont le montant ne peut excéder 75 000 € pour une personne physique et 375 000 € pour une personne morale* ».

[430] Louis Vogel, Droit de la concurrence : [droits européen et français], Paris : LawLex ; Bruxelles : Bruylant, 2015, pp. 1145 et 1146.

[431] DGCCRF, note d'information n° 2014-185 du 22 octobre 2014, p. 16.

son règlement. D'une part, le taux d'intérêt « plancher » des pénalités de retard est actuellement bas : « *correspondant à trois fois le taux de l'intérêt légal de 0, 04 %, soit actuellement 0, 12 %* »[432]. D'autre part, l'indemnité forfaitaire pour frais de recouvrement due se borne selon un décret à 40 euros, même si la victime garde encore la possibilité de demander une indemnisation complémentaire sur justification[433]. Il est regrettable que les réformes continuelles du Titre IV du Livre IV du Code de commerce par la loi Hamon et la loi Macron n'aient pas remédié à ce problème.

316. Par ailleurs, certains expriment des doutes quant à l'efficacité de la sanction étatique pour résoudre le problème du retard de paiement, au motif que « *le législateur s'attaque davantage au symptôme (des délais de paiement plus longs en France qu'à l'étranger) qu'à sa cause : une trésorerie des entreprises très détériorée liée à un taux de marge beaucoup plus faible en France que chez nos voisins* »[434]. Cette observation est remarquable, mais nous ne partageons pas, en partie, sa position négative sur le contrôle administratif du délai de paiement. Dans certains cas, il est vrai qu'une trésorerie détériorée ou un taux de marge faible peut constituer la cause principale du retard de paiement, toutefois, dans d'autres cas, un déséquilibre significatif dans le rapport de force entre le débiteur et le créancier peut motiver le non-respect du délai de paiement. Par exemple, les enseignes de la grande distribution et les grands donneurs d'ordre se montrent enclins à ne pas payer délibérément au jour prévu à leurs parties commerciales dans le but d'obtenir plus de profits, alors même que leurs trésoreries se trouvent en très bon état. En l'occurrence, il semble naturel de donner plus de force à l'intervention administrative et à la sanction administrative, si le non-respect du délai de paiement ne résulte pas d'un défaut de trésorerie, mais d'un défaut de volonté. La statistique d'Altares, qui enseigne que les retards de paiement sont d'autant plus nombreux que la taille des entreprises est importante, permet d'abonder dans ce sens: « *Les ETI et Grandes Entreprises (G.E.) sont régulièrement pointées du doigt pour le règlement tardif de leurs factures ... Plus de neuf sur dix (92,1 %) payent leurs fournisseurs et sous-traitants avec un retard de 1 à 30 jours. En comparaison, les TPE de moins de 10 salariés sont quasiment deux fois moins nombreuses (49,1 %) dans ce cas* »[435]. A ce titre, nous rappelons une

---

[432] Joseph Vogel, « Loi Hamon : Guide de la négociation commerciale dans le commerce de gros », éditions CGI, 2014, p. 58.

[433] Décret n° 2012-1115 du 2 octobre 2012 fixant le montant de l'indemnité forfaitaire pour frais de recouvrement dans les transactions commerciales prévue à l'article L. 441-6 du Code de commerce. Louis Vogel, Droit de la concurrence : [droits européen et français], Paris : LawLex ; Bruxelles : Bruylant, 2015, pp. 1140 et 1141.

[434] Joseph Vogel, « Loi Hamon : Guide de la négociation commerciale dans le commerce de gros », éditions CGI, 2014, p. 57.

[435] L'étude par la société d'information financière Altares, le 24 juin 2015, « Comportements de paiement des entreprises en France et en Europe : 1er trimestre 2015 », http://www.altares.com/fr/actualites/nos-publications/comportements-de-paiement-

nouvelle fois le problème du champ d'application étendu du formalisme en France qui n'établit pas de distinction entre les grandes entreprises, les PME et les TPE. Il serait opportun que l'intervention étatique se concentre sur les entreprises les plus puissantes.

SECTION II. LES OBLIGATIONS PRÉVUES PAR LA LOI CORÉENNE SPECIFIQUE

317. En droit coréen, « la loi sur le grand distributeur » oblige les grands distributeurs à garantir la transparence en matière de conclusion et de contenu du contrat autour de l'obligation d'un contrat écrit[436] **(§ 1)**.

318. De plus, les grands distributeurs et les maîtres d'œuvre sont tenus de régler leurs prix dans les délais impartis aux termes des articles de « la loi sur le grand distributeur » et de « la loi sur la sous-traitance »[437] **(§ 2)**.

§ 1. La transparence relative à la conclusion et au contenu du contrat

319. En Corée, le grand distributeur a l'obligation de rédiger un contrat écrit très détaillé et de le communiquer, sans retard, au fournisseur aux termes de « la loi sur le grand distributeur » **(A)**.

320. Récemment, l'obligation d'un contrat écrit en vertu de « la loi sur le grand distributeur » a été renforcée par l'adoption de mesures supplémentaires dans le but de réprimer les tentatives de contournement par les grands distributeurs de cette obligation **(B)**.

A. L'obligation de rédaction et de communication d'un contrat écrit

321. Le résultat de la négociation entre le grand distributeur et le fournisseur est fortement surveillé par l'obligation de rédiger un contrat écrit issue de « la loi sur le grand distributeur » **(1)**. Mais cette loi octroie aux

---

183/article/comportements-de-paiement-des-entreprises-en-france-et-en-europe-1er-trimestre-2015.

436 Certes, « la loi sur la sous-traitance » adopte aussi l'obligation du contrat écrit. Mais, pour l'étude comparative avec le formalisme en droit français qui vise prioritairement la grande distribution, nous nous focalisons ici sur la contrainte du contrat écrit en vertu de « la loi sur le grand distributeur ». En gros, les objectifs et les développements majeurs des deux lois spécifiques sont proches en matière de transparence du contrat.

437 A la différence du contrat écrit, nous envisageons conjointement les obligations de paiement selon « la loi sur le grand distributeur » et « la loi sur la sous-traitance ». En effet, en Corée, le délai de paiement s'est développé autour de la sous-traitance entre les grands industriels et les PME sous-traitants. Aussi, pour le moment, le problème du manquement au délai de règlement est jugé grave dans le secteur de la sous-traitance.

grands distributeurs une certaine marge de manœuvre relative à la conduite de la négociation **(2)**.

1. Les contrôles exhaustifs sur le résultat de la négociation

322. En Corée, certains grands distributeurs omettent parfois de préciser certaines conditions contractuelles importantes lors de la conclusion du contrat avec les fournisseurs, ou commandent, à l'occasion, aux fournisseurs les produits qui leur sont nécessaires via un contrat verbal ou une promesse orale[438]. Il en ressortait qu'ils réclamaient à leur gré de leurs fournisseurs des obligations imprévues et injustes, ou, à rebours, qu'ils négligeaient leurs obligations raisonnables sous prétexte de la non-existence de preuve d'une convention mutuelle sur ces points. En d'autres termes, le contrat verbal et l'opacité des conditions du contrat laissaient la porte ouverte à d'autres abus de pouvoir économique par le grand distributeur. En outre, ces usages de commerce sans contrat écrit provoquaient non seulement des conflits violents entre les grands distributeurs et les fournisseurs, mais aussi un problème d'absence de preuves objectives pour arguer des abus devant la *KFTC* ou devant la cour. Le contrat verbal pouvait conduire les fournisseurs à renoncer à agir en justice en raison de leur difficulté à établir les preuves requises[439].

323. En conséquence, « la loi sur le grand distributeur » instaure plusieurs dispositifs contraignants relatifs au contrat écrit, qui ont pour objectif de prévenir les conflits éventuels en rendant le contrat plus précis et moins ardue la tâche de la victime pour prouver les abus. De surcroît, ces dispositifs étaient jugés utiles pour aider la *KFTC* à déceler ultérieurement d'autres abus de puissance économique commis par les grands distributeurs[440]. Pour les agents de la *KFTC*, le contrat écrit fait figure de clé majeure pour cerner les contours des transactions en cause et pour repérer les traces et indices d'abus.

---

[438] Par exemple, *Emart* a communiqué tardivement, en cours d'exécution des contrats, aux 994 fournisseurs, les contrats écrits portant sur 1 058 contrats d'approvisionnement, en violant l'article 6, ① de « la loi sur le grand distributeur ». KFTC, décision, n° 2016-170 du 20 juin 2016 (*Emart*). *Lotte mart* a remis aux 103 fournisseurs, qui sont les locataires du magasin, des contrats écrits incomplets, qui ne précisent pas la durée des contrats, portant sur 132 contrats d'un preneur du magasin, en violant l'article 6, ① de « la loi sur le grand distributeur ». KFTC, décision, n° 2016-190 du 8 juillet 2016.

[439] KFTC, décision, n° 2011-31 du 24 mars 2011. KFTC, décision, n° 2011-91 du 12 octobre 2011. KFTC, décision, n° 2012-247 du 2 novembre 2012. Su-Young PARK, « L'interprétation de la loi sur le grand distributeur », Fides, 2013, pp. 68 et 69. Keum-Seok OH, Seong-Un YUN, Hyun-Kyu LEE, « La loi sur le grand distributeur : la théorie et la pratique », Bakyoungsa, 2012, p. 73.

[440] Su-Young PARK, « L'interprétation de la loi sur le grand distributeur », Fides, 2013, pp. 68 et 69. Keum-Seok OH, Seong-Un YUN, Hyun-Kyu LEE, « La loi sur le grand distributeur : la théorie et la pratique », Bakyoungsa, 2012, pp.73 et s.

324. A ce titre, l'article 6, ① de « la loi sur le grand distributeur » impose que le grand distributeur communique immédiatement au fournisseur le contrat écrit en indiquant les éléments majeurs, sitôt la conclusion du contrat[441]. Et l'article 2, ① de son décret détaille précisément ces éléments principaux qui doivent impérativement figurer dans un contrat écrit: 1. Le type de transaction, l'objet de la transaction, la durée de la transaction, 2. Les modalités d'approvisionnement, le lieu d'approvisionnement, la date d'approvisionnement, 3. Les modalités de paiement des produits, le délai de paiement des produits, 4. Les conditions de retour des produits, 5. Les frais de location au cas où le fournisseur est le preneur du magasin ; les commissions de vente ou les marges de vente en cas de transaction par l'achat associé à la convention spécifique sur le retour ou en cas de transaction de commission [442], 6. Les conditions de déplacement des employés du fournisseur et la répartition des frais entre le grand distributeur et le fournisseur, lorsqu'un fournisseur envoie ses employés dans le magasin du grand distributeur pour favoriser la vente de ses produits[443][444], 7. Le type et le nom de la ristourne, le but de la ristourne, le moment du paiement et le nombre de paiements de la ristourne, le taux ou le montant de la ristourne, les critères et les démarches pour décider et modifier la ristourne[445][446], 8. Le lieu et la surface de rayons du fournisseur dans un magasin du grand

[441] En matière de sous-traitance, « la loi sur la sous-traitance » oblige aussi les donneurs d'ordre à faire figurer les mentions importantes, qui reflètent les caractéristiques de la sous-traitance, dans le contrat écrit (article 3). La *KFTC* est très vigilante sur la non-conclusion d'un contrat écrit dans le secteur de la sous-traitance. Par exemple, récemment, la *KFTC* a sanctionné *NC Soft*, l'entreprise d'exploitation du logiciel de jeux vidéo, par une injonction et une amende 8 800 euros pour la non-communication d'un contrat écrit à 27 fournisseurs pendant six mois. KFTC, communiqué de presse du 6 février 2017 relatif à la sanction de *Kakao et NC Soft*.

[442] Voir supra, pp. 114 et s.

[443] L'article 12 de « la loi sur le grand distributeur » ne permet au grand distributeur d'utiliser l'employé de son fournisseur que sous certaines conditions strictes. Le formalisme sur l'utilisation de l'employé du fournisseur est lié à cette pratique prohibée par cet article 12. Voir infra, p. 191.

[444] KFTC, décision, n° 2015-279 du 23 juillet 2015. Bien que le grand distributeur puisse, par dérogation, faire travailler les employés des fournisseurs dans ses magasins à condition de réunir les conditions requises par « la loi sur le grand distributeur » telles que la rédaction préalable de la convention relative au déplacement des employés, *Homeplus* a profité des employés d'un fournisseur de poulets frits dans ses 37 magasins sans conclure de convention relative à ce déplacement des employés. La *KFTC* a condamné *Homeplus* à une amende de 357 000 000 wons (285 600 euros) et à une injonction.

[445] L'article 2, neuvième de « la loi sur le grand distributeur » précise la ristourne comme les profits que le fournisseur offre au grand distributeur en fonction des conditions précisées dans un contrat-cadre annuel. Ainsi, dans cette loi, il faut que les ristournes soient manifestement indiquées dans un contrat-cadre annuel. Jin-Yul JU, « La réglementation des ristournes par la loi sur le grand distributeur », Journal de droit de la concurrence et de politique, n° 4, 2015, pp. 63 et 64.

[446] L'utilisation excessive et opaque des ristournes pourrait servir d'outil de contournement pour éviter d'autres interdictions à propos des marges et des prix.

distributeur, la répartition des frais d'installation des rayons investis par le fournisseur[447]. En outre, l'article 6, ② de « la loi sur le grand distributeur » impose que le grand distributeur et le fournisseur apposent leurs signatures ou leurs sceaux dans le contrat écrit. Il est possible que l'entreprise utilise sa signature digitale, autorisée par le gouvernement.

325. Certes, ces textes coréens concernant la transparence du contrat semblent très contraignants pour les grands distributeurs, en considération des indications nombreuses et détaillées qui doivent figurer dans un contrat écrit lors de la conclusion du contrat. De plus, il est à noter qu'un manquement à une seule des mentions obligatoires énumérées par les textes équivaut, en soi, automatiquement à la violation de « la loi sur le grand distributeur » sans considération de la variété des raisons et situations justifiables. Cette loi spécifique n'exige pas la preuve d'un abus ou d'une faute commise par le grand distributeur[448]. Imaginons que le grand distributeur et le fournisseur se mettent explicitement et volontairement d'accord sur un sujet et qu'ils ne le spécifient pas dans un contrat écrit. Ce grand distributeur sera, en toute hypothèse, condamné pour un manquement à l'obligation du contrat écrit, dès lors que cet élément omis fait partie des mentions obligatoires dans un contrat écrit en vertu de l'article 6, ① de « la loi sur le grand distributeur ». En d'autres termes, la volonté des parties contractuelles n'importe absolument pas en ce qui concerne l'obligation d'un contrat écrit sous l'empire de « la loi sur le grand distributeur », de sorte que le grand distributeur ne peut insister sur la dispense de cette obligation pour la véritable convention ou la nature des produits[449].

326. Ensuite, afin d'encourager la communication d'un contrat écrit sans retard, le législateur a donné au fournisseur le droit de demander au grand distributeur la confirmation du contrat. Au cas où le grand distributeur ne communique pas au fournisseur le contrat écrit conformément à la loi après la conclusion du contrat, l'article 6, ④, ⑤ de « la loi sur le grand distributeur » permet au fournisseur de demander au grand distributeur la

---

[447] L'article 16 de « la loi sur le grand distributeur » impose que le grand distributeur indemnise au fournisseur les frais d'installation du rayon en fonction de la durée restant à courir, quand le grand distributeur cesse ou refuse le commerce avec ce fournisseur. Voir infra, p. 217.

[448] Keum-Seok OH, Seong-Un YUN, Hyun-Kyu LEE, « La loi sur le grand distributeur : la théorie et la pratique », Bakyoungsa, 2012, p. 91. En revanche, avant l'adoption de « la loi sur le grand distributeur », la LRMCL et le règlement de la *KFTC* exigeaient que le manquement à l'obligation d'un contrat écrit par le grand distributeur se caractérisât par l'abus ou l'injustice.

[449] En revanche, en France, en matière de transparence de la sous-traitance de fabrication, l'article L. 441-9 du Code de commerce n'exige, pour certaines clauses, les mentions obligatoires figurant dans la convention que « *lorsque la volonté des parties (pour le 4° sur les garanties telles que la réserve de propriété, et le 7° sur la mise en place d'une médiation) ou la nature du contrat (pour le 5° sur la propriété intellectuelle) le justifient* ». DGCCRF, note d'information n° 2014-185 du 22 octobre 2014, pp. 29 et 30.

confirmation des éléments du contrat par document. Dans ce cas, le grand distributeur est tenu d'envoyer, sous 15 jours, au fournisseur un document qui fait part de son accord ou de son refus de cette demande. En cas de non-réponse, les points précisés par le fournisseur au grand distributeur sont tenus pour convenus. Il n'y a pas d'autre sanction spéciale administrative, civile ou pénale que cet effet de présomption. Cette règle offre au fournisseur une contre-mesure, face à la négligence du grand distributeur quant à la rédaction d'un contrat écrit et face à l'incertitude qui, en soi, nuit au fournisseur. En d'autres termes, en vue de stabiliser rapidement la relation commerciale non encore arrêtée par un contrat écrit, le fournisseur peut agir positivement en lui demandant la confirmation du contrat. Si le grand distributeur n'a pas l'intention d'acheter les produits de ce fournisseur, il convient de le lui indiquer clairement le plus tôt possible afin de diminuer les frais et les dégâts additionnels de ce dernier. Pour autant, nous émettons des doutes quant à l'efficacité de cette règle au regard du « facteur crainte ». Car le grand distributeur préfère ne pas avoir affaire à des cocontractants contrariés, les fournisseurs traînent des pieds pour envoyer un document qui requiert la vérification du contrat sous les 15 jours. Par conséquent, ce dispositif ne s'utilise pas souvent dans la pratique.

327. En cas de violation de l'obligation du contrat écrit, la *KFTC* peut infliger au grand distributeur une injonction[450] ou une amende administrative qui ne peut excéder le prix total des produits approvisionnés[451]. En Corée, l'injonction et l'amende font toujours partie de la sanction administrative effectuée par la *KFTC* depuis la création de « la loi sur le grand distributeur ». Les entreprises contrevenantes peuvent faire appel devant la Haute Cour de Séoul pour annuler ou atténuer les sanctions prononcées[452][453].

2. Les contrôles modérés sur la conduite de la négociation

328. Cette loi ne contrôle pas directement la conduite de la négociation telle que le point de départ de la négociation. Autrement dit, contrairement au droit français, les obligations légales relatives aux CGV ou les CPV ou les CGA n'existent pas du tout en Corée. Ainsi, cette loi spécifique coréenne n'oblige pas à conclure ou à préparer le contrat avant une date annuelle déterminée, par exemple avant le 1er mars. En principe, la rédaction et la

---

[450] La cession de pratique, la prévention de la répétition, l'affichage et la diffusion de la décision de condamnation sont disponibles au terme de l'article 32 de « la loi sur le grand distributeur ».

[451] L'article 35 de « la loi sur le grand distributeur ». Quand « le preneur du magasin » loue un espace du magasin du grand distributeur, l'amende ne peut être supérieure à son loyer annuel.

[452] La Haute Cour en Corée correspond à la cour d'appel en France.

[453] Ces explications relatives à la sanction administratives s'appliquent pareillement au manquement à un contrat écrit sous l'empire de « la loi sur la sous-traitance » hormis le plafond des amendes qui ne peut excéder deux fois le montant total des produits ou des services sous-traités. Les articles 25, ①, 25-3 et 27, ① de la loi sur la sous-traitance.

communication d'un contrat écrit sont exigées dès la conclusion du contrat. Mais, lorsque les parties font un avenant en cours de contrat, le grand distributeur est obligé de communiquer immédiatement au fournisseur un nouveau contrat écrit[454][455].

329. En outre, eu égard aux particularités de la distribution de détail, qui font intervenir de nombreux fournisseurs et un nombre considérable de produits différents, le contrat écrit peut laisser un peu de marge pour agir sur les conditions d'approvisionnement. C'est-à-dire qu'un grand distributeur et un fournisseur peuvent combler et concrétiser ultérieurement un espace vide par un bon de commande lorsque l'achat est effectué. Cela permet aux parties de répondre aux fluctuations des prix et des demandes, notamment pour les produits alimentaires.

330. En bref, alors que « la loi sur le grand distributeur » se focalise sur les indications claires et exhaustives des résultats de la négociation dans un contrat écrit, cette loi donne aux cocontractants plus de marge de manœuvre pendant le déroulement de la négociation, pour autant que le résultat des négociations figure précisément dans un contrat écrit.

331. Néanmoins, cette indifférence au point de départ de la négociation pourrait compromettre l'existence d'une véritable négociation entre le grand distributeur et le fournisseur. En réalité, certains grands distributeurs utilisent parfois un contrat déjà préparé qui s'applique de manière identique aux fournisseurs de secteurs similaires. Le cas échéant, ce contrat écrit risque de s'apparenter à « un contrat d'adhésion » dont les éléments essentiels sont déjà décidés, de manière unilatérale, sans véritable négociation, en faveur de l'acheteur et au détriment du producteur.

B. La prévention du contournement de l'exigence

332. Le législateur coréen a adopté, « dans la loi sur le grand distributeur », des dispositifs supplémentaires afin de parer aux tentatives de contournement de l'obligation d'établir un contrat écrit : la prohibition de faire préparer préalablement l'approvisionnement **(1)** et l'obligation de conserver les documents importants **(2)**.

[454] Si les parties renouvellent le contrat sans modification des contenus, le grand distributeur n'est pas obligé de rédiger un nouveau contrat écrit. Keum-Seok OH, Seong-Un YUN, Hyun-Kyu LEE, « La loi sur le grand distributeur : la théorie et la pratique », Bakyoungsa, 2012, pp. 82 et s.

[455] En matière de sous-traitance de construction, d'après la Cour suprême de Corée, il faut que le donneur d'ordre rédige l'avenant et le communique au sous-traitant, au cas où les contenus de construction sont modifiés. Cour suprême de Corée, 94Nu10320 du 16 juin 1995. Hong-Seok KIM et Sang-Mo KOO, « La loi sur la sous-traitance », Hsmedia, 2010, p. 55. KFTC, « Les guides en matière de sous-traitance de construction », 2006, p. 43.

1. L'interdiction de faire préparer préalablement l'approvisionnement

333. En pratique, au cours de la négociation du contrat, avant la rédaction du contrat écrit, certains grands distributeurs demandent, par avance, à leurs fournisseurs, d'initier la préparation de l'approvisionnement, telle la commande des matières premières à des tiers. Cette pratique pose problème puisque certaines demandes ont parfois pour finalité de contourner l'obligation du contrat écrit qui contraint à rédiger et à communiquer le contrat écrit dès la conclusion du contrat. Si le fournisseur se voit exigé d'entamer la préparation de l'approvisionnement sans contrat écrit, le fournisseur s'expose aux mêmes risques considérables qu'avec le contrat verbal : l'incertitude du contrat, la difficulté d'établissement des preuves de l'abus, etc. Par exemple, imaginons qu'un grand distributeur annule son projet d'approvisionnement et qu'il arrête arbitrairement le processus de négociation sans aucune indemnisation du dégât, alors qu'il a la responsabilité de la demande au fournisseur de la préparation de l'approvisionnement. Le cas échéant, le fournisseur s'expose au risque majeur de voir ses efforts réduits à néant sans rémunération, en particulier si le grand distributeur a désigné des normes particulières qui ne peuvent s'adapter à d'autres produits et clients[456].

334. Dès lors, l'article 6, ③ de « la loi sur le grand distributeur » prévoit, qu'avant que le grand distributeur ne communique au fournisseur un contrat écrit exigé par cette loi, que le grand distributeur ne peut faire fabriquer les produits par le fournisseur ni ne peut exiger du fournisseur qu'il en passe commande à une autre entreprise ni ne peut demander au fournisseur de préparer, par avance, l'équipement, y compris les matières premières et les ressources humaines, pour les produits à approvisionner[457]. Exceptionnellement, quand le distributeur lui demande la préparation de l'approvisionnement à travers un document formel muni de sa signature ou de l'apposition d'un sceau, cet article permet au grand distributeur de revendiquer la préparation préalable au fournisseur. Alors, en cas de non-conclusion du contrat, le fournisseur peut se servir de ce document comme preuve d'abus et il peut obtenir des dédommagements découlant de cette préparation d'approvisionnement devant la cour[458].

335. En cas de violation de cette première obligation, la *KFTC* peut infliger au grand distributeur une injonction administrative ou une amende

[456] Sang-Yong PARK, Gum-ju SON, Yu-Mi CHOI, « Le changement actuel et futur par la mise en vigueur de la loi sur le grand distributeur », LEG document de travail, 2012, p. 22.

[457] La demande d'un produit d'essai ou d'un prototype pour apprécier la qualité d'un produit est licite, car elle n'a pas pour objet de contourner l'obligation d'un contrat écrit. Keum-Seok OH, Seong-Un YUN, Hyun-Kyu LEE, « La loi sur le grand distributeur : la théorie et la pratique », Bakyoungsa, 2012, p. 110.

[458] Sang-Yong PARK, Gum-ju SON, Yu-Mi CHOI, « Le changement actuel et futur par la mise en vigueur de la loi sur le grand distributeur », LEG document de travail, 2012, p 22.

administrative qui ne peut dépasser le prix total des produits approvisionnés[459].

2. L'obligation de sauvegarder les documents concernés

336. L'article 6, ⑧ de « la loi sur le grand distributeur » impose que le grand distributeur conserve les documents importants concernés dans un délai de 5 ans à compter de la date d'expiration du contrat. Le but de cette règle est simple. Il importe que les preuves des méconnaissances du formalisme et des abus de puissance économique demeurent après la fin du contrat. Ce dispositif non seulement renforce le pouvoir d'enquête de la *KFTC* mais aussi dissuade le grand distributeur de tenter de violer cette loi[460]. Dans la pratique, il peut arriver qu'en cas d'enquête de l'ADLC ou de litige devant la cour, les documents concernés restent introuvables parce que le fournisseur a tendance à se mobiliser contre l'abus du grand distributeur quelques années après la cessation de leur commerce. D'ailleurs, certains grands distributeurs éliminent ou cachent délibérément les papiers en question, qui ne leur sont pas profitables, afin de paralyser l'obligation de rédiger un contrat écrit.

337. Sur ce point, l'article 5 du décret de « la loi sur le grand distributeur » précise 14 types de documents à conserver: le contrat écrit, les documents relatifs aux listes des produits, aux quantités de produits de la réfaction tarifaire et portant sur la date de la réfaction tarifaire, les prix des produits, la cause de la réfaction tarifaire et le montant total de la réfaction tarifaire ; les documents sur le délai, le montant et la modalité du paiement des produits ; les paiements d'intérêts en cas de retard de paiement ; les listes et les quantités des produit retournés, le type de transaction, la date du retour, les prix des produits, les causes du retour ; les documents concernant l'activité promotionnelle, etc. Nous pouvons constater l'étendue du champ des documents à conserver, et que le grand distributeur doit conserver longtemps la plupart des documents importants relatifs aux obligations et aux interdictions engagées par cette loi spécifique[461].

338. En cas de violation de cette troisième obligation, la *KFTC* peut infliger au grand distributeur une amende civile qui ne peut dépasser 100 millions de wons (environ 76 920 euros)[462]. Ces amendes sont exceptionnellement civiles, dont le recours se passe devant le tribunal

---

459 Les articles 32 et 35 de la loi sur le grand distributeur.

460 Keum-Seok OH, Seong-Un YUN, Hyun-Kyu LEE, « La loi sur le grand distributeur : la théorie et la pratique », Bakyoungsa, 2012, p. 120.

461 Les volumes des documents à conserver par le grand distributeur seront clairement considérables. Néanmoins, les grands distributeurs coréens ont déjà adopté le système de transaction et d'approbation interne et externe en ligne. Donc, nous espérons que les grands distributeurs résoudront ce problème avec le développement de la technologie numérique.

462 Les articles 32 et 35 de la loi sur le grand distributeur.

régional civil. Cette sanction pécuniaire légère par rapport à une obligation lourde suscite une certaine perplexité.

§ 2. Les règles spécifiques concernant les délais de paiement

339. En Corée, de nombreux fournisseurs et sous-traitants souffrent des manquements au délai de paiement des grands distributeurs et maîtres d'œuvre. En conséquence, « la loi sur le grand distributeur » et « la loi sur la sous-traitance » imposent que les débiteurs règlent leurs factures aux créanciers dans les délais légalement prévus **(A)**.

340. Ensuite, la *KFTC* peut punir le grand distributeur ou le maître d'œuvre contrevenant au délai de règlement maximal par des amendes administratives et par l'injonction de payer au fournisseur ou sous-traitant les prix et les intérêts de pénalité pour le retard **(B).**

A. L'obligation de respecter le délai de paiement maximal

341. En Corée, le délai de paiement est considéré comme un problème grave **(1)**. C'est pourquoi les textes de « la loi sur le grand distributeur » et de « la loi sur la sous-traitance » fixent un délai de règlement légal **(2)**.

1. Le risque du retard de paiement

342. En Corée, le délai de paiement représente un sujet important pour les fournisseurs, principalement pour les PME fournisseurs ayant des difficultés de trésorerie. Si un grand distributeur règle tardivement les prix des produits, cela s'apparente à l'utilisation indue des crédits et des trésoreries des fournisseurs. Le problème est que les PME fournisseurs pourraient se trouver forcées de s'appuyer sur d'autres financements extérieurs en vue de compenser les pertes dues au retard de paiement d'une grande entreprise. De plus, les fournisseurs peinent à reprocher au grand distributeur son retard de paiement à cause du « facteur crainte ». De fait, « la loi sur le grand distributeur » contraint directement les grands distributeurs à payer aux fournisseurs les prix dans les délais impartis[463].

343. Historiquement, en Corée, les problèmes posés par les délais de paiement étaient discutés initialement, dans le cadre des relations entre donneurs d'ordre et sous-traitants. Le problème du non-paiement ou du retard de paiement a toujours représenté la plus grande source d'inquiétude

---

[463] Lorsque ni « la loi sur le grand distributeur » ni « la loi sur la sous-traitance » ne s'appliquent, le délai de paiement dépend de ce qui a été convenu librement entre les parties sous l'empire du droit commun, à moins que la convention du délai de paiement relève très exceptionnellement de l'abus de position supérieure dans le commerce (article 23, ①, 4ème de la LRMCL).

pour de nombreux sous-traitants, partenaires des grandes entreprises[464]. Naturellement, les manquements au délai de paiement ont conduit les sous-traitants à dénoncer, sans cesse, au gouvernement, les difficultés qu'ils subissaient. C'est pourquoi l'administration coréenne a développé prioritairement la réglementation du délai de paiement dans le cadre des relations de sous-traitance.

344. A ce titre, depuis toujours, la *KFTC* s'efforce de lutter contre le non-respect du délai de paiement, car les violations des délais de paiement perdurent partout dans les secteurs de la fabrication ou de la distribution. Selon la *KFTC*, en 2015, elle a prononcé 371 sanctions, à travers l'injonction ou les amendes administratives, pour non-paiement ou retard de paiement en conformité avec « la loi sur la sous-traitance ». En Corée, ce type d'infractions arrive en tête de tous les types de violations dans le domaine de la concurrence au sens large[465]. En 2015, la *KFTC* a imposé aux donneurs d'ordre contrevenants de régler, aux sous-traitants, la somme totale de 200 400 000 000 wons (environ 160 320 000 euros) de retards cumulés[466].

345. Avant l'entrée en vigueur de « la loi sur le grand distributeur » en 2012, plusieurs décisions de la *KFTC* ont par le passé sanctionné les grands distributeurs pour un manquement au délai de paiement. Par contre, en 2015, selon les statistiques, la *KFTC* n'a sanctionné aucun grand distributeur pour un manquement au délai de paiement[467]. Pourtant, *a posteriori*, cette statistique (zéro sanction relative au délai de règlement) ne signifie pas du tout qu'en réalité, le non-respect du délai de paiement de la part des grands distributeurs n'a pas existé en 2015. Nous pouvons élaborer plusieurs hypothèses au sujet de ce chiffre douteux. D'abord, les fournisseurs ne seraient pas assez informés de l'adoption de « la loi sur le grand distributeur » depuis 2012, ce qui signifie que « la loi sur le grand distributeur » ne serait pas encore largement portée à la connaissance des fournisseurs pour qu'ils puissent déposer leurs plaintes à la *KFTC*. Ensuite, les grands distributeurs se montreraient très prudents pour ne pas négliger le délai de paiement dans les prémices de cette loi en 2015. Enfin, les grands distributeurs contrôleraient parfaitement leurs fournisseurs à travers « le facteur crainte » et leurs puissances d'achat énormes en dépit de la nouvelle loi, et les fournisseurs ne se hasarderaient pas à déposer des plaintes. *A priori*, dans un proche avenir, les décisions de la *KFTC* relatives à la méconnaissance du délai de règlement en vertu de « la loi sur le grand distributeur » se feront plus nombreuses.

---

[464] KFTC, « Livre annuel de statistique 2015 », p. 87. KFTC, communiqué de presse du 10 décembre 2015 relatif aux surveillances des transactions dans les domaines de la sous-traitance, de la distribution et du franchisage.

[465] KFTC, « Livre annuel de statistiques 2015 », 2016, p. 87.

[466] KFTC, communiqué de presse du 10 décembre 2015 relatif aux surveillances des transactions dans les domaines de sous-traitance, de distribution et de franchisage.

[467] KFTC, « Livre annuel de statistiques 2015 », 2016, p. 97.

2. L'obligation de respecter le délai de paiement maximal

346. L'article 8, ① de « la loi sur le grand distributeur » impose que le grand distributeur paie les prix des produits vendus sous les 40 jours nets à compter de « la dernière date de vente mensuelle[468] », lorsque le grand distributeur vend, à son propre compte, aux consommateurs, les produits approvisionnés[469]. Cet article 8, ① énumère trois types de transaction à auxquels ce délai de paiement s'applique : « la transaction par l'achat associée à la convention spécifique sur le retour », « la transaction par le preneur du magasin », « la transaction de commission »[470][471][472].

347. Alors, pourquoi cette loi a-t-elle opté pour « 40 jours » en termes de délai ? Selon les décisions constantes de la *KFTC* avant « la loi sur le grand distributeur », régler les prix des produits vendus sous 40 jours se veut conforme aux bonnes pratiques et aux usages commerciaux établis. Car le grand distributeur peut recevoir, sans difficulté, le paiement sous 40 jours, dans la mesure où ses consommateurs règlent le prix de leurs achats en temps réel par l'usage de la carte bancaire, de la carte de débit, de la carte du grand magasin ou en espèces[473]. Les banques lui rembourseront, de façon garantie, les prix des produits vendus au plus tard 40 jours à partir de la date de la vente.

348. Il faut que les grands distributeurs règlent, en espèces, les prix des produits approvisionnés et les intérêts de retard[474]. Autrement dit, le

---

[468] Parce que les approvisionnements et les paiements se succédant continuellement dans un contrat successif, le grand distributeur et le fournisseur déterminent, dans la pratique, un jour mensuel de repère pour la date et le montant du paiement. Par exemple, lorsque « la dernière date de vente mensuelle » s'est effectuée le 25 du mois, les produits vendus entre le 26 du même mois et le 25 du mois suivant servent de base de calcul pour les produits vendus, les prix, les commissions, les rabais, etc.

[469] C'est-à-dire que, dans un premier temps, le grand distributeur encaisse les prix des produits vendus au consommateur, puis il donne au fournisseur les prix des produits dont sont déduites les contreparties ou les commissions du grand distributeur.

[470] Voir supra, p. 114.

[471] En revanche, en cas de « la transaction par l'achat direct », cet article reste silencieux sur le délai de paiement maximal. Mais, *a priori*, il convient que le grand distributeur respecte le même délai que les trois transactions mentionnées afin de protéger pareillement les cocontractants de l'achat direct qui sont prioritairement les producteurs alimentaires. Cette interprétation unifiée simplifie les règlements entre parties. Il faut une réforme sur ce sujet.

[472] Certains trouvent que cette règle rigide sur le délai de paiement ne s'applique pas à l'achat direct, parce que les trois transactions évoquées sont énumérées, de manière limitative, dans l'article 8, ① de « la loi sur le grand distributeur ». Keum-Seok OH, Seong-Un YUN, Hyun-Kyu LEE, « La loi sur le grand distributeur : la théorie et la pratique », Bakyoungsa, 2012, pp. 156 et 157. Dans la pratique, cette interprétation de non-application au profit de « l'achat direct » peut favoriser une plus grande utilisation de « l'achat direct » par le grand distributeur en lieu et place de « l'achat associé à la convention spécifique sur le retour ». Or, en théorie, il nous semble anormal que l'achat direct reste hors de la règlementation du délai de paiement.

[473] Su-Young PARK, « L'interprétation de la loi sur le grand distributeur », Fides, 2013, p. 110. KFTC, décision, n° 2007-62 du 19 avril 2007.

[474] L'article 8, ③ de « la loi sur le grand distributeur ».

règlement avec des bons d'achat[475] ou d'autres produits[476] ne peut se faire pour le grand distributeur. D'ailleurs, aucune règle dérogatoire au délai de paiement pour les produits agricoles, alimentaires, périssables ou frais, etc. n'existe dans « la loi sur le grand distributeur » en Corée.

349. S'agissant de la sous-traitance, « la loi sur la sous-traitance » impose que le donneur d'ordre règle dans le délai de règlement fixé à 60 jours suivant la réception des marchandises ou l'exécution de la prestation, dès lors que « la loi sur la sous-traitance » s'applique à cette sous-traitance (article 13, ① de la loi sur la sous-traitance)[477]. « 60 jours » de délai maximal représente une durée de temps plus longue que les « 40 jours » de « la loi sur le grand distributeur », compte tenu du fait que les démarches pour la confirmation relative à la conformité des produits ou des services réalisés présentent habituellement une certaine complexité dans le domaine de la sous-traitance de fabrication, de construction ou de service.

350. Pareillement à « la loi sur le grand distributeur », le donneur d'ordre ne peut effectuer le paiement des prix des produits ou des services en les remplaçant par d'autres produits ou des matières premières, à moins que le sous-traitant ne l'accepte (article 17 de la loi sur la sous-traitance)[478]. Toutefois, « la loi sur la sous-traitance » permet au donneur d'ordre de payer par le biais de son effet de commerce, à condition qu'il règle également un escompte pour le paiement anticipé avant l'échéance de l'effet de commerce (article 13 de la loi sur la sous-traitance)[479][480]. Cette autorisation se base sur les usages commerciaux, mais elle se voit souvent critiquée car le sous-traitant peut se retrouver également en faillite en cas de faillite de son donneur d'ordre.

---

[475] Si le grand distributeur règle au fournisseur les prix des produits approvisionnés par ses bons d'achat, il peut profiter de la différence du montant entre l'espèce et le bon d'achat du grand distributeur, et, en même temps, il peut encourager indirectement les personnes à écouler davantage leurs bons d'achat dans ses magasins. Cela pourrait augmenter le chiffre d'affaires de ses magasins.

[476] Jadis, le grand distributeur résolvait parfois son problème de stock en payant au fournisseur le montant des produits approvisionnés par d'autres produits invendus. Cette pratique est absolument scandaleuse.

[477] Par dérogation, lorsque le maître d'ouvrage règle au donneur d'ordre le prix des produits, des constructions ou des services, le délai de paiement du donneur d'ordre vis-à-vis de son sous-traitant est fixé à 15 jours suivant la réception du prix du maître d'ouvrage (article 13, ③ de la loi sur la sous-traitance).

[478] Cour suprême de Corée, 2001Da27470 du 16 mai 2003.

[479] KFTC, décision, n° 2016-354 du 14 décembre 2016.

[480] En cas de défaut de paiement d'un effet du donneur d'ordre, cela s'assimile au non-paiement du prix. Hong-Seok KIM et Sang-Mo KOO, « La loi sur la sous-traitance », Hsmedia, 2010, p. 78.

B. La sanction du non-respect du délai de paiement maximal

351. En Corée, la répression du non-respect du délai de paiement a tout de suite été accompagnée par une sanction administrative **(1)**, en parallèle de l'imposition d'intérêts de pénalités de retard très élevés **(2)**.

1. La sanction administrative

352. En cas de retard de paiement, le grand distributeur peut se voir infliger une injonction administrative et une amende administrative qui ne dépasse pas le montant des prix des produits approvisionnés par la *KFTC*[481]. En l'occurrence, il existe différentes mesures possibles à l'encontre du grand distributeur, telles les injonctions : exécuter le paiement au fournisseur, ne pas commettre dans l'avenir un nouveau retard de paiement et publier ou diffuser la décision de la *KFTC*, etc. (articles 32 et 35 de la loi sur le grand distributeur). En pratique, si le contrevenant règle au créancier tous les prix des produits et les intérêts légaux avant que la commission de la *KFTC* ne décide définitivement de sa sanction, la *KFTC* substitue, dans la plupart des cas, l'avertissement à l'injonction ou à l'amende administrative dans le but d'encourager les créanciers au paiement[482].

353. Pourtant, « l'injonction du paiement direct au fournisseur par la *KFTC* » paraît discutable. Certes, cette mesure est simple et efficace au regard de la protection des parties les plus faibles, mais il n'est pas certain que l'administration puisse enjoindre directement à une entreprise privée de régler à une autre entreprise privée à défaut d'arrêt de la juridiction. En effet, en théorie, ce paiement entre les partenaires privés relève du domaine civil ou commercial, et cette injonction du paiement direct risquerait d'aller au-delà des compétences de l'administration[483]. « La baisse du niveau de sanction à l'avertissement eu égard au paiement réalisé aux créanciers » semble aussi contestable, parce que les circonstances entre les parties privées affectent peu l'acte administratif.

354. En Corée, depuis la création de « la loi sur le grand distributeur », ces mesures s'assimilent toujours à des sanctions administratives effectuées par la *KFTC*. Les entreprises sanctionnées peuvent faire appel devant la Haute Cour de Séoul pour annuler ou atténuer la sanction (article 38, ② de la loi sur le grand distributeur). En revanche, l'auteur d'un non-respect du délai de paiement n'est pas exposé à la sanction pénale, puisque le texte,

---

[481] KFTC, décision, n° 2017-001 du 3 janvier 2017.

[482] Mais, lorsque la *KFTC* juge que les infractions sont graves ou réitérées, la *KFTC* inflige parfois l'amende administrative même quand le débiteur effectue tous ses paiements. KFTC, communiqué de presse du 8 mars 2017 relatif à la violation de la loi sur la sous-traitance par *Dongjin leisure*.

[483] En Corée, l'enquête ou la sanction administrative par la *KFTC* n'entrave pas en soi le déroulement de l'action civile. La victime peut lancer l'action civile sans préjudice des mouvements de la *KFTC*.

permettant, de manière limitative, la sanction pénale ne mentionne pas le cas du manquement au délai de paiement (article 39 de la loi sur le grand distributeur).

355. En cas de décision d'une sanction administrative par la *KFTC*, les débiteurs (principalement les donneurs d'ordre) prétextent souvent leurs mauvaises situations économiques ou financières en invoquant leur non-négligence à l'égard du dépassement du délai de paiement. Mais, cet argument de la difficulté économique et financière qu'oppose le débiteur n'empêche pas la reconnaissance du retard de paiement en vertu de la loi spécifique[484]. Avant l'adoption de « la loi sur le grand distributeur », la *KFTC*, d'après son règlement sur la grande distribution de détail, devait vérifier le bien-fondé du retard de paiement du grand distributeur, à savoir « avec ou sans motif justifiable », un fait justificatif pouvant être mis en avant[485]. Néanmoins, « la loi sur le grand distributeur » a abrogé cette condition relative à la faute des débiteurs, ce qui fait qu'à l'heure actuelle, un paiement au-delà du délai de 40 jours suffit à déclencher la sanction. Mais, lorsque la *KFTC* détermine le montant de l'amende administrative à prononcer, elle peut augmenter ou diminuer le montant des amendes eu égard aux situations particulière des deux parties telles que la capacité financière à payer les amendes ou la récession du secteur, etc.[486]. Par ailleurs, dès lors que « la loi sur le grand distributeur » s'applique à un certain commerce, la présence de la convention entre les parties sur le délai de paiement n'entrave pas la violation du délai de paiement maximal.

356. S'agissant de la sous-traitance, le manquement au délai de paiement est sanctionné par l'injonction et l'amende administrative dont le montant ne peut excéder deux fois le montant total des produits ou des services sous-traités (article 25, ① et 25-3 de la loi sur la sous-traitance). Similairement à la « loi sur le grand distributeur », « la loi sur la sous-traitance » ne prend pas en considération la diversité des raisons et des situations économiques du donneur d'ordre. C'est-à-dire que cette loi spécifique n'exige pas la preuve d'un abus du donneur d'ordre pour sa méconnaissance du délai de paiement. Il faut que le donneur d'ordre règle, sans retard, en toute hypothèse, son sous-traitant[487]. Aussi, dès lors que « la loi sur la sous-traitance » s'applique à certaines transactions, l'existence d'une convention en matière de délai de paiement ne peut faire obstacle au manquement au délai de paiement.

---

[484] KFTC, décision, n° 2008-324 du 25 juillet 2008.

[485] L'article 5 du règlement de la *KFTC* sur l'indication des types et des critères des pratiques restrictives de la concurrence dans le secteur de la distribution en détail de grande envergure.

[486] Le règlement de la *KFTC* sur la décision des amendes pour le manquement de la loi sur le grand distributeur.

[487] Bien sûr, la *KFTC* considère les situations économiques notamment financières du grand distributeur en cas de calcul des amendes définitives.

2. Les pénalités de retard

357. Lorsque le grand distributeur retarde son paiement, il doit payer au fournisseur non seulement le prix mais aussi les intérêts concernant la période de retard. En tenant compte des situations économiques actuelles, en particulier des taux actuels d'intérêt de la banque centrale de Corée, la *KFTC* détermine et publie, dans son règlement[488], le taux d'intérêt annuel légal pour le retard de paiement. Aujourd'hui, ce taux d'intérêt annuel légal pour le retard de paiement est fixé à 15,5 % du montant non payé par le règlement de la *KFTC*[489][490]. Ce taux d'intérêt légal semble très élevé par rapport à celui prévu en France. En Corée, certes, ce paiement des intérêts se caractérise, en principe, par la sanction administrative aux fins de la dissuasion du manquement, mais ce taux d'intérêt très élevé fonctionne, en réalité, pour une grande partie, comme l'indemnisation du préjudice subi par la victime.

358. Pareillement, s'agissant de la sous-traitance, lorsque le donneur d'ordre commet un manquement au délai de paiement, il faut qu'il règle également les intérêts pour la période de retard dont le taux est décidé et publié par un règlement de la *KFTC*[491][492]. A l'heure actuelle, le taux d'intérêt annuel légal pour le retard de paiement s'élève à 15, 5 %[493]. Ce taux d'intérêt très élevé en vertu de « la loi sur la sous-traitance » vise prioritairement à punir et réprimer la pratique qui contrevient au texte de cette loi spécifique, dans l'intérêt général[494].

---

[488] Le règlement de *la KFTC* sur le taux d'intérêt lors du retardement du paiement des produits approvisionnés.

[489] Avant le 1er juillet 2015, ce taux d'intérêt légal atteignait 20 %.

[490] En toute hypothèse, ce taux d'intérêt pour le dépassement du délai de paiement ne peut dépasser 40 %. L'article 8, ② de la loi sur le grand distributeur.

[491] L'article 13, ⑧ de la loi sur la sous-traitance.

[492] KFTC, communiqué de presse du 8 mars 2017 relatif à la violation de la loi sur la sous-traitance *par Dongjin leisure*. KFTC, décision, n° 2017-001 du 3 janvier 2017.

[493] Le règlement de la *KFTC* sur le taux d'intérêt lors du retard du paiement des produits sous-traités. Avant le 1er juillet 2015, ce taux d'intérêt s'élevait à 20 %.

[494] Hong-Seok KIM et Sang-Mo KOO, « La loi sur la sous-traitance », Hsmedia, 2010, p. 82.

CONCLUSION CHAPITRE II TITRE II PARTIE I

359. En matière de déroulement du contrat, les droits français et coréen ont une finalité commune, celle d'augmenter la transparence au cours de la négociation, de la conclusion et de l'exécution du contrat en vue de protéger les partenaires les plus faibles. Mais, s'agissant du point de départ de la négociation, quand le droit français intervient à travers les CGV considérées comme « le socle unique », la loi spécifique coréenne ne s'immisce pas, en principe, au démarrage de la négociation entre les parties.

360. S'agissant des délais de paiement, les droits français et coréen forcent les débiteurs à respecter les délais précisés par les règles. Sinon, l'administration les sanctionnera fortement par le biais des mesures administratives. Même si chaque délai imparti diffère en fonction du produit, du secteur, du partenaire, ou de la règle en cause, il est certain que les droits français et coréen luttent contre le manquement au délai de paiement qui nuit gravement aux trésoreries des parties les plus faibles.

CONCLUSION TITRE II PARTIE I

361. En France, sur la question du formalisme, il serait opportun de dispenser de toute contrainte les entreprises insusceptibles de commettre des abus de puissance économique en prenant notamment en considération leur taille. Théoriquement visées par les règles figurant au titre IV du livre IV, les PME n'ont pas les moyens de faire face au formalisme imposé par les textes. Si le droit français persiste à viser toutes les entreprises, il conviendrait alors d'assouplir certaines règlementations en fonction de la transaction en cause. En définitive, la réduction du champ d'application des règles françaises relatives au formalisme semble être la meilleure solution.

362. En Corée, s'agissant du formalisme, il y a lieu de s'inquiéter du nombre excessif de normes notamment dans le cadre de la loi spécifique. D'abord, il ne faut pas hésiter à réformer les textes qui ne s'appliquent pas ou sont démodés. Dès lors que la législation relative aux pratiques restrictives de la concurrence est plus simple et facile à mettre en œuvre que celle relative aux pratiques anticoncurrentielles, les mesures prises contre les abus de puissance économique conduisent à une surproduction des règles spécifiques. Lorsqu'une mesure plus générale existe, il conviendrait de la mettre en œuvre prioritairement. Le droit des pratiques anticoncurrentielles et le droit commun ont en effet connu un développement suffisant pour répondre à la plupart des pratiques sur les marchés.

363. En revanche, quant aux contenus concrets des mesures adoptées sous couvert de formalisme, nous considérons que les règlementations française et coréenne reflètent, en principe, leurs circonstances particulières économiques, industrielles, culturelles, politiques et sociales.

CONCLUSION PREMIÈRE PARTIE

364. Les mesures comportementales présentent plusieurs points faibles dans leur lutte contre les abus de puissance économique, notamment ceux commis par la grande distribution. Son immense pouvoir d'achat et de négociation impose aux fournisseurs d'accepter des conditions de commerce inégales et le « facteur crainte » oblige ces derniers à ne pas exercer de recours, à moins que leurs relations commerciales ne soient déjà définitivement rompues. Par ailleurs, en raison de la concentration très élevée sur le marché de la distribution au niveau national et local, le rapport de force déséquilibré entre la grande distribution et le fournisseur risque de s'aggraver.

365. Devant cet état de fait, il est inévitable d'envisager une nouvelle fois l'extension de l'injonction structurelle *ex post* en métropole sur le marché de la distribution qui est fortement concentré. Si nous renforçons et clarifions ses conditions d'application en adoptant pour références l'abus en substitution des prix ou des marges élevés, il deviendrait possible de surmonter les obstacles constitutionnels. En somme, en dépit de différents problèmes juridiques ou économiques posés par l'injonction structurelle, celle-ci peut être améliorée, car il s'agit d'« *un texte qui, s'il est loin d'être parfait, a le mérite de mettre en place les bases* »[495]. Nous désirons prolonger les discussions concernant l'injonction structurelle sur le marché de la distribution et avançons l'idée qu'une seconde tentative plus élaborée que le projet de loi Macron mérite d'être étudiée.

366. Ensuite, un renforcement du formalisme dans la négociation, l'exécution et la conclusion d'un contrat peut amener de la transparence dans les relations commerciales entre les parties fortes et faibles et faciliter la dissuasion et la mise au jour des abus. A l'inverse, un infléchissement du formalisme et un accroissement de l'autonomie entre les parties peuvent favoriser l'efficacité et la compétitivité des entreprises en économisant le temps et les moyens financiers nécessaires au respect du formalisme.

---

[495] Séverine Manna, « Loi de régulation économique Outre-mer : les bases d'un droit de la concurrence ultramarin », Revue Lamy de la Concurrence, n° 35, 2013, p. 130. Elle a parlé de l'injonction structurelle en outre-mer au terme de l'article L. 752-27 du Code de commerce, mais cette observation peut être reprise en vue d'une application généralisée à la métropole.

367. Dans ce contexte, nous pouvons déplorer le manque de proportionnalité du formalisme relativement à son champ d'application et à ses contraintes. Certes, nous observons que les obligations découlant du formalisme se révèlent en principe indispensables pour lutter contre les abus de puissance économique par la grande distribution. Toutefois, il serait opportun que le formalisme n'entrave pas les entreprises plus que nécessaire. D'une part, les règles liées au formalisme, qui ne permettent pas de contribuer à une découverte ou une dissuasion des abus, doivent être simplifiées ou supprimées. D'autre part, le formalisme ne doit viser que les entreprises jouissant d'un pouvoir d'adaptation et d'une puissance d'achat considérables. Le cas échéant, il convient de prendre pour référence les données relatives aux tailles des entreprises en cause.

DEUXIÈME PARTIE

La sanction des abus de puissance économique

368. Les textes français et coréens destinés à sanctionner l'abus de puissance économique diffèrent, de même, de grandes divergences existent dans les cadres juridiques sur le plan de l'administration compétente, du mécanisme d'application pour remédier aux abus, des modalités de sanctions des abus, etc.

369. A cet égard, nous examinerons la manière dont les droits français et coréen répondent aux deux problèmes les plus représentatifs et récurrents en matière d'abus de puissance économique : le déséquilibre significatif dans les droits et obligations des parties au contrat et la rupture brutale d'une relation commerciale établie **(TITRE PREMIER)**.

370. Ensuite, nous comparerons les modalités de sanctions de la pratique abusive. Si le droit français donne priorité à la sanction civile, le droit coréen utilise, quant à lui, la sanction administrative **(TITRE DEUXIÈME)**.

TITRE PREMIER

La teneur des pratiques interdites

371. Pour rééquilibrer les relations commerciales asymétriques entre les parties fortes et faibles, il convient d'accorder aux parties faibles des dispositifs législatifs qui leur permettent de se défendre face aux pratiques abusives des parties fortes. C'est pourquoi les droits français et coréen disposent de divers textes qui sanctionnent l'abus de puissance économique dans les relations commerciales déséquilibrées. Toutefois, alors que les dispositions en cause sont très nombreuses, seules certaines d'entre elles sont couramment invoquées devant l'autorité et les cours. En France, ils portent sur le déséquilibre significatif dans les obligations et les droits des parties au contrat (C. Com., art. L. 442-6, I, 2°) ainsi que sur la rupture brutale d'une relation établie (C. Com., art. L. 442-6, I, 5°). En Corée, ils concernent l'abus de position supérieure dans le commerce (article 23, ①, 4ème de la LRMCL) et certains articles de « la loi sur le grand distributeur ».

372. Dans ces conditions, il n'est pas souhaitable de comparer l'ensemble des dispositions applicables en France ou en Corée. Nous nous focaliserons sur deux problèmes représentatifs et fréquents en matière d'abus de puissance économique en France et en Corée : la disproportion significative commerciale dans la relation commerciale **(CHAPITRE I)** et la rupture brutale des relations commerciales **(CHAPITRE II)**. Nous nous intéresserons aux différences de modalités qui caractérisent les droits français et coréen face à une même difficulté.

CHAPITRE I

La sanction de la disproportion dans la relation commerciale

373. Lorsque les parties au contrat tombent explicitement et licitement d'accord sur certains points, la liberté contractuelle exige que la convention soit en principe respectée, même si elle comporte quelques éléments révélateurs d'un déséquilibre. Cependant, lorsque le rapport de force entre les parties contractuelles se révèle intrinsèquement excessivement déséquilibré, il paraît parfois injuste qu'une partie faible soit tenue de respecter, sans le recours à aucun rééquilibrage, une convention, quelle qu'elle soit, disproportionnée et irrationnelle.

374. Ainsi, face à la disproportion significative entre les parties fortes et faibles, notamment entre la grande distribution et le fournisseur, le droit français a opté pour le dispositif du déséquilibre significatif dans les obligations et les droits des parties au contrat **(SECTION I)**.

375. Dans le but de lutter contre l'abus de position supérieure de la grande distribution, le droit coréen a adopté une double réglementation, l'une globale à travers la loi générale relative à la concurrence et l'autre particulière *via* la loi spécifique **(SECTION II)** ; ce mécanisme de coexistence de la LRMCL et de « la loi sur le grand distributeur » apparaissant discutable.

SECTION I. LE DÉSÉQUILIBRE SIGNIFICATIF DANS LES DROITS ET OBLIGATIONS DES PARTIES AU CONTRAT EN FRANCE

376. Le déséquilibre significatif de l'article L. 442-6, I, 2° du Code de commerce devient un dispositif essentiel pour remédier à la disproportion significative dans la relation commerciale en France. Les juges et la doctrine clarifient, de jour au jour, sa notion et ses éléments, qu'il s'agisse du résultat ou du comportement **(§ 1)**.

377. Cependant reste la question de savoir s'il faut que le déséquilibre significatif au sens de L. 442-6, 1, 2° s'applique largement aux affaires ou s'il est nécessaire de mettre un frein à l'extension excessive du déséquilibre significatif du Code de commerce **(§ 2)**.

§ 1. Les éléments du déséquilibre significatif

378. La notion de déséquilibre significatif dans les droits et obligations des parties au contrat en France est difficile à appréhender, même si ce dispositif se trouve souvent invoqué devant les juges par les parties. Afin de qualifier le déséquilibre significatif, il faut remplir les éléments relatifs, d'une part, au résultat tels que la réciprocité ou la contrepartie **(A),** d'autre part, au comportement tel que la soumission **(B)**.

A. Les éléments concernant le résultat

379. La notion de déséquilibre significatif au sens du Code de commerce, qui dérive du Code de la consommation, nécessite plus de précisions relatives à ses propres éléments **(1)**. En conséquence, la jurisprudence est appelée à jouer un rôle **(2)**. Les juges identifient prioritairement le déséquilibre significatif sous l'angle du déséquilibre juridique en examinant l'absence formelle de la réciprocité ou de la contrepartie.

1. L'adoption de la notion de déséquilibre significatif du Code de consommation

380. L'article L. 442-6, I, 2° interdit « *de soumettre ou de tenter de soumettre un partenaire commercial à des obligations créant un déséquilibre significatif dans les droits et obligations des parties* ». Ce dispositif au sens de l'article L. 442-6, I, 2° du Code de commerce ne réprime pas tous les déséquilibres, uniquement le déséquilibre « significatif » regardé comme « important » au sens littéral du terme[496]. Cette notion de déséquilibre significatif du Code de commerce tire son origine de l'article L. 132-1 du Code de la consommation, qui vise à interdire les clauses abusives.

381. Néanmoins, « *une transposition trop fidèle et systématique* » du droit de la consommation n'est pas appropriée, dans la mesure où l'article L. 442-6, I, 2° du Code de commerce s'attache aux *« rapports entre professionnels où les rapports de force sont différents de ceux existant entre professionnels et consommateurs* », et où les relations entre professionnels demandent « *un traitement plus nuancé* » par rapport aux relations entre

[496] Didier Ferrier et Nicolas Ferrier, « Droit de la distribution », LexisNexis, 7ème éd., 2014, p. 170.

professionnels et consommateurs qui sont « *consubstantiellement inégalitaires* »[497]. En outre, alors que le déséquilibre significatif dans le droit de la consommation n'appréhende que les clauses du contrat, le déséquilibre significatif au sens de l'article L. 442-6, I, 2° du Code de commerce cible les droits et obligations des parties au contrat moyennant une analyse plus globale du contrat[498].

382. Selon le Conseil constitutionnel, la notion de déséquilibre significatif au sens de l'article L. 442-6, I, 2° du Code de commerce peut être saisie de manière suffisamment claire et précise en considération de nombreuses jurisprudences existantes relevant du Code de la consommation, d'autant plus que la CEPC publie des avis sur ce texte du Code de commerce. Ainsi, le Conseil constitutionnel considère que cette mesure de l'article L. 442-6, I, 2°, qui comporte un caractère répressif, est conforme à la constitutionnalité au regard du principe de légalité des délits et des peines et également à l'article 6 de la Convention EDH[499].

383. Pour autant, l'identification et l'interprétation du déséquilibre significatif de l'article L. 442-6, I, 2° restent encore aléatoires en raison de l'emploi qu'il fait de termes généraux, tels « déséquilibre », « obligations » et « partenaire commercial ». Evidemment, à la différence des pratiques anticoncurrentielles, le déséquilibre significatif est interdit « *per se* », c'est-à-dire, sans considération de l'effet anticoncurrentiel sur le marché. Toutefois, nous nous interrogeons sur la manière de confirmer l'existence de ce déséquilibre significatif. A cet égard, ce problème génère des inquiétudes quant à « *l'absence de définition précise* » de cette notion, et à « *l'insécurité juridique ... aggravée par les incertitudes relatives au cadre d'applicabilité et au régime juridique attaché à cet outil* » [500]. Cette disposition du déséquilibre significatif risque dès lors d'octroyer aux juges des pouvoirs exorbitants sur le terrain des contentieux qui concernent la grande distribution[501]. Pareillement, certains s'inquiètent de l'intervention excessive de l'administration en matière de contrat : « *la règle du déséquilibre*

---

497 Muriel Chagny, « Le déséquilibre significatif devant la cour d'appel de Paris », RTD com, 2014, p.785.

498 Emilie Gicquiaud, « Le contrat à l'épreuve du déséquilibre significatif », RTD com, 2014, p. 267.

499 Conseil constitutionnel, n° 2010-85 du 13 janvier 2011. Louis Vogel, Droit de la concurrence : [droits européen et français], Paris : LawLex ; Bruxelles : Bruylant, 2015, p. 1184. Muriel Chagny, « Le déséquilibre significatif devant la cour d'appel de Paris, RTD com. 2014 p.785. Jean-Louis Fourgoux, « Fasc. 261 : Transparence et pratiques restrictives de concurrence. – Règles de fond », JurisClasseur Contrats – Distribution, le 19 janvier 2016.

500 Emilie Gicquiaud, « Le contrat à l'épreuve du déséquilibre significatif », RTD com, 2014, p. 267. Elle mentionne aussi la « *moralisation des comportements contractuels* » et « *la multiplication des concepts facteurs de subjectivité d'appréciation* » comme les points faibles du déséquilibre significatif.

501 Martine Béhar-Touchais, « Un déséquilibre significatif à deux vitesses », La Semaine Juridique Edition Générale, n° 21, 2015, doctr. 603.

significatif est particulièrement effrayante du point de vue de la prévisibilité du droit puisque sa rédaction se prête à une surveillance élargie des contrats par l'administration », « *par l'allégation d'un déséquilibre significatif entachant le rapport contractuel, l'administration peut contester le contenu du contrat jusqu'à son cœur même* »[502].

2. La source du déséquilibre du résultat dans les jurisprudences

384. En pratique, en raison de la souplesse de la définition légale, les affaires relevant du déséquilibre significatif de l'article L. 442-6, I, 2° du Code de commerce abondent, contrairement aux contentieux appliquant d'autres textes de l'article L. 442-6 du Code de commerce (hormis la rupture brutale) qui, eux, connaissent une forte diminution[503]. Dès lors, les décisions concernant le déséquilibre significatif de L. 442-6, I, 2°, y compris celles de la Cour de cassation, commencent à s'accumuler et contribuent progressivement à préciser les éléments du résultat du déséquilibre significatif.

385. D'abord, selon les arrêts récents de la Cour de cassation, l'absence de « réciprocité » et de « contrepartie » joue un rôle important pour caractériser le déséquilibre significatif au regard des éléments du résultat : Par exemple, dans l'affaire *Eurauchan*[504], la Cour de cassation considère que « *la clause relative au taux de service ... revêt un caractère automatique, source de disproportion entre le manquement et la sanction, et qu'elle est dépourvue de réciprocité et de contrepartie* » et « *il n'existe pas de réciprocité dans les conditions de mise en œuvre de la révision des tarifs* ». Également, dans l'affaire *Galec*[505], la Cour de cassation mentionne que « *cette clause de délai qui ne prévoit aucune réciprocité s'impose aux fournisseurs* », « *certains contrats signés par le GALEC avec les fournisseurs précisent l'existence d'un escompte en faveur du GALEC sans réciprocité* », et « *le déséquilibre significatif visé à l'article L. 442-6, I, 2° doit traduire un allégement des obligations d'une partie sans contrepartie* »[506].

386. A l'inverse, au cas où une même faculté est reconnue aux deux cocontractants, il sera très difficile de retenir l'existence du déséquilibre significatif. La Cour de cassation a confirmé qu' « *une clause de résiliation anticipée conférant au concédant comme au concessionnaire*

---

[502] Claude Lucas De Leyssac et Muriel Chagny, « Le droit des contrats, instrument d'une forme nouvelle de régulation économique ? », Revue des contrats, n° 3, juillet 2009, pp. 1286 et s.

[503] Marie Malaurie-Vignal, « Droit de la distribution », Sirey, 3ème éd., 2015, pp. 118 et 119.

[504] Cour de cassation, com., n° 13-27.525 du 3 mars 2015.

[505] Cour de cassation, com., n° 14-11.387 du 27 mai 2015.

[506] Gaël Chantepie, « Le déséquilibre significatif au miroir de la Cour de cassation », AJCA. 2015, p. 218. Muriel Chagny, « La règle sur le déséquilibre significatif devant la Cour de cassation ! », RTD com, 2015, p. 486.

le même droit de mettre fin au contrat et dans les mêmes conditions » ne causait pas un déséquilibre significatif entre les parties contractuelles. Dans cette affaire, le concessionnaire prétendait qu'une faculté de résiliation du contrat de concession exclusive pour une durée de cinq ans, sous réserve d'un simple préavis de huit mois sans nécessité de justification, créait, en soi, un déséquilibre significatif entre les droits et obligations des parties au contrat, mais les juges ne se sont pas montrés convaincus par cette argumentation, compte tenu du caractère bilatéral de cette faculté de résiliation[507].

387. Ensuite, à l'égard de la modalité d'appréciation du déséquilibre significatif, les arrêts récents de la Cour de cassation soutiennent, en principe, l'appréciation concrète et globale des contrats concluant à un déséquilibre significatif dans les droits et les obligations des parties : « *le déséquilibre significatif au sens de l'article L. 442-6 du Code de commerce doit être apprécié non pas clause par clause mais de manière globale, par rapport à l'ensemble des obligations issues du contrat* »[508].

388. De surcroît, s'agissant de la charge de la preuve du déséquilibre significatif, selon l'observation du Professeur Gaël Chantepie, dans l'affaire *Eurauchan*, la Cour de cassation a reproché à la cour d'appel « *d'avoir inversé la charge de la preuve en imposant au distributeur de démontrer que le contrat ne créait pas un déséquilibre au détriment de son partenaire... Il reviendrait au ministre de démontrer le déséquilibre significatif avant que le bénéficiaire puisse rapporter la preuve contraire* »[509]. Le Professeur Muriel Chagny estime que la Cour de cassation approuve la méthode fondée sur « *une répartition du fardeau probatoire* ». C'est-à-dire qu' « *une fois caractérisé prima facie, à partir de l'analyse d'une ou plusieurs stipulations, un déséquilibre significatif* », il incombe à l'autre partie de démontrer que « *le déséquilibre est compensé par d'autres dispositions du contrat ou encore par des avantages qui auraient permis d'apporter une compensation réelle à la charge en résultant* »[510].

B. Les éléments concernant le comportement

389. Le déséquilibre significatif du Code de commerce a adopté la notion de « soumission » relative à ses éléments du comportement **(1)**. De ce

[507] Nicolas Mathey, « Déséquilibre significatif et clause de résiliation », Contrats Concurrence Consommation, n° 6, juin 2016, comm. 142. Cour de cassation, com., n° 13-27.712 du 12 avril 2016.

[508] Cour de cassation, com., n° 14-11.387 du 27 mai 2015. *Galec*.

[509] Gaël Chantepie, « Le déséquilibre significatif au miroir de la Cour de cassation », AJCA. 2015, p. 218. Cour de cassation, com., n° 13-27.525 du 3 mars 2015. *Eurauchan*.

[510] Muriel Chagny, « Le déséquilibre significatif de nouveau devant la Cour de cassation », RTD com, 2016, p. 81. Cour de cassation, com., n° 13-25.043 du 29 septembre 2015, *EMC*.

fait, la jurisprudence est amenée à préciser cette notion avant de pouvoir caractériser le déséquilibre significatif **(2)**.

1. L'adoption de la notion de « soumission ou tentative de soumission »

390. Historiquement, la suppression de l'interdiction *per se* des pratiques discriminatoires par la LME a favorisé un déséquilibre significatif au sens de l'article L. 442-6, I, 2°. Etant donné que cette abrogation de la prohibition des pratiques discriminatoires octroyait aux parties au contrat plus de liberté pour négocier, le législateur souhaitait que certains garde-fous, dans le cadre des pratiques restrictives de concurrence, soient adoptés pour assurer aux parties faibles une véritable négociation commerciale[511]. A ce titre, afin de garantir « *une négociation libre mais loyale* », la LME a modifié le régime des abus de dépendance économique en substituant à « *l'abus de dépendance, de puissance d'achat ou de vente qui se traduit par l'imposition de conditions commerciales ou d'obligations injustes*[512] » la prohibition de « *soumettre ou tenter de soumettre un partenaire commercial à des obligations créant le déséquilibre significatif* »[513].

391. Ensuite, à la différence du déséquilibre significatif au sens du Code de consommation qui ne tend qu'à une clause, le déséquilibre significatif au sens du Code de commerce, qui vise à une pratique, requiert aussi *« la démonstration d'un comportement de l'auteur de la pratique à l'origine d'un tel résultat »*[514]. Dans cette perspective, le texte de l'article L. 442-6, I, 2° du Code de commerce exprime cette demande en utilisant l'expression « *soumettre ou tenter de soumettre* ». L'interprétation de cette expression concernant l'élément comportemental s'avère essentielle pour comprendre le déséquilibre significatif dans les droits et obligations des parties. En bref, il conviendrait, au préalable, de confirmer « l'absence de négociation » entre les contractants[515].

---

[511] Jean-Louis Fourgoux, « Fasc. 261 : Transparence et pratiques restrictives de concurrence. – Règles de fond », JurisClasseur Contrats – Distribution, le 19 janvier 2016. Rapport de Marie-Dominique Hagelsteen, « La négociabilité des tarifs et des conditions générales de vente », février 2008, pp. 19 et s.

[512] B) D'abuser de la relation de dépendance dans laquelle il tient un partenaire ou de sa puissance d'achat ou de vente en le soumettant à des conditions commerciales ou obligations injustifiées. Le fait de lier l'exposition à la vente de plus d'un produit à l'octroi d'un avantage quelconque constitue un abus de puissance de vente ou d'achat dès lors qu'il conduit à entraver l'accès des produits similaires aux points de vente (l'ancien article, avant la LME, L. 442-6, I, 2° du Code de commerce).

[513] Louis Vogel, Droit de la concurrence : [droits européen et français], Paris : LawLex ; Bruxelles : Bruylant, 2015, pp. 1175 et 1176.

[514] Muriel Chagny, « La règle sur le déséquilibre significatif devant la Cour de cassation ! », RTD com, 2015, p. 486.

[515] CEPC, vis n° 16-3 du 10 février 2010, « Appréciation d'existence d'un déséquilibre significatif », Contrats Concurrence Consommation, n° 4, avril 2016, alerte 31.

2. La source du déséquilibre du comportement d'après la jurisprudence

392. Récemment, la Cour de cassation a donné plusieurs réponses remarquables sur le contenu de « *soumettre ou tenter de soumettre* ». En premier lieu, dans l'affaire *Galec*, elle écarte l'argument de l'auteur du pourvoi, selon lequel cette soumission exige « *la preuve d'une contrainte, qui ne peut s'entendre que d'une pression ou menace ou de leur tentative ayant contraint un des cocontractants à accepter une clause qu'il n'aurait pas acceptée sans cette menace* »[516]. Puis, elle confirme que « *l'absence de pouvoir réel de négociation de clauses contractuelles* » et « *l'impossibilité de prendre le risque d'être déréférencé* » peuvent établir la soumission des fournisseurs à l'adoption de conditions contractuelles défavorables[517].

393. En deuxième lieu, dans l'affaire *Eurauchan*, la Cour de cassation constate le fait de « *soumettre ou tenter de soumettre* » sur le fondement de l'absence de négociation qui est établie « *par l'absence de place laissée dans l'annexe pré-rédigée pour en modifier le contenu à la différence des autres annexes mais ce qui se révèle surtout dans l'uniformité du taux de service pour tous les fournisseurs, sans considération de la nature de leur activité, de la relation existante* »[518].

394. En troisième lieu, dans l'affaire EMC, la Cour de cassation conclut à la pratique de « soumettre ou tenter de soumettre » du distributeur « *le fait pour une enseigne de la grande distribution, d'inscrire une clause qui instaure un déséquilibre manifeste dans les droits et obligations des parties dans un tel document, donne à cette clause, ainsi qu'il a déjà été relevé, la portée d'un principe auquel les fournisseurs ne peuvent déroger qu'aux termes d'une négociation, ce qui n'est, dans beaucoup de cas, pas à leur portée. De ce fait, il est établi que la société EMC a tenté d'imposer à ses fournisseurs des obligations créant un déséquilibre significatif dans les droits et obligations des parties* »[519]. En l'occurrence, le fait qu'une clause déséquilibrée s'inscrive dans un contrat-type annuel, dont les stipulations sont unilatéralement préparées par le grand acheteur, pourrait caractériser ou tout du moins présumer « *une tentative de soumission sans avoir nécessairement à démontrer le défaut de négociation* »[520].

---

[516] Cour de cassation, com., n° 14-11.387 du 27 mai 2015. *Galec*.

[517] « Contrat-cadre déséquilibre significatif. Arrêt rendu par la Cour de cassation, com. 27-05-2015, n° 14-11.387 », observation par Sarah Bros, AJCA, 2015, p. 379. Cour de cassation, com., n° 14-11.387 du 27 mai 2015. *Galec*.

[518] Cour de cassation, com., n° 13-27.525 du 3 mars 2015. *Eurauchan*. Muriel Chagny, « La règle sur le déséquilibre significatif devant la Cour de cassation ! », RTD com, 2015, p. 486.

[519] Cour de cassation, com., n° 13-25.043 du 29 septembre 2015, *EMC*. Frédéric Buy, « La Cour de cassation bâtit, petit à petit, une jurisprudence rigoureuse sur le déséquilibre significatif dans les contrats de la grande distribution *(Cass. com., 29 sept. 2015,* société *EMC distribution c/ ministre de l'Économie, pourvoi n° 13-25043)* », *Concurrences*, n° 1, 2016, p. 119.

[520] Frédéric Buy, « La Cour de cassation bâtit, petit à petit, une jurisprudence rigoureuse sur le déséquilibre significatif dans les contrats de la grande distribution *(Cass. com., 29 sept. 2015,*

§ 2. L'extension ou la restriction de l'applicabilité du déséquilibre significatif

395. Il s'agit de l'applicabilité souple ou restrictive du déséquilibre significatif. Entre l'efficacité du dispositif et le risque d'insécurité juridique, il faut trouver un équilibre. Notre discussion portera sur le champ d'application du texte qui est conditionné par la notion de partenaire commercial **(A)** et sur la reconnaissance du déséquilibre significatif financier **(B)**.

A. Le partenaire commercial

396. Que signifie le « partenaire commercial » dans le déséquilibre significatif du Code de commerce ? Est-il important qu'une partie au contrat soit supérieure ou inférieure à l'autre partie **(1)** ? Le déséquilibre significatif du Code de commerce peut-il s'appliquer aux relations au-delà de la grande distribution **(2)** ?

1. Les parties en égalité au regard de l'importance économique

397. L'ancienne version du texte du Code de commerce sur le déséquilibre significatif avant la LME[521] était réputée inefficace, puisqu'elle reposait sur une situation de dépendance et une puissance d'achat ou de vente très malaisées à appréhender[522]. Notamment, les juges rencontraient une difficulté lorsqu'ils définissaient la notion de relation de dépendance sans consulter les significations admises par l'article L. 420-2 du Code de commerce[523]. En ce sens, le rapport de la Commission Canivet a proposé que le législateur énumère, « *de manière non limitative, à partir des pratiques généralement constatées, les éléments constitutifs de tels abus, pour guider le juge en la matière* »[524]. C'est pourquoi l'actuel déséquilibre significatif de

---

société *EMC distribution c/ ministre de l'Économie, pourvoi n° 13-25043)* », *Concurrences* n° 1, 2016, p. 119. Muriel Chagny, « Le déséquilibre significatif de nouveau devant la Cour de cassation », RTD com, 2016, p. 81.

[521] L'ancien article L. 442-6, I, 2°, b) du Code de commerce : « *D'abuser de la relation de dépendance dans laquelle il tient un partenaire ou de sa puissance d'achat ou de vente en le soumettant à des conditions commerciales ou obligations injustifiées* ».

[522] Emilie Gicquiaud, « Le contrat à l'épreuve du déséquilibre significatif », RTD com, 2014, p. 267.

[523] Didier Ferrier et Nicolas Ferrier, « Droit de la distribution », LexisNexis, 7ème éd., 2014, p. 170.

[524] Rapport de Cavinet, « Restaurer la concurrence par les prix - Les produits de grande consommation et les relations entre industrie et commerce », octobre 2004, pp. 88 et 89. Selon ce rapport, « *le juge reste cependant dans l'incertitude dès lors qu'il s'agit, pour lui, de caractériser ce qui peut être regardé comme abusif dans une pure négociation commerciale* », et « *la réponse à cette difficulté réside dans une définition plus précise de l'abus de puissance d'achat ou de vente* ». Jean-Louis Fourgoux, « Fasc. 261 : Transparence

l'article L. 442-6, I, 2° simplifie ces conditions relatives aux parties au contrat en ne requérant que « le partenaire commercial[525] », notion qui peut s'interpréter de façon large.

398. Dès lors, les parties en égalité peuvent-elles devenir auteur et victime du déséquilibre significatif au sens de L. 442-6, I, 2° ? Dans le cas contraire, faut-il que les parties détiennent chacune un minimum de position de force ou de faiblesse ? Le Professeur Marie Malaurie-Vignal pense que « *les partenaires commerciaux en parfaite égalité économique peuvent se prévaloir de l'article L. 442-6, I, 2°* »[526]. En théorie, deux partenaires équivalents au regard de l'importance économique pourraient contrevenir à cette disposition[527], dès lors que le texte de l'article L. 442-6, I, 2° du Code de commerce reste muet sur l'inégalité, la supériorité, le rapport de force et la dépendance, etc. entre deux partenaires.

399. Néanmoins, dans la pratique, nous émettons des doutes sur le fait qu'un partenaire en situation de parfaite égalité puisse créer, à sa guise, un déséquilibre significatif au détriment de son autre partenaire professionnel. A cet égard, nous partageons l'observation des Professeurs Didier Ferrier et Nicolas Ferrier, selon laquelle même s'il n'y a plus à démontrer l'existence d'une dépendance depuis la LME, la dépendance est demandée de manière « *implicite* », puisqu' « *un déséquilibre défavorable peut difficilement être imposé à un partenaire qui ne serait pas en situation de dépendance* »[528].

400. *A priori*, cette dépendance implicitement demandée signifie que le rapport de force est structurellement déséquilibré ou que la puissance économique est manifestement disproportionnée. En pratique, l'élément comportemental de « soumission » dans le déséquilibre significatif, sur lequel nous venons de réfléchir, pourra permettre, par ricochet, de restreindre le champ d'application du « partenaire commercial » en examinant la possibilité d'une véritable négociation, l'existence du contrat d'adhésion ou du contrat-cadre et le risque de la perte du débouché, etc.[529].

---

et pratiques restrictives de concurrence. – Règles de fond », JurisClasseur Contrats – Distribution, 19 janvier 2016.

[525] Le dictionnaire juridique définit « le partenaire » comme *« personne qui participe avec d'autres à des négociations pour la défense de ses intérêts ; les partenaires ne sont encore ni parties contractantes à un accord qu'ils auraient signé..., ni parties adverses à un procès qui les opposerait..., mais peuvent devenir »*. Gérard Cornu, Association Henri Capitant, « Vocabulaire juridique », PUF, Quadrige, 10ème éd., 2016, p. 738. Marie Malaurie-Vignal, « Notion de partenaire commercial », Contrats Concurrence Consommation n° 6, 2016, comm. 141.

[526] Marie Malaurie-Vignal, « Droit de la distribution », Sirey, 3ème éd., 2015, p. 117.

[527] Emilie Gicquiaud, « Le contrat à l'épreuve du déséquilibre significatif », RTD com, 2014, p. 267.

[528] Didier Ferrier et Nicolas Ferrier, « Droit de la distribution », LexisNexis, 7ème éd, 2014, p. 170.

[529] « Contrat-cadre déséquilibre significatif. Arrêt rendu par la Cour de cassation, com. 27-05-2015, n° 14-11.387 », observation par Sarah Bros, AJCA, 2015, p. 379. Selon elle, « *l'attention portée à l'exigence de cette situation de soumission pourrait, à l'avenir,*

2. Les relations en dehors de la grande distribution

401. Ensuite, « le partenaire commercial » n'a pas, *a priori*, à rester cantonné à la relation entre le fournisseur et le distributeur. Bien que la relation entre le fournisseur et la grande distribution représente la meilleure illustration de tous les éléments du déséquilibre significatif au sens de l'article L. 442-6, I, 2°, il conviendrait que les relations en dehors de la grande distribution se soumettent au mécanisme du déséquilibre significatif dans les droits et obligations des parties, dès lors que ces relations se caractérisent bien par un rapport de force déséquilibré ou par une puissance économique disproportionnée. Seraient concernées les relations entre le donneur d'ordre et le sous-traitant, entre le franchiseur et le franchisé et entre le concédant et le concessionnaire, etc. En ce sens, M. Jean-Louis Fourgoux note que le dispositif du déséquilibre significatif « *pourra jouer dans le cadre d'une vente, d'un contrat d'entreprise, d'une sous-traitance industrielle et par les deux parties. Le texte, sur ce point indifférencié, pourra être invoqué par tout partenaire commercial qui se retrouve ou risque de se retrouver, lié par un contrat le désavantageant de façon significative* »[530].

402. La position des juridictions ne diffère pas de notre observation. Bien que la plupart des arrêts concernant le déséquilibre significatif se déroulent autour de la relation entre les fournisseurs et la grande distribution, quelques décisions récentes ont admis l'applicabilité du déséquilibre significatif de l'article L.442-6, I, 2° en dehors de la grande distribution. Par exemple, la cour d'appel de Paris admet que le déséquilibre significatif au sens de l'article L. 442-6, I, 2° puisse se produire dans une relation de sous-traitance[531]. Puis, s'agissant des relations entre un GIE et ses adhérents, des entreprises de radiophonie souhaitant quitter le GIE, et se heurtant aux clauses du règlement intérieur (ex. « une clause qualifiée de dédit »), la cour d'appel de Paris constate que les dispositions contestées dans le règlement du GIE créent un déséquilibre significatif au préjudice de ses membres en violation de l'article de L. 442-6, I, 2° du Code de commerce[532]. En outre, la Cour de cassation a examiné la question de la clause de résiliation dans le contrat de concession pour savoir si elle créait ou non un déséquilibre

---

constituer un frein à l'extension du déséquilibre significatif en dehors des relations de distribution ».

530 Jean-Louis Fourgoux, « Fasc. 261 : Transparence et pratiques restrictives de concurrence. – Règles de fond », JurisClasseur Contrats – Distribution, le 19 janvier 2016.

531 Cour d'appel de Paris, pôle 5, chambre 5, n° 11/18274 du 12 décembre 2013. Louis Vogel, Droit de la concurrence : [droits européen et français], Paris : LawLex ; Bruxelles : Bruylant, 2015, p. 1183.

532 Cour d'appel de Paris, pôle 5, chambre 4, n° 13/11059 du 29 octobre 2014. Martine Béhar-Touchais, « Un déséquilibre significatif à deux vitesses », La Semaine Juridique Edition Générale, n° 21, 2015, doctr. 603.

significatif au sens de l'article L. 442-6, I, 2° du Code de commerce dans la relation entre le concédant et le concessionnaire[533].

403. En revanche, il existe également une jurisprudence qui a restrictivement interprété la notion de « partenaire commercial ». La cour d'appel d'Aix-en-Provence a récemment exclu l'applicabilité du déséquilibre significatif au sens de de l'article L. 442-6, I, 2° du Code de commerce, au motif que « *l'auto-entrepreneur qui contracte avec une société chargée de créer son site Internet n'est pas le partenaire de cette dernière, mais un simple cocontractant* »[534].

404. Quant aux rapports du « partenaire commercial » en dehors de la grande distribution, la jurisprudence n'est pas encore fixée[535]. Nous espérons cependant que les conditions pour le déséquilibre significatif du Code de commerce hors de la grande distribution seront elles aussi progressivement clarifiées à l'image des jurisprudences qui ont déjà été citées et qui ont, de façon progressive, fixé les éléments du déséquilibre significatif[536].

B. Le déséquilibre significatif financier

405. Étant donné que le texte de l'article L. 442-6, I, 2° du Code de commerce peut appréhender toutes sortes d' « obligations », les obligations portant sur les prix et les contreparties inadéquates n'échappent pas, en théorie, aux contrôles au titre du déséquilibre significatif du Code de commerce[537].

---

[533] Nicolas Mathey, « Déséquilibre significatif et clause de résiliation », Contrats Concurrence Consommation, n° 6, 2016, comm. 142. Cour de cassation, com., n° 13-27.712 du 12 avril 2016.

[534] Marie Malaurie-Vignal, « Notion de partenaire commercial », Contrats Concurrence Consommation, n° 6, 2016, comm. 141. Cour d'appel d'Aix-en-Provence, 11e ch. B, n° 2016/140 du 10 mars 2016, JurisData 2016-008150. « *Le contrat en litige ne fait pas de M. Primon un partenaire économique de la société Locam au sens de l'article L. 442-6, I, 2° du Code de commerce mais un simple cocontractant, locataire pour ses besoins professionnels, d'un site internet financé par elle et fourni par la société Cortix* ».

[535] Par exemple, Marie Malaurie-Vignal pose plusieurs questions sur l'applicabilité du déséquilibre significatif en dehors de la grande distribution : « *l'article L. 442-6, I, 2° peut-il être appliqué à un contrat de location, par exemple, de location financière ?* » ; « *Ce qui est sûr, c'est qu'un contrat à exécution instantanée échappe au texte... Mais...Tout contrat à exécution successive tombe-t-il donc dans le giron du texte ?* ». Marie Malaurie-Vignal, « Notion de partenaire commercial », Contrats Concurrence Consommation, n° 6, 2016, comm. 141. Cour d'appel d'Aix-en-Provence, 11e ch. B, n° 2016/140 du 10 mars 2016.

[536] S'agissant du problème de l'imprécision du déséquilibre significatif, Nicolas Mathey n'est pas pessimiste : « *Peu à peu le motif du déséquilibre significatif pénètre l'argumentaire des plaideurs. Peu à peu les décisions fixent les limites de la notion et la méthodologie à suivre en la matière. Tout cela reste encore un peu imprécis malgré la publication des premières décisions de la Cour de cassation* ». Nicolas Mathey, « Déséquilibre significatif et clause de résiliation », Contrats Concurrence Consommation, n° 6, 2016, comm. 142.

[537] Muriel Chagny, « Le déséquilibre significatif financier sanctionné par la cour d'appel de Paris », RTD com, 2015, p. 492.

406. A cet égard, certains arrêts des cours retiennent implicitement la possibilité du déséquilibre significatif financier en mentionnant la contrepartie, le prix et les ristournes **(1)**. Nous envisagerons la nécessité et la difficulté du déséquilibre significatif financier **(2)**.

1. La consécration du déséquilibre financier par la jurisprudence

407. Le déséquilibre financier ou tarifaire a été défini par la cour d'appel de Paris comme « *le fait pour un opérateur économique d'imposer à un partenaire des conditions commerciales telles que celui-ci ne reçoit qu'une contrepartie dont la valeur est disproportionnée de manière importante à ce qu'il donne* ». Et, elle ajoute que les juridictions doivent « *examiner si les prix fixés entre des parties contractantes créent, ou ont créé, un déséquilibre entre elles et si ce déséquilibre est d'une importance suffisante pour être qualifié de significatif* »[538].

408. De surcroît, s'agissant du paiement des ristournes à la centrale d'achat par les fournisseurs, la cour d'appel a lourdement condamné une centrale d'achat à verser au Trésor public la somme de 61 288 677 euros, et l'a condamnée de surcroît à une amende civile de 2 millions d'euros, en reconnaissant l'existence du déséquilibre significatif au sens de l'article L. 442-6, I, 2° du Code de commerce : « *L'obligation à la charge des fournisseurs de verser au groupement d'achats les ristournes calculées sur le chiffre d'affaires de l'année en cours, soit en contrepartie de la constatation d'un courant d'affaires non chiffré, soit en contrepartie de la constatation d'un chiffre d'affaires limité par rapport au chiffre d'affaires réalisé l'année précédente et sans commune mesure avec le chiffre d'affaires prévisionnel, soit sans aucune contrepartie, crée un déséquilibre significatif dans les droits et obligations au profit de la société coopérative GALEC et contrevient aux dispositions de l'article L. 442-6-I, 2° du code de commerce* ». « *L'obligation à la charge des fournisseurs de verser au groupement d'achats des acomptes mensuels prévisionnels de ristournes avant le paiement des marchandises, crée un déséquilibre significatif dans les droits et obligations des parties au profit de la société coopérative ; les clauses prévoyant ces obligations sont annulées* »[539]. Cette analyse adoptée par la cour d'appel de Paris a été pleinement consacrée par la Cour de cassation à l'occasion d'un arrêt richement motivé qui ne laisse aujourd'hui plus aucun doute sur la possibilité de contester un déséquilibre financier[540].

---

[538] Cour d'appel de Paris, pôle 5, chambre 5, n° 12/01166 du 23 mai 2013. Muriel Chagny, « Le déséquilibre significatif financier sanctionné par la cour d'appel de Paris », RTD com, 2015, p. 492.

[539] Cour d'appel de Paris, pôle 5, chambre 4, n° 13/19251 du 1er juillet 2015, *Galec*, JurisData 2015-016920.

[540] Cour de cassation, com., n° 15-23.547 du 25 janvier 2017 : à paraître au Bull. ; JurisData 2017-000899 ; Contrats Concurrence Consommation, n° 4, avril 2017, comm. 77, observation

2. Les enjeux du déséquilibre significatif financier

409. Si nous acceptons la notion du déséquilibre significatif financier, plusieurs questions se posent. Avant tout, les juges se trouveront souvent confrontés à une difficulté au cours de l'appréciation de la pertinence des prix et de la rémunération des produits ou des services rendus par rapport aux valeurs. Sans doute, ces procédures s'avéreraient-elles très compliquées et dures, et pourraient risquer de compromettre la sécurité juridique en raison de l'incertitude du résultat. En outre, parce que la rémunération, qui est manifestement disproportionnée à la valeur du service, est déjà appréhendée par l'article L. 442-6, I, 1° du Code de commerce, la duplication des réglementations pourrait être invoquée. La Commission d'examen des pratiques commerciales (ci-après, la CEPC [541] [542]) note également la ressemblance entre l'avantage manifestement disproportionné de L. 442-6, I, 1° et le déséquilibre significatif financier de L. 442-6, I, 2° : « *l'appréciation à porter pour identifier un éventuel déséquilibre significatif d'ordre tarifaire se rapproche nettement de celle requise en application de l'article L. 442-6-I-1° appréhendant l'avantage manifestement disproportionné au regard de la valeur du service rendu. La démonstration peut donc être effectuée de façon similaire* »[543]. A ce titre, certains adoptent une position sceptique sur le déséquilibre significatif financier en jugeant que « *la sanction du simple déséquilibre économique doit être expressément exclue par le législateur* »[544].

---

par Nicolas Mathey ; Lettre distrib. 2017/3, p. 1, observation par Nicolas Éréseo ; La Semaine juridique – Edition générale 2017, doctr. 255, note Martine Béhar-Touchais ; Recueil Dalloz, 2017, p. 481, note Frédéric Buy.

[541] La CEPC est « *une instance consultative, qui veille à l'équilibre des relations entre producteurs, fournisseurs et revendeurs au regard de la législation en vigueur* ». http://www.economie.gouv.fr/cepc/Presentation-de-la-Commission. L'article 440-1, V du Code de commerce prévoit que « *la commission a pour mission de donner des avis ou de formuler des recommandations sur les questions, les documents commerciaux ou publicitaires, y compris les factures et contrats couverts par un secret industriel et commercial, et les pratiques concernant les relations commerciales entre producteurs, fournisseurs et revendeurs, qui lui sont soumis* », et que « *la commission exerce, en outre, un rôle d'observatoire régulier des pratiques commerciales, des facturations et des contrats conclus entre producteurs, fournisseurs et revendeurs qui lui sont soumis* ».

[542] La CEPC a été créée par la loi 2001-420 du 15 mai 2001. Son rôle a été renforcé par la LME en suivant le sillage de la Commission des clauses abusives compétente en droit de la consommation. Louis Vogel, Droit de la concurrence : [droits européen et français], Paris : LawLex ; Bruxelles : Bruylant, 2015, pp. 1057 et 1061.

[543] CEPC, avis n° 15-21 du 23 juin 2015, « Relatif à une demande d'avis d'un professionnel concernant l'application de l'article L. 442-6 du Code de commerce au secteur d'activité du conseil aux entreprises ». Muriel Chagny, « Le déséquilibre significatif financier sanctionné par la cour d'appel de Paris », RTD com, 2015, p. 492.

[544] Emilie Gicquiaud, « Le contrat à l'épreuve du déséquilibre significatif », RTD com, 2014, p. 267. Selon elle, dans la situation où le 1° de la même règle peut sanctionner le déséquilibre significatif, l'utilisation de la 2° pratique provoque l'aggravation d'une confusion autour de l'article L. 442-6. En outre, en considérant que même le droit de la consommation qui protège un consommateur faible ne sanctionne pas le déséquilibre financier, il ne convient pas que le

410. Pour autant, malgré ces difficultés probables, nous adhérons au déséquilibre significatif financier en vue de maintenir la souplesse de la notion de « déséquilibre significatif » qui est source de son efficacité. En premier lieu, en pratique, bien que les litiges prétendant au déséquilibre significatif au sens de l'article L. 442-6, I, 2° du Code de commerce soient nombreux, l'article L. 442-6, I, 1° du Code de commerce, interdisant la disproportion manifeste ou l'avantage sans contrepartie, ne s'applique que rarement. Par conséquent, la notion de déséquilibre significatif financier n'entraînerait qu'un problème minime de confrontation ou de réitération entre les deux dispositions 1° et 2°. Il conviendrait alors de chercher davantage une solution du côté du dispositif plus couramment utilisé (2°) que de celui qui ne l'est que rarement (1°).

411. En second lieu, le déséquilibre significatif excluant le déséquilibre financier risque de ne devenir que de façade, autrement dit, une disposition sans noyau. Les différends entre les entreprises se produisent en raison de conditions contractuelles, qui se montrent très favorables vis-à-vis d'une des parties mais très défavorables à l'autre. Ces désaccords, portant sur les valeurs ou les difficultés véritables des contreparties, des obligations et des droits, relèvent plutôt du déséquilibre financier que du déséquilibre juridique. Surtout, à mesure que les arrêts précisant les éléments du déséquilibre significatif au sens de l'article L. 442-6, I, 2° du Code de commerce se suivent, la grande distribution finira par veiller à ne plus violer ce dispositif. Par ailleurs, la grande distribution pourrait tenter de le contourner, en instaurant, de manière astucieuse et délibérée, des réciprocités juridiques et contreparties formelles, requises pour l'équilibrage des obligations et des droits entre les parties dans les jurisprudences. En d'autres termes, elle apparaît susceptible d'inventer des conditions contractuelles compliquées qui satisfont, en apparence, l'existence de la réciprocité et de la contrepartie formelle, mais qui s'avèrent en réalité considérablement défavorables aux fournisseurs. Dans ce cas, le déséquilibre juridique, mettant l'accent sur l'équilibre formel, se verrait gagné par l'impuissance devant ces tentatives de contournement. C'est pourquoi nous prévoyons que le déséquilibre significatif se déroulera, au fils du temps, autour du déséquilibre significatif financier et tarifaire, à moins qu'un autre dispositif de l'article L. 442-6, I, 1° du Code de commerce (l'avantage manifestement disproportionné) ne vienne se substituer dans la pratique au déséquilibre significatif de l'article L. 442-6, I, 2° du Code de commerce.

412. En troisième lieu, l'interprétation stricte de l'élément « significatif » pourrait aider à modérer l'inquiétude relative à l'insécurité juridique ou à la liberté contractuelle. D'une part, il n'est pas possible de réaliser une

---

droit de distribution auprès de professionnels présumés égaux sanctionne le déséquilibre financier. Et, un rétablissement de l'équilibre financier par les juges ayant une grande marge d'appréciation risque de porter atteinte à la liberté contractuelle.

répartition parfaite des contreparties entre les parties au contrat, d'autre part, à la lumière du principe de négociation libre, cela n'a rien en soi d'illégal que deux partenaires tolèrent jusqu'à un certain point, à leur convenance, quelques asymétries dans les valeurs des produits ou des services rendus. De fait, à notre connaissance, un déséquilibre au sens de l'article L. 442-6, I, 2° du Code de commerce exige implicitement que le déséquilibre soit si gravement significatif que la pratique en cause devienne inadmissible dans le secteur concerné à la lumière de la bonne foi. Si un élément « significatif » pour reconnaître le déséquilibre significatif est interprété rigoureusement par les juges, cela pourrait dans le même temps résoudre le problème de l'affluence des affaires au titre du déséquilibre significatif sur le fondement de l'article L. 442-6, I, 2° du Code de commerce.

SECTION II. L'ABUS DE POSITION SUPÉRIEURE DANS LE COMMERCE EN CORÉE

413. En Corée, dans le domaine du droit de la concurrence, la disproportion significative entre les parties au contrat est contrôlée prioritairement au titre de l'abus de position supérieure dans le commerce. Le législateur coréen a doté la *KFTC* de deux armes. D'une part, l'article 23, ①, 4ème de « la loi sur la régulation de monopole et le commerce loyal (la LRMCL) » réprime généralement l'abus de position supérieure entre toutes les entreprises **(§ 1)**. D'autre part, plusieurs articles de la loi spécifique visent plus particulièrement certains abus des parties puissantes envers leurs partenaires faibles. Nous verrons pourquoi et comment une loi spécifique, celle « sur le grand distributeur », contrôle, indépendamment de la LRMCL, les disproportions significatives entre les grands distributeurs et les fournisseurs **(§ 2)**.

§ 1. Le contrôle général par « la loi sur la régulation du monopole et le commerce loyal »

414. Afin de comprendre les éléments du dispositif général, « l'abus de position supérieure dans le commerce » en vertu de l'article 23, ①, 4ème de la LRMCL, il convient d'appréhender tout d'abord la notion de position supérieure dans le commerce et de son abus **(A)** avant d'aborder les pratiques interdites par les textes de la LRMCL **(B)**.

A. La notion : la position supérieure dans le commerce et son abus

415. Nous examinerons la signification de « la position supérieure dans le commerce » **(1)** et celle de « la pratique abusive » **(2)**.

1. La position supérieure dans le commerce

416. L'article 23, ①, 4ème de la LRMCL stipule l'interdiction de « faire affaire avec un partenaire commercial en profitant indument de sa position dans le commerce ». Cette disposition a pour objectif d'assurer que les parties au contrat commercent, de façon loyale et sur un pied d'égalité, bien que les puissances économiques des deux contractants soient, en réalité, asymétriques[545]. La présence de l'expression d' « un partenaire commercial » démontre que son champ d'application est général, contrairement à la loi spécifique telle que « la loi sur le grand distributeur » que nous verrons plus loin et qui ne cible que certains opérateurs économiques ».

417. Que signifie en réalité l'expression « la position supérieure dans le commerce » ? « La position supérieure dans le commerce » signifie un pouvoir d'influence considérable à l'égard des activités économiques d'un partenaire commercial, mais elle ne renvoie pas à une position d'une telle puissance qu'elle satisferait la position dominante sur le marché au regard du droit des pratiques anticoncurrentielles[546]. Tandis que l'abus de la position dominante sur le marché au regard du droit des pratiques anticoncurrentielles caractérise l'abus d'un pouvoir dominant « absolu » en fonction des parts de marché et du degré de concentration, l'abus de la position supérieure dans le commerce au regard des pratiques restrictives de concurrence équivaut à un abus de pouvoir économique « relativement fort » entre les parties au contrat sans préjudice des parts de marché et du degré de concentration[547]. En ce sens, « la position supérieure dans le commerce » n'exige pas de relation de dépendance économique au sens strict.

418. Selon la cour suprême de Corée, bien que le texte de l'article 23, ① n'exige pas directement la supériorité ou l'infériorité en ne mentionnant que « la position dans le commerce », ce dispositif suppose la supériorité de l'auteur et l'infériorité de la victime. Selon les juges et la doctrine, cette supériorité s'apprécie, au cas par cas, en tenant compte de la situation de l'autre partie au contrat. Cette position relativement supérieure doit être reconnue en considération de plusieurs circonstances autour du marché concerné : par exemple, la différence de capacités économiques globales entre les parties et les particularités des produits concernés[548].

---

[545] Cour suprême de Corée, 97Nu19427 du 9 juin 2000.

[546] Myung-Su HONG, « L'analyse des arrêts de la cour suprême relatifs aux pratiques restrictives de concurrence (2010) », La délibération du droit de la concurrence III, Kyungin Publishing, 2013, p. 296. Oh-Seung KWON, « Droit économique », Bobmunsa, 11ème éd., 2014, p. 326.

[547] Bong-Eui LEE, « Le caractère indu pour l'atteinte portée aux intérêts d'un partenaire commercial », Concurrence loyale, juin 2016, p. 25. Tae-Hi HWANG, « Le caractère indu pour l'atteinte portée aux intérêts d'un partenaire commercial au sens de l'abus de position supérieure dans le commerce », Les enjeux du droit de la concurrence, *Center for competition law*, Bobmunsa, 2010, p. 281.

[548] Cour suprême de Corée, 97Nu19427 du 9 juin 2000.

419. Parce qu'il arrive rarement que les parties contractuelles détiennent en réalité des puissances économiques strictement équivalentes, il semble normal que les forces économiques des parties dans le commerce diffèrent[549]. Dès lors, nous pouvons nous poser la question de savoir s'il faut interpréter de manière stricte cette notion de « position supérieure dans le commerce ». Mais, dans la mesure où la cour suprême de Corée admet, de manière large, « la position supérieure dans le commerce », il est très rare que la jurisprudence nie l'existence de « la position supérieure dans le commerce »[550][551]. Aussi, la *KFTC* admet largement cette position supérieure, au cas où la partie faible souffre de difficultés pour obtenir un nouveau débouché ou au cas où elle doit engager des frais significatifs pour trouver l'autre partenaire. Par contre, en pratique, en cas de relation commerciale très instantanée ou provisoire[552], il est difficile de retenir « la position supérieure dans le commerce ». Puisque même une partie forte a du mal à exercer un fort pouvoir d'influence sur le cocontractant, s'il n'existe pas de suivi dans leurs relations.

2. La pratique abusive de la partie forte

420. Il convient d'analyser les critères servant à l'identification de « l'abus ». Tandis que l'abus de position dominante sur le marché au sens du droit des pratiques anticoncurrentielles évite une pratique qui fausse la concurrence sur le marché, « l'abus de position supérieure dans le commerce » a pour finalité de protéger les avantages économiques d'un partenaire commercial en position faible, à l'aune de la loyauté de chaque transaction[553]. Donc, « l'abus de position supérieure dans le commerce » est sanctionné, *per se*, sans considération des effets anticoncurrentiels sur le marché en cause.

421. En outre, alors que le déséquilibre significatif du Code français de commerce met prioritairement en avant les résultats significativement

[549] Bong-Eui LEE, « Le caractère indu pour l'atteinte portée aux intérêts d'un partenaire commercial », Concurrence loyale, juin 2016, pp. 26 et 27.

[550] Par exemple, le grand opérateur de télécommunication a cette position supérieure vis-à-vis de ses concessionnaires (Cour suprême de Corée, 2001Du1444 du 25 octobre 2002). Le franchiseur a cette position supérieure dans le commerce à l'égard de ses franchisés (Cour suprême de Corée, 2003Du7484 du 9 juin 2005).

[551] Très rarement, concernant une clause pénale entre une régie du métropolitain de Séoul et une grande entreprise privée qui fabrique des wagons du métro, la cour suprême de Corée constate que la régie du métropolitain de Séoul ne détient pas la position supérieure dans le commerce auprès du grand fabricant des wagons de métro. Cour suprême de Corée, 93Nu4984 du 27 juillet 1993.

[552] Lorsque les contrats de courte durée se répètent ou se renouvellent régulièrement entre les parties contractuelles, ces relations ne sont pas instantanées et provisoires.

[553] Yong-Jung KIM, « Rendre meilleures les prohibitions dans la loi sur le grand distributeur », *Korea law review*, n ° 71, décembre 2013, p. 353. Ho-Young LEE, « Droit anticoncurrentiel », Hongmoonsa, 5ème éd., 2015, p. 329.

déséquilibrés résultant de la pratique concernée, « l'abus de position supérieure dans le commerce » met en cause la pratique qui permet à une partie de profiter indûment de sa position supérieure. C'est-à-dire que les textes coréens mettent avant tout l'accent sur les éléments comportementaux. Par exemple, imposer au partenaire d'acheter des produits non nécessaires ; fixer ou modifier unilatéralement les conditions contractuelles sans négociation. Une fois que la pratique en cause caractérise une imposition, un unilatéralisme ou non véritable négociation, etc., il faut encore que la *KFTC* évalue si les éléments économiques disproportionnés du résultat remplissent les conditions de l'abus. Si la pratique en cause ne peut être justifiée eu égard aux éléments du résultat, elle peut se voir caractérisée d'abus.

422. En dépit de cette différence de points de départ, il existe de très fortes ressemblances entre les dispositions françaises et coréennes qui luttent contre la pratique créant une disproportion significative entre les parties contractuelles. En effet, l'identification de « l'abus de position supérieure dans le commerce » en droit coréen nécessite également des analyses globales sur l'équilibre des contreparties juridiques et économiques tout le long de la conclusion, de l'exécution et de la fin du contrat. A ce titre, la *KFTC* estime également que « la loyauté des contenus du contrat » constitue un critère majeur pour qualifier la violation de cette disposition[554]. Enfin, *a priori*, malgré la différenciation de voies entre deux droits pour sanctionner le déséquilibre significatif dans la relation commerciale, que l'on applique à une même affaire, « le déséquilibre significatif dans les obligations et droits » au sens de l'article L. 442-6 du Code de commerce ou « l'abus de position supérieure dans le commerce » de l'article 23, ① LRMPCL, dans la majorité des cas, les appréciations de l'illégalité seraient identiques.

B. Les types d'abus de position supérieure dans le commerce

423. Selon la LRMCL et son décret présidentiel, l'abus de position supérieure dans le commerce détermine cinq pratiques susceptibles de défavoriser un partenaire commercial faible. Parmi celles-ci, le fait de « porter atteinte aux intérêts d'un partenaire commercial » joue un rôle décisif **(1)**. Nous allons analyser par conséquent les éléments qui « portent atteinte aux intérêts d'un partenaire commercial » **(2)**.

1. Cinq types de pratiques visés par les textes

424. L'article 36, ① du décret présidentiel de la LRMCL établit une liste de types de pratiques illicites relevant de « l'abus de position supérieure dans le commerce » par rapport à un partenaire commercial :

1. Imposer d'acheter des produits ou des services,

[554] La directive de la *KFTC* sur les pratiques restrictives de concurrence (V. 6).

2. Imposer d'offrir à l'auteur des avantages économiques, tels de l'argent, des produits ou des services,

3. Imposer de réaliser des objectifs de vente,

4. Fixer ou modifier les conditions contractuelles au détriment d'un partenaire commercial ; porter atteinte aux intérêts d'un partenaire commercial lors de l'exécution du contrat (ci-après, « porter atteinte aux intérêts d'un partenaire commercial »),

5. L'ingérence dans la gestion des affaires d'un partenaire commercial[555].

425. Parmi ces cinq types de pratiques, c'est la quatrième « porter atteinte aux intérêts d'un partenaire commercial » qui fait office de règle générale à l'égard des quatre autres types de pratiques énumérées[556][557]. Dans les affaires portant sur les pratiques restrictives de concurrence, la quatrième « porter atteinte aux intérêts d'un partenaire commercial » s'applique, dans la pratique, le plus souvent devant la juridiction et la *KFTC*, de sorte que la *KFTC* peut réagir aux comportements de tous ordres lorsqu'une partie puissante empoche des contreparties injustifiables en abusant de sa position supérieure[558]. Jusqu'à maintenant, une centaine d'arrêts fondés sur ce dispositif général ont été prononcés devant la cour suprême de Corée. En conséquence, nous pouvons dire que « porter atteinte aux intérêts d'un partenaire commercial » représente la disposition centrale relevant des pratiques restrictives de concurrence en Corée.

2. L'atteinte aux intérêts d'un partenaire commercial

426. L'identification de « l'atteinte aux intérêts d'un partenaire commercial » n'a rien d'un travail simple. D'abord, les avantages acquis peuvent être appréhendés très largement. L'obtention injuste d'avantages, soit juridiques soit économiques, peut être prohibée. N'importe quelles conditions contractuelles, à l'instar du prix, du paiement, du retour, des dommages-intérêts, du droit de sortie et du service après-vente peuvent, en

---

[555] Par exemple, une autorisation obligatoire de la part d'une partie forte pour la désignation ou la démission des employés du cocontractant à un poste ; une intervention de la part d'une partie forte envers un cocontractant sur les catégories, les facilités, les quantités de produits ou sur les commerces avec d'autres entreprises.

[556] Le dispositif de « 4. Porter atteinte aux intérêts d'un partenaire commercial » s'applique subsidiairement aux affaires par rapport aux mesures de « 1. Imposer d'acheter le produit ou le service, 2. Imposer d'offrir à l'auteur les avantages économiques comme l'argent, les produits ou les services, 3. Imposer de réaliser les objectifs de vente ». Autrement dit, lorsqu'une pratique concernée constitue une violation de n° 1 ou n° 2 ou n° 3, la *KFTC* ne peut appliquer « 4. Porter atteinte aux intérêts d'un partenaire commercial » en raison de son caractère subsidiaire. Le « signe d'étoile 1-2 » de l'article 36, ① du décret présidentiel de la LRMCL.

[557] Similairement, le déséquilibre significatif dans l'article L. 442-6, I, 2° du Code français de commerce joue le rôle d'une règle générale à propos d'autres règles du même article.

[558] Ho-Young LEE, « Droit anticoncurrentiel », Hongmoonsa, 5ème éd., 2015, pp. 328 et 331.

théorie, s'inscrire dans le cadre de l'atteinte aux profits de la partie commerciale[559].

427. Selon la jurisprudence constante coréenne, le fait que la pratique concernée s'avère quelque peu désavantageuse pour le partenaire commercial ne suffit pas, en soi, à l'identification de « l'atteinte aux intérêts d'un partenaire commercial ». De ce fait, la pratique en cause risque de passer pour contraire à la loyauté à la lumière des bonnes pratiques et usages commerciaux et de fausser les commerces loyaux dans le secteur. De plus, dans ce cas, les juges doivent observer globalement et synthétiquement plusieurs éléments pour caractériser les atteintes indues : l'intention et l'objectif de la pratique, ses circonstances, la teneur des pertes du partenaire commercial, la possibilité de donner lieu à des atteintes considérables, les bonnes pratiques et usages commerciaux en cours dans le secteur en cause, l'effet sur l'ordre de la transaction commerciale et les textes des règles en cause, etc.[560].

428. De nos jours, la plupart des décisions reconnaissent que la pratique consistant à « porter atteinte aux intérêts d'un partenaire commercial » survient quand les parties fortes ont imposé, de manière unilatérale, à leurs cocontractants, l'adoption de contenus désavantageux sans base contractuelle et sans circonstance particulière justifiable[561]. Ainsi, « *Korea Expressway Corporation* » a été sanctionnée pour avoir modifié unilatéralement, en l'espace de dix jours, les taux de commissions concernant la location-gérance d'une aire de repos sur l'autoroute, qui s'appliquent, exactement à l'identique, aux 117 opérateurs économiques d'une aire de repos[562]. Cette demande non accompagnée d'une négociation fonctionne comme un élément du comportement pour retenir l'abus.

429. Néanmoins, *a posteriori*, en dépit de l'existence de nombreux arrêts de la cour suprême de Corée relatifs à la pratique consistant à « porter atteinte aux intérêts d'un partenaire commercial », les paramètres de son identification semblent encore aléatoires et subjectifs pour les entreprises. Notamment, lorsqu'une partie au contrat exerce son droit garanti sur le fondement du contrat négocié (par exemple, le droit de résiliation) en cas de manquement aux obligations contractuelles de la part de la victime, il devient difficile d'apprécier si l'exercice de ce droit risque de dénaturer ou

---

559 Hyeon-Yun SIN, « Droit économique », Bobmunsa, 6ème éd., 2014, p. 303.

560 Cour suprême de Corée, 2001Du1442 du 25 septembre 2002, 2002Du11059 du 9 juillet 2004, 2000Du6213 du 31 mai 2002 et 2003Du7859 du 8 septembre 2006. Bong-Eui LEE, « Le caractère indu pour l'atteinte portée aux intérêts d'un partenaire commercial », Concurrence loyale, juin 2016, pp. 23 et s. Myung-Su HONG, « L'analyse des arrêts de la cour suprême relatifs aux pratiques restrictives la concurrence (2010) », La délibération du droit de la concurrence III, Kyungin Publishing, 2013, p. 308.

561 Cour suprême de Corée, 2003Du1646 du 29 juin 2006 et 2003Du7859 du 8 septembre 2006. Ho Young LEE, « Droit anticoncurrentiel », Hongmoonsa, 5ème éd., 2015, pp. 328 et 331.

562 Cour suprême de Corée, 2005Du3561 du 29 mars 2007.

non un ordre de commerce loyal au regard du droit de la concurrence[563]. Ce problème se situe souvent à la frontière entre le droit commun et le droit de la concurrence. Dans le but de prévenir l'intervention excessive de l'administration dans les transactions commerciales entre les entreprises privées, la cour suprême de Corée confirme que les pertes économiques de la victime doivent être objectivement identifiées et qu'en outre, en cas de pertes pécuniaires, la responsabilité légale de l'auteur et la teneur des préjudices subis doivent être déterminées pour qualifier « l'atteinte aux intérêts d'un partenaire commercial »[564]. Autrement dit, la cour demande que les actes juridiques en cause soient clarifiés dans la perspective judiciaire avant d'y appliquer les règles de la concurrence[565]. En droit coréen de la concurrence, il reste épineux de connaître la manière dont on fait la distinction entre le champ de « l'abus de la position supérieure dans le commerce » auprès de la *KFTC* et celui du droit commun devant les juges.

430. Par ailleurs, nous nous inquiétons de l'affluence excessive des affaires relevant de ce dispositif qui n'exige pas rigoureusement l'effet anticoncurrentiel concret sur le marché pertinent en comparaison de l'abus de position dominante sur le marché. Autrement dit, nous émettons des réserves quant au fait que la *KFTC* puisse préférer ce dispositif sanctionnant « l'atteinte aux intérêts d'un partenaire commercial » en raison de conditions plus souples que celles d'autres dispositifs anticoncurrentiels. Statistiquement, « l'abus de position supérieure dans le commerce » correspond quasiment à la moitié des affaires de la *KFTC* en 2015 en matière de pratiques restrictives de concurrence en vertu de la LRMCL[566]. En conséquence, nous pouvons nous demander si ce dispositif n'a pas besoin d'éléments supplémentaires à travers une interprétation plus rigoureuse des juges ou une réforme législative, afin de rendre plus restrictives ses conditions d'application.

431. Sur ce point, il est louable que la cour suprême de Corée ait réduit récemment l'application de cette disposition sur « l'atteinte aux intérêts d'un partenaire commercial », quand une partie au contrat est le consommateur[567].

---

563 Bong-Eui LEE, « Le caractère indu pour l'atteinte portée aux intérêts d'un partenaire commercial », Concurrence loyale, juin 2016, p. 28 et s.

564 Cour suprême de Corée, 2000Du6213 du 31 mai 2002. Or, certains ne sont pas d'accord avec cette décision de la cour au motif que, d'une part, il est impossible de rendre patentes les pertes économiques de la victime et que, de l'autre, il paraît douteux qu'une telle clarification soit nécessaire pour l'appréciation de « l'abus de position supérieure dans le commerce » au sens du droit de la concurrence. Tae-Hi HWANG, « Le caractère indu pour l'atteinte portée aux intérêts d'un partenaire commercial au sens de l'abus de position supérieure dans le commerce », Les enjeux du droit de la concurrence, *Center for competition law*, Bobmunsa, 2010, pp. 276 et s.

565 Myung-Su HONG, « L'analyse des décisions relatives aux pratiques restrictives de la concurrence », La délibération du droit de la concurrence II, *Kyungin Publishing*, 2010, p. 349.

566 KFTC, « Livre annuel de statistiques 2015 », 2016, p. 28.

567 Cour suprême de Corée, 2012Du18325 du 10 septembre 2015.

Dans cette affaire, même si un opérateur de club de golf prestigieux a unilatéralement diminué les droits établis des membres abonnés par la modification de sa règle interne, « l'abus de position supérieure dans le commerce » n'a pas été reconnu par les juges[568]. Selon la cour suprême de Corée, il est vrai que cette modification désavantage les membres. Cependant, lorsque l'une des parties au contrat est le consommateur, il faut que cette pratique porte atteinte aux intérêts d'une multitude de consommateurs anonymes au-delà de ce club de golf, ou qu'elle comporte le risque d'être réitérée, de manière similaire, par d'autres opérateurs économiques dans le secteur concerné, au point que l'ordre de la concurrence sur le marché en soit significativement affecté, pour que la pratique consistant à « porter atteinte aux intérêts d'un partenaire commercial » soit caractérisée.

§ 2. Le contrôle spécifique par « la loi sur le grand distributeur »

432. L'adoption de la loi spécifique luttant contre le grand distributeur déclenche toujours des débats violents en Corée. En dépit de la présence de la mesure générale de la LRMCL, pour quelle raison le législateur coréen a-t-il créé une nouvelle loi, « la loi sur le grand distributeur » ? La grande distribution mérite-t-elle d'être traitée de manière aussi particulière ?

433. Nous envisagerons le contrôle de l'abus de position supérieure du grand distributeur avant l'instauration de « la loi sur le grand distributeur » **(A)** et après celle-ci **(B)**.

A. Le contrôle de l'abus de position supérieure du grand distributeur avant la loi sur le grand distributeur

434. En Corée, avant « la loi sur le grand distributeur », le grand distributeur se trouvait prioritairement sous la surveillance du règlement spécifique de la *KFTC* relatif à la distribution de détail de grande envergure **(1)**. Pour autant, les dénonciations des fournisseurs pour l'abus de position supérieure du grand distributeur ne faiblissaient pas **(2)**.

1. Le contrôle de l'abus du grand distributeur par le règlement spécifique de la *KFTC*

435. En Corée, « l'abus de position supérieure dans le commerce » par l'article 23, ① de la LRMCL peut évidemment s'appliquer aux grands distributeurs qui abusent de leurs puissances économiques, eu égard à son champ d'application général. De surcroît, les juges ont admis, sans difficulté,

568 Par exemple, l'opérateur du club de golf a réduit la durée des droits des membres semainiers, et il a instauré une nouvelle cotisation annuelle considérable pour les membres semainiers.

la détention de la position supérieure du grand distributeur vis-à-vis de ses fournisseurs, au motif que ce dernier a un pouvoir fort de négociation, et que le grand distributeur possède un réseau national de distribution, et que le fournisseur subit la difficulté de l'obtention d'un nouveau marché en cas de cessation de commerce avec le grand distributeur[569]. Il en ressort que la grande distribution s'inscrit toujours dans « l'abus de position supérieure dans le commerce » (article 23, ① de la LRMCL), que ce soit avant ou après l'instauration de « la loi sur le grand distributeur ».

436. D'ailleurs, depuis 1985, « la loi sur la régulation du monopole et le commerce loyal (la LRMCL) » délègue son pouvoir normatif au « règlement de la *KFTC* à l'égard de l'abus de position supérieure dans le commerce dans le secteur de la distribution de détail de grande envergure »[570][571]. Un recours au règlement de la *KFTC via* la délégation législative était considéré nécessaire afin de refléter suffisamment les particularités individuelles de chaque pratique restrictive de concurrence, compte tenu du caractère relativement abstrait de la LRMCL[572][573]. Pareillement au mécanisme des articles de « la loi sur le grand distributeur », ce règlement de la *KFTC* comprend des articles exhaustifs qui précisent la définition du « distributeur de détail de grande envergure » et liste les pratiques interdites et les obligations du grand distributeur vis-à-vis de ses fournisseurs[574]. Par contre, ce règlement de la *KFTC* ne mentionne ni les sanctions de l'injonction et des amendes administratives, ni les démarches de l'enquête et de la décision de la *KFTC*, ni les recours contre la décision de la *KFTC* devant la cour, puisque les règles relatives aux sanctions et aux procédures dans la LRMCL s'appliquent automatiquement aux affaires relevant de ce règlement de la *KFTC*. En effet, ce règlement de la *KFTC* à l'encontre du grand distributeur se subordonne généralement à la LRMCL, en clarifiant les zones d'ombre du texte de la LRMCL.

---

569 Cour suprême de Corée, 2010Du10464 du 13 octobre 2011, 2010Du8478 du 27 octobre 2011.

570 Le règlement de la *KFTC* sur l'indication des types et critères des pratiques restrictives de la concurrence dans le secteur de la distribution de détail de grande envergure.

571 La *KFTC* peut publier son règlement relatif aux pratiques restrictives de concurrence, qui est dédié au secteur spécifique (article 36, ② du décret de la LRMCL). Maintenant, la *KFTC* publie cinq règlements spécifiques contre les pratiques restrictives de concurrence. Doo-Jin KIM, « Les pratiques commerciales déloyales par le grand distributeur : Décisions de la *KFTC*, n° 2005-068 du 12 mai 2005 et n° 2007-009 du 15 janvier 2007 », Journal de concurrence, septembre 2007, p. 51.

572 Ho-Young LEE, « Droit anticoncurrentiel », Hongmoonsa, 5ème éd., 2015, pp. 284 et 285.

573 Le règlement de la *KFTC* offre les descriptions détaillées relevant de l'exécution de la LRMCL. Jung-Won HYUN et Kyung-Min KOH, « *International Encyclopedia for Competition Law, Republic of Korea* », *Kluwer Law International*, 2011, p. 26.

574 Par exemple, une interdiction du retour indu (article 3), une interdiction du retard indu de paiement (article 5), une interdiction de la répercussion du coût de promotion encouru par le grand distributeur (article 8), une obligation à rédiger le contrat écrit (article 11), etc.

437. En fait, avant l'entrée en vigueur de « la loi sur le grand distributeur » en 2012, la *KFTC* et la juridiction coréenne sanctionnaient les grands distributeurs, en consultant les articles de ce règlement de la *KFTC*, dans le cadre de « l'abus de position supérieure dans le commerce » de l'article 23, ①, 4ème de la LRMCL. Par exemple, quand la grande distribution avait fait un retour indu des produits invendus, approvisionnés par l'achat direct, malgré l'absence de faute du fournisseur, la jurisprudence coréenne avait confirmé que cette pratique constituait « l'abus de position supérieure dans le commerce » au sens de l'article 23, ①, 4ème de la LRMCL » en consultant l'article 3 de ce règlement de la *KFTC*[575].

2. L'imperfection du règlement spécifique de la *KFTC* relatif à la distribution de détail de grande envergure

438. En dépit de ces contrôles de la *KFTC* sous l'angle de la LRMCL et de son règlement spécifique sur la distribution de détail de grande envergure, l'abus de position supérieure par le grand distributeur restait toujours source d'inquiétude pour les fournisseurs.

439. D'une part, selon la jurisprudence constante de la cour suprême de Corée, ce règlement de la *KFTC* relatif au grand distributeur n'a pas, de par sa nature, un pouvoir coercitif vis-à-vis des personnes à l'extérieur de la *KFTC*. En temps normal, c'est la LRMCL et son décret présidentiel qui possèdent un effet coercitif direct par rapport aux pratiques des entreprises et aux appréciations des juges. Afin d'accorder au règlement de la *KFTC* un pouvoir contraignant envers les juges et les entreprises, il faut une délégation concrète de la loi ou de son décret présidentiel d'application. En d'autres termes, si la loi ou son décret présidentiel d'application a, de façon précise, concrète et prévisible, délégué son contenu à la règle administrative, cette dernière détient exceptionnellement un pouvoir de validité contraignante[576][577]. Ainsi, dans ce sens, alors que « la loi sur le grand distributeur » a, en soi, un pouvoir normatif et réglementaire envers la juridiction et l'administration, ce règlement de la *KFTC* relatif au grand distributeur, associé à la loi mère et à son décret, possède, par dérogation, un pouvoir normatif à propos de ses propres textes, dès lors que la loi mère et son décret présidentiel d'application lui délèguent, très précisément, l'objet et la durée, etc. de réglementation[578]. Aussi, l'interprétation de ce règlement

---

[575] Haute Cour de Séoul, 99Nu8901 du 15 mars 2001.

[576] Cour suprême de Corée, 98Du12772 du 29 septembre, 2006Du3742 du 27 mars 2008 et 2007Du4841 du 10 avril 2008. Ho-Young LEE, « Droit anticoncurrentiel », Hongmoonsa, 5ème éd., 2015, p. 285.

[577] En revanche, les directives internes ou les circulaires de la *KFTC* n'entraînent, en toute hypothèse, aucun effet contraignant vis-à-vis des entreprises ou des tribunaux. Haute Cour de Séoul, 2007Nu9046 du 5 septembre 2007.

[578] Hyun-Kyu LEE, « Les enjeux sur le règlement de la *KFTC* sur la distribution de détail de grande envergure », Journal de concurrence, mai 2010, pp. 51 et s.

de la *KFTC* sur le grand distributeur doit-elle se subordonner à celle des textes de sa loi mère et de son décret[579]. De fait, ce règlement de la *KFTC* n'a pas compétence pour créer un nouveau contrôle qui va au-delà de l'interprétation des textes concernés déjà existants dans la loi mère et son décret d'application.

440. D'autre part, dans la réalité, la colère des fournisseurs coréens contre les abus de la position supérieure du grand distributeur n'a cessé de croître en dépit des interventions continuelles de la *KFTC*. En effet, le déséquilibre du rapport de force entre le grand distributeur et le fournisseur se creusait tandis que le pouvoir de négociation des grands distributeurs s'amplifiait, et avant tout les fournisseurs ne pouvaient dénoncer publiquement ces pratiques par crainte de perdre leur débouché principal[580].

441. Dans ce contexte, le législateur coréen a enfin estimé que les réglementations générales fondées sur la LRMCL ne faisaient pas le poids face aux grands distributeurs qui détenaient une position extraordinairement puissante et particulière. Il en résulte qu'il a créé, en 2011, une disposition renforcée et spécifique contre l'abus de puissance économique par le grand distributeur sous la forme de la loi spécifique[581][582]. Cette loi spécifique jouit entièrement du pouvoir normatif à l'égard de tous, y compris de la juridiction, et elle peut créer n'importe quel nouveau contrôle à l'encontre du grand distributeur sans préjudice des textes déjà existants dans la LRMCL.

B. Le contrôle de l'abus de position supérieure du grand distributeur après la loi sur le grand distributeur

442. En Corée, « la loi sur le grand distributeur » a soulevé jusqu'à aujourd'hui un intense débat dès sa proposition **(1)**. Les obligations et interdictions principales établies par cette loi spécifique seront discutées **(2)**.

[579] Hyun-Kyu LEE, « La nature juridique du règlement de la *KFTC* sur les critères à prononcer les amendes », Le droit de l'homme et la justice, janvier, 2010. p. 92.

[580] Su-Young PARK, « L'interprétation de la loi sur le grand distributeur », Fides, 2013, p. 3.

[581] Keum-Seok OH, Seong-Un YUN, Hyun-Kyu LEE, « La loi sur le grand distributeur : la théorie et la pratique », Bakyoungsa, 2012, pp. 4 et 5. Su-Young PARK, « L'interprétation de la loi sur le grand distributeur », Fides, 2013, p. 5.

[582] Actuellement, en Corée, le règlement de la *KFTC* relatif au grand distributeur coexiste avec « la loi sur le grand distributeur » même après l'entrée en vigueur de cette loi spécifique en 2012. Cependant, ce règlement de la *KFTC* devient, en pratique, lettre morte depuis l'entrée en vigueur de cette loi. Sang-Yong PARK, Gum-ju SON, Yu-Mi CHOI, « Le changement actuel et futur par la mise en vigueur de la loi sur le grand distributeur », LEG document de travail, 2012, p. 9.

1. Une vive controverse provoquée par l'adoption de la loi sur le grand distributeur

443. Face à ce nouvel ennemi inattendu, « la loi sur le grand distributeur », les grands distributeurs ont eu une réaction particulièrement hostile d'un point de vue économique, en mentionnant la discordance face au marché économique, l'entrave excessive de l'industrie de la distribution, l'obstacle à la croissance économique, les dégâts substantiels à l'égard des petits fournisseurs et le résultat irrationnel dû au populisme, etc. Selon eux, il est vraisemblable que l'intervention excessive de l'Etat dans les relations commerciale entre les opérateurs économiques parviendra à réduire les transactions commerciales elles-mêmes[583].

444. D'ailleurs, certains font état des problèmes théoriques posés par cette loi. Par rapport aux six pratiques prohibées, cette loi adopte le mécanisme de l'interdiction en principe, en autorisant à titre exceptionnel la pratique en cause sous réserve que le grand distributeur démontre, lui-même, l'existence de motifs justifiables exigés par chaque article[584]. Quant aux cinq pratiques prohibées, cette loi opte pour le mécanisme de l'obligation ou interdiction globale sans laisser aucune possibilité au grand distributeur de justification de la légalité[585]. Et seuls deux articles, notamment le 13 (l'interdiction de l'imposition d'un engagement d'exclusivité de fourniture) et le 14 (l'interdiction de la demande des informations sensibles relevant de la gestion des affaires du fournisseur) de « la loi sur le grand distributeur », suivent le mécanisme classique relatif à la charge de la preuve dans le domaine du droit de la concurrence et du droit d'administration, en exigeant que la *KFTC* prouve le caractère indu de la pratique en cause[586]. Selon eux, cette réduction de la charge de la preuve de la part de la *KFTC*, très exceptionnelle par rapport à d'autres lois spécifiques relevant de la *KFTC*, risque de servir à favoriser le contrôle de la *KFTC*. Ce mécanisme de prohibition en principe pourrait devenir un encadrement excessif de l'industrie de la distribution, compte tenu du fait que le confit entre le grand distributeur et le fournisseur n'a pas lieu de façon constante mais ponctuelle[587].

445. En revanche, d'autres soulignent que cette inversion de la charge de la preuve à l'égard du grand distributeur est inévitable. Alors qu'il ne paraît pas difficile aux grands distributeurs munis de toutes les informations

---

583 Jeong SEO, « Le champ d'application de la loi sur le grand distributeur : la position supérieure dans la relation commerciale », Journal de droit de la concurrence et de politique, n° 4, 2015, pp. 52 et 53.

584 Les articles 7, 9, 10, 12, 15 et 17 de « la loi sur le grand distributeur ».

585 Les articles 6, 8, 11, 16 et 18 de « la loi sur le grand distributeur ».

586 Normalement, c'est l'administration qui est chargée de prouver la satisfaction de toutes les conditions de la mesure administrative.

587 Keum-Seok OH, Seong-Un YUN, Hyun-Kyu LEE, « La loi sur le grand distributeur : la théorie et la pratique », Bakyoungsa, 2012, pp. 10, 11, 14 et s.

portant sur leurs manquements de prouver leur innocence, il est par contre extrêmement difficile pour la *KFTC* d'obtenir des preuves décisives. Dès lors, les fournisseurs ont peur d'être la victime d'une vengeance du grand distributeur. Cet interventionnisme fort de l'État est admissible dans le secteur de la distribution de détail de grande envergure[588].

446. Nous sommes d'avis d'adhérer, en partie, à l'adoption de « la loi sur le grand distributeur » et à la possibilité de l'inversion de la charge de la preuve eu égard au fort pouvoir de négociation du grand distributeur et notamment eu égard au « facteur crainte ». Mais nous nous préoccupons du fait que l'administration a tendance à s'appuyer simplement sur les règles dérogatoires et les lois spécifiques en vue d'éviter des difficultés probables dans l'application des sanctions. Par conséquent, il y a toujours lieu de veiller à la nécessité véritable de certaines règles spécifiques à l'aune des textes généraux applicables, et à la teneur minimum de leurs contenus du point de vue du principe de proportionnalité. En effet, le droit coréen dispose du dispositif général de « l'abus de position supérieure dans le commerce » contre l'abus de puissance économique par les parties fortes[589]. Il convient de supprimer les dispositifs jugés irréalisables et inefficaces pour la protection des fournisseurs, qui jusqu'à présent n'ont jamais été appliqués et ne le seront que peu à l'avenir.

2. Les obligations et interdictions principales par la loi sur le grand distributeur

447. Cela étant, la loi actuelle sur le grand distributeur réprime très fortement l'abus de puissance économique du grand distributeur vis-à-vis de ses fournisseurs au travers d'un certain nombre d'articles relatifs à certaines prohibitions ou mettant en place de lourdes obligations.

448. Les grands distributeurs sont contraints de respecter les diverses obligations des textes suivants de « la loi sur le grand distributeur ». Ainsi, l'article 6 (l'obligation de communiquer au fournisseur le contrat écrit[590]). L'article 7 (l'interdiction de réfaction tarifaire excepté la non- conformité ou les défauts des produits causés par le fournisseur) : par exemple, *Homeplus* a indûment pratiqué une réduction des prix des marchandises de l'ordre de 12 100 millions de wons (environ 9 680 000 euros) au détriment de quatre fournisseurs, bien qu'il n'y ait pas eu inexécution importante des obligations des fournisseurs[591]. L'article 8 (l'obligation de respecter le délai de

---

[588] Jeong-Suh PARK, « Le changement des règlementations après la loi sur le grand distributeur », LEG document de travail, 2012, pp. 45 et 46.

[589] Hye-Shin CHO, « La signification législative de la loi sur le grand distributeur », *Dankook law review*, pp. 20 et s.

[590] Voir supra, pp. 140 et s.

[591] KFTC, décision, n° 2016-221 du 20 juillet 2016.

paiement maximal[592]). L'article 16 (l'obligation de compenser au fournisseur les frais d'installation des rayons pour une décoration intérieure ou une rénovation du magasin, qui ont été payés par le fournisseur[593]) de « la loi sur le grand distributeur ».

449. Dans le même temps, les textes ci-dessous prohibent fortement certaines pratiques qui pourraient entraîner des abus de puissance économique dans les relations commerciales au détriment des fournisseurs. Ainsi, l'article 9 (l'interdiction de refus ou de retard de réception des produits sans raison spécifique). L'article 10 (l'interdiction du retour des produits sans raison justifiable ou qui dépassent le délai raisonnable pour le retour) : par exemple, *Homeplus* a fait un retour de 364 catégories de produits vraisemblablement nonsaisonniers, en prétendant leur nature saisonnière, ce qui pouvait lui permettre de façon dérogatoire de pratiquer le retour au terme de l'article 10 de « la loi sur le grand distributeur »[594]. L'article 11 (l'interdiction de la répercussion du coût de promotion encouru par le grand distributeur sans convention unique sur la répartition des frais entre le grand distributeur et le fournisseur. L'article 11, ③ impose que le grand distributeur et le fournisseur partagent les dépenses résultant des promotions en fonction de la proportion des bénéfices éventuels induits des activités promotionnelles en cause, et cet article prévoit que cette proportion est présumée égale, lorsqu'il est impossible d'évaluer par avance ce taux des bénéfices. En outre, pour protéger davantage le fournisseur, l'article 11, ④ interdit au fournisseur d'être chargé de plus de la moitié des dépenses promotionnelles. L'article 12 (l'interdiction de faire travailler, par voie de l'envoi, l'employé du fournisseur dans le magasin du grand distributeur[595]) : par exemple, à l'occasion des travaux de rénovation qu'*Emart* avait entrepris dans ses 30 magasins, *Emart* a obligé ses 118 fournisseurs à envoyer leurs 205 employés dans le but de les faire aider à ranger les nouveaux rayons pour la réouverture des magasins[596]. L'article 13 (l'interdiction de l'imposition d'un engagement d'exclusivité de fournitures), l'article 14 (l'interdiction de l'ingérence du grand distributeur dans les affaires du

---

592 Voir supra, pp. 149 et s.

593 Voir infra, pp. 217 et s.

594 KFTC, décision, n° 2016-221 du 20 juillet 2016.

595 En Corée, le grand distributeur a, parfois, imposé à ses fournisseurs d'envoyer leurs employés dans ses magasins sous prétexte de favoriser les ventes auprès du consommateur, à la condition que les fournisseurs supportent les coûts de leurs salaires et les responsabilités supplémentaires liés à ces envois. En outre, dans le cas présent, le grand distributeur les a forcés à exercer des missions variables qui bénéficiaient prioritairement au grand distributeur. En fait, cette pratique scandaleuse consiste à rejeter ses frais de main-œuvre sur ses fournisseurs. Suite aux nombreuses dénonciations de fournisseurs auprès de la *KFTC*, l'article 12 de « la loi sur le grand distributeur » ne permet au grand distributeur d'utiliser l'employé de son fournisseur que sous certaines conditions strictes. Ce formalisme sur l'utilisation de l'employé du fournisseur est lié à ces pratiques injustes.

596 KFTC, décision, n° 2016-170 du 20 juin 2016.

fournisseur[597]) : par exemple, *Homeplus* a exigé de ses fournisseurs de lui offrir les données en matière d'activités promotionnelles parmi les fournisseurs et les autres grands distributeurs concurrents[598]. L'article 15 (l'interdiction au grand distributeur d'imposer au fournisseur que ce dernier lui octroie des avantages économiques : par exemple, *Lotte mart* a obligé ses 41 fournisseurs à lui verser préalablement des ristournes de 6 100 millions de wons (environ 4 880 000 euros) avant la réalisation des objectifs de vente, au seul motif qu'il estimait le montant de ces ristournes sans justification objective[599]. L'article 17 (l'interdiction de faire acheter des bons d'achat ou des produits par le fournisseur, etc.) : par exemple, une enseigne de la grande distribution impose à ses PME fournisseurs de prendre ses bons d'achat utilisables dans ses magasins. Puis, elle déduit le montant de l'approvisionnement à payer par le biais des bons d'achat imposés[600]. L'article 18 (l'interdiction des représailles pour les plaintes auprès de l'administration concernée[601]) de « la loi sur le grand distributeur ».

450. De plus, n'oublions pas le fait qu'un vétéran de la lutte, qui a pour nom « l'abus de position supérieure dans le commerce » de la LRMCL, pourrait faire, en théorie, une réapparition inattendue en faisant office de double barrière, lorsque le grand distributeur échappe à ces treize filets à mailles serrées.

---

[597] Avant « la loi sur le grand distributeur », un grand distributeur coréen a été sanctionné devant la cour suprême de Corée pour l'ingérence indue dans les gestions de 88 fournisseurs à titre de « l'abus de position supérieure dans le commerce » de la LRMCL. Il avait demandé à ses fournisseurs leurs identifiants et mots de passe afin d'entrer dans les systèmes numériques de vente des fournisseurs. Après avoir obtenu des informations sensibles des fournisseurs telles que les conditions contractuelles de vente, les taux de commission ou des ristournes et le chiffre d'affaires d'autres distributeurs concurrents, etc., ce grand distributeur défaillant a exigé de ses fournisseurs les traitements de partenaire le plus favorisé et des participations supplémentaires pour des activités de promotion dans ses magasins ou la non-participation des activités de promotion dans les magasins des concurrents. Cour suprême de Corée, 2010Du8522 du 13 octobre 2011. En considération de cette affaire, « la loi sur le grand distributeur » dispose d'un texte sur l'interdiction de l'ingérence du grand distributeur.

[598] KFTC, décision, n° 2016-111 du 19 avril 2016. Selon la *KFTC*, à l'issue de l'acquisition de ces informations, l'auteur pourrait imposer à ses fournisseurs de modifier leurs conditions contractuelles au profit de l'auteur, dans le but d'augmenter artificiellement sa propre compétitivité des marchandises dans la concurrence avec d'autres distributeurs concurrents.

[599] KFTC, décision, n° 2016-190 du 8 juillet 2016.

[600] KFTC, décision, n° 88-108 du 28 décembre 1988. Cette pratique a pour finalité d'acquérir les profits additionnels correspondant aux commissions des bons d'achat. Afin de résoudre ces problèmes, la loi sur le grand distributeur a interdit de faire acheter des bons d'achat ou des produits par les fournisseurs sans raison justifiable (article 17). Mais d'autres moyens qui réduisent le montant d'approvisionnement (par ex. les réfactions à la réception des produits) remplacent l'imposition d'acquisition des bons d'achat, ce texte devient donc obsolète.

[601] Voir supra, pp. 48 et 49.

CONCLUSION CHAPITRE I TITRE I PARTIE II

451. Malgré les différences de formulation entre la France et la Corée, les dispositions françaises évoquant le « déséquilibre significatif dans les obligations et les droits des parties au contrat », celles applicables en Corée « l'abus de position supérieure dans le commerce », il existe de nombreux points communs qui se rattachent tous à l'idée de disproportion dans les relations commerciales. Avant tout, les notions applicables sont si souples et générales que les juges bénéficient d'une assez grande marge d'interprétation dans la pratique. Ces dispositifs français et coréen luttant contre la disproportion significative se font toujours plus présents auprès des juges. Nous espérons que les conditions d'application des textes seront davantage précisées à l'avenir dans les jurisprudences française et coréenne. De surcroît, ces instruments français et coréen considèrent les éléments du résultat et du comportement pour qualifier l'illégalité : la réciprocité, la contrepartie, le caractère unilatéral, la véritable négociation et la soumission, etc.

452. En tout état de cause, dans le secteur du droit de la concurrence, « le déséquilibre significatif dans les obligations et les droits des parties au contrat » en France et « l'abus de position supérieure dans le commerce » en Corée joueront un rôle de plus en plus significatif. En particulier, le déséquilibre significatif financier ou tarifaire deviendra un sujet essentiel en France comme en Corée.

CHAPITRE II

La sanction de la rupture brutale des relations commerciales

453. Rompre la relation commerciale établie est en soi un véritable coup dur pour les partenaires commerciaux qui dépendent de l'auteur de la rupture au regard des chiffres d'affaires, des matières premières et des techniques, etc. Evidemment, lorsque cette rupture se produit brutalement, de façon imprévisible, la victime subit des dégâts d'autant plus violents.

454. En outre, cette rupture brutale contient un élément d'abus de puissance économique dans les relations commerciales déséquilibrées. En cas de rupture brutale, son auteur va généralement trouver sans difficulté un autre partenaire équivalent. Dans la grande majorité des cas, le responsable puissant de la rupture aura anticipé et trouvé un nouveau partenaire prêt à satisfaire ses demandes. En revanche, la victime faible ne dispose d'aucun temps pour préparer sa reconversion, si bien qu'elle connaît souvent de très grandes difficultés pour trouver un nouveau débouché.

455. Dans ce contexte, les droits français et coréen n'abandonnent pas l'entreprise délaissée par la rupture brutale d'une relation établie. Toutefois, les modalités françaises et coréennes de sanction de la rupture brutale et de protection de la victime diffèrent très largement. Alors que l'article L. 442-6, I, 5° du Code de commerce se consacre directement à la rupture brutale d'une relation établie **(SECTION I)**, plusieurs textes de la LRMCL et de « la loi sur le grand distributeur » la répriment indirectement et globalement **(SECTION II)**.

SECTION I. LA RUPTURE BRUTALE D'UNE RELATION COMMERCIALE ÉTABLIE EN FRANCE

456. Comment peut se caractériser la rupture brutale au sens de l'article L. 442-6, I, 5° du Code de commerce ? Elle ne met pas en question toutes les interruptions ou les réductions du nombre de transactions. Elle ne vise que la

rupture d'une relation qui se produit de manière si brutale que les intérêts légitimes du cocontractant en sortent sérieusement menacés.

457. Il s'agit en premier lieu d'examiner dans ce texte ce que signifient « une rupture » et « une relation commerciale établie » **(§ 1)**. Ensuite, la brutalité associée au préavis rationnel en apparaît l'élément le plus significatif **(§ 2)**.

§ 1. La rupture d'une relation commerciale établie

458. En ce qui concerne la rupture d'une relation commerciale établie, nous nous intéressons aux notions de « relation commerciale établie » **(A)** et de « rupture partielle » **(B)**.

A. Une relation commerciale établie

459. Au-delà de la grande distribution, le dispositif mis en place pour faire face à la rupture brutale d'une relation commerciale établie bénéficie en pratique d'un grand succès à la lumière du nombre d'affaires concernées. Or, cette affluence des affaires est discutable **(I)**. Pour qualifier cette rupture brutale, la notion de « relation commerciale établie » servira de point de départ **(II)**.

1. Le succès du dispositif au-delà de la grande distribution

460. L'article L. 442-6, I, 5° du Code de commerce sanctionne le fait « *de rompre brutalement, même partiellement, une relation commerciale établie, sans préavis écrit...* », autrement dit la rupture brutale [602]. Relativement au champ de cette relation commerciale établie, bien que la disposition sur la rupture brutale ait été conçue dans l'objectif de lutter contre les déréférencements abusifs par la grande distribution, elle peut s'appliquer à l'ensemble des relations commerciales, compte tenu de ses termes généraux[603]. Certes, il existe certaines restrictions à l'application de

[602] L'expression d'une rupture brutale apparaît encore dans l'article L. 442-6, I, 4° de Code de commerce qui réprime le fait « *d'obtenir ou de tenter d'obtenir, sous la menace d'une rupture brutale totale ou partielle des relations commerciales, des conditions manifestement abusives* ... ». Pourtant, la doctrine est sceptique sur l'efficacité de ce dispositif ayant pour objectif de protéger les fournisseurs soumis au pouvoir d'achat de la grande distribution, compte tenu du peu de probabilité d'introduire l'action par le fournisseur avant ou après la menace de déréférencement et du fait que la grande distribution se trouve encline à mettre, de manière sous-entendue, ses menaces à exécution sans laisser de trace écrite. Didier Ferrier et Nicolas Ferrier, « Droit de la distribution », LexisNexis, 7ème éd., 2014, p. 214. Louis Vogel, Droit de la concurrence : [droits européen et français], Paris : LawLex ; Bruxelles : Bruylant, 2015, pp. 1189 et 1190.

[603] Louis Vogel, Droit de la concurrence : [droits européen et français], Paris : LawLex ; Bruxelles : Bruylant, 2015, pp. 1191 et s.

ce dispositif. D'abord, « *les personnes accomplissant des actes de nature civile, comme les médecins libéraux* » et « *les entreprises publiques qui agissent dans le cadre de leur mission de service public* » échappent à ces dispositions de l'article L. 442-6, I, 5° du Code de commerce[604]. Puis, en matière d'applicabilité de l'article L. 442-6, I, 5° aux rapports entretenus entre une société et ses associés, la cour d'appel de Paris considère que les dispositions de cet article sont étrangères aux rapports internes à une société [605]. En outre, la Cour de cassation a jugé qu'une association n'engageait pas la responsabilité sur le fondement de cet article au motif que la victime n'a pas prétendu, devant la cour, qu'elle exerçait en tant que prestataire de services[606]. Malgré tout, dans la pratique, il est incontestable que cette disposition a connu un grand succès au-delà de la relation entre la grande distribution et le fournisseur[607].

461. Pour autant, nous nous interrogeons pour savoir si cette réussite au regard du nombre des affaires fondées sur ce dispositif garantit une protection appropriée et suffisante des parties faibles contre l'abus de puissance économique d'une partie puissante. Notamment, certains contestent fortement l'affluence excessive vers ce dispositif de la rupture brutale par l'article L. 442-6, I, 5° du Code de commerce, qui aboutit à près de 200 décisions annuelles prises par les tribunaux judiciaires, allant jusqu'à comparer cette disposition à « *un véritable monstre juridique, qui a échappé à ses auteurs* »[608]. En effet, d'une part, la sanction contre la rupture brutale cause, d'un point de vue économique, des effets pervers : l'entrave à la compétitivité des entreprises en les obligeant à maintenir des relations avec des partenaires moins efficaces que leurs concurrents, la création de barrières à l'entrée du marché qui empêchent l'arrivée d'opérateurs plus innovants. D'autre part, elle permet surtout à la grande distribution de pratiquer des contournements au travers de lancements d'appels d'offres fréquents dans le but de précariser les relations et d'éviter enfin ce dispositif gênant. Selon certains auteurs, il est souhaitable que la jurisprudence continue à restreindre l'application de ce dispositif, mais cela n'est pas suffisant, compte tenu de la forte insécurité juridique provoquée par de nombreuses oppositions entre la cour d'appel et la Cour de cassation et par les revirements fréquents de

---

[604] Louis Vogel, Droit de la concurrence : [droits européen et français], Paris : LawLex ; Bruxelles : Bruylant, 2015, pp. 1191 et s. Stricto sensu, « *la relation n'est en principe commerciale que si elle concerne des personnes qui effectuent des actes de commerce de manière habituelle* ».

[605] Cour d'appel de Paris, pôle 5, chambre 4, n° 13/15768 du 3 février 2016, *Concurrences* n° 1, 2016, pp. 128 et 129, observation par Frédéric Buy.

[606] Cour de cassation, com., n° 14-15.555 du 5 janvier 2016, *Concurrences* n° 1, 2016, p. 130, observation par Jean-Louis Fourgoux.

[607] Daniel Mainguy et Malo Depincé, « Droit de la concurrence », LexisNexis, 2ème éd., 2015, p. 199.

[608] Louis Vogel et Joseph Vogel, « Panorama de la rupture de relations commerciales établies : un droit à réformer (1) », AJCA, 2016, p. 460.

jurisprudence ; en définitive, une révision du texte s'imposerait[609]. Dans cette perspective, nous allons envisager, ci-dessous, les conditions d'une rupture brutale au sens de l'article L. 442-6, I, 5° du Code de commerce.

2. L'appréciation d'une relation commerciale établie

462. D'abord, l'absence d'état de dépendance économique entre l'auteur et la victime n'est pas un obstacle pour l'application de cette disposition, puisque la dépendance économique ne représente qu'un élément à considérer pour le calcul de la durée du préavis[610]. MM. Daniel Mainguy et Malo Depincé estiment que, concernant la rupture brutale, « *l'état de dépendance économique n'est ni une faute, ni un dommage réparable en soi ; seul son abus est susceptible d'être sanctionné* »[611].

463. Ensuite, « la relation établie » concerne, à l'origine, le contrat à durée indéterminée. Par principe, la rupture du contrat à durée déterminée ayant un terme n'a pas besoin d'un préavis, puisque ce contrat prendra par essence fin à son échéance. Le nouvel article 1212 du Code civil exprime que « *chaque partie doit l'exécuter jusqu'à son terme* »[612]. Néanmoins, sur la question d'une succession de relations ponctuelles, « la relation établie » en vertu de l'article L. 442-6, I, 5° du Code de commerce peut être reconnue, pourvu que ces relations soient « *régulières, significatives et stables* »[613]. Par exemple, le refus de renouvellement d'un contrat à durée déterminée peut être condamné à titre de rupture brutale, quand il a été déjà plusieurs fois renouvelé[614]. Au contraire, « *une relation non encore nouée, précaire ou trop récente* » ne sera pas considérée comme une relation établie[615]. Ainsi, « *la stabilité de la relation* » et « *la croyance légitime en la pérennité des relations* » constituent deux éléments importants pour qualifier la relation

---

609 Louis Vogel et Joseph Vogel, « Panorama de la rupture de relations commerciales établies : un droit à réformer (1) », AJCA, 2016, p. 460. Ils doutent de l'efficacité de la sanction d'une rupture brutale au motif que, paradoxalement, « *les seuls opérateurs économiques significatifs qui ne bénéficient guère aujourd'hui de la protection légale sont les fournisseurs de la grande distribution, car cette dernière a su contourner habilement le dispositif en soumettant ses partenaires à des appels d'offres répétés* ».

610 Didier Ferrier et Nicolas Ferrier, « Droit de la distribution », LexisNexis, 7ème éd., 2014, pp. 214 et 215.

611 Daniel Mainguy et Malo Depincé, « Droit de la concurrence », LexisNexis, 2ème éd., 2015, p. 205.

612 Jean-Louis Fourgoux, « La rupture des contrats d'affaires (1) : résiliation et résolution du contrat », AJCA, 2016, p. 127.

613 Marie Malaurie-Vignal, « Droit de la distribution », Sirey, 3ème éd., 2015, p. 189.

614 Cour de cassation, com., n° 07-12.039 du 29 janvier 2008. Didier Ferrier et Nicolas Ferrier, « Droit de la distribution », LexisNexis, 7ème éd., 2014, p. 215.

615 Nicolas Mathey, « Pot-pourri autour de la rupture brutale devant la cour d'appel de Paris », Contrats Concurrence Consommation, n° 7, juillet 2016, comm 167. A ce titre, la rupture de pourparlers sans s'accorder sur les éléments essentiels n'est pas une rupture brutale. Cour d'appel de Paris, pôle 5, chambre 5, n° 14/17821 du 10 mars 2016.

commerciale établie[616]. La précarité peut être « *une qualité intrinsèque de la relation* » ou être « *attendue par le partenaire* », sinon « *l'analyse imposerait au juge de vérifier en quoi la relation existante pouvait faire naître une attente raisonnable chez le partenaire* »[617].

464. En pratique, les juges estiment que les relations de quelques mois ne sont pas suffisantes pour retenir une relation établie[618][619]. Aussi, les relations inférieures à six mois et à une année se voient très rarement retenues comme « relation établie » en jurisprudence[620]. D'ailleurs, selon la cour d'appel de Paris, il ne faut pas confondre la rupture de relation commerciale et la rupture de pourparlers. Dans ce dernier cas, les relations commerciales n'existent pas encore, puisque « *les parties en sont restées au stade des pourparlers sans s'accorder sur les éléments essentiels d'un partenariat* »[621]

465. Dans ce sens, un rapport annuel de la Cour de cassation dit que « *la doctrine et la jurisprudence limitent le domaine d'application de l'article L. 442-6, I, 5°, du Code de commerce aux cas où la relation commerciale entre les parties revêtait avant la rupture un caractère suivi, stable et habituel et où la partie victime de l'interruption pouvait raisonnablement anticiper pour l'avenir une certaine continuité du flux d'affaires avec son partenaire commercial* »[622]. Et la Cour de cassation relève que la cour d'appel doit « *rechercher, ainsi qu'elle y était invitée, si eu égard à la nature de la prestation la victime de la rupture pouvait légitimement s'attendre à la*

---

[616] Marie Malaurie-Vignal, « Droit de la distribution », Sirey, 3ème éd., 2015, p. 189.

[617] Gaël Chantepie, « La précarité des relations commerciales », Contrats Concurrence Consommation, n° 11, novembre 2012, étude 11. Didier Ferrier et Nicolas Ferrier, « Droit de la distribution », LexisNexis, 7ème éd., 2014, p. 216.

[618] Cour de cassation, com., n° 06-10.390 du 18 décembre 2007. « *Les relations commerciales entre les parties n'avaient duré que quelques mois, caractérisant ainsi l'absence de relations commerciales établies, susceptibles d'entrer dans les prévisions de l'article L. 442-6, I, 5°, du Code de commerce* ». Louis Vogel, Droit de la concurrence : [droits européen et français], Paris : LawLex ; Bruxelles : Bruylant, 2015, p. 1201.

[619] La cour d'appel de Paris a récemment considéré qu'une relation d'un mois lors de la notification de la rupture ne pouvait satisfaire la stabilité et la durée significative exigées par l'article L. 442-6, I, 5° du Code de commerce. Cour d'appel de Paris, pôle 5, chambre 11, n° 14/06140 du 13 mai 2016, JurisData 2016-009477. Nicolas Mathey, « Pot-pourri autour de la rupture brutale devant la cour d'appel de Paris », Contrats Concurrence Consommation, n° 7, juillet 2016, comm 167.

[620] Louis Vogel, Droit de la concurrence : [droits européen et français], Paris : LawLex ; Bruxelles : Bruylant, 2015, p. 1201.

[621] Cour d'appel de Paris, pôle 5, chambre 5, n° 14/17821 du 10 mars 2016, JurisData 2016-004383. Nicolas Mathey, « Pot-pourri autour de la rupture brutale devant la cour d'appel de Paris », Contrats Concurrence Consommation, n° 7, juillet 2016, comm 167.

[622] Cour de cassation, Rapport annuel 2008, p. 307. Nicolas Mathey, « Pot-pourri autour de la rupture brutale devant la cour d'appel de Paris », Contrats Concurrence Consommation, n° 7, juillet 2016, comm 167.

stabilité de sa relation », afin de retenir une relation commerciale établie entre les parties[623].

B. Une rupture de la relation

466. Sous quelles conditions une rupture partielle des relations commerciales peut-elle caractériser une rupture de la relation **(I)**, en particulier en cas de modification des conditions d'un contrat **(II) ?**

1. Une rupture partielle

467. La rupture peut prendre plusieurs formes : « *résiliation du contrat, non renouvellement, absence de nouvelles relations ou renégociation des conditions de la relation commerciale* »[624]. Certainement, la rupture partielle de la relation peut être aussi constitutive d'une rupture brutale, en référence aux termes *« de rompre brutalement, même partiellement* » dans l'article L. 442-6, I, 5° du Code de commerce. Mais cela ne signifie pas que même un changement dérisoire en cours de contrat équivaut à une rupture partielle illégale au sens de cet article. Dès lors, il semble nécessaire que les juges puissent vérifier, au cas par cas, si la rupture partielle de relations commerciales pourrait être regardée comme illicite au titre de la rupture brutale, en particulier s'il s'agit de la diminution des commandes ou de la modification des conditions contractuelles au détriment du cocontractant.

468. D'abord, lorsque le montant d'achat se trouve réduit « fortement et durablement », la rupture au sens de l'article L. 442-6, I, 5° du Code de commerce peut être qualifiée[625]. Il importe peu que l'auteur de la rupture partielle reprenne ultérieurement les relations avec la victime, dans la mesure où la base du chiffre d'affaires demeure toujours très inférieure à celle de l'année normale[626]. Ce qui est problématique est l'influence de la crise économique sur la diminution des commandes. La Cour de cassation prévoit que la baisse des commandes « *significatives* » du donneur d'ordre auprès du sous-traitant dans le secteur de la construction peut caractériser la rupture partielle de la relation, mais que la rupture brutale au sens de l'article L. 442-6, I, 5° du Code de commerce n'existe pas, dans cette affaire, dès lors que la baisse des commandes du sous-traitant n'était pas imputable au donneur d'ordre, en prenant en considération la diminution des propres commandes du maître d'ouvrage auprès du donneur d'ordre, et donc de façon non délibérée puisque résultant de la crise économique et financière de 2008 qui

623 Cour de cassation, com., n° 12-25.361 du 13 novembre 2013. Nicolas Mathey, « Rupture brutale de relations commerciales et précarité », Contrats Concurrence Consommation, n° 2, février 2014, comm. 40.

624 Marie Malaurie-Vignal, « Droit de la distribution », Sirey, 3ème éd., 2015, p. 191.

625 Didier Ferrier et Nicolas Ferrier, « Droit de la distribution », LexisNexis, 7ème éd., 2014, p. 216.

626 Cour de cassation, com., n° 03-11.472 du 7 juillet 2004.

a eu de fortes répercussions sur les secteurs de la construction et des travaux publics[627]. Le Professeur Marie Malaurie Vignal observe que cette référence au critère subjectif de « *non délibérée* » ou de « *non-imputabilité* » provoque l'insécurité juridique[628]. Dans une autre affaire, en ce qui concerne la relation entre la crise économique et la baisse de commandes, la cour d'appel de Paris confirme que « *la baisse du volume du chiffre d'affaires des commandes ne présente aucun caractère fautif, puisqu'elle résulte de la conjoncture économique subie par le donneur d'ordre qui l'a amené à se réorganiser. En effet, la rupture brutale ne saurait pas être constituée du fait de la répercussion par un industriel sur son sous-traitant de la baisse de ses propres commandes* » [629]. Ensuite, la cour d'appel de Paris réaffirme récemment cette position relative à l'imputabilité, en énonçant : « *Il ressort en effet de l'historique des relations commerciales entretenues par les parties et de leurs volumes d'affaires que la diminution de chiffre d'affaires réalisée par le fournisseur ne résulte pas d'une volonté délibérée du manufacturier et n'apparaît pas substantielle* »[630].

2. La modification substantielle des conditions contractuelles

469. De même, la modification des conditions d'un contrat est susceptible de s'opposer au dispositif de l'article L. 442-6, I, 5, dès lors que celles-ci sont modifiées, de manière unilatérale et substantielle sans négociation possible. Par exemple, « *la réduction du périmètre d'intervention d'un prestataire* » ou « *la perte d'une exclusivité* » s'identifie souvent à une rupture d'une relation commerciale établie devant la juridiction[631]. Au contraire, en principe, ni la demande d'une renégociation contractuelle en cours de contrat ni l'acceptation de la modification du contrat au travers d'une négociation ne constituent, en soi, la rupture brutale[632].

470. S'agissant de la proposition de modification des conditions au contrat, la Cour de cassation confirme qu'« *une simple proposition de*

---

[627] Cour de cassation, com., n° 12-11.709 du 12 février 2013, JurisData 2013-002133.
[628] Marie Malaurie-Vignal, « Droit de la distribution », Sirey, 3ème éd., 2015, p. 193.
[629] Cour d'appel de Paris, pôle 5, chambre 5, n° 14/16799 du 14 janvier 2016. Nicolas Mathey, « Rupture brutale et circonstances économiques », Contrats Concurrence Consommation n° 4, avril 2016, comm. 93.
[630] Cour d'appel de Paris, pôle 5, chambre 4, n° 13/22388 du 13 avril 2016, JurisData 2016-009127. Nicolas Mathey, « Pot-pourri autour de la rupture brutale devant la cour d'appel de Paris », Contrats Concurrence Consommation, n° 7, juillet 2016, comm 167. Nicolas Mathey estime que cet arrêt « *laisse entendre qu'un ajustement du flux de commandes pour tenir compte des circonstances économiques est nécessaire et ne caractérise pas une rupture brutale de relations commerciales* ».
[631] Louis Vogel, Droit de la concurrence : [droits européen et français], Paris : LawLex ; Bruxelles : Bruylant, 2015, pp. 1207 et 1210.
[632] Marie Malaurie-Vignal, « Droit de la distribution », Sirey, 3ème éd., 2015, p. 192.

modification des conditions contractuelles sans constater qu'elle n'était pas négociable » n'est pas constitutive d'une rupture immédiate de relations établies, dans une affaire où, alors que la société prestataire qui effectuait des transports et livraisons de meubles pour le compte d'un grand magasin avait proposé une modification de ses prestations et des tarifs à son donneur d'ordre, ce dernier lui a annoncé la fin de leurs relations commerciales[633]. En revanche, la Cour de cassation constate que la proposition sur les conditions contractuelle peut être qualifiée de rupture brutale dans cette situation particulière : « *formuler tardivement une proposition tendant à modifier de façon substantielle les termes d'une relation commerciale peut exposer à un grief de rupture brutale, lorsque la proposition est faite tardivement, recèle un contenu défavorable à l'autre partie et suscite in fine un arrêt du flux d'affaires* »[634].

§ 2. La brutalité de la rupture

471. S'agissant de la brutalité de la rupture, la notion de préavis joue un rôle décisif en droit français. Nous réfléchirons à la signification du préavis suffisant et au calcul du préavis raisonnable **(I)**. En cas de préavis insuffisant, la victime d'une rupture brutale peut demander à l'auteur la réparation des préjudices devant la cour **(II)**.

A. Le préavis

472. A défaut de préavis suffisant, la rupture d'une relation établie peut devenir une rupture brutale, soudaine ou imprévue, lorsque « *l'autre partie n'était pas en mesure de l'anticiper* » **(1)** [635]. Toutefois, l'appréciation du préavis suffisant ou non n'a rien de simple, puisqu'il faut considérer les diverses circonstances dans la relation commerciale **(2)**.

1. Le préavis raisonnable eu égard à la prévisibilité de la rupture

473. En jurisprudence, la brutalité de la rupture est caractérisée, si « *la rupture des relations commerciales a été soudaine et imprévisible pour la société, dans la mesure où celle-ci avait commencé à mettre en place les mesures convenues, de sorte qu'elle pouvait escompter la poursuite des*

[633] Cour de cassation, com., n° 11-26.554 du 6 novembre 2012, JurisData 2012-025173. Louis Vogel, Droit de la concurrence : [droits européen et français], Paris : LawLex ; Bruxelles : Bruylant, 2015, p. 1211.

[634] « Relation commerciale établie : notion de rupture brutale, Arrêt rendu par la Cour de cassation, com., 20-05-2014 n° 13-16.398 », observation par Marie Nezam et Jean-Daniel Bretzner, AJCA, 2014, p. 240.

[635] « Relation commerciale établie : notion de rupture brutale, Arrêt rendu par la Cour de cassation, com., 20-05-2014, n° 13-16.398 », observation par, AJCA, 2014, p. 240.

relations commerciales dans le cadre d'un contrat de distribution »[636]. A ce point, la Cour de cassation prévoit qu' « *il s'agit ici de permettre par un délai de préavis raisonnable à l'entreprise délaissée d'avoir le temps nécessaire pour se réorganiser en fonction de la durée, de la nature et des spécificités de la relation commerciale établie* »[637].

474. Contrairement à cette soudaineté et imprévisibilité résultant du préavis insuffisant, les motifs de la rupture des relations établies ne sont pas les conditions essentielles pour retenir la rupture brutale, puisque le texte de l'article L. 442-6, I, 5° du Code de commerce ne demande que l'existence d'un préavis écrit et suffisant pour conditions de la rupture[638]. Cependant, « *en cas d'inexécution par l'autre partie de ses obligations ou en cas de force majeure* », l'article L. 442-6, I, 5° du Code de commerce permet à l'autre partie de résilier sans préavis. Donc, l'inexécution par l'autre partie de ses obligations contractuelles ou la force majeure pourrait fonctionner en tant que faits justificatifs de la rupture immédiate des relations établies. L'inexécution des obligations ne signifie pas un simple manquement à une obligation, mais une faute grave[639]. Tel est le cas de la faute ou du manquement qui s'avèrent d'une telle gravité qu'ils justifient la cessation immédiate des relations établies sans le moindre préavis, quand « *le fabricant a opposé une grande rigidité face aux difficultés du constructeur faisant preuve d'autoritarisme et lui imposant des délais de paiement drastiques et inhabituels dans le secteur concerné... le dirigeant de la société fabricant a précisé que c'était lui qui refusait désormais de travailler pour le constructeur et de procéder aux livraisons* »[640], et quand un fournisseur de produits alimentaires approvisionne en steaks hachés de bœuf non conformes « *aux spécifications contractuelles et à la réglementation en vigueur* » et pouvant de ce fait menacer la santé des consommateurs[641].

2. L'appréciation du préavis

475. Le point de départ du préavis se fait à compter de la notification de la volonté de l'auteur de ne pas poursuivre les relations, et quand l'une des parties au contrat recourt à une procédure d'appel d'offres pour la conception de plans d'action de communication, elle peut manifester son

---

[636] Cour d'appel de Paris, pôle 5, chambre 5, n° 11/20191 du 12 septembre 2013.

[637] Cour de cassation, com., n° 14-22.914 du 16 février 2016.

[638] Louis Vogel, Droit de la concurrence : [droits européen et français], Paris : LawLex ; Bruxelles : Bruylant, 2015, p. 1212.

[639] Louis Vogel, Droit de la concurrence : [droits européen et français], Paris : LawLex ; Bruxelles : Bruylant, 2015, p. 1193.

[640] Cour de cassation, com., n° 10-17.844 du 24 mai 2011, JurisData 2011-010510.

[641] Cour d'appel de Paris, pôle 5, chambre 4, n° 13/20283 du 10 février 2016, *Concurrences*, n° 1, 2016, p. 132, observation par Mary-Claude Michelle. Selon elle, la notion de faute grave est plus facilement caractérisée dans le secteur de la sécurité.

intention de ne pas poursuivre la relation aux conditions anciennes[642][643]. Pour que cet appel d'offres ait valeur de préavis, « *il convient alors que cet appel d'offres soit sérieux et qu'il ne soit pas, en réalité, destiné à rompre une relation en évitant l'adresse d'un préavis* »[644]. De plus, la Cour de cassation considère que la notification du recours à un appel d'offres par courrier électronique équivaut à la notification d'une rupture brutale et qu'elle fait courir le délai de préavis[645].

476. La durée du préavis doit être appréciée en tenant compte en premier lieu de la durée de la relation commerciale établie, c'est-à-dire en fonction de l'ancienneté de la relation. Les juges respectent ce principe en accordant, en règle générale, « *un mois de préavis pour un an de contrat* »[646], et ils fixent un plafond de préavis de deux à trois années[647]. Selon M. Jean-Louis Fourgoux, « *il est possible de considérer que, jusqu'à trois ans de relations commerciales, la durée probable de préavis est de l'ordre de 3 mois, que jusqu'à six ans, elle pourrait être de 6 mois jusqu'à dix ans, à partir de dix années, le délai serait d'une année et au-delà de quinze à vingt ans d'environ 18 mois* »[648].

477. Ensuite, les juges au moment de la notification prennent également en considération des circonstances autres que la durée de relation[649] : telles qu' « *une clause de non-concurrence*[650] », « *la notoriété, l'implantation et*

---

642 Didier Ferrier et Nicolas Ferrier, « Droit de la distribution », LexisNexis, 7ème éd., 2014, p. 218. Louis Vogel, Droit de la concurrence : [droits européen et français], Paris : LawLex ; Bruxelles : Bruylant, 2015, p. 1221. Nicolas Mathey, « Rupture brutale et appel d'offres », Contrats Concurrence Consommation, n° 1, janvier 2012, comm. 12. Cour de cassation, com., n° 10-26.656 du 2 novembre 2011, JurisData 2011-023983.

643 Par exemple, un donneur d'ordre, qui recourait depuis huit ans à une société prestataire dans le nettoyage industriel en vue du traitement de son site, l'a informée qu'il allait soumettre ce marché à un appel d'offres en l'appelant à participer à cet appel d'offres. Puis, il lui a annoncé avoir écarté sa candidature et la fin de leurs relations commerciales. Dans cette affaire, la Cour de cassation confirme que « la notification du recours à la procédure d'appel d'offres pour choisir ses prestataires manifestait l'intention de la société de ne pas poursuivre les relations commerciales, dans les conditions antérieures, et faisait ainsi courir les délais de préavis ». Cour de cassation, com., n° 05-15.970 du 18 décembre 2007, JurisData 2007-042108.

644 Daniel Mainguy et Malo Depincé, « Droit de la concurrence », LexisNexis, 2ème éd., 2015, p. 203.

645 Cour de cassation, n° 14-18.228 du 8 décembre 2015. Nicolas Mathey, « Notification de la rupture brutale par courrier électronique », Contrats Concurrence Consommation, n° 3, mars 2016, comm. 68.

646 Marie Malaurie-Vignal, « Droit de la distribution », Sirey, 3ème éd., 2015, p. 198.

647 Louis Vogel et Joseph Vogel, « Panorama de la rupture de relations commerciales établies : un droit à réformer (1) », AJCA, 2016, p. 460.

648 Jean-Louis Fourgoux, « Fasc. 261 : Transparence et pratiques restrictives de concurrence. – Règles de fond », JurisClasseur Contrats – Distribution, le 19 janvier 2016. Il reconnaît qu' « *il est bien difficile de généraliser une méthode de calcul en raison des écarts liés aux circonstances variées* ».

649 Cour de cassation, com., n° 11-24.570 du 6 novembre 2012.

650 Cour d'appel de Paris, pôle 5, chambre 3, n° 12/15119 du 30 avril 2014.

l'importance de l'auteur[651] », « *les investissements exigés par l'auteur de la rupture*[652] », etc.[653]. De surcroît, l'état de dépendance économique du partenaire évincé, au moment de la notification, fait également partie de facteurs à considérer pour apprécier le préavis, notamment sur une structure de marché oligopolistique[654]. Mais, en principe, les circonstances ultérieures à la notification de la rupture comme la reconversion du partenaire commercial ne sont pas prises en compte pour le préavis[655][656]. Si nous nous en référons aux statistiques, la durée de préavis nécessaire reste aléatoire avec « *une forte variabilité des préavis retenus pour une même ancienneté* » en fonction des circonstances de l'espèce[657][658].

B. Les préjudices réparés

478. La perte de marge brute pourrait servir de critère premier pour évaluer les préjudices subis, mais elle n'a rien d'un indicateur parfait **(I)**. A cet égard, récemment, les juges interprètent de manière stricte les préjudices résultant de la brutalité de la rupture **(II)**.

---

[651] Cour d'appel de Versailles, 13ème chambre, RG 99/00210 du 27 avril 2000. « *Ces relations commerciales doivent être appréciées au regard de leur durée, de leur nature, de leur importance financière et du temps nécessaire pour remédier à la désorganisation résultant de la rupture* ».

[652] Cour d'appel de Paris, pôle 5, chambre 5, n° 12/01353 du 9 janvier 2014.

[653] Louis Vogel, Droit de la concurrence : [droits européen et français], Paris : LawLex ; Bruxelles : Bruylant, 2015, pp. 1215 et 1216.

[654] Marie Malaurie-Vignal, « Droit de la distribution », Sirey, 3ème éd., 2015, p. 198. Cour de cassation, com., n° 13-16.398 du 20 mai 2014. Cette cour ajoute que « *l'existence d'un état de dépendance économique d'une entreprise par rapport à une autre s'apprécie en tenant compte de la notoriété de cette dernière, de l'importance de sa part dans le marché considéré et dans le chiffre d'affaires de son cocontractant, ainsi que de l'impossibilité pour ce dernier d'obtenir d'autres partenaires* ».

[655] Cour de cassation, com., n° 12-20.468 du 9 juillet 2013. Marie Malaurie-Vignal, « Droit de la distribution », Sirey, 3ème éd., 2015, p. 198.

[656] Or, la Cour d'appel de Paris a récemment reconnu la prise en considération de la réalité de la réorganisation réussie du partenaire évincé pour l'appréciation du préavis suffisante, en disant que le préavis « *est destiné à permettre à la société victime de la rupture de se réorganiser* ». Cour d'appel de Paris, pôle 5, chambre 5, n° 14/13036 du 28 janvier 2016, *Concurrences*, n° 1, 2016, p. 131, observation par Frédéric Buy. Dans cette affaire, les magistrats parisiens considèrent que la victime « *ne conteste pas avoir noué une relation commerciale avec un nouveau partenaire* » ... et elle « *ne démontre pas le lien entre ses affirmations sur ses pertes et la rupture intervenue avec* » l'auteur. Cour d'appel de Paris, pôle 5, chambre 5, n° 14/13036 du 28 janvier 2016, JurisData 2016-002372.

[657] Louis Vogel et Joseph Vogel, « Panorama de la rupture de relations commerciales établies : un droit à réformer (1) », AJCA, 2016, p. 460.

[658] En revanche, par rapport au préavis légal, la juridiction demeure ferme en matière de préavis contractuel ou d'usage selon laquelle le préavis contractuel peut s'appliquer sous réserve qu'il soit inférieur au préavis légal en cas de litige reposant sur l'article L.442-6, I, 5° du Code de commerce. Louis Vogel et Joseph Vogel, « Panorama de la rupture de relations commerciales établies : un droit à réformer (1) », AJCA, 2016, p. 460.

1. La perte de la marge brute

479. Le préjudice réparé est le produit non de la rupture elle-même mais de sa brutalité[659]. Il incombe donc aux juges du fond d'« *établir en quoi l'insuffisance du préavis a été de nature à engendrer des préjudices* »[660]. En principe, l'indemnité en fonction du nombre de mois de préavis manquants doit être accordée à l'entreprise évincée[661]. Dans la plupart des cas, les juges font référence à « *la marge brute (prix de revente - prix d'achat pour la distribution de produits), calculée sur la moyenne des trois derniers exercices clos* »[662]. En matière de marge brute, la Cour de cassation constate que « *la référence à la perte de la marge brute pour le calcul de l'indemnisation du préjudice s'expliquait par l'existence de charges fixes que l'entreprise victime de la rupture continuait de supporter* » [663]. Cependant, certains estiment que la marge brute est « *un indicateur injustifié pour mesurer le préjudice* », et que cette appréciation fondée sur la marge brute conduit à « *surévaluer fortement le préjudice dès lors que la marge brute intègre des coûts variables qui, par définition, ne seront pas supportés si l'activité n'est pas poursuivie* », autrement dit, sa définition varie selon que le producteur ou le prestataire de services se trouve en cours d'activité ou non[664]. De plus, ils pensent que cette marge brute en jurisprudence est théorique, puisque la juridiction ne prend pas en compte la reconversion rapide de la victime dans le calcul des préjudices, en d'autres termes, la marge brute est indépendante des évènements postérieurs à la résiliation du contrat[665].

---

659 Didier Ferrier et Nicolas Ferrier, « Droit de la distribution », LexisNexis, 7ème éd, 2014, p. 220. Marie Malaurie-Vignal, « Droit de la distribution », Sirey, 3ème éd., 2015, p. 200.

660 Louis Vogel et Joseph Vogel, « Panorama de la rupture de relations commerciales établies : un droit à réformer (1) », AJCA, 2016, p. 460.

661 Cour de cassation, com., n° 12-20.468 du 9 juillet 2013. Daniel Mainguy et Malo Depincé, « Droit de la concurrence », LexisNexis, 2ème éd., 2015, p. 206. Louis Vogel, Droit de la concurrence : [droits européen et français], Paris : LawLex ; Bruxelles : Bruylant, 2015, p. 1193.

662Louis Vogel et Joseph Vogel, « Panorama de la rupture de relations commerciales établies : un droit à réformer (1) », AJAC, 2016, p. 460.

663 Cour de cassation, com., n° 12-19.147 du 28 mai 2013. Nicolas Mathey, « Rupture fautive : évaluation du préjudice », Contrats Concurrence Consommation, n° 8-9, 2013, comm. 183.

664 Louis Vogel et Joseph Vogel, « Panorama de la rupture de relations commerciales établies : un droit à réformer (1) », AJCA, 2016, p. 460. Louis Vogel, Droit de la concurrence : [droits européen et français], Paris : LawLex ; Bruxelles : Bruylant, 2015, p. 1233. Selon eux, il convient d'appliquer « *une marge semi-brute, déduction faite des coûts qui n'ont pas été supportés* ».

665 Louis Vogel et Joseph Vogel, « Panorama de la rupture de relations commerciales établies : un droit à réformer (1) », AJCA, 2016, p. 460. Cour de cassation, com., n° 12-20.468 du 9 juillet 2013. Didier Ferrier et Nicolas Ferrier, « Droit de la distribution », LexisNexis, 7ème éd, 2014, pp. 220 et 221. Louis Vogel, Droit de la concurrence : [droits européen et français], Paris : LawLex ; Bruxelles : Bruylant, 2015, p. 1193.

2. L'interprétation restrictive des préjudices subis dans les jurisprudences

480. Récemment, la jurisprudence a tendance à adopter une position plus rigide sur les préjudices résultant de la brutalité de la rupture. Par exemple, eu égard au principe de la réparation intégrale et des dommages-intérêts liés à la rupture brutale ou abusive, la Cour de cassation a rejeté deux décisions de la cour d'appel, au motif que ces dernières indemnisaient deux fois le même dommage en méconnaissance de l'article 1382 du Code civil[666]. D'après le principe de la réparation intégrale, fondamental dans le droit de la responsabilité, « *il faut réparer le préjudice, tout le préjudice mais rien que le préjudice subi par la victime* », autrement dit, « *le préjudice résultant d'une infraction doit être réparé dans son intégralité, sans perte ni profit pour aucune des parties* »[667].

481. Dans la première affaire, selon la Cour de cassation, la cour d'appel de Bordeaux a commis la faute de procéder à « *une double indemnisation du même préjudice* », en condamnant la société Passplast à payer à la société Robba Di Noi un montant de 5 000 euros pour le dépôt abusif des marques antérieures faisant partie du partenaire évincé, et aussi en la condamnant à lui payer 40 000 euros d'indemnités pour les préjudices découlant d'une rupture brutale et injustifiée, en précisant que cette somme de 40 000 euros couvre non seulement la diminution du chiffre d'affaires due à la rupture brutale, mais aussi l'atteinte aux droits de la victime[668]. Selon le Professeur Nicolas Mathey, la victime peut demander cumulativement la réparation des préjudices subis du fait de la brutalité de la rupture et de l'abus, dès lors qu'elle distingue très précisément les préjudices. Il conviendrait que la victime puisse déposer « *l'action en responsabilité fondée sur la rupture brutale* », facile à effectuer, puis demander « *la réparation d'un préjudice complémentaire, au-delà des conséquences de la brutalité de la rupture* »[669]. Cette observation nous semble remarquable, puisque la rupture brutale et la rupture abusive ont lieu souvent au même moment.

482. Dans une seconde affaire, d'après la Cour de cassation, la cour d'appel de Paris a indemnisé également deux fois le même dommage, « *en condamnant tout à la fois la société à payer les commissions jusqu'au terme*

---

[666] Cour de cassation, com., n° 14-21.338 du 16 février 2016. Cour de cassation, com., n° 14-22.914 du 16 février 2016.

[667] Nicolas Mathey, « Réparation intégrale du préjudice résultant d'une rupture brutale », Contrats Concurrence Consommation, n° 5, mai 2016, comm. 117. Christophe Pecnard et Agathe Duperray, « Réparation d'une rupture brutale de relations commerciales : le préjudice, tout le préjudice, mais rien que le préjudice, Arrêt rendu par la Cour de cassation, com., 16-02-2016, n° 14-21.338 et n° 14-22.914 », AJCA, 2016, p. 248.

[668] Cour de cassation, com., n° 14-21.338 du 16 février 2016. Christophe Pecnard et Agathe Duperray, « Réparation d'une rupture brutale de relations commerciales : le préjudice, tout le préjudice, mais rien que le préjudice, Arrêt rendu par la Cour de cassation, com., 16-02-2016, n° 14-21.338 et n° 14-22.914 », AJCA, 2016, p. 248.

[669] Nicolas Mathey, « Réparation intégrale du préjudice résultant d'une rupture brutale », Contrats Concurrence Consommation, n° 5, mai 2016, comm. 117.

prévisible du contrat résilié sept mois avant son échéance, et des dommages-intérêts correspondant à un préavis de six mois en réparation de la rupture brutale de leurs relations commerciales »[670]. En outre, selon la Cour de cassation, il faut décider avant tout si le contrat en cause appartient à un contrat à durée déterminée ou à durée indéterminée. Et il convient que l'indemnité de la rupture brutale désigne, dans le cas du contrat à durée déterminée, « *la perte subie jusqu'au terme prévisible du contrat* », et, dans le cas du contrat à durée indéterminée « *les dommages-intérêts correspondant au préavis qui aurait dû être octroyé* »[671].

SECTION II. LA RUPTURE BRUTALE D'UNE RELATION COMMERCIALE EN CORÉE

483. En Corée, la brutalité de la rupture d'une relation établie n'est, en soi, jugée blâmable ni par « la loi sur la régulation de monopole et le commerce loyal (la LRMCL) » et ni par « la loi sur le grand distributeur ». Mais, cela ne signifie pas que la LRMCL et « la loi sur le grand distributeur » ne s'intéressent pas aux pratiques relevant de la rupture brutale d'une relation par les parties les plus fortes.

484. Par rapport à l'abus de puissance économique, nous réfléchirons aux dispositifs disponibles destinés à contrôler la rupture brutale par les parties puissantes, en vertu de la LRMCL **(§ 1)** et de « la loi sur le grand distributeur » **(§ 2)**.

§ 1. Le contrôle modéré en application de « la loi sur la régulation de monopole et le commerce loyal »

485. Aucun texte dans la LRMCL ne reproche expressément à l'une des parties la brutalité de la rupture des relations commerciales **(A)**. Or, il existe trois situations dans lesquelles la rupture brutale peut se voir punie indirectement au sens de l'un des textes de la LRMCL **(B)**.

A. L'absence de disposition sanctionnant expressément la brutalité de la rupture

486. La brutalité de la rupture, elle-même, relève davantage du domaine du droit de la responsabilité que du domaine du droit de la concurrence en

670 Cour de cassation, com., n° 14-22.914 du 16 février 2016. JurisData 2016-002766.

671 Cour de cassation, com., n° 14-21.338 du 16 février 2016. Christophe Pecnard et Agathe Duperray, « Réparation d'une rupture brutale de relations commerciales : le préjudice, tout le préjudice, mais rien que le préjudice, Arrêt rendu par la Cour de cassation, com., 16-02-2016, n° 14-21.338 et n° 14-22.914 », AJCA, 2016, p. 248.

Corée **(A)**. Cependant, il reste problématique que la grande entreprise préfère conclure un contrat à court terme avec ses partenaires en vue d'échapper aux responsabilités juridiques consécutives à la rupture des relations **(B)**.

1. La brutalité indemnisée sous l'angle de la responsabilité délictuelle

487. En Corée, à l'aune du principe de la liberté contractuelle des parties, même la brutalité de la rupture ne constitue, en soi, ni une pratique anticoncurrentielle ni une pratique restrictive de concurrence, à moins que cette rupture ne vienne s'opposer à d'autres textes tels que l'abus de position dominante sur le marché ou l'abus de position supérieure dans le commerce, etc. En conséquence, les préjudices liés à la brutalité de rupture sont normalement indemnisés dans le cadre de l'action civile sous l'angle du droit commun.

488. Dans la pratique, en Corée, lors de la conclusion du contrat, les parties commerciales stipulent, dans un contrat écrit, les motifs, les conditions et les délais pour exercer la résiliation ou la résolution du contrat, par exemple l'inexécution des obligations les plus importantes. Certes, lorsque l'auteur de la rupture ne respecte pas le préavis convenu dans le contrat écrit, cela remet en cause la validité de la résiliation ou de la résolution. Lorsque le préavis convenu dans le contrat écrit est considéré comme trop court par rapport à l'ancienneté des relations et à la dépendance économique, etc., l'auteur de la rupture doit compenser les préjudices pour le préavis manquant sous l'angle de la responsabilité délictuelle. Or, en fait, le mot préavis au sens strict du droit français n'existe pas en droit coréen. En Corée, il peut s'entendre, *lato sensu,* comme la fin des relations. Aussi, son effet est-il jugé moins contraignant en Corée.

489. De surcroît, les différends basés sur la rupture brutale sont moins nombreux en Corée qu'en France, car il n'arrive pas beaucoup en Corée que le partenaire évincé obtienne des dommages-intérêts satisfaisants en cas de brutalité de la rupture. *A posteriori*, les juges coréens accordent une importance modérée au préavis en soi par rapport aux juges français. Dans la majorité des affaires, les juges coréens se montrent enclins à retenir la validité du préavis convenu entre les parties, à moins que le préavis puisse sembler trop court ou qu'il y ait d'autres indices particuliers, tels l'imposition évidente ou l'abus de position de monopole ou d'oligopole. Par ailleurs, en cas de préavis anormalement court, les juges coréens ont tendance à apprécier, de façon rigoureuse et restrictive, la somme des préjudices résultant du préavis manquant. Par exemple, dans l'affaire relative à la responsabilité délictuelle pour le refus de fourniture, la cour suprême de Corée constate que la réparation des préjudices correspond à l'écart entre les marges que la victime aurait dû obtenir sans pratique délictuelle et les marges réellement obtenues après la pratique délictuelle. Mais, selon elle, en vue de reconnaître la totalité de cet écart des marges en tant que préjudices,

il faut démontrer que la pratique délictuelle en cause tire son origine de la seule diminution des marges[672].

2. La préférence accordée au contrat à court terme

490. En Corée, en pratique, la rupture à travers le refus de renouvellement commence à remplacer la rupture *via* la résiliation ou la résolution. De nos jours, les grandes entreprises préfèrent conclure un contrat qui met automatiquement un terme à la relation, à moins que le contrat ne soit renouvelé par une nouvelle convention ultérieure. Ce type de contrat à durée déterminée de courte durée (moins de 3 ans) associé à un renouvellement du contrat pourrait aider les grandes entreprises à échapper aux risques juridiques liés à la rupture brutale et au préavis, car, dès le début du contrat, les relations commerciales sont par avance précarisées et la fin du contrat est prévue entre les partenaires commerciaux. Notamment, la cour suprême de Corée confirme que, parce qu'un contrat à exécution successive prend fin quand il arrive à son échéance impartie, les partenaires commerciaux ne sont pas tenus de poursuivre, après l'échéance, leurs relations commerciales dans le cadre d'une nouvelle convention, à défaut d'un accord particulier antérieurement prévu en matière de renouvellement du contrat ou à défaut d'une reconduction tacite. Dans une affaire de rupture de franchisage, cette même cour constate que, sans circonstance spécifique (par exemple, le non-renouvellement du franchiseur dans des conditions contraires au principe de bonne foi et de loyauté), le franchiseur a le droit de choisir d'accepter ou de refuser la demande de renouvellement de la part du franchisé, de plus, le franchiseur n'a pas à justifier des motifs qui expliquent les raisons du refus de cette demande[673]. Il apparaît que la cour suprême de Corée met l'accent sur la liberté contractuelle et sur la force contraignante du contrat sous l'angle du droit commun.

491. Toutefois, du point de vue du droit de la concurrence, cette jurisprudence pose problème, en considérant que les parties fortes ont la possibilité de forcer leur partenaire à accepter les contrats à court terme dans le but de mettre fin plus aisément à leurs relations commerciales à travers le refus du renouvellement. Nous nous inquiétons que les parties fortes utilisent ce mécanisme du non-renouvellement reconnu par la cour suprême de Corée à mauvais escient pour contourner les responsabilités légales liées à la rupture des relations commerciales établies.

---

[672] Cour suprême de Corée, 2004Da55230 du 8 septembre 2006. Aussi, les marges de victime, qui ne relèvent pas de la pratique délictuelle en cause, doivent être déduites des préjudices.
[673] Cour suprême de Corée, 2010Da30041 du 15 juillet 2010.

B. L'existence de trois dispositions susceptibles de sanctionner indirectement la rupture brutale

492. Bien que la LRMCL ne cible pas directement la sanction de la brutalité de la rupture elle-même, il reste trois possibilités pour sanctionner, par ricochet, la rupture brutale au terme de cette loi. L'un de ces textes exige de l'auteur la position dominante sur le marché en cause **(I)**, les deux autres ne l'exigent pas **(II)**.

1. Un dispositif réservé aux entreprises ayant une position dominante sur le marché en cause

493. Si l'entreprise possédant la position dominante sur le marché pertinent abuse de sa position dominante sur le marché au travers de la rupture brutale des relations établies commerciales avec ses partenaires, cela pourrait donner la possibilité de constituer un abus de position dominante sur le marché au sens de l'article 3-2 de la LRMCL, à condition que cette pratique satisfasse toutes les conditions strictes posées par le texte, telles que la détention de la position dominante sur le marché pertinent[674][675] et l'abus[676]. Pour qualifier l'abus de position dominante sur le marché, il convient de suivre les procédures suivantes : La délimitation du marché pertinent de

---

[674] Selon l'article 2, septième de la LRMCL, la détention de la position dominante sur le marché concerné est décidée en considération de la part de marché, de la barrière à l'entrée et de la taille des concurrents, etc.

[675] L'article 4 de la LRMCL permet de présumer la détention de la position dominante sur le marché dans les deux cas suivants : Lorsqu'une première entreprise possède plus de 50 % de la part de marché, cette première entreprise est présumée avoir cette position. Ou lorsque les trois premières entreprises possèdent, au total, plus de 75 % de la part de marché, elles sont présumées détenir cette position (mais, une entreprise ayant moins de 10 % de la part de marché est dispensée de cette présomption). En outre, cet article confirme qu'un opérateur économique, dont le chiffre d'affaires annuel ou le montant d'achat dans le secteur en cause est inférieur à 4 000 millions de wons (environ 3 200 000 euros), ne peut faire partie de l'entreprise ayant la position dominante sur le marché dans cette loi. Ho-Young LEE, « Droit anticoncurrentiel », Hongmoonsa, 5ème éd., 2015, p. 57.

[676] En Corée, l'article 3-2 de la LRMCL contrôle l'abus d'exploitation et l'abus d'exclusion. Alors que celui-ci signifie que l'entreprise maintient ou renforce sa position dominante sur le marché, en empêchant indûment les activités économiques de ses concurrents, y compris l'exclusion du marché, celui-là signifie la décision abusive des prix, qui seraient inadmissibles sur le marché de concurrence. En Corée, il est très rare que la *KFTC* sanctionne directement l'abus des prix par l'entreprise de la position dominante sur le marché. Alors, l'abus d'exclusion se discute normalement devant la *KFTC* et les cours. Bong-Eui LEE, « Un arrêt de *Posco* et l'abus d'exclusion », Journal de concurrence, septembre 2008, pp. 16 et s. Bong-Eui LEE, « Le contrôle de l'abus d'exploitation », Journal du droit coréen de la concurrence, n° 22, novembre 2010, Bobmunsa, pp. 123 et s. Bong-Eui LEE, « Les critères pour identifier l'abus d'exclusion en droit de la concurrence », Bubjo, n° 52, octobre 2003, p. 127. Jeong SEO, « Les critères pour qualifier l'abus d'éviction », Les enjeux du droit de la concurrence, *Center for competition law*, Bobmunsa, 2010, pp. 89 et s. Myung-Su HONG, « L'analyse des décisions relatives à l'abus de position dominante sur le marché », La délibération du droit de la concurrence II, Kyungin Publishing, 2010, pp. 24 et s.

produits ou de services et du marché pertinent géographique, l'appréciation de la position dominante sur le marché, la qualification de l'abus[677].

494. Néanmoins, cette démarche nécessite souvent des analyses économiques sur le marché pertinent, qui sont généralement très complexes, contestables et coûteuses. Surtout, d'après la jurisprudence de la cour suprême de Corée, il faut impérativement que la *KFTC* prouve les effets concrets sur la concurrence qui doit être faussée sur le marché en cause en conséquence de la pratique abusive. En ce sens, elle a cassé, à diverses reprises, la décision de la *KFTC* qui avait sanctionné l'abus de position dominante sur le marché, au motif que la *KFTC* n'avait pas, de manière évidente et concrète, démontré les effets sur la concurrence sur le marché pertinent à travers l'éviction des concurrents du marché ou à travers l'obstruction à l'entrée sur le marché de nouveaux entrants[678]. Cette tendance des juges s'est amorcée avec l'arrêt de *Posco*[679], qui est regardé comme emblématique en droit coréen de la concurrence, notamment en matière d'abus de position dominante sur le marché, en raison de son revirement audacieux en termes de preuve des effets anticoncurrentiels qui doivent être substantiels et stricts sur le marché[680]. D'après cet arrêt de *Posco*, pour

---

677 Myung-Su HONG, « Le refus de transaction au titre de l'abus de position dominante sur le marché », La délibération du droit de la concurrence III, Kyungin Publishing, 2013, p. 119. Myung-Su HONG, « L'analyse des décisions relatives à l'abus de position dominante sur le marché », La délibération du droit de la concurrence II, Kyungin Publishing, 2010, pp. 9 et s.

678 Cour suprême de Corée, 2002Du8626 du 22 novembre 2007, 2008Du1832 du 13 octobre 2011, 2007Du25183 du 11 décembre 2008 et 2008Du16322 du 10 juin 2011.

679 Cet arrêt porte sur l'abus de l'éviction au travers d'un refus de la transaction par *Posco* (l'entreprise dominante sur le marché de sidérurgie en Corée). Son partenaire commercial majeur, *Hyundai Motors* (l'entreprise dominante sur le marché de l'automobile en Corée), avait lancé le projet de créer une nouvelle société filiale qui produirait elle-même l'acier à l'usage des voitures et qui approvisionnerait ses aciers à *Hyundai Motors*. Ensuite, *Posco* a refusé son approvisionnement, à *Hyundai Motors,* des matières premières essentielles pour la fabrication d'automobiles en vue d'entraver la création d'une nouvelle entreprise sidérurgique concurrente.

680 Certains évaluent que la cour suprême de Corée a adopté une approche basée sur l'analyse de l'effet anticoncurrentiel par la pratique questionnée au détriment de l'approche fondée sur la forme de la pratique en cause, et ils pensent que la cour suprême coréenne a privilégié la règle de raison au détriment de l'interdiction *per se,* à l'exemple d'un arrêt américain bien connu *Leegin.* Chang-Sik HWANG, « Les enjeux du contrôle à titre de l'abus d'exclusion en droit de la concurrence », Journal de concurrence, juillet 2008, pp. 9 et s. Mais la règle de raison et l'interdiction *per se* en droit américain anticoncurrentiel ne correspondent pas exactement à l'abus de position dominante sur le marché en droit coréen de la concurrence, qui dispose déjà de textes permettant certaines dispenses dérogatoires et raisons justifiables. Bong-Eui LEE, « Un arrêt de Posco et l'abus d'exclusion », Journal de concurrence, septembre 2008, pp. 16 et s. S'agissant de cet arrêt, la doctrine et les praticiens coréens se montrent divisés sur la question : certains prônent cette jurisprudence comme une modernisation et un progrès considérable en droit coréen de la concurrence, d'autres considèrent qu'elle ignore notre système juridique différent de la « *commun law* », en important les théories américaines. Jeong SEO, « Les critères pour qualifier l'abus d'éviction », Les enjeux du droit de la concurrence, *Center for competition law*, Bobmunsa,

caractériser l'abus d'éviction, il n'est pas suffisant que certaines entreprises subissent des pertes économiques dues à la pratique en cause, il faut en outre que la *KFTC* prouve objectivement[681], non seulement le fait que l'auteur a commis un abus qui pourrait causer réellement des effets anticoncurrentiels, mais aussi le fait qu'il a l'intention de maintenir ou de renforcer son monopole ou oligopole sur le marché[682].

495. Pour autant, suivant en cela l'observation du Professeur Bong-Eui LEE, puisque cette tendance de la cour suprême de Corée impose à la *KFTC* la charge lourde de la preuve, les contrôles de l'abus d'exclusion par la *KFTC* risquent de se réduire[683]. En fait, *a posteriori*, à la suite de dizaines d'arrêts de la cour Suprême de Corée qui ont cassé les décisions de la *KFTC* ayant sanctionné les entreprises dominantes, la *KFTC* a tendance à hésiter à appliquer le texte de l'abus de position dominante sur le marché en raison de son inquiétude par rapport à sa charge de la preuve particulièrement lourde.

496. Il en ressort qu'en Corée il demeure très difficile que la rupture brutale des relations commerciales établies puisse être constitutive d'abus de position dominante sur le marché.

2. Deux dispositions applicables sans preuve requise d'une position dominante sur le marché en cause

497. Au cas où une rupture des relations commerciales n'est pas constitutive d'abus de position dominante sur le marché et où elle n'affecte que la relation avec son partenaire commercial, le fait de rompre les relations pourrait être sanctionné à travers une pratique restrictive de concurrence spécifique, celle visée à l'article 23, ① de la LRMCL, dès lors qu'elle est inadmissible dans la perspective d'un ordre commercial loyal[684].

2010, pp. 89 et s, pp. 101 et s. Dong-Kweon SHIN, « Les enjeux de la réglementation de l'abus de position dominante sur le marché », Les enjeux du droit de la concurrence, *Center for competition law*, Bobmunsa, 2010, pp. 29 et s. Hwang LEE, « Le contrôle de la pratique unilatérale en droit coréen de la concurrence : le refus de transaction au regard de l'abus de position dominante sur le marché », Sabub, n° 5, septembre 2008, pp. 201 et s.

[681] Les juges citent, au nombre des indices des effets anticoncurrentiels, la hausse des prix des produits, la réduction des volumes des produits, l'entrave à la rénovation, la diminution du nombre des concurrents et la diminution de la pluralité.

[682] Bong-Eui LEE, « Le refus de transaction sous l'angle de *GWB* (*Gesetz gegen Wettbewerbsbeschränkungen*) en Allemagne », L'étude sur la jurisprudence du droit de la concurrence VI, Bobmunsa, 2010, p. 2. Young-Su SHIN, « Les conditions pour identifier l'abus d'éviction à travers l'empêchement des activités économiques par l'entreprise dominante sur le marché », L'étude sur la jurisprudence du droit de la concurrence VI, Bobmunsa, 2010, p. 37. Sung-Min CHA, « La signification de l'abus dans l'affaire *Posco* », L'étude sur la jurisprudence du droit de la concurrence V, Bobmunsa, 2009, pp. 139 et s.

[683] Bong-Eui LEE, « Un arrêt de Posco et l'abus d'exclusion », Journal de concurrence, septembre 2008, p. 10 et 11.

[684] A la suite de l'arrêt de Posco, qui a distingué strictement entre les conditions pour l'abus de position dominante sur le marché et celles pour les pratiques restrictives de concurrence, la relation entre l'abus de position dominante et les pratiques restrictives de concurrence est un

498. En premier lieu, il est possible que la rupture brutale constitue le refus de contracter en vertu de son article 23, ①, 1er. Son décret donne cette définition du refus de contracter : « refuser indûment de commencer un commerce ou interrompre indûment les relations commerciales établies ou diminuer indûment, de manière significative, les quantités ou les contenus de commerce »[685]. Pour autant, ce caractère « indu » pour qualifier le refus de contracter n'est pas simple, car il est lié à la concurrence sur le marché. C'est-à-dire, le fait que le refus de commerce porte atteinte au partenaire commercial n'est pas, en lui-même, suffisant pour caractériser l'élément d' « indu » dans cet article, en effet, la *KFTC* et les juges évaluent si la pratique remet en cause la concurrence sur le marché pertinent[686]. D'après la cour suprême de Corée, le refus de contracter au sens de cet article n'est restrictivement admis que lorsque ce refus de commerce menace la gestion de la victime en la privant des opportunités de faire des affaires ou uniquement lorsque l'auteur abuse de sa position puissante dans le but d'entraver les activités économiques de l'entreprise délaissée ou lorsque l'auteur utilise ce refus de contracter comme une modalité lui permettant d'atteindre un but illégal, telle l'imposition du commerce[687]. Il en résulte qu'en Corée la pratique consistant à rompre les relations établies a besoin de

---

sujet de débat toujours d'actualité en droit coréen de la concurrence. Autrement dit, lorsqu'une entreprise détient une position dominante sur le marché, les questions se posent pour savoir si la *KFTC* peut appliquer le texte sur les pratiques restrictives de concurrence au détriment de celui de l'abus de position dominante, et si les conditions pour qualifier la pratique restrictive de concurrence exigent autant les effets anticoncurrentiels que ceux de l'abus de position dominante sur le marché, etc. Ces problèmes sont liés à la répétition partielle du champ d'application entre ces deux dispositifs. Par exemple, s'agissant du refus de l'approvisionnement ou de l'engagement d'exclusivité d'approvisionnement, il est théoriquement possible que la *KFTC* applique le texte de l'abus de position dominante sur le marché (article 3-2 de la LRMCL) ou celui des pratiques restrictives de concurrence (article 23, ① de la LRMCL). Bong-Eui LEE, « Un arrêt de Posco et l'abus d'exclusion », Journal de concurrence, septembre 2008, p. 17. Oh-Seung KWON, « Droit économique », Bobmunsa, 11ème éd., 2014, p. 309. Ho-Yul CHUNG, « Droit économique », Bakyoungsa, 2ème éd., 2008, p. 162. Ho-Yul CHUNG, « L'interdiction des pratiques commerciales déloyales », Les commentaires sur le droit de la concurrence II, Bobmunsa, 2000, pp. 387 et 388. Ho-Young LEE, « Droit anticoncurrentiel », Hongmoonsa, 5ème éd., 2015, pp. 51 et s. Dong-Kweon SHIN, « Les enjeux de la réglementation de l'abus de position dominante sur le marché », Les enjeux du droit de la concurrence, *Center for competition law*, Bobmunsa, 2010, pp. 26 et s.

685 L'article 36, ① du décret présidentiel de « la loi sur la régulation de monopole et le commerce loyal (la LRMCL) ». Dans ce cas, ce dispositif ne nécessite pas que l'entreprise en cause détienne la position dominante sur le marché pertinent ou non.

686 La cour suprême de Corée exige, pour qualifier un refus illégal de contracter, qu'une rupture des relations au travers de l'exercice du droit de résiliation puisse potentiellement entraver la concurrence effective et loyale. Cour suprême de Corée, 2004Du39238 du 14 février 2008, 96Nu9003 du 8 septembre 1998. Myung-Su HONG, « L'analyse des arrêts de la cour suprême relatifs aux pratiques restrictives de concurrence (2010) », La délibération du droit de la concurrence III, Kyungin Publishing, 2013, p. 308.

687 Cour suprême de Corée, 2004Du3038 du 26 mai 2005, 98Du17869 du 5 janvier 2001.

plusieurs éléments additionnels pour caractériser un refus de contracter au sens de l'article 23, ① de la LRMCL.

499. En deuxième lieu, « l'abus de position supérieure dans le commerce », surtout sa quatrième pratique consistant à « porter atteinte aux intérêts d'un partenaire commercial », est susceptible d'être rattaché à la rupture brutale[688]. Cependant, il restera encore d'importants obstacles à franchir. Cette disposition peut s'appliquer à la rupture brutale, dans la mesure où cette rupture de relations commerciales risque de fausser les commerces loyaux à la lumière des bonnes pratiques et usages commerciaux. Et le fait que le partenaire évincé subisse des pertes significatives de marges liées à la rupture brutale ne signifie pas « porter atteinte aux intérêts d'un partenaire commercial » au sens de « l'abus de position supérieure dans le commerce »[689]. Dans la même veine, la cour suprême de Corée illustre sa réticence à sanctionner, à travers le dispositif de l'affaire civile. Elle exige que les contenus des atteintes soient objectivement déjà clarifiés, et que l'existence et le montant des préjudices, sur lesquels la responsabilité de leur auteur est engagée, soient déjà confirmés, sans ambiguïté, afin de constater qu'une pratique « porte atteinte aux intérêts d'un partenaire commercial »[690]. Par conséquent, en pratique, quand l'auteur de la rupture des relations prend souvent prétexte de l'inexécution par l'entreprise délaissée des obligations contractuelles importantes, de nombreux litiges liés aux responsabilités contractuelles pourraient éviter le contrôle dans le cadre de « l'abus de position supérieure dans le commerce », et tomberaient enfin dans le domaine du droit civil[691].

§ 2. Le contrôle indirect à travers « la loi sur le grand distributeur »

500. Similairement à la LRMCL, « la loi sur le grand distributeur » ne punit pas directement la brutalité en soi de la rupture de la relation établie entre le grand distributeur et le fournisseur. Pourtant, parmi les divers instruments luttant contre l'abus de puissance économique par le grand distributeur dans « la loi sur le grand distributeur », il existe quelques textes portant, de façon assez marginale, sur la rupture brutale d'une relation établie. Nous les avons répartis en deux catégories : ceux liés à la rupture brutale **(A)** et ceux qui aident indirectement à diminuer la rupture brutale **(B)**.

---

[688] L'article 23, ①, 4ème de la LRMCL et l'article 36, ① de son décret présidentiel.

[689] Cour suprême de Corée, 2002Du11059 du 9 juillet 2004 et 2000Du6213 du 31 mai 2002.

[690] Cour suprême de Corée, 2000Du6213 du 31 mai 2002. Dae-Sik HONG, « *Unfair trade practices from a private law perpective* », Journal du droit coréen de la concurrence, n° 18, 2008, pp. 226 et s.

[691] Ho-Young LEE, « Droit anticoncurrentiel », Hongmoonsa, 5ème éd., 2015, pp. 334 et 335.

A. Les textes liés directement à la rupture brutale

501. Dans « la loi sur le grand distributeur », l'interdiction de la modification des conditions contractuelles **(1)**, et l'obligation d'indemnisation des frais d'installation des rayons **(2)** peuvent relever de la rupture brutale d'une relation établie.

1. L'interdiction de la modification des conditions de commerce

502. Nous pouvons découvrir quelques textes dans « la loi sur le grand distributeur » qui visent indirectement la rupture des relations entre le grand distributeur et le fournisseur. D'abord, son article 17, 8ème interdit au grand distributeur de modifier, en cours de contrat, sans raison justifiable, le lieu, la surface et l'installation du rayon dans ses magasins au détriment du fournisseur, et son article 17, 9ème lui interdit de faire modifier, en cours de contrat, sans raison justifiable, le taux ou le montant des rabais et les marges ou les commissions de la vente, au détriment du fournisseur[692].

503. Normalement, le lieu, la surface et l'installation du rayon jouent un rôle considérable dans le chiffre d'affaires des produits du fournisseur dans le magasin du grand distributeur. Par exemple, dans un grand magasin, le rayon des vêtements situé juste à proximité de l'escalier mécanique se révèle plus rentable que celui situé dans un coin[693]. Alors, si un grand distributeur les modifie unilatéralement, en cours de contrat, cela portera un coup dur et inattendu au fournisseur. En réalité, les fournisseurs dénoncent de temps à autre la pratique du grand distributeur qui les menace indirectement de transférer leurs rayons dans un coin, lorsqu'ils ne répondent pas à leurs demandes. Autrement dit, si un fournisseur refuse les consignes explicites ou implicites du grand distributeur, ce dernier peut le sanctionner en lui attribuant un rayon peu fréquenté par les consommateurs[694]. De façon identique, s'il modifie violemment et unilatéralement les marges et les commissions de vente des produits en cours de contrat, cette pratique portera évidemment atteinte aux profits du fournisseur. Puisque ces modifications arbitraires des conditions contractuelles importantes en cours de contrat pourraient être estimées en tant que rupture brutale partielle, ces textes dans « la loi sur le grand distributeur », qui répriment les modifications

---

[692] En outre, l'article 17, 10ème interdit que le grand distributeur porte atteinte aux profits du fournisseur et que le grand distributeur impose au fournisseur de lui octroyer des profits, sans raison justifiable. Cette règle générale vise à clarifier les zones d'ombre de la loi. Donc, en théorie, la rupture abusive ou brutale pourrait être sanctionnée au terme de cette règle. Cependant, il est très rare que la *KFTC* l'applique aux affaires. Min-Ho LEE et Ji-Yeon KIM, « Les enjeux en matière d'indemnisation des frais d'installation du rayon dans la loi sur le grand distributeur », Journal de droit de la concurrence et de politique, n° 4, avril 2015, p. 35.

[693] Cela ressemble à la tête de gondole en France.

[694] Su-Young PARK, « L'interprétation de la loi sur le grand distributeur », Fides, 2013, p. 211.

unilatérales des conditions du contrat au préjudice du fournisseur, peuvent être rapprochés de la lutte contre la rupture brutale.

2. L'obligation d'indemniser les frais d'installation des rayons

504. Certains grands magasins coréens ont tendance à modifier régulièrement, par exemple, tous les deux ou trois ans, les emplacements des rayons consacrés à l'exposition des produits de marque dans un point de vente en arguant de la rénovation et du « *renewal* » de son grand magasin. Ce qui pose problème tient au fait que le fournisseur prend à sa charge les frais d'installation des rayons pour une nouvelle décoration intérieure. Ces coûts d'investissement substantiels subordonnent les fournisseurs au grand distributeur dont ils deviennent en quelque sorte l'otage, puisque ces coûts dissuadent les fournisseurs d'abandonner les rayons.

505. A cet égard, suite à de nombreuses dénonciations de la part des fournisseurs à la *KFTC*, l'article 16 de « la loi sur le grand distributeur » impose que le grand distributeur indemnise les fournisseurs pour les frais d'installation de leurs propres rayons en fonction de la durée restant à courir jusqu'à la fin du contrat, à condition que le grand distributeur arrête ou refuse le commerce ou à condition que le grand distributeur modifie le lieu, la surface ou l'installation du fournisseur. Ici, la notion des frais d'installation du propre rayon couvre tous les frais versés par le fournisseur pour agencer du matériel pour son propre rayon dans le magasin, qui n'est pas ultérieurement réutilisable en d'autres endroits, tel que la décoration intérieure du magasin, un meuble impossible à déplacer, une enseigne, etc.[695]. Et le rayon en propre du fournisseur ne signifie pas qu'un certain emplacement du magasin du grand distributeur doive être réservé, de manière exclusive, à un tel fournisseur. Même si les marchandises de plusieurs fournisseurs sont exposées de manière confondue ensemble sur un certain emplacement, le grand distributeur est tenu d'indemniser les frais d'installation du rayon payés par les fournisseurs, dans la mesure où chaque fournisseur profitant de ce rayon a en charge les frais induits[696][697]. Par exemple, tel est le cas d'un fournisseur qui avait dépensé lui-même ou avait octroyé au grand distributeur 30 000 euros de frais pour la décoration intérieure du magasin, et qui s'est retrouvé avec un grand distributeur décidant de mettre un terme à leurs relations, alors qu'il restait encore un an

---

695 Min-Ho LEE et Ji-Yeon KIM, « Les enjeux en matière d'indemnisation des frais d'installation du rayon dans la loi sur le grand distributeur », Journal de droit de la concurrence et de politique, n° 4, avril 2015, p. 33.

696 Keum-Seok OH, Seong-Un YUN, Hyun-Kyu LEE, « La loi sur le grand distributeur : la théorie et la pratique », Bakyoungsa, 2012, p.326.

697 En pratique, le grand distributeur assigne le taux de répartition de ces frais en fonction de leur chiffre d'affaires, etc., entre les fournisseurs partageant le rayon.

à courir d'après le contrat signé pour une durée de trois ans. Le grand distributeur a été forcé de payer au fournisseur 10 000 euros.

506. Ce dispositif a pour objectif de protéger l'espérance raisonnable du fournisseur qui désire vendre ses produits dans un magasin au moins le temps de la durée prévue, au moment où il dépense de grands frais destinés à une nouvelle décoration intérieure [698] [699]. En même temps, à notre connaissance, cette obligation d'indemnisation entraîne le grand distributeur à dédommager le fournisseur pour les pertes de la rupture brutale d'une relation.

B. Les textes liés indirectement à la rupture brutale

507. Les obligations de respecter la bonne foi et un usage loyal **(1)** et le formalisme **(2)** dans « la loi sur le grand distributeur » pourraient aider à prévenir la rupture brutale d'une relation établie.

1. L'obligation de respecter la bonne foi et un usage loyal

508. « La loi sur le grand distributeur » dispose de quelques textes qui relèvent indirectement de la lutte contre la rupture brutale. D'abord, son article 5 déclare que le grand distributeur et le fournisseur doivent exécuter leurs obligations conformément à la bonne foi et à un usage loyal. En raison du caractère abstrait des termes utilisés dans ce texte, il n'existe pas une affaire dans laquelle le grand distributeur s'est retrouvé sanctionné simplement en vertu de cet article général de « la loi sur le grand distributeur »[700]. D'ailleurs, le Code civil de Corée déclare déjà clairement le principe de bonne foi et de loyauté. L'article 2, ① du Code civil prévoit que l'exercice du droit et l'exécution de l'obligation des parties doivent être conformes à la bonne foi et la loyauté. Ainsi, les juges coréens reflètent-ils

---

698 Min-Ho LEE et Ji-Yeon KIM, « Les enjeux en matière d'indemnisation des frais d'installation du rayon dans la loi sur le grand distributeur », Journal de droit de la concurrence et de politique, n° 4, avril 2015, p. 28.

699 Certains jugent que cette disposition risque d'empêcher le grand distributeur d'entamer une transaction avec un nouveau fournisseur par crainte de cette indemnisation de frais d'installation. Et il leur semble irraisonnable que le grand distributeur dédommage toujours ces frais en cas de force majeure ou de fin de relation de la part du fournisseur. Sang-Yong Park, Gum-ju Son, Yu-Mi Choi, « Le changement actuel et futur par la mise en vigueur de la loi sur le grand distributeur », LEG document de travail, 2012, p. 31. Au contraire, d'autres considèrent que le grand distributeur n'engage pas sa responsabilité sur cette indemnisation des frais d'installation, lorsque la relation en cause a pris fin du fait du fournisseur lui-même ou en raison d'une force majeure. Min-Ho LEE et Ji-Yeon KIM, « Les enjeux en matière d'indemnisation des frais d'installation du rayon dans la loi sur le grand distributeur », Journal de droit de la concurrence et de politique, n° 4, avril 2015, pp. 30 et 31.

700 Keum-Seok OH, Seong-Un YUN, Hyun-Kyu LEE, « La loi sur le grand distributeur : la théorie et la pratique », Bakyoungsa, 2012, p.71.

largement ce principe dans les affaires civiles, commerciales, administratives et sociales[701].

509. Par conséquent, le rôle de cet article 5 de « la loi sur le grand distributeur » se borne à confirmer une nouvelle fois le principe général déjà établi dans le droit commun. Mais, en tant que critère du comportement des grands distributeurs, ce texte pourrait s'appliquer concomitamment à d'autres dispositifs de cette loi.

2. L'obligation de respecter le formalisme

510. L'article 6 de « la loi sur le grand distributeur » oblige le grand distributeur à rédiger un contrat écrit étoffé de contenus contractuels et à le communiquer au fournisseur dès sa rédaction[702]. Son décret impose que ce contrat écrit clarifie les types, les objets et la durée du commerce[703]. A ce point, il faut faire figurer, dans le contrat écrit, les éléments portant sur la rupture brutale comme le préavis, la teneur de l'inexécution des obligations graves, les motifs justificatifs pour achever l'approvisionnement, les modalités de la résiliation ou de la résolution et le renouvellement tacite du contrat, etc.

511. Dès lors, par ricochet, ces obligations de transparence relevant du contrat écrit pourraient réprimer quelque peu la rupture brutale. En effet, elles contraignent les grands distributeurs à respecter les conditions contractuelles prévues dans la convention unique pour conclure les relations commerciales avec les fournisseurs.

---

701 Cour suprême de Corée, 2014Da19776 du 15 février 2017, 2013Da58613 du 23 juin 2016, 2015Da246346 du 24 mars 2016, 2009Du13474 du 20 janvier 2011.

702 Voir supra, pp. 140 et s.

703 L'article 2, ① du décret de la loi sur le grand distributeur.

CONCLUSION CHAPITRE II TITRE I PARTIE II

512. En France, l'affluence excessive des affaires relatives à une rupture brutale d'une relation établie pose problème. Il faut, pour y remédier, que les juges puissent interpréter, avec précaution, plus rigidement et restrictivement les notions de la relation commerciale établie, la rupture, la brutalité et le préjudice indemnisable, en vue de mettre un frein à l'excès de contentieux.

513. En revanche, en Corée, nous nous préoccupons du contournement des règles sur la rupture abusive à travers la pratique consistant à proposer des contrats à court terme conclus en faveur des parties puissantes. Bien que le droit coréen de la concurrence ne sanctionne pas en soi la rupture brutale, il convient de surveiller l'abus du droit de la partie forte de ne pas renouveler le contrat, à défaut de quoi les contrats à court terme auront la préférence sur le marché au détriment des parties les plus faibles. Nous estimons que cette flexibilité équivaut à un contournement de l'interdiction de la rupture brutale.

CONCLUSION TITRE I PARTIE II

514. Comme nous l'avons vu dans le Chapitre I du Titre I de la Partie I de cette thèse, certaines parties fortes détiennent un grand pouvoir d'adaptation face aux réglementations luttant contre les abus de puissance économique et peuvent contourner les dispositions adoptées par la loi. Ainsi, s'agissant des abus de puissance économique, il faut des mesures générales en vue de répondre aux demandes juridiques diverses, de combler les zones d'ombre du texte et enfin de prévenir les contournements des règles. A cet égard, le déséquilibre significatif (C. Com., art. L. 442-6, I, 2°), la rupture brutale d'une relation établie (C. Com., art. L. 442-6, I, 5°) et l'abus de position supérieure dans le commerce (article 23, ①, 4ème de la LRMCL) contrôlent largement et efficacement les abus de puissance économique dans les relations commerciales déséquilibrées grâce à leurs champs d'application et à leurs notions étendus et souples. D'ailleurs, en Corée, les articles de « la loi sur le grand distributeur » accomplissent, efficacement la mission particulière de rééquilibrer les relations disproportionnées entre la grande distribution et le fournisseur. Il est certainement louable que les autorités et les législateurs français et coréens comprennent bien la gravité des abus de puissance économique commis par les parties les plus fortes.

Cependant, nous nous inquiétons de la concentration excessive des affaires relative à ces instruments dédiés à lutter contre l'abus de puissance économique et de l'insécurité juridique qui découle de notions excessivement souples et incertaines. A notre avis, il revient prioritairement aux juges la responsabilité de préciser, clarifier et mettre en ordre les conditions d'application, les dérogations et les effets des textes, etc. S'ils livrent des consignes et des interprétations claires et nettes relativement aux pratiques interdites au regard du déséquilibre significatif, de la rupture brutale et de l'abus de position supérieure dans le commerce, il deviendra alors possible de maintenir l'efficacité de ces dispositions générales sans souci d'insécurité juridique.

TITRE DEUXIÈME

Les modalités de sanction des pratiques

515. En France, l'abus de puissance économique au sens de l'article L. 442-6 est prioritairement sanctionné dans le cadre de l'action civile devant la juridiction spécialisée. En l'occurrence, l'action menée par le ministre de l'Économie joue un rôle aussi important que spécifique. En revanche, la sanction pénale a perdu, au fil du temps, son influence, suite à des démarches constantes de dépénalisation du droit de la concurrence. S'agissant des sanctions administratives, elles tendent plutôt à prévenir les abus de puissance économique à travers le formalisme.

516. En Corée, la protection des parties les plus faibles contre l'abus se déroule sous le prisme de la sanction administrative infligée par la *KFTC*. Depuis les années soixante où la Corée a accéléré l'industrie moderne de fabrication, la concentration excessive de la puissance économique au profit des « *chaebols* »[704] et plus généralement les abus de puissance économique commis par les grandes entreprises à l'égard de leurs partenaires commerciaux posent de grandes difficultés. Dans ce contexte, le législateur coréen a préféré l'intervention directe de la *KFTC* vis-à-vis des abus. Bien que la victime de l'abus de puissance économique puisse introduire librement l'action civile en responsabilité devant la juridiction civile, la sanction civile se limite, pour l'instant, à une mesure venant compléter la sanction administrative.

517. Les poursuites pénales dépendent de la *KFTC* qui détient « un pouvoir exclusif de dénonciation au parquet » des affaires relevant du droit de la concurrence. En pratique, les poursuites pénales jouent un rôle secondaire, dès lors que la *KFTC* hésite à dénoncer les affaires au parquet.

518. Dans ce contexte, nous envisagerons les sanctions civiles et pénales devant les juridictions **(CHAPITRE I)** et la sanction administrative devant l'administration **(CHAPITRE II)** en France et en Corée relatives à l'abus de puissance économique.

---

[704] Voir supra, p. 31.

CHAPITRE I

La sanction civile ou pénale devant les juridictions

519. En France, le contrevenant à l'article L. 442-6 du Code de commerce peut s'exposer à la sanction civile. Elle prend différentes formes : amende civile, nullité des contrats, dommages-intérêts, répétition de l'indu, etc. En outre, compte tenu du fait qu'il arrive rarement que les fournisseurs lancent eux-mêmes l'action en justice contre la grande distribution, la loi NRE a créé un droit d'action au profit du ministre de l'Économie. En revanche, en Corée, en règle générale, la sanction civile est secondaire, la *KFTC* prenant directement l'initiative des sanctions. Par conséquent, nos développements relatifs à la sanction civile concerneront principalement le droit français **(SECTION I)**.

520. À l'inverse, pour ce qui a trait à la sanction pénale, en France, suite à la dépénalisation constante, il reste peu de textes autorisant la sanction pénale en cas d'abus de puissance économique. De ce fait, notre étude relative à la sanction pénale se concentrera sur le droit coréen **(SECTION II)**.

SECTION I. LA SANCTION CIVILE ATTACHÉE AUX ABUS DE PUISSANCE ÉCONOMIQUE

521. Nous allons nous pencher sur la manière dont l'action civile se déroule devant les juridictions civiles et sur les sanctions que peut encourir l'auteur pour l'abus de puissance économique en France comme en Corée **(§ 1)**.

522. Notamment, l'action menée par le ministre de l'Économie est une disposition française très spécifique, car, en France, la victime et le requérant de l'action se trouvent différenciés. Se posent dès lors des questions quant à la nature de cette action et aux pouvoirs et obligations de la DGCCRF. Or, il est irréfutable que l'action menée par le ministre de l'Économie est très efficace pour lutter contre l'abus de puissance économique par les parties

fortes. Au demeurant, il semble nécessaire d'aborder cette action spécifique, même si elle n'a pas cours en Corée **(§ 2)**.

§ 1. Le déroulement de l'action

523. En ce qui concerne l'action civile pour l'abus de puissance économique devant les juridictions, il est concevable de comparer les procédures françaises et coréennes à suivre **(A)** et de savoir de quelles mesures juridiques se composent les sanctions civiles françaises et coréennes **(B)**.

A. La procédure devant les juridictions

524. Nous allons veiller aux procédures civiles relatives à l'abus de puissance économique devant les juridictions françaises **(1)** et coréennes **(2)** dans le cadre des intérêts à introduire l'action et des juridictions spécialisées.

1. La procédure en France

525. Pour engager l'action civile aux termes de l'article L. 442-6 du Code de commerce, il faut que le demandeur ait un intérêt à agir sur le fondement de l'existence d'un préjudice. Généralement, la victime de la pratique abusive relevant de cet article a qualité et intérêt à lancer cette action contre l'auteur. L'article L. 442-6, III, premier alinéa du Code de commerce octroie également la faculté d'introduire cette action auprès du ministère public, du ministre chargé de l'Économie et du président de l'Autorité de la concurrence lorsque ce dernier constate, à l'occasion des affaires qui relèvent de sa compétence, une pratique mentionnée au présent article.

526. En France, en vertu de l'article L. 442-6, III, 5ème alinéa et de l'article D. 442-3 et D. 442-4 du Code de commerce, les juridictions spécialisées sont compétentes pour les contentieux fondés sur l'article L. 442-6 du Code de commerce. En première instance, les tribunaux de commerce et les tribunaux mixtes de commerce ou les tribunaux de grande instance de Marseille, Bordeaux, Tourcoing, Fort-de-France, Lyon, Nancy, Paris, Rennes sont compétents en l'application de l'article L. 442-6. En revanche, en deuxième instance, seule la cour d'appel de Paris a compétence pour connaître des décisions rendues par ces juridictions (article D. 442-3 et D. 442-4 du Code de commerce).

527. Dans l'objectif d'approfondir leur connaissance de la réalité des rapports de forces déséquilibrés, les juges des juridictions spécialisées, qui s'occupent des litiges en matière de pratiques abusives entre fournisseurs et distributeurs, ont vocation à saisir la CEPC. La décision de saisir la CEPC ne fait pas l'objet d'un recours. La CEPC donne aux juges son avis dans un

délai maximal de quatre mois à partir de la saisine. L'avis rendu par la CEPC ne contraint pas la juridiction, dans la mesure où cette dernière est une instance consultative[705].

528. Certains s'interrogent sur l'intérêt des juridictions spécialisées eu égard à l'« *homogénéité de la jurisprudence dans l'application des dispositions du Titre IV du livre IV du Code de commerce* »[706]. Néanmoins, selon le Conseil d'État, ces juridictions spécialisées « *ne portent pas atteinte au principe d'égalité entre les usagers du service public de la justice et ne portent pas non plus illégalement atteinte au droit d'accès à un tribunal garanti par les stipulations de l'article 6 de la convention européenne de sauvegarde des droits de l'homme et des libertés fondamentales* »[707]. De même, la Cour de cassation considère que « *la détermination du tribunal compétent n'était pas subordonnée à l'examen du bien-fondé des demandes* » en matière des demandes en application de l'article L. 442-6 du Code de commerce[708]. Egalement, les prétentions complexes (« *demandes multiples, subsidiaires ou reconventionnelles* ») ne permettent pas d'éviter les juridictions spécialisées[709].

2. La procédure en Corée

529. En Corée, la victime de l'abus de puissance économique peut demander des dommages-intérêts devant la juridiction civile pour la violation du droit de la concurrence ou pour celle du droit civil[710][711]. D'une

---

705 L'article L. 440-1, IV et V du Code de commerce. Jean-Louis Fourgoux, « Fasc. 281 : Transparence et pratiques restrictives de concurrence. – Règles de fond », Juri Classeur Commercial, le 19 janvier 2016, p. 3. Louis Vogel, Droit de la concurrence : [droits européen et français], Paris : LawLex ; Bruxelles : Bruylant, 2015, pp. 1059 et 1061.

706 Didier Ferrier, « Concurrence-distribution, janvier 2011- décembre 2011 », Recueil Dalloz, 2012, p. 577. Selon lui, « *les décisions recensées en 2010 retiennent, de manière générale, la même interprétation des dispositifs régissant l'établissement et le développement des relations entre fournisseurs et distributeurs* ». CEPC, rapport annuel d'activité, année 2011-2012, p. 68. Rose-Monde Zang Ndong, « Le droit des pratiques restrictives de concurrence et la protection de la partie faible dans la relation commerciale », Thèse de doctorat, Université Lille 2, 2014, p. 163.

707 Conseil d'État, n° 213161 213352 du 31 mai 2000. Louis Vogel, Droit de la concurrence : [droits européen et français], Paris : LawLex ; Bruxelles : Bruylant, 2015, p. 1252.

708 Cour de cassation, com., n° 12-12.685 du 26 mars 2013. Marie Malaurie-Vignal, « Droit de la concurrence interne et européen », Sirey, 6ème éd., 2013, p. 134.

709 Nicolas Mathey, « Rupture brutale et compétence juridictionnelle », Contrats Concurrence Consommation, n° 6, juin 2016, comm. 143. « *Dès lors qu'une demande, même à titre reconventionnel, est fondée sur les dispositions de l'article L. 442-6 du Code de commerce, seule la cour d'appel de Paris bénéficie du pouvoir pour statuer* ». Cour d'appel de Douai, sect 1, n° 14/05405 du 31 mars 2016.

710 Sun-Hee LEE, « Un recouvrement des dommages-intérêts au sens de la LRMCL », Les commentaires sur le droit de la concurrence III, Bobmunsa, 2002, p. 600.

711 En Corée, quand nous parlons d'action civile, elle englobe les litiges entre commerçants. En Corée, les affaires de commerce sont traitées par certains collèges commerciaux à

part, puisque cet article 56 de la LRMCL concernant la réparation des préjudices s'applique également à l'affaire relevant de « la loi sur le grand distributeur » [712], les fournisseurs qui ont subi des préjudices peuvent demander au grand distributeur des dommages-intérêts en invoquant la violation de « la loi sur le grand distributeur »[713]. D'autre part, l'article 750 du Code coréen civil prévoit des dommages-intérêts pour la pratique délictuelle générale, cette disposition civile est par conséquent à prendre en considération, notamment lorsque la juridiction se montre réticente à appliquer le droit de la concurrence. La victime peut choisir entre l'action basée sur le Code civil ou sur le droit de la concurrence[714]. Il en va ainsi, quand la brutalité de la rupture constitue l'élément principal de l'action en dommages-intérêts et quand elle affecte peu la structure de la concurrence sur le marché en cause.

530. Il s'agit des intérêts pour lancer une action fondée sur la LRMCL en vue de demander le paiement de dommages et intérêts. L'article 56, ① de la LRMCL accorde à la victime de cette loi la faculté de solliciter la réparation de ses préjudices devant la juridiction civile sans préjudice de l'existence de la sanction par la *KFTC*[715][716]. Et toute personne, qui a subi des préjudices en raison de la violation de cette loi, a un intérêt à agir pour leur réparation, puisque cet article évoque qu'un opérateur économique ou une fédération professionnelle engage sa responsabilité pour les préjudices de « la victime » pour cause de pratique interdite[717].

---

l'intérieur des tribunaux civils. Mais en ce qui concerne le Code, l'on se réfère au Code coréen de commerce spécialisé dans les relations entre commerçants.

[712] L'article 38, ④ de « la loi sur le grand distributeur » prévoit que les articles 56, 56-2 et 57 de la LRMCL sont applicables à l'action de réparation des préjudices basée sur les textes de « la loi sur le grand distributeur ».

[713] Mais la personne, qui n'a pas actuellement subi de préjudices, à l'image de l'association des consommateurs, n'a pas droit aux dommages-intérêts fondés sur « la loi sur le grand distributeur ». Su-Young PARK, « L'interprétation de la loi sur le grand distributeur », Fides, 2013, p. 272.

[714] Keum-Seok OH, Seong-Un YUN, Hyun-Kyu LEE, « La loi sur le grand distributeur : la théorie et la pratique », Bakyoungsa, 2012, p. 415.

[715] Avant la réforme de la LRMCL en 2004, l'action de réparation des préjudices sur le fondement de cet article 56 de la LRMCL n'était possible qu'après une sanction définitive de la *KFTC*, afin de prévenir les actions abusives et excessives (ancien article 57, ① de la LRMCL). Pourtant, ce mécanisme risquait d'être un frein pour les lancements des actions des victimes en les obligeant à attendre la décision définitive de la *KFTC*. Oh-Seung KWON, « Droit économique », Bobmunsa, 11ème éd., 2014, pp. 426 et s. Ho-Young LEE, « Droit anticoncurrentiel », Hongmoonsa, 5ème éd., 2015, p. 561.

[716] Cet article 56 de la LRMCL relatif à la faculté de demander les dommages-intérêts s'applique à toutes les violations de textes, soit des pratiques restrictives de concurrence soit des pratiques anticoncurrentielles en vertu de la LRMCL. Par exemple, l'abus de position supérieure dans le commerce, l'entente et l'abus de position dominante sur le marché, etc.

[717] Par exemple, les concurrents, les partenaires commerciaux ou les consommateurs peuvent être les victimes. Ho-Young LEE, « Droit anticoncurrentiel », Hongmoonsa, 5ème éd., 2015, p. 553.

531. Ensuite, contrairement à la France, en Corée, pour ce qui concerne l'action civile en responsabilité liée à la violation du droit de la concurrence, ni la LRMCL ni « la loi sur le grand distributeur » ni « la loi sur le sous-traitant » ne font mention de juridictions spécialisées. Dans l'action civile, il existe trois paliers de tribunaux. D'après le principe général de la définition de la compétence territoriale, est compétent en première instance le tribunal du lieu où le défendeur réside ou celui du lieu où le fait dommageable s'est produit dû à la pratique délictuelle[718][719]. En l'occurrence, en fonction des montants concernés, l'affaire civile est traitée en première instance soit par le juge seul soit par les sous-sections réunies composées de trois juges. L'appel contre les décisions prises par le juge seul revient à la division d'appel organisée par trois juges devant la cour de grande instance. Un appel contre les décisions prises par les sous-sections réunies composées de trois juges en première instance appartient à la Haute Cour de Séoul en deuxième instance[720]. Cinq hautes Cours peuvent être compétentes en fonction du principe général de la définition du ressort de la Haute Cour. Enfin, la Cour suprême de Corée examine un pourvoi sur l'application des lois en ressort final.

B. Les sanctions civiles encourues

532. En France, les sanctions civiles contre l'abus de puissance économique sont réalisées suivant diverses modalités à travers l'amende civile, la nullité, les dommages-intérêts et la répétition de l'indu, etc. **(1)**.

533. En revanche, en Corée, la sanction civile pour l'abus de puissance économique se focalise sur l'action en réparation des préjudices subis, puisqu'il est possible que la *KFTC* prononce les sanctions administratives telles que les différentes injonctions et l'amende administrative **(2)**.

1. Les sanctions civiles en France

534. En France, le contrevenant à l'article L. 442-6 du Code de commerce s'expose à un certain nombre de sanctions civiles en fonction des pratiques en cause et des situations individuelles des parties au contrat. Tout d'abord, la réparation des préjudices résultant de la pratique abusive dans l'article L. 442-6 du Code de commerce peut être demandée par la voie de l'action en responsabilité délictuelle menée aussi bien par la victime que par le ministre de l'Économie[721]. En cas d'action en référé, la réparation en

---

[718] Les articles 2 et 18, ① du code de procédure civile en Corée.

[719] Keum-Seok OH, Seong-Un YUN, Hyun-Kyu LEE, « La loi sur le grand distributeur : la théorie et la pratique », Bakyoungsa, 2012, p. 416.

[720] Jung-Won HYUN et Kyung-Min KOH, « *International Encyclopedia for Competition Law, Republic of Korea* », *Kluwer Law International*, 2011, p. 46.

[721] En ce qui concerne l'action par le ministre de l'Économie, nous allons y revenir, de façon séparée, en détail dans le prochain « II ».

nature peut également être demandée, par la victime ou par le ministre de l'Économie, sous la forme d'une demande de cessation des pratiques abusives ou de mesure provisoire telle qu'« *une condamnation à livrer sous astreinte* » à l'entreprise évincée par la rupture brutale[722]. En jurisprudence française, la nature de la responsabilité s'appuyant sur l'article L. 442-6 est considérée comme délictuelle[723]. Toutefois, certains ne partagent pas cette solution. Notamment, parce que la rupture brutale d'une relation commerciale établie « *intervient le plus souvent dans un cadre contractuel et nécessite très fréquemment une appréciation de la violation des obligations contractuelles* »[724], il apparaît difficile de la juger en tant que de seule nature délictuelle [725]. En effet, la solution de la jurisprudence entraîne des inconvénients liés à l'efficacité des clauses attributives de compétence[726]. Dans les relations nationales, la Cour de cassation ne retient pas l'application d'une clause attributive de compétence à l'affaire relative à l'article L. 442-6, I, 5°, alors que, dans les relations internationales, sa solution est contraire[727].

535. Ensuite, en France, les clauses ou contrats prévoyant certaines possibilités pour les professionnels sont nuls aux termes de l'article L. 442-6, II du Code de commerce[728]. Il nous semble que la liste noire de ce texte est limitative et que sa nullité est de plein droit. Il reste toutefois possible d'invoquer la nullité absolue, au terme de l'article 6 du Code civil, à l'égard

---

[722] Marie Malaurie-Vignal, « Droit de la concurrence interne et européen », Sirey, 6ème éd., 2013, p. 134.

[723] Cour de cassation, com., n° 07-10.493 du 15 septembre 2009.

[724] Louis Vogel, Droit de la concurrence : [droits européen et français], Paris : LawLex ; Bruxelles : Bruylant, 2015, p. 1226.

[725] Daniel Mainguy et Malo Depincé, « Droit de la concurrence », LexisNexis, 2ème éd., 2015, pp. 207 et 208. « *On pourrait considérer que la responsabilité de l'article L. 442-6 n'est ni délictuelle ni contractuelle, mais autonome, c'est-à-dire ou bien délictuelle ou bien contractuelle selon les situations...* ».

[726] Marie Malaurie-Vignal, « Droit de la concurrence interne et européen », Sirey, 6ème éd., 2013, p. 134.

[727] Cour de cassation, com., n° 04-13.178 du 6 février 2007, Cour de cassation, civ., n° 06-10.946 du 6 mars 2007. Daniel Mainguy et Malo Depincé, « Droit de la concurrence », LexisNexis, 2ème éd., 2015, p. 207. Louis Vogel, Droit de la concurrence : [droits européen et français], Paris : LawLex ; Bruxelles : Bruylant, 2015, p. 1250.

[728] La possibilité a) de bénéficier rétroactivement de remises, de ristournes ou d'accords de coopération commerciale ; b) d'obtenir le paiement d'un droit d'accès au référencement préalablement à la passation de toute commande ; c) d'interdire au cocontractant la cession à des tiers des créances qu'il détient sur lui ; d) de bénéficier automatiquement des conditions plus favorables consenties aux entreprises concurrentes par le cocontractant ; e) d'obtenir d'un revendeur exploitant une surface de vente au détail inférieure à 300 mètres carrés qu'il approvisionne mais qui n'est pas liée à lui, directement ou indirectement, par un contrat de licence de marque ou de savoir-faire, un droit de préférence sur la cession ou le transfert de son activité ou une obligation de non-concurrence post-contractuelle, ou de subordonner l'approvisionnement de ce revendeur à une clause d'exclusivité ou de quasi-exclusivité d'achat de ses produits ou services d'une durée supérieure à deux ans.

de la pratique qui contrevient à la prescription légale de l'article L. 442-6 du Code de commerce et qui est contraire à l'ordre public. Au demeurant, bien que l'article L. 442-6, III du Code de commerce ne mentionne que la seule faculté de demander la nullité des clauses ou contrats illicites et la répétition de l'indu de la part du ministre chargé de l'Économie et du ministère public, il convient que la victime de cet article puisse également agir en nullité, au-delà de la liste noire de l'article L. 442-6, II[729]. Certains juges contournent ce problème par la déclaration de « *non écrite* » de la clause contrevenant à l'article L. 442-6, I du Code de commerce, en substitution à la déclaration de nullité[730][731].

536. En revanche, en matière d'amende civile, seul le ministre chargé de l'Économie et le ministère public peuvent demander à ce qu'elle soit prononcée pour un montant maximal de 5 millions d'euros. Mais, pour renforcer son pouvoir dissuasif, « *cette amende peut être portée au triple du montant des sommes indûment versées ou, de manière proportionnée aux avantages tirés du manquement, à 5 % du chiffre d'affaires hors taxes réalisé en France par l'auteur des pratiques lors du dernier exercice clos depuis l'exercice précédant celui au cours duquel les pratiques mentionnées au présent article ont été mises en œuvre* »[732][733]. Quant à cette amende civile, il paraît problématique que l'imposition des amendes civiles aide non pas la victime de la pratique abusive mais l'Etat[734]. Par ailleurs, en matière de réforme récente par la loi Macron qui augmente le plafond de l'amende civile jusqu'à 5 % de du chiffre d'affaires, certains s'interrogent sur la question de savoir si ces amendes civiles exorbitantes le seraient en méconnaissance de la règle *non bis in idem*, alors que peuvent se prendre

---

729 Marie Malaurie-Vignal, « Droit de la concurrence interne et européen », Sirey, 6ème éd., 2013, pp. 134 et 135. « *L'article L. 442-6 édicte des règles d'interdiction, la nullité peut donc se concevoir* ». Louis Vogel, Droit de la concurrence : [droits européen et français], Paris : LawLex ; Bruxelles : Bruylant, 2015, p. 1259.

730 Marie Malaurie-Vignal, « Droit de la distribution », Sirey, 3ème éd., 2015, p. 120.

731 Certains proposent la modification des clauses par la renégociation à la place de la nullité des clauses. Emilie Gicquiaud, « Le contrat à l'épreuve du déséquilibre significatif », RTD com, 2014, p. 267. Pourtant, de notre point de vue, il paraît malaisé que des parties se confrontant devant la juridiction arrivent à s'accorder sur les points sensibles au travers de la négociation, en particulier s'il s'agit d'une affaire où des centaines de fournisseurs se trouvent impliqués.

732 L'article L. 442-6, III, deuxième alinéa du Code de commerce.

733 Le principe de la personnalité des peines n'est pas ici remis en cause, car l'amende civile n'est pas une sanction pénale. Didier Ferrier et Nicolas Ferrier, « Droit de la distribution », LexisNexis, 7ème éd., 2014, p. 196. Le Conseil constitutionnel juge aussi que l'article L. 442-6, III ne contrevient pas à ce principe de personnalité des peines. Conseil constitutionnel, n° 2016-542 QPC du 18 mai 2016. Nicolas Mathey, « Prononcé d'une amende civile et principe de personnalité des peines », Contrats Concurrence Consommation, n° 7, juillet 2016, alerte 58.

734 Emilie Gicquiaud, « Le contrat à l'épreuve du déséquilibre significatif », RTD com, 2014, p. 267. Selon elle, le déséquilibre significatif risque d'être utilisé à mauvais escient par l'État policier.

d'autres mesures à l'instar de la nullité, des dommages-intérêts et de la répétition de l'indu[735]. D'ailleurs, la juridiction peut ordonner la publication, la diffusion ou l'affichage de sa décision ou d'un extrait de celle-ci selon les modalités qu'elle précise[736].

2. Les sanctions civiles en Corée

537. En Corée, la sanction civile pour l'abus de puissance économique se concentre sur l'action en réparation des préjudices subis. Cette responsabilité par l'action en réparation portant sur la violation de la LRMCL ou « la loi sur le grand distributeur » est de nature délictuelle. Par exemple, dans une affaire où un opérateur économique qui offrait aux internautes des cours ou des formations en ligne, a unilatéralement rompu des relations longues avec son agence par la résiliation du contrat, au motif qu'elle refusait d'accepter de nouvelles conditions contractuelles très défavorables aux agences, la cour suprême de Corée a condamné l'auteur de la rupture des relations établies à payer les commissions escomptées qui déduisent les frais nécessaires, en constatant que cette résiliation constituait un refus de contracter conformément à l'article 23, ①, 1er de la LRMCL et la pratique délictuelle au sens du Code civil de Corée[737].

538. Quant à la preuve de la violation, aux fins d'encourager les actions civiles en réparation et de mieux protéger les victimes des pratiques restrictives de concurrence et des pratiques anticoncurrentielles, le législateur a instauré une inversion de la charge de la preuve du demandeur au défendeur[738]. L'article 56, ① de la LRMCL prévoit qu'un défendeur n'engage pas sa responsabilité de réparation des préjudices s'il peut démontrer la non-existence de son intention ou de sa négligence. L'objectif de ce texte coréen s'apparente quelque peu à celui de l'article L. 442-6, III du Code français de commerce : « *Dans tous les cas, il appartient au prestataire de services, au producteur, au commerçant, à l'industriel ou à la personne immatriculée au répertoire des métiers qui se prétend libéré de justifier du fait qui a produit l'extinction de son obligation* »[739].

---

735 Martine Béhar-Touchais, « L'amende civile devant le Parlement ou le vote à l'aveugle ! », Revue des contrats, n° 3, 2015, p. 535.

736 L'article L. 442-6, III, troisième alinéa du Code de commerce. Elle peut également ordonner l'insertion de la décision ou de l'extrait de celle-ci dans un rapport écrit relatif aux opérations de l'exercice par les gérants, le conseil d'administration ou le directoire de l'entreprise. Les frais sont supportés par la personne condamnée.

737 Cour suprême de Corée, 2010Da26035 du 14 juin 2012. Dans cette affaire, l'auteur de la rupture a bien respecté la durée conventionnelle pour la résiliation, mais la cour a retenu son illégalité compte tenu du caractère abusif des nouvelles conditions imposées par l'auteur.

738 Ho-Young LEE, « Droit anticoncurrentiel », Hongmoonsa, 5ème éd., 2015, p. 553.

739 Par exemple, en matière de coopération commerciale, « *le fournisseur doit prouver le paiement et le distributeur doit prouver la réalité du service rendu* ». Marie Malaurie-Vignal, « Droit de la distribution », Sirey, 3ème éd., 2015, p. 127.

539. Relativement aux moyens autres que l'action en réparation des préjudices, il n'existe pas en Corée de liste noire en matière d'abus de puissance économique semblable à l'article L. 442-6, II du Code français de commerce. Il demeure cependant possible à la victime de la pratique abusive de demander la nullité absolue des clauses illicites en vertu de l'article 103 ou 104 du Code civil de Corée, au motif que l'acte juridique est contraire à l'ordre public et à un usage loyal, et que la pratique se révèle gravement déloyale et déséquilibrée car exploitant la misère, l'imprudence ou l'inexpérience de la victime[740]. Toutefois, dans les affaires relevant du droit de la concurrence, la jurisprudence coréenne ne reconnaît que très rarement la nullité absolue en vertu du Code civil de Corée.

540. Par ailleurs, des amendes civiles pourraient être prononcées à l'encontre de l'entreprise pour cause d'obstruction lors de l'inspection des agents de la *KFTC* (article 69-2 de la LRMCL et article 41 de « la loi sur le grand distributeur »), il en va ainsi en cas de non-présentation au bureau sans raison justifiée, de dissimulation ou destruction de documents pendant l'inspection ou de fourniture de documents manipulés, etc.

§ 2. L'initiative de l'action par le ministre de l'Économie en France

541. L'action menée par le ministre de l'Économie représente-t-elle une action autonome ou une action en substitution ? Les enjeux relatifs à sa nature ont été discutés par les juges français et européens **(A)**.

542. Même après quelques arrêts français et européens sur la nature de cette action, reste encore la question de savoir si les prérogatives du ministre de l'Économie destinées à réprimer l'abus de puissance économique demeurent excessives ou appropriées **(B)**.

A. La nature de l'action menée par le ministre de l'Économie : autonome

543. Concernant la nature de l'action du ministre de l'Économie, des décisions ont été rendues par la cour d'appel et la Cour de cassation de France **(A)** et également par le Conseil constitutionnel français et la Cour européenne des droits de l'Homme (B).

740 Si un acte juridique est jugé nul, la restitution des sommes indûment versées par les victimes se poursuit.

1. Les décisions de la cour d'appel et de la Cour de cassation françaises

544. Depuis la loi NRE, qui renforce les facultés du ministre, l'action du ministre de l'Économie, exercée en temps normal par la DGCCRF[741][742], devient progressivement une disposition importante, destinée à protéger les fournisseurs de la grande distribution, en particulier en ordonnant à cette dernière de rembourser aux fournisseurs les sommes indûment versées[743]. Mais, en logique et en théorie, il n'est pas habituel que le ministre devienne partie devant la juridiction civile ou commerciale, dès lors qu'il n'a subi aucun préjudice direct en lien avec la pratique concernée. Aussi, dans la perspective d'études comparatives, cette intervention directe du ministre en tant que partie dans les actions civiles entre professionnels apparaît unique au monde[744].

545. En ce sens, plusieurs questions sur la nature de l'action du ministre ont été posées aux juridictions. En effet, cette action est-elle une action autonome ou en substitution ? Cette question porte sur les compétences de la victime et du ministre de l'Économie à l'instance : la recevabilité de l'action en cas de non-respect par le ministre de l'Économie de l'obligation d'informer les victimes et en cas de non-présence de la victime à l'instance ; la légitimité du recouvrement des sommes d'argent par le Trésor public, etc.

546. La cour d'appel de Versailles a rejeté les arguments du ministre de l'Économie, en estimant que l'action du ministre était une action de substitution, si bien que l'action engagée par le ministre sans en informer les fournisseurs titulaires des droits était irrecevable en vertu de l'article 6 de la Convention européenne des droits de l'homme, dont dix-sept d'entre eux avaient expressément exprimé leur volonté contraire[745][746][747].

---

[741] L'article L. 442-6, II du Code de commerce. Des fonctionnaires habilités à cet effet par le ministre chargé de l'Économie peuvent procéder aux enquêtes nécessaires à l'application des dispositions du présent livre.

[742] « *La DGCCRF assure la loyauté des relations commerciales entre les entreprises (titre IV du Livre IV du code de commerce)* ». « *Elle veille au bon équilibre des relations commerciales entre fournisseurs et distributeurs* ». « *Elle introduit l'action devant le tribunal de commerce spécialisé compétent au nom du ministre lorsqu'elle constate une pratique interdite par l'article L 442-6 du code de commerce* ». http://www.economie.gouv.fr/dgccrf/concurrence/Relations-commerciales.

[743] Cour d'appel de Paris, pôle 5, chambre 4, n° 13/19251 du 1er juillet 2015, *Galec*. JurisData 2015-016920.

[744] En Corée, tout au long de la procédure civile en réparation, aucune administration coréenne, y compris la *KFTC*, n'a de capacité à intervenir directement en faveur de la victime dans l'action civile.

[745] « Condition de recevabilité de l'action en substitution du ministre de l'Economie. Arrêt rendu par la cour d'appel de Versailles, 12e ch., 03-05-2007, n° 05/09223 », observation par Eric Chevrier, Recueil Dalloz, 2007, p. 2433.

[746] Dans la même logique, la cour d'appel d'Angers déclare que « *l'article L. 442-6, III, du code de commerce, en ce qu'il permet au ministre de l'Économie d'agir en nullité et en répétition de l'indu hors la présence des fournisseurs, est contraire à l'article 6, § 1, de la Convention européenne des droits de l'homme* ». « L'action en substitution du ministre de

547. Pour autant, quatre arrêts de la Cour de cassation rendus en 2008 ont cassé ces décisions des juges du fond au motif qu'« *attendu que l'action du ministre chargé de l'économie exercée en application des dispositions du premier de ces textes, qui tend à la cessation des pratiques qui y sont mentionnées, à la constatation de la nullité des clauses ou contrats illicites, à la répétition de l'indu et au prononcé d'une amende civile, est une action autonome de protection du fonctionnement du marché et de la concurrence qui n'est pas soumise au consentement ou à la présence des fournisseurs* »[748][749]. De même, la Cour de cassation a ajouté que le Trésor public pouvait recueillir « *les sommes résultant des condamnations à charge pour lui de les réserver aux victimes* »[750]. La rédaction du III de l'article L. 442-6 ne pose aucune condition à l'intervention du ministre, en conséquence « *il intervient pour son propre compte dans un souci de protection de l'ordre publique économique* »[751]. En résumé, par rapport à ces décisions de la cour d'appel, celles de la Cour de cassation accordent au ministre plus de pouvoir d'agir au titre de l'ordre public économique, en réduisant l'importance de l'accord et de la présence des victimes[752].

2. Les décisions du Conseil constitutionnel français et de la CEDH

548. Au regard d'autres droits ou libertés que la Constitution garantit, cette action du ministre a une nouvelle fois été contestée devant le Conseil constitutionnel. Néanmoins, celui-ci a validé cette mesure en reconnaissant sa nature autonome sous réserve que le ministre informe les fournisseurs du lancement de son action : « *Il est loisible au législateur de reconnaître à une autorité publique le pouvoir d'introduire, pour la défense d'un intérêt général, une action en justice visant à faire cesser une pratique contractuelle contraire à l'ordre public* ». « *Ni la liberté contractuelle ni le*

---

l'Économie est contraire à la Convention EDH. Arrêt rendu par la cour d'appel d'Angers, ch. com., 29-05-2007, n° 06/00563 », observation par Eric Chevrier, Recueil Dalloz, 2007, p. 2433.

[747] Daniel Mainguy et Malo Depincé, « Droit de la concurrence », LexisNexis, 2ème éd., 2015, pp. 193 et 194.

[748] Cour de cassation, com., n° 07-16.761 et n° 07-13.350 du 8 juillet 2008.

[749] Cour de cassation, com., n° 07-20.099 et n° 08-13.162 du 16 décembre 2008.

[750] Daniel Mainguy et Malo Depincé, « Droit de la concurrence », LexisNexis, 2ème éd., 2015, p. 194.

[751] Eric Chevrier, « La résurrection de l'article L. 442-6, III, du code de commerce », Recueil Dalloz, 2008, p. 2067. Marie-Laure Bélaval et Renaud Salomon, « Chronique de jurisprudence de la Cour de cassation », Recueil Dalloz, 2008, p. 2749.

[752] Un auteur estime que toutes ces sanctions ne sont pas liées à l'ordre public économique : « *si l'amende civile et la cessation des pratiques interdites tendent bien à sanctionner les atteintes portées à l'ordre public économique, nous sommes plus réservés en ce qui concerne les autres sanctions qui semblent plutôt être de l'ordre de la relation privée* ». Rose-Monde Zang Ndong, « Le droit des pratiques restrictives de concurrence et la protection de la partie faible dans la relation commerciale », Thèse de doctorat, Université Lille 2, 2014, p. 168.

droit à un recours juridictionnel effectif ne s'opposent à ce que, dans l'exercice de ce pouvoir, cette autorité publique poursuive la nullité des conventions illicites, la restitution des sommes indûment perçues et la réparation des préjudices que ces pratiques ont causés, dès lors que les parties au contrat ont été informées de l'introduction d'une telle action »[753]. Dans ce sens, la cour d'appel de Grenoble déclare l'action du ministre irrecevable à défaut d'information des fournisseurs, et certains auteurs adhèrent à cette décision en mettant l'accent sur le respect du devoir d'information afin d'assurer suffisamment le droit au recours d'une partie[754].

549. Ensuite, similairement aux juridictions françaises, la Cour européenne des droits de l'homme a rejeté la prétention du requérant selon laquelle le ministre agit en substitution des victimes. En revanche, à propos de l'obligation d'informer de l'introduction de l'action, sa décision se révèle, en théorie, quelque peu différente de celle du Conseil constitutionnel. Selon cette cour européenne, « *cette obligation d'information des cocontractants est justifiée par un impératif de protection des fournisseurs. Or, en l'espèce, quand bien même cette condition n'aurait pas été remplie à l'égard des fournisseurs, il n'est pas démontré que cela aurait causé un préjudice quelconque dans le chef de la requérante au titre des garanties de l'article 6 § 1 dans la mesure où la requérante était libre d'attirer ses cocontractants à l'instance* »[755].

550. *A priori*, en matière d'obligation d'information, nous préférons la décision plus souple de la CEDH à celle du Conseil constitutionnel, en considérant que les fournisseurs peuvent engager eux-mêmes leurs actions ou se joindre à l'action introduite par le ministre et peuvent également être attirés à l'instance par la grande distribution. Si l'obligation d'information est demandée strictement pour cette action, cette obligation risque d'être mal utilisée par la grande distribution qui s'en servira comme une arme pour paralyser une disposition visant à la protection des fournisseurs, dans la

---

753 Conseil constitutionnel, n° 2011-126 QPC du 13 mai 2011, JurisData 2011-015905. Selon le Conseil constitutionnel, « *l'atteinte portée à la liberté d'entreprendre par les dispositions contestées n'est pas disproportionnée au regard de l'objectif poursuivi. Ces dispositions ne sont contraires ni au principe du contradictoire, ni au droit de propriété* ». Daniel Mainguy et Malo Depincé, « Droit de la concurrence », LexisNexis, 2ème éd., 2015, p. 194.

754 « Stricte acception des modalités d'information des fournisseurs dans le cadre de l'action du ministre de l'Économie, Arrêt rendu par Cour d'appel de Grenoble, 03-07-2014, n° 09/03013 », observation par Arnaud Lecourt, AJCA, 2014, p. 288.

755 Cour européenne des droits de l'homme, n° 51255/08 du17 janvier 2012, JurisData 2012-006077. La CEDH juge que le ministre de l'Économie « *agit avant tout en défense de l'ordre public économique qui n'est pas limité aux intérêts immédiats des fournisseurs. Le ministre par son action n'exclut pas les cocontractants lésés par la relation commerciale puisque ces derniers restent en droit d'engager eux-mêmes une action en justice aux fins d'obtenir l'annulation des clauses ou des contrats illicites... ou de se joindre à l'instance initiée par le ministre* ». Jean-Louis Fourgoux, « Fasc. 282 : Procédure de contrôle des pratiques restrictives de concurrence », JurisClasseur Commercial, le 3 avril 2012, p. 4.

situation où l'action initiée par le ministre implique plusieurs centaines de fournisseurs. En ce sens, la cour d'appel de Paris adopte également une position moins restrictive sur l'information : « *L'obligation pour le ministre d'informer les fournisseurs de son action en justice, obligation qui a pour finalité de permettre à ces derniers de défendre leurs intérêts, est satisfaite dès lors que l'information leur est donnée en temps utile pour leur permettre soit de former une action principale, soit d'intervenir volontairement à l'instance initiée par le ministre ; il n'est pas exigé à peine d'irrecevabilité de l'action, que le ministre informe les fournisseurs avant l'introduction de son action* »[756].

B. L'opportunité de l'action menée par le ministre de l'Économie

551. En dépit de ces décisions autorisant l'action menée par le ministre de l'Économie, plusieurs personnes soulèvent la question de savoir si les facultés particulières du ministre de l'Économie sont appropriées ou excessives **(1)**. Toutefois, il nous semble nécessaire de maintenir cette disposition spécifique pour garantir une protection suffisante des fournisseurs contre les abus de la grande distribution **(2)**.

1. Les inquiétudes légitimes suscitées par les prérogatives du ministre de l'Économie

552. En France, dans le cadre de cette action, le ministre de l'Économie possède la faculté spécifique et forte de demander à la juridiction saisie la cessation des pratiques illicites, la constatation de la nullité des clauses ou contrat illicites, la répétition de l'indu, la réparation des préjudices civiles et même les amendes civiles[757]. Ces prérogatives du ministre de l'Économie, qui s'amplifient depuis la loi NRE en 2001, font que « *l'ordre public de protection semble ici clairement céder la place à l'ordre public de direction* »[758].

---

[756] Cour d'appel de Paris, pôle 5, chambre 4, n° 13/19251 du 1er juillet 2015, *Galec*. JurisData 2015-016920.

[757] A la différence du ministre de l'Économie, le président de l'Autorité de la concurrence ne peut introduire que l'action en réparation ou en nullité, lorsque ce dernier constate, à l'occasion d'affaires qui relèvent de sa compétence, une pratique mentionnée au présent article (C. Com., art. L. 442-6, III, premier alinéa). Louis Vogel, Droit de la concurrence : [droits européen et français], Paris : LawLex ; Bruxelles : Bruylant, 2015, p. 1250. Un auteur trouve que ce texte sur la faculté de l'ADLC n'est qu'« *une maladresse de rédaction* ». Il ne lui semble pas normal que l'ADLC ait une faculté d'introduire l'action, alors qu'elle ne peut requérir concrètement lors de cette action. Guillaume Mallen, « L'appréhension des pratiques restrictives par les autorités françaises et européennes de la concurrence : Analyse des pratiques contractuelles abusives entre professionnels à l'épreuve du droit des pratiques anticoncurrentielles », Thèse de doctorat, L'Harmattan, DL 2014, p. 37.

[758] Louis Vogel, Droit de la concurrence : [droits européen et français], Paris : LawLex ; Bruxelles : Bruylant, 2015, pp. 1063 et 1064.

553. En dépit d'une jurisprudence constante qui affirme sa nature autonome et sa conformité à la Constitution et à l'article 6 de la Convention européenne, la controverse persiste entre les universitaires et les praticiens à propos de l'opportunité de cette action du ministre en France. Certains se posent la question de savoir si ces facultés du ministre sont excessives au point de compromettre l'équilibre entre le requérant et le défendeur et la distinction entre les domaines civils et administratifs. MM. Daniel Mainguy et Malo Depincé, pour leur part, estiment que ce dispositif présente « *l'apparence de la sévérité* », alors que les règles restent des règles civiles et se subordonnent à la procédure civile, et que ses prérogatives fortes pourraient s'apparenter à « *des pouvoirs de police économique* » ou à « *une étatisation du contrôle* »[759]. De leur côté, les Professeurs Claude Lucas De Leyssac et Muriel Chagny observent que ces facultés spécifiques du ministre sont « *révélatrices d'un droit civil des contrats devenu l'instrument d'un nouveau dirigisme* », et que « *le paragraphe III de l'article L. 442-6 laisse une impression persistante de dévoiement de mécanismes ou de concepts du droit civil* »[760]. D'ailleurs, le Professeur Martine Béhar-Touchais pense que l'action du ministre remet en cause la tentative d'intégration et d'harmonie des sanctions au niveau européen. Elle considère que l'harmonie des sanctions joue un rôle essentiel dans l'efficacité des sanctions à l'échelle européenne[761].

2. L'efficacité irréfutable des prérogatives du ministre de l'Économie

554. Malgré ces problèmes considérables, cette mesure particulière nous semble nécessaire et efficace pour rééquilibrer le rapport de force entre la grande distribution et le fournisseur. Certes, la grande distribution dispose d'un pouvoir économique fort vis-à-vis de ses fournisseurs. Et ce pouvoir de négociation est maximalisé, de manière extraordinaire, lorsqu'il se trouve lié au « facteur crainte ».

555. En réalité, il arrive rarement que les fournisseurs initient eux-mêmes l'action en justice contre la grande distribution. En effet, ils sont susceptibles d'être déréférencés par la centrale des grandes distributions, donc de perdre leurs débouchés provenant des entreprises de la grande

---

[759] Daniel Mainguy et Malo Depincé, « Droit de la concurrence », LexisNexis, 2ème éd., 2015, pp. 193 et 194.

[760] Claude Lucas De Leyssac et Muriel Chagny, « Le droit des contrats, instrument d'une forme nouvelle de régulation économique ? », Revue des contrats, n° 3, juillet 2009, pp. 1286 et s.

[761] Martine Béhar-Touchais, « Droit européen des pratiques commerciales déloyales. Rapport conclusif », Droit européen des pratiques commerciales déloyales : évolution et perspectives, sous la direction de Évelyne Terryn et Denis Voinot, Larcier, 2012, pp. 193 et 194. Par exemple, imaginons qu'une pratique identique ne soit sanctionnée que par le paiement des dommages-intérêts en Belgique et qu'en France elle s'expose non seulement à la réparation des préjudices mais encore à la sanction d'amendes civiles.

distribution[762]. Dès lors, quand une victime professionnelle accepte de lourds préjudices illégaux sans recourir à l'administration ou à la juridiction, il s'agit d'une situation tout à fait exceptionnelle, aussi la disposition gagnerait-elle à témoigner d'un peu d'audace face à ce problème extraordinaire.

556. Par ailleurs, lorsqu'un fournisseur introduit lui-même une action en justice soit en cours de transaction soit après son terme, il n'est jamais simple pour le requérant de fournir toutes les preuves requises afin d'obtenir gain de cause dans un procès civil. Par exemple, nous doutons que les fournisseurs puissent dévoiler les violations massives et bien organisées d'un groupement d'achat sans l'aide de la DGCCRF[763].

557. De surcroît, cette action du ministre permet de diminuer la charge que constitue le fait de prendre un avocat qui est loin d'être insignifiante pour les petits fournisseurs. Et les agents de la DGCCRF compétents et expérimentés en la matière pourraient fort bien exercer cette action difficile à la place des fournisseurs. En ce sens, l'article L. 470-5 du Code de commerce les autorise à déposer leurs conclusions et à les développer oralement à l'audience ainsi qu'à produire les procès-verbaux et les rapports d'enquête ; par ailleurs l'article R. 442-1 du Code de commerce dispense de la représentation par un avocat en cas d'action du ministre[764].

SECTION II. LA SANCTION PÉNALE ATTACHÉE AUX ABUS DE PUISSANCE ÉCONOMIQUE

558. Quels sont les rôles de l'administration et du parquet dans la mise en œuvre de la sanction pénale attachée aux abus de puissance économique ? **(§ 1)**.

559. Si les conditions procédurales pour la sanction pénale sont réunies, quelles sanctions pénales peuvent être prononcées ? **(§ 2)**.

560. Nous nous focaliserons sur la teneur des sanctions pénales en droit coréen de la concurrence, puisque la sanction pénale n'est plus, en droit français, une disposition centrale en ce qui concerne les abus de puissance économique.

---

[762] Louis Vogel, Droit de la concurrence : [droits européen et français], Paris : LawLex ; Bruxelles : Bruylant, 2015, p. 1259.

[763] Cour d'appel de Paris, pôle 5, chambre 4, n° 13/19251 du 1er juillet 2015, *Galec*. JurisData 2015-016920. « *Le groupement d'achats est condamné à verser au Trésor public la somme de 61 288 677,84 euros correspondant aux sommes ayant été indûment perçues à charge pour le Trésor public de les restituer aux fournisseurs* ».

[764] Louis Vogel, Droit de la concurrence : [droits européen et français], Paris : LawLex ; Bruxelles : Bruylant, 2015, p. 1062.

§ 1. Les compétences pour la mise en mouvement de la sanction pénale

A. Le rôle de l'administration

561. S'agissant de la poursuite pénale pour l'abus de puissance économique, alors que la compétence de l'administration se montre restrictive en France **(1)**, la *KFTC* joue un rôle décisif en Corée **(2)**.

1. La compétence restrictive de l'administration en France

562. En France, de nos jours, la sanction pénale ne constitue pas le dispositif majeur pour lutter contre les abus de puissance économique dans les relations commerciales déséquilibrées à la suite des démarches continuelles de dépénalisation du droit de la concurrence. Et cela d'autant plus que, dans la mesure où la poursuite pénale ne se trouve pas liée au comportement de l'ADLC ou de la DGCCRF, le rôle de l'administration s'avère très réduit dans ce domaine.

563. En France, de 1810 à 1977, la sanction pénale faisait figure de sanction importante dans le droit de la concurrence. Durant cette période, la transmission des dossiers par l'administration représentait « *une condition de la poursuite pénale* ». En 1977, le ministre deviendra subsidiairement habilité à prononcer des interdictions et des amendes administratives. Désormais, le législateur français a entamé un travail de dépénalisation en 1986 en renforçant le rôle de l'administration, et a constaté « *la prépondérance du contrôle administratif* » en 2008 en établissant l'ADLC[765].

564. D'un autre côté, en 2005 [766], aux fins de simplification et d'accélération des procédures pénales, plusieurs mesures ont été adoptées, telles que le renforcement des rôles des agents administratifs et la procédure de transaction. Les agents administratifs deviennent habilités à proposer à l'auteur de l'infraction une transaction, tant que l'action publique n'a pas encore démarré[767][768]. S'agissant de l'effet de transaction, « *l'action publique est éteinte lorsque l'auteur de l'infraction a exécuté dans le délai imparti les obligations résultant pour lui de l'acceptation de la transaction* » (C. Com., art. L. 470-4-1, alinéa 3). En revanche, une acceptation de transaction

---

[765] Jean-Bernard Blaise, « La sanction pénale », *Concurrences*, n° 1, 2013, p. 23.

[766] La loi du 2 août 2005 et l'ordonnance du 1er septembre 2005 (infractions aux règles de protection du consommateur).

[767] L'article L. 470-4-1 du Code de commerce : « *Pour les délits prévus au titre IV du présent livre pour lesquels une peine d'emprisonnement n'est pas encourue et pour les contraventions prévues au présent livre, l'autorité administrative chargée de la concurrence et de la consommation a droit, tant que l'action publique n'a pas été mise en mouvement, de transiger, après accord du procureur de la République, selon les modalités fixées par décret en Conseil d'Etat* ».

[768] Jean-Louis Fourgoux, « Fasc. 282 : Procédure de contrôle des pratiques restrictives de concurrence », JurisClasseur Commercial, le 3 avril 2012. pp. 10 et 11.

signifie une reconnaissance de l'infraction, aussi une action en réparation de la victime n'est-elle pas exclue[769].

565. Ensuite, en 2014, une vague de dépénalisation s'est vue, de nouveau, confirmée par la loi Hamon qui a substitué la sanction administrative à la sanction pénale en matière de CGV, la convention unique et le délai de paiement, etc.

566. Enfin, aujourd'hui, d'une part, dans le secteur du droit des pratiques anticoncurrentielles au sens restrictif, seul le texte pénal de l'article L. 420-6 du Code de commerce prévoit une peine d'emprisonnement pour l'auteur actif de l'entente (C. Com., art. L. 420-1) ou de l'abus de position dominante sur le marché (C. Com., art. L. 420-2). En outre, ce texte pénal s'applique très peu dans la pratique, « *à peine une dizaine de condamnations depuis 1986* », puisque la procédure se déroule souvent sur une très longue période et que les juges français hésitent à appliquer la sanction pénale à « *ce qui leur apparaît comme une simple dérive commerciale* »[770]. D'autre part, dans le domaine du droit de la concurrence au sens extensif, seule la revente à perte (C. Com., art. L. 442-2 et L. 442-3), l'imposition d'un prix de revente (C. Com., art. L. 442-5) et les règles sur la facturation (C. Com., art. L. 441-3) dans le Code de commerce donnent lieu à la sanction pénale.

567. En conséquence, nous pouvons dire qu'en France, la sanction pénale ne relève que peu de l'abus de puissance économique dans les relations commerciales tout comme les déséquilibres significatifs dans les droits et obligations des parties. Surtout, relativement à quelques textes pénaux évoqués plus haut, l'interférence de l'administration n'est pas essentielle pour l'ouverture de la poursuite pénale, car elle peut être déclenchée par le dépôt de plainte de la victime ou par la saisine d'office du parquet sans préjudice de la pratique de l'ADLC ou de la DGCCRF. Tel est le cas d'une petite intervention administrative, quand l'ADLC adresse le dossier au procureur de la République si la gravité des faits justifie l'application de l'article L. 420-6 du Code de commerce[771].

2. La compétence étendue de l'administration en Corée

568. Contrairement à la France, en Corée, l'administration jouit encore d'un pouvoir important relativement à la procédure pénale. En théorie, de nombreuses règles en droit coréen de la concurrence, y compris celles de « la

---

[769] Jean-Louis Fourgoux, « Fasc. 282 : Procédure de contrôle des pratiques restrictives de concurrence », JurisClasseur Commercial, le 3 avril 2012. p. 12.

[770] Jean-Bernard Blaise, « La sanction pénale », *Concurrences*, n° 1, 2013, p. 23.

[771] L'article L. 462-2, alinéa 2 du Code de commerce. Leyla Djavadi, « Fasc. 285 : Procédure en droit interne de la concurrence », JCl. Commercial, le 15 février 2014, p. 83. Georges Decocq, « Le rôle du ministère public au regard du pouvoir de sanction des autorités indépendantes en droit de la concurrence », Cahiers de droit de l'entreprise, n° 5, septembre 2015, dossier 42. Selon Georges Decocq, « *l'ADLC ne peut saisir le juge pénal directement, mais doit transmettre son dossier au parquet qui saisira, s'il le juge opportun, le juge pénal* ».

loi sur le grand distributeur », pourraient donner lieu à une sanction pénale, et même à une peine d'emprisonnement, consécutivement à leurs manquements. Autrement dit, l'entreprise pourrait s'exposer également à la sanction pénale malgré les amendes administratives déjà prononcées par la *KFTC*, lorsqu'elle contrevient gravement aux textes sur l'abus de position dominante sur le marché ou au contrôle des concentrations, à l'entente, aux pratiques restrictives de concurrence, ou encore quand elle commet des infractions graves telles celles prévues par « la loi sur le grand distributeur », etc.[772][773].

569. Pourtant, il est certain que la sanction pénale doit demeurer une mesure de dernier recours et complémentaire pour protéger la concurrence. Par conséquent, si la sanction administrative prononcée par la *KFTC* ou l'exécution privée devant la cour peut satisfaire suffisamment la finalité de la règlementation, il semble peu convenable que l'État déclenche son pouvoir pénal[774]. A ce titre, afin d'empêcher la pénalisation excessive dans les affaires du droit de la concurrence et de respecter en premier lieu le jugement de l'autorité spécialisée relative à la concurrence à propos de la nécessité de la peine pénale, le législateur coréen a confié à la *KFTC* « un pouvoir exclusif de dénonciation au parquet » à travers l'article 71 de la LRMCL[775]. Cet article 71, ① prévoit que la dénonciation au parquet par la *KFTC* est une condition essentielle pour les poursuites pénales qui pourraient aboutir à l'emprisonnement. Ainsi, la poursuite du parquet en l'absence de dénonciation de la *KFTC* aboutirait à une ordonnance de non-lieu[776]. « La loi sur le grand distributeur » a aussi adopté ce mécanisme de « pouvoir exclusif de dénonciation » offert à la *KFTC* en citant les articles concernés de la LRMCL[777].

570. La conformité à la Constitution de ce pouvoir exclusif de dénonciation de la *KFTC* peut être discutée. Dans une affaire où la *KFTC* n'avait pas dénoncé au parquet suite à sa reconnaissance de la pratique restrictive de concurrence et après que des amendes administratives et l'injonction auront été prononcées, des consommateurs ont saisi les juges constitutionnels au motif d'atteinte à leurs droits à être jugés devant les juges. La Cour constitutionnelle de Corée déclare que le pouvoir exclusif de

---

[772] Les articles 66, 67, 68 et 69 de la LRMCL prévoient la peine d'emprisonnement ou les amendes pénales en fonction des pratiques en cause et de leur gravité.

[773] L'article 39 de « la loi sur le grand distributeur » prévoit la peine d'emprisonnement ou les amendes pénales en fonction des pratiques en cause et de leur gravité.

[774] Oh-Seung KWON, « Droit économique », Bobmunsa, 11ème éd., 2014, p. 424. Selon KWON, la sanction pénale doit être cantonnée aux pratiques qui affectent l'ordre concurrentiel.

[775] Ho-Young LEE, « Droit anticoncurrentiel », Hongmoonsa, 5ème éd., 2015, p. 565. Jeong-Hyoo LEE, « Le pouvoir exclusif de dénonciation de la *KFTC* dans la LRMCL », Les commentaires sur le droit de la concurrence II, Bobmunsa, 2000, pp. 664 et s.

[776] Hyeon-Yun SIN, « Le droit économique », Bobmunsa, 6ème éd., 2014, p. 423.

[777] L'article 42 de « la loi sur le grand distributeur ».

dénonciation de la *KFTC* ne s'oppose pas, en soi, à la Constitution de Corée. Or, les juges constitutionnels ajoutent que, certes, la *KFTC* détient une marge de discrétion quand elle décide de dénoncer ou non au parquet la pratique jugée illégale au sens de la LRMCL, elle est cependant tenue de dénoncer au parquet, dans la mesure où la pratique concernée se caractérise par une illégalité grave et qu'elle occasionne des pertes significatives pour les victimes ou les marchés, par conséquent, dans la mesure où la sanction pénale se révèle indispensable à l'aune de l'objectif du droit de la concurrence. En l'occurrence, si la *KFTC* n'exécute pas son pouvoir de dénonciation, cette pratique de la *KFTC* pourrait être qualifiée d'abus d'un pouvoir discrétionnaire d'appréciation[778].

571. De nos jours, dans la pratique, le nombre de dénonciations de la *KFTC* auprès du parquet demeure faible. En 2015, alors que la *KFTC* a traité, au total, 4 367 affaires de concurrence au sens étendu, la *KFTC* a exercé son pouvoir de dénonciation au parquet dans seulement 56 affaires[779]. Dans ce contexte, certains invoquent fortement la suppression de ce pouvoir dérogatoire de la *KFTC*, au motif que celui-ci risque d'être mal utilisé en dispensant les grandes entreprises de la poursuite pénale au détriment des PME, et au motif que ce pouvoir dérogatoire de dénonciation exclusive pourrait limiter les effets dissuasifs des règles de concurrence, si la *KFTC* abuse de sa marge de manœuvre en faveur des grandes entreprises[780]. D'autres considèrent qu'il convient que ce pouvoir spécifique de la *KFTC* soit cantonné aux manquements complexes qui nécessitent une analyse économique du marché[781].

572. En revanche, la *KFTC* défend son pouvoir exceptionnel en arguant qu'il est nécessaire de contrôler les abus de l'action publique dans les affaires de concurrence. En d'autres termes, parce que l'utilisation de la sanction pénale dans les affaires du droit de la concurrence pourrait entraver excessivement les activités économiques des entreprises, elle doit être maîtrisée par l'institution spécialisée dans le domaine de concurrence[782]. Surtout, en cas de suppression d'un pouvoir de dénonciation exclusive de la *KFTC* en vertu de l'article 71 de la LRMCL, les PME deviendraient de fait paradoxalement les victimes de dénonciations déraisonnables au parquet au titre de l'infraction au droit de la concurrence. En effet, alors que les grandes

---

[778] Cour constitutionnelle de Corée, 94Hun-ma136 du 21 juillet 1995. Ho-Young LEE, « Droit anticoncurrentiel », Hongmoonsa, 5ème éd., 2015, pp. 566 et s. Jeong-Hyoo LEE, « Le pouvoir exclusif de dénonciation de la *KFTC* dans la LRMCL », Les commentaires sur le droit de la concurrence II, Bobmunsa, 2000, pp. 673 et s.

[779] KFTC, « Livre annuel de statistiques 2015 », 2016, pp. 24 et 32.

[780] Chan-Keol PARK, « Une étude sur le principe légal de dénonciation exclusive dans la loi sur la régulation de monopole et le commerce loyal », *Seoul Law review*, vol 20, n° 1, 2012, p. 371.

[781] Oh-Seung KWON, « Droit économique », Bobmunsa, 11ème éd., 2014, pp. 425 et 426.

[782] Hak-Eui KIM, « L'infraction de la LRMCL et la sanction pénale », Les commentaires sur le droit de la concurrence II, Bobmunsa, 2000, p. 648.

entreprises peuvent solliciter l'aide des avocats et spécialistes compétents dans ce domaine, les PME accusées se heurtent à des difficultés pour obtenir cette aide[783].

B. Le rôle du parquet

573. Tout au long de la poursuite pénale, alors que la compétence du parquet est réduite en France **(1)**, elle pourrait relativement se renforcer en Corée **(2)**.

1. La compétence réduite du parquet en France

574. En France, le rôle du parquet dépend des disciplines composant le droit de la concurrence. En ce qui concerne la transparence tarifaire et les pratiques restrictives de concurrence, l'infraction pénale, administrative ou civile peut être qualifiée en fonction du texte utilisé. Le Professeur Georges Decocq a expliqué le rôle du parquet qui dépend de la nature de l'infraction : « *le parquet joue pour les infractions pénales un rôle assez classique, et pour les infractions administratives et civiles un rôle plus novateur* »[784].

575. Cependant, comme nous venons de le voir, suite aux démarches de dépénalisation, hormis quelques textes, les règles du Titre IV du Livre IV du Code de commerce, étroitement liées à l'abus de puissance économique, ne prévoient plus de sanction pénale en cas de manquement. Par exemple, en cas de déséquilibre significatif dans les droits et obligations des parties ou en cas de rupture brutale de la relation établie, la sanction civile fonctionne comme une mesure de résolution en lieu et place de la sanction pénale (C. Com., art. L. 442-6). De surcroît, le non-respect de l'obligation de conclure la convention unique dans les délais impartis est passible d'une amende administrative (C. Com., art. L. 441-7, II).

576. En conséquence, aujourd'hui, le parquet français n'a qu'un rôle secondaire dans la sanction des abus de puissance économique dans les relations commerciales déséquilibrées. Par corollaire, les juges pénaux français ne se montrent pas enclins à utiliser la sanction pour l'abus de puissance économique.

2. La compétence croissante du parquet en Corée

577. En Corée, sous le régime actuel où la *KFTC* détient un pouvoir exclusif de dénonciation au parquet, sous condition que la *KFTC* dénonce un

[783] http://www.yonhapnews.co.kr/bulletin/2016/10/11/0200000000AKR20161011087752002.HTML?input=1195. http://www.sisaon.co.kr/news/articleView.html?idxno=48420. Il s'agit d'un entretien avec le président de la *KFTC*.

[784] Georges Decocq, « Le rôle du ministère public au regard du pouvoir de sanction des autorités indépendantes en droit de la concurrence », Cahiers de droit de l'entreprise, n° 5, septembre 2015, dossier 42.

opérateur économique au parquet au titre de la violation du droit de la concurrence au sens large (y compris l'abus de puissance économique dans les relations commerciales déséquilibrées), le parquet peut commencer à poursuivre la procédure pénale sur les affaires déjà traitées par la *KFTC*. Dès lors, en l'absence de cette dénonciation pénale de la *KFTC*, le parquet ne peut exécuter une inspection dans le cadre d'une violation des textes de la LRMCL ou de ceux de la « la loi sur le grand distributeur »[785].

578. Afin de prévenir les abus quant aux marges de manœuvre laissées à la *KFTC*, le législateur coréen a créé certaines mesures complémentaires en faveur du parquet. D'abord, lorsqu'un manquement est si objectivement évident et grave qu'il affecte l'ordre de la concurrence, la *KFTC* est de manière dérogatoire tenue de dénoncer au président du parquet (article 71, ② de la LRMCL). Le cas échéant, le procureur général a vocation à revendiquer à la *KFTC* la dénonciation envers le parquet, s'il juge que la violation concernée est grave et manifeste (article 71, ③ de la LRMCL). Ensuite, en 2013, le législateur coréen a ajouté un nouveau dispositif pour contrôler la non-dénonciation arbitraire de la *KFTC*. « *Board of Audit and Inspection* », « *Public Procurement Service* » et « *Small Business Administration* » peuvent également revendiquer au président de la *KFTC* une dénonciation envers le parquet en fonction des circonstances (article 71, ④ de la LRMCL)[786]. Lors d'une revendication par le procureur général, « *Board of Audit and Inspection* », « *Public Procurement Service* » ou « *Small Business Administration* », la *KFTC* est obligée de dénoncer au parquet l'entreprise contrevenante (article 71, ⑤ de la LRMCL). Enfin, dès que le parquet exerce la poursuite pénale devant la cour pénale, la *KFTC* ne peut plus retirer sa dénonciation auprès du parquet (article 71, ④ de la LRMCL)[787]. C'est-à-dire que si la *KFTC* a l'intention d'annuler sa dénonciation, elle doit se hâter de mettre un terme au retrait avant la mise en mouvement de la poursuite pénale devant la cour pénale.

579. Mais, même en cas de dénonciation de l'entreprise par la *KFTC* au parquet en vertu de l'article 71 de la LRMCL, les entreprises se voyaient rarement et effectivement punies d'une peine d'emprisonnement ou d'amendes pénales élevées par les juges pénaux. Car les procureurs et les juges pénaux se montraient réticents à poursuivre et prononcer la sanction

---

[785] Jung-Won HYUN et Kyung-Min KOH, « *International Encyclopedia for Competition Law, Republic of Korea* », *Kluwer Law International*, 2011, p. 47.

[786] Même si la *KFTC* décide que la sanction pénale et la poursuite pénale ne sont pas requises pour certaines entreprises défaillantes, « *Board of Audit and Inspection* », « *Public Procurement Service* » et « *Small Business Administration* » peuvent revendiquer à la *KFTC* sa dénonciation au parquet. Le législateur coréen souhaite que ces trois institutions partagent un rôle de protection des parties faibles au titre de l'intérêt général.

[787] Les juges pénaux vérifient encore la présence et le maintien de la dénonciation de la *KFTC*, lorsqu'ils décident de prononcer une peine d'emprisonnement ou des amendes pénales.

pénale à l'égard de l'entreprise que la *KFTC* avait déjà condamnée à payer des amendes administratives lourdes. Par conséquent, en Corée, en dépit de l'existence de règles autorisant largement la sanction pénale, celle-ci ne fonctionnait pas auparavant comme une mesure de première importance[788].

580. Cependant, nous ne pouvons pas exclure la possibilité progressive de renforcer, à l'avenir, le rôle du parquet coréen comme c'est le cas aux Etats-Unis où la sanction pénale constitue une mesure essentielle dans le domaine de la concurrence, notamment dans le cas des « *cartels* », puisque le parquet coréen montre peu à peu un intérêt croissant pour les affaires de concurrence. Ce mouvement vers la pénalisation est étroitement lié à l'abolition du pouvoir de la dénonciation exclusive de la *KFTC*. Dans ce sens, le parquet a récemment instauré, à l'intérieur de « *Seoul Central Prosecutor's Office* », une division qui spécialise l'instruction et la poursuite de l'infraction du droit de la concurrence, y compris l'abus de puissance économique dans les relations commerciales déséquilibrées[789]. En revanche, lorsque le parquet poursuit l'action publique, il n'existe pas de juridiction spécifique pénale pour les affaires de concurrence en Corée.

§ 2. La teneur des sanctions prononcées

581. Nous allons nous intéresser à la LRMCL **(A)** et à « la loi sur le grand distributeur » **(B)** dans le cadre des textes permettant la sanction pénale et des effets secondaires de la pénalisation étendue.

A. La loi sur la régulation du monopole et le commerce loyal

582. La LRMCL dispose de plusieurs articles qui permettent largement d'appliquer la sanction pénale **(1)**. Pour autant, cette pénalisation étendue peut provoquer des effets pervers considérables **(2)**.

1. Des textes autorisant largement la sanction pénale

583. Selon l'article 66, le fait de l'abus de position dominante sur le marché ou de l'entente sur le prix ou de non-respect du contrôle de concentration ou de non-respect de la restriction des pratiques de la société holding[790] ou des transactions abusives à l'intérieur des grands groupes (le

---

788 Ho-Young LEE, « Droit anticoncurrentiel », Hongmoonsa, 5ème éd., 2015, p. 570.

789 Jung-Won HYUN et Kyung-Min KOH, « *International Encyclopedia for Competition Law, Republic of Korea* », *Kluwer Law International*, 2011, p. 47.

790 Cette règlementation à propos de la société holding relève du contrôle de la structure et de la gouvernance des conglomérats coréens, désigné sous le nom de « *chaebol* ». Elle a pour objet d'atténuer une concentration exorbitante de la puissance économique des « *chaebol* ». Jeong-Pyo CHOI, « Les défauts et les avantages de la politique de concurrence loyale », Haenam, 2011, pp. 175 et s.

soutien abusif entre les filiales du conglomérat)[791] pourrait être puni d'un emprisonnement dont la durée ne peut excéder trois ans ou d'une amende pénale dont le montant ne peut être supérieur à 200 000 000 wons (environ 160 000 euros).

584. Et l'article 67 prévoit que le fait de pratiques restrictives de concurrence ou d'inexécution de l'injonction de la *KFTC* pourrait être puni d'un emprisonnement dont la durée ne peut excéder deux ans ou d'une amende pénale dont le montant ne peut excéder 150 000 000 wons (environ 120 000 euros). A travers l'article 68, l'entreprise peut être condamnée à une amende pénale dont le montant ne peut dépasser 100 000 000 wons (environ 80 000 euros) pour les manquements aux obligations de déclaration préalable relativement à la société holding[792].

585. Enfin, en ce qui concerne la sanction pour l'abus de puissance économique dans les relations commerciales déséquilibrées telles que l'abus de position supérieure dans le commerce, l'entreprise qui contrevient aux dispositions concernées ou qui n'exécute pas l'injonction infligée par la *KFTC* pour avoir commis l'abus de puissance économique est passible d'un emprisonnement allant jusqu'à deux ans ou à une amende pénale jusqu'à hauteur de 150 000 000 wons (environ 1 200 000 euros).

586. S'agissant de l'obstruction de l'enquête de la *KFTC* [793] par l'entreprise, non seulement l'imposition d'une amende, mais aussi la condamnation à une peine pénale (jusqu'à trois ans de prison ferme) sont actuellement possibles. Avant la modification apportée à la loi en juin 2012, selon l'article 69-2, ① de la LRMCL, pour empêchement, entrave ou refus de l'enquête en recelant, en faisant disparaître, en refusant la présentation et

---

[791] Voir supra, p. 32.

[792] A part ces pratiques illicites énumérées ici, il existe encore d'autres pratiques qui autorisent les sanctions pénales dans les articles 66, 67, 68 et 69 de la LRMCL.

[793] Dans le but d'obtenir des informations nécessaires et sensibles à ses enquêtes et de déceler la distorsion de la concurrence sur le marché, la *KFTC* détient un pouvoir considérable d'investigation : celui de convoquer les personnes impliquées, y compris des employés, les parties à la transaction, les concurrents, les témoins, de rédiger le procès-verbal, de demander le dépôt des documents pertinents, et, surtout, la *KFTC* est dûment autorisée à procéder à l'investigation sur place. L'investigation de la *KFTC* fait partie de l'enquête volontaire. Autrement dit, cette dernière ne pourra imposer une perquisition surprise des locaux ni une saisie des pièces à conviction : en effet, l'enquêteur de la *KFTC* ne possède ni mandat de perquisition ni mandat d'arrêt par le juge. Les pouvoirs d'investigation de la *KFTC* doivent être renforcés en vue de contrôler les pratiques que les parties préféreraient dissimuler. La *KFTC* s'est heurtée à des difficultés en menant des enquêtes sur les ententes et sur l'examen des réglementations quant aux conglomérats coréens (le groupe *Samsung, Hyundai, LG, SK*, etc.) ou aux grandes entreprises multinationales (*Google, Microsoft*, etc.). En effet, le siège de leurs bâtiments est de taille impressionnante ; leurs succursales et leurs usines sont dispersées ; leurs structures sont organisées de manière complexe ; de nombreux employés travaillent sur place ; en particulier leurs employés, cadres ou non-cadres, se montrent enclins à empêcher et entraver de façon très astucieuse et audacieuse l'investigation de la *KFTC* sans l'ombre d'un doute.

l'accès aux documents, la *KFTC* n'a pu demander au juge qu'un montant maximal d'une amende civile de 200 millions de wons (environ 160 000 euros) pour une entreprise et de 50 millions de wons (environ 40 000 euros) pour un particulier. Dès lors, pour la grande entreprise, il vaudrait mieux payer une amende civile plutôt que de collaborer à l'enquête de la *KFTC* et de risquer de se voir infliger une amende administrative considérable[794]. En conséquence, avec la révision de la LRMCL, depuis juin 2012, l'article 66, ①, onzième de la LRMCL prévoit que, lors d'une enquête sur place, les comportements de menace, d'agression et d'empêchement ou d'entrave volontaire à l'accès du lieu peuvent être sanctionnés par une peine d'emprisonnement de trois ans au maximum ou une amende pénale maximale de 200 millions de wons (environ 160 000 euros)[795].

2. Les effets secondaires de cette pénalisation étendue

587. Certains s'interrogent sur l'opportunité de cette législation actuelle selon laquelle la sanction pénale peut largement s'appliquer en cas de violation du droit de la concurrence. Notamment, en cas de pratiques restrictives de concurrence dans l'article 23 de la LRMCL, il arrive qu'il s'avère difficile de décider, au préalable, de son illégalité, puisqu'elle dépend quelquefois de circonstances individuelles. De plus, les conflits entre les parties portant sur l'abus de puissance économique n'aboutissent pas toujours à des litiges civils. De sorte qu'il convient que les pratiques restrictives de concurrence se situent à l'extérieur des sanctions pénales[796].

588. Nous nous inquiétons aussi de cette pénalisation abrupte dans le domaine du droit de la concurrence. D'abord, il est nécessaire que la *KFTC*, le parquet et les juges pénaux restent très prudents tout au long de la procédure pénale en tenant compte des spécificités des affaires de concurrence[797]. Les affaires du droit de la concurrence se trouvent souvent liées aux analyses de l'économie sur le marché qui tirent des conclusions

---

[794] Par exemple, nous évoquons une affaire d'entrave à l'investigation par *LG* électronique. Au moment où les agents de la *KFTC* étaient en train d'enquêter sur place au siège de *LG* électronique sans préavis sous le soupçon de pratiques restrictives de concurrence, ses employés ont effacé des fichiers électroniques suspects au moyen d'un programme spécial qui supprime définitivement tous les contenus et par ailleurs, ils ont caché huit disques durs externes relatifs à cette affaire dans le bureau d'un cadre supérieur qu'ils ont verrouillé. La société *LG* a encouru une amende civile de 50 millions de wons (environ 40 000 euros) et trois cadres de *LG* ont encouru une amende de 35 millions de wons (environ 28 000 euros). KFTC, décision, n° 2012-171 du 20 août 2012.

[795] Étant donné que le particulier peut également faire l'objet d'une sanction pénale, et que la responsabilité individuelle représente une menace grave et réelle pour la personne physique, la *KFTC* s'attend à une diminution du non-respect de l'investigation. Le sujet du renforcement du pouvoir de l'enquête reste encore controversé en Corée.

[796] Ho-Young LEE, « Droit anticoncurrentiel », Hongmoonsa, 5ème éd., 2015, p. 563.

[797] Young-Chul YIM, « Le déroulement de la procédure de l'affaire auprès de la *KFTC* », Les commentaires sur le droit de la concurrence III, Bobmunsa, 2002, pp. 590 et 591.

variables selon les circonstances du marché. Hormis l'entente sur le prix par les entreprises monopoles ou oligopoles, il est malaisé de décréter, sans aucun doute, la culpabilité de l'auteur au sens du droit de la concurrence. En effet, il est concevable de noter que les décisions prises par la Haute Cour de Séoul ou par la *KFTC* ont été parfois cassées par la juridiction supérieure.

589. En outre, il n'est pas opportun que l'État intervienne excessivement, à travers la punition pénale, dans les relations entre partenaires privés. L'emprisonnement de certains employés impliqués, sans qu'intervienne une amélioration fondamentale du marché, ne serait pas la panacée ni pour le marché pertinent, ni pour les entreprises non plus que pour les consommateurs.

590. De plus, dans la situation où les sanctions pénales pourraient s'appliquer globalement aux affaires en matière d'abus de puissance économique dans les relations commerciales déséquilibrées, il semble naturel que les juges augmentent le niveau de charge de la preuve pour caractériser l'illégalité, et qu'ils réfléchissent aux principes établis en droit pénal tels le principe de légalité des infractions et des peines, le principe de personnalité des peines et la règle *non bis in idem,* etc.[798]. En d'autres termes, les textes coréens, qui donnent la possibilité de punir l'entreprise au travers de l'emprisonnement ou de l'amende pénale, pourraient empêcher de sanctionner efficacement les parties fortes, en contraignant les juges à interpréter de manière stricte. La pénalisation peut laisser craindre, à l'inverse, un recul de la protection appropriée des parties faibles. Il convient dès lors de réduire le champ des sanctions pénales grâce à des réformes législatives.

B. La loi sur le grand distributeur

591. Similairement à la LRMCL, « la loi sur le grand distributeur » permet aux juges d'infliger une sanction pénale à l'encontre du grand distributeur pour certaines infractions **(1)**. Toutefois, cette pénalisation étendue peut causer des effets secondaires signifiants **(2)**.

1. Des dispositions permettant largement la sanction pénale

592. Lorsque la violation de « la loi sur le grand distributeur » se révèle d'une telle gravité que les amendes administratives ou les injonctions ne parviennent pas à résoudre les problèmes entre le grand distributeur et le fournisseur, les sanctions pénales peuvent légitimement être mises en œuvre[799].

---

[798] Louis Vogel, « Les sanctions administratives : Efficacité du contrôle ou sécurité juridique ? », *Concurrences*, n° 1, 2013, p. 12.

[799] Keum-Seok OH, Seong-Un YUN, Hyun-Kyu LEE, « La loi sur le grand distributeur : la théorie et la pratique », Bakyoungsa, 2012, p. 421.

593. Selon l'article 39 de « la loi sur le grand distributeur », lors de l'infraction aux dispositions de ses articles 13 ou 14, ① ou 18 ou 32, le grand distributeur pourrait être puni d'un emprisonnement d'une durée maximale de deux ans ou d'une amende pénale dont le montant ne peut excéder 150 000 000 wons (environ 120 000 euros).

594. Ainsi, s'ouvrent à la sanction pénale les cas où le grand distributeur impose un engagement d'exclusivité de fourniture à son fournisseur (son article 13), où il s'ingère indûment dans les affaires du fournisseur en demandant à son fournisseur des informations sensibles telles les conditions contractuelles d'approvisionnement avec d'autres distributeurs (son article 14, ①), où il se venge de son fournisseur qui introduit une plainte auprès de l'administration, par le biais de la modification des conditions contractuelles au détriment du fournisseur plaignant (son article 18) et où il ne se soumet pas à l'injonction infligée par la *KFTC* en raison du manquement à cette loi (son article 32)[800].

2. Les effets secondaires de cette pénalisation étendue

595. Pareillement aux textes de la LRMCL autorisant la sanction pénale, il convient que les juges, le parquet et la *KFTC* veillent très attentivement à l'application de la punition pénale lors de la violation de « la loi sur le grand distributeur ».

596. Lorsque la *KFTC* publie la sanction contre le grand distributeur en raison de la violation de « la loi sur le grand distributeur », les pratiques révélées provoquent parfois la colère des PME fournisseurs et même des citoyens, puisque les moyens et les contenus des manquements commis apparaissent tout à fait scandaleux à la lumière des bonnes pratiques et usages commerciaux. Dans cette situation, la sanction pénale à l'encontre du grand distributeur ou de ses dirigeants apparaît séduisante pour atténuer les indignations des intéressés et des tiers.

597. Pourtant, neuf fois sur dix, l'emprisonnement des personnes physiques n'emporte pas autant l'effet pro-concurrentiel attendu dans le secteur de distribution. Ce sont plutôt les mesures structurelles comme l'injonction de la cession des magasins essentiels qui apparaîtraient comme un véritable coup dur pour la grande distribution. Nous estimons que la punition pénale n'est pas si efficiente que certains l'affirment.

---

800 Voir supra, pp. 190 et s.

CONCLUSION CHAPITRE I TITRE II PARTIE II

598. En toute logique, il semble opportun que la victime de l'abus de puissance économique initie elle-même devant les juges l'action civile pour obtenir des dommages-intérêts et la répétition de l'indu, etc. Cependant, en réalité, les fournisseurs qui osent introduire l'action contre la grande distribution sont susceptibles d'être déréférencés par les centrales de la grande distribution : il s'agit de ce que nous appelons le « facteur crainte ». Dans ce contexte, une disposition audacieuse française, l'action par le ministre de l'Économie, destinée à rééquilibrer le rapport de force entre la grande distribution et le fournisseur, a connu un développement significatif, aussi son introduction en Corée mériterait-elle d'être prise en considération. Par contre, les victimes des abus en Corée hésitent encore à lancer l'action civile contre les enseignes de la grande distribution et préfèrent en priorité faire appel à l'administration.

599. En parallèle, la sanction pénale est très rarement utilisée en France en matière d'abus de puissance économique. En Corée, la sanction pénale est, par dérogation, disponible, dès lors que la violation s'avère très grave et que la *KFTC* prend l'initiative d'une dénonciation au parquet. Certes la sanction pénale entraîne des effets dissuasifs à l'égard des entreprises et principalement de leurs employés, mais demeure entier le risque d'une intervention excessive de l'État dans les relations privées entre les entreprises au travers de la sanction pénale.

CHAPITRE II

La sanction administrative devant l'adminstration

600. En France, la sanction civile constitue une mesure majeure pour lutter contre les abus de puissance économique. A cet égard, la sanction administrative à travers le prononcé d'amendes administratives pour violation de l'article L. 442-6 du Code de commerce n'est pas prévue dans le Code de commerce. En outre, même si la DGCCRF a vocation à prononcer l'injonction en cas d'abus de puissance économique, l'efficacité de cette mesure est douteuse, puisqu'il n'existe pas de moyen de sanctionner le manquement à cette injonction.

601. En revanche, en Corée où la sanction administrative représente la mesure principale pour sanctionner les abus, l'auteur de l'abus peut s'exposer à des amendes administratives élevées et aux injonctions contraignantes à l'issue de l'enquête et de la décision de la *KFTC*.

602. Dans ces circonstances où les sanctions administratives ne sont que rarement prononcées en France mais très fréquemment en Corée à l'encontre des abus de puissance économique, nous accorderons, dans ce chapitre, plus d'importance au droit coréen.

603. Nous nous attacherons, d'abord, aux procédures devant l'administration pour parvenir à la sanction administrative et aux recours devant les juges contre la décision de l'administration **(SECTION I)** et par la suite aux sanctions administratives encourues en droit coréen de la concurrence **(SECTION II)**.

SECTION I. LA PROCÉDURE ET LES VOIES DE RECOURS

604. En vue de prononcer la sanction administrative, il faut suivre une procédure devant l'administration pour déboucher sur une décision **(§ 1)**.

605. Ensuite, lorsque l'administration inflige une sanction administrative à l'entreprise au titre de l'abus de puissance économique, il est nécessaire de garantir à l'entreprise des voies de recours contre la décision de l'administration devant les juges **(§ 2)**.

§ 1. La procédure devant l'administration

606. L'enquête **(A)** et la décision **(B)** de l'administration relativement aux abus de puissance économique revêtent un impact différent en France et en Corée : restrictif en France mais décisif en Corée.

A. L'enquête effectuée par l'administration

607. En France, l'enquête effectuée par la DGCCRF ou l'ADLC joue un rôle mineur dans le cadre de la sanction administrative pour abus de puissance économique **(1)** alors qu'en Corée, l'enquête menée par la *KFTC* représente un élément indispensable aux punitions administratives **(2)**.

1. L'enquête menée par la DGCCRF ou l'ADLC en France

608. Il est vrai que la DGCCRF peut effectuer une enquête à l'égard des pratiques restrictives de concurrence du Titre IV du Livre IV du Code de commerce et qu'elle peut introduire l'action au profit de la partie victime en cas de violation de l'article L. 442-6, III du Code de commerce. L'enquête de la DGCCRF peut être déclenchée par les saisines d'office ou sur plainte. Aussi, lorsque l'ADLC constate, à l'occasion de l'enquête sur des affaires qui relèvent de sa compétence, une pratique mentionnée à l'article L. 442-6 du Code de commerce, elle a la capacité de lancer l'action devant la juridiction civile ou commerciale[801].

609. Toutefois, les inspections de l'administration relatives aux pratiques abusives sont vouées à l'échec dans la perspective d'une sanction administrative effective, puisque les allégations de manquement à l'article L. 442-6 du Code de commerce ne mènent normalement qu'à la sanction civile devant la juridiction civile ou commerciale dans le cadre de la procédure civile.

610. Mais, en théorie, la pratique restrictive de concurrence peut être exceptionnellement contrôlée par l'ADLC au regard du droit des pratiques anticoncurrentielles, dès lors qu'elle fausse également l'ordre concurrentiel sur le marché[802]. Cependant, ces cas particuliers se produisent fort rarement dans la pratique.

2. L'enquête menée par la *KFTC* en Corée

611. En Corée, la *KFTC* détient le monopole de la compétence pour mener une enquête administrative sur les abus de puissance économique.

[801] L'article L. 450-1 du Code de commerce.

[802] Guillaume Mallen, « L'appréhension des pratiques restrictives par les autorités françaises et européennes de la concurrence : Analyse des pratiques contractuelles abusives entre professionnels à l'épreuve du droit des pratiques anticoncurrentielles », Thèse de doctorat, L'Harmattan, DL 2014, p. 27.

C'est-à-dire, à la différence du dualisme ADLC et DGCCRF qui existe en France, la *KFTC* représente la seule autorité coréenne de la concurrence à pouvoir exécuter l'inspection et la sanction administrative dans le domaine du droit de la concurrence au sens large. En tant qu'autorité administrative indépendante, la *KFTC* a en charge le contrôle non seulement des pratiques anticoncurrentielles comme l'abus de position dominante sur le marché ou l'entente, mais également toutes les pratiques restrictives de la concurrence telles que l'abus de position supérieure dans le commerce[803]. Donc, en ce qui concerne l'abus de puissance économique, la *KFTC* est habilitée à diriger son inspection des pratiques illicites soit sur le fondement de la LRMCL soit sur celui de lois spécifiques, telles que « la loi sur le grand distributeur », « la loi sur la sous-traitance » ou « la loi sur le franchisage ». Ces enquêtes de la *KFTC* peuvent déboucher sur des punitions administratives à travers la décision ultérieure de la *KFTC*[804].

612. L'enquête de la *KFTC* peut être déclenchée par les saisines d'office ou sur plainte. La saisine d'office par la *KFTC* est une disposition importante pour confirmer le manquement grave aux règles par les grandes entreprises (article 49, ① de la LRMCL). Ensuite, toute personne, aussi bien le concurrent que le cocontractant, peut déposer sa plainte à la *KFTC* en cas de violation de la LRMCL, de « la loi sur le grand distributeur » ou de « la loi sur la sous-traitance »[805]. Il est indéniable que les plaintes des victimes à la *KFTC* répercutent souvent les indices importants pour déceler les manquements les plus discrets. Cependant, la *KFTC* garde la haute main pour décider s'il existe suffisamment de preuves pour étayer les soupçons qui pèsent sur l'entreprise dénoncée d'avoir contrevenu aux règles de concurrence et pour décider d'initier l'instruction[806].

613. En pratique, depuis 2007, le nombre de plaintes auprès de la *KFTC* pour pratiques restrictives de concurrence a connu une hausse rapide, nous

---

[803] Voir supra, p. 7.

[804] S'agissant de l'organisation, la *KFTC* se compose d'une commission et d'un secrétariat. Sa commission est un organisme décideur semblable au collège de l'ADLC de France. Son secrétariat comprend des services d'instruction, chargés d'exécuter la politique de la concurrence, d'examiner des pratiques anticoncurrentielles ou des pratiques restrictives de la concurrence et de présenter des affaires soupçonnées de violer la loi à sa commission, et des services administratifs pour un conseil général et une administration interne. Ses services d'instruction comptent six services (Service de la politique de compétition, Service de la surveillance du marché, Service de l'investigation de *Cartel*, Service de la politique de transaction entre les entreprises, Service de la politique des consommateurs).

[805] L'article 49, ② de la LRMCL, l'article 29, ① de « la loi sur le grand distributeur » et l'article 30, ②, troisième de « la loi sur la sous-traitance ». Jung-Won HYUN et Kyung-Min KOH, « *International Encyclopedia for Competition Law, Republic of Korea* », *Kluwer Law International*, 2011, p. 116.

[806] La cour suprême de Corée considère que la plainte auprès de la *KFTC* peut servir seulement de fil d'Ariane pour requérir le début de son investigation, ainsi l'entreprise plaignante ne jouit pas d'un droit de revendication concrète à l'égard de la réalisation de sa plainte. Cour suprême de Corée, 98Du5682 du 11 avril 2001.

pouvons donc en déduire que la majorité des affaires de la *KFTC* résultent actuellement des saisines sur plainte[807]. A notre sens, cet essor des plaintes pour abus de puissance économique a pour origine la crise des subprimes de 2007 aux États-Unis. Il ne fait pas de doute qu'une protection suffisante des parties faibles et une lutte contre les pratiques abusives de puissance économique soient nécessaires. Néanmoins, existe le risque que, compte tenu de la grande affluence de plaintes, la *KFTC* épuise son énergie à traiter de différends entre professionnels et néglige la surveillance de la structure du marché qui relève de sa mission authentique et originaire.

614. Pour ce qui concerne « la loi sur le grand distributeur » et « la loi sur la sous-traitance », la *KFTC* doit conduire une enquête écrite auprès des fournisseurs et des sous-traitants afin d'obtenir des indices des abus de puissance économique commis par les parties fortes[808]. Autrement dit, chaque année, la *KFTC* sélectionne, de façon aléatoire, un échantillon d'opérateurs économiques susceptibles d'être victimes de pratiques abusives. Et la *KFTC* les questionne pour savoir s'ils subissent une expérience d'injustice dans leurs relations avec les grands distributeurs ou les donneurs d'ordre. Après consultation des réponses des parties faibles sous garantie du secret absolu, la *KFTC* peut intervenir dans les relations déséquilibrées par la saisine d'office. Egalement, ces données peuvent servir à la politique de concurrence ou à une réforme législative ultérieure. En 2016, la *KFTC* a réalisé cette enquête auprès de 1 733 fournisseurs parmi lesquels 79 ont répondu qu'ils avaient subi des violations de « la loi sur le grand distributeur » de la part des grands distributeurs[809]. La *KFTC* considère que cette enquête écrite est utile pour atténuer le « facteur crainte » dans les domaines de la grande distribution et de la sous-traitance, où les fournisseurs et les sous-traitants hésitent à déposer des plaintes pour abus auprès de l'administration ou de la juridiction par peur d'être délaissés par les parties fortes[810].

---

[807] Ho-Young LEE, « Droit anticoncurrentiel », Hongmoonsa, 5ème éd., 2015, p. 469. KFTC, « Livre annuel de statistiques 2014 », 2015, p. 10. En 2014, alors que le nombre des affaires provenant des plaintes a atteint le chiffre de 2 777, celui provenant de l'investigation d'office atteignait celui de 1 233.

[808] L'article 30, ① de « la loi sur le grand distributeur » et l'article 22-2 de « la loi sur la sous-traitance » imposent que la *KFTC* effectue une enquête écrite sur la transaction entre les grands distributeurs et les fournisseurs et sur celle entre les donneurs d'ordre et les sous-traitants, puis la *KFTC* publie les résultats de ces enquêtes. En vertu de ces articles, la *KFTC* est habilitée à mener ces enquêtes écrites en demandant aux entreprises concernées des réponses et le dépôt des documents. Su-Young PARK, « L'interprétation de la loi sur le grand distributeur », Fides, 2013, p. 259.

[809] KFTC, communiqué de presse du 10 janvier 2017 relatif aux enquêtes écrites dans les domaines de la distribution, de la sous-traitance et du franchisage.

[810] KFTC, « Livre blanc sur le commerce loyal 2015 », 2015, p. 453.

B. La décision prise par l'administration

615. En France, l'injonction décidée par l'administration à l'encontre de l'auteur de l'abus de puissance économique n'a pas d'efficacité, vu le défaut de sanction à l'égard de sa non-exécution **(A)**. En revanche, en Corée, l'injonction de la *KFTC* vis-à-vis des abus de puissance économique est dissuasive, son inexécution pouvant conduire jusqu'à la sanction pénale **(B)**.

1. La décision rendue par la DGCCRF

616. En France, depuis la loi Hamon, l'article L. 470-1 du Code de commerce permet que la DGCCRF puisse, après une procédure contradictoire, enjoindre à tout professionnel de se conformer à ses obligations, de cesser tout agissement illicite ou de supprimer toute clause illicite pour les infractions ou manquements aux obligations prévues au Titre IV du Livre IV. Ainsi, théoriquement, il est possible que la DGCCRF prononce ces injonctions à l'encontre de l'auteur du déséquilibre significatif dans les droits et obligations des parties au contrat ou de la rupture brutale des relations établies.

617. Cependant, en pratique, cette injonction par l'administration pour abus de puissance économique importe peu en raison de la non-existence d'une punition sanctionnant la méconnaissance de l'injonction. De fait, le pouvoir que détient la DGCCRF d'infliger à l'entreprise des amendes administratives au motif de l'inexécution de son injonction dans le délai imparti n'est admissible que lorsque la pratique en cause, à l'origine de cette injonction de la DGCCRF, se révèle passible d'une amende administrative[811]. Ainsi, lorsque la violation est l'objet d'une amende civile dans le cadre de l'article L. 442-6 du Code de commerce, la DGCCRF ne peut condamner l'auteur à payer l'amende administrative en dépit de son inexécution de l'injonction. En l'occurrence, le fait de ne pas se soumettre à l'injonction de cesser le comportement illicite pourrait tout juste conduire à l'action civile en responsabilité des préjudices subis[812]. Sur le sujet, le Professeur Louis Vogel, quant à lui, manifeste des réserves : « *Quel sera l'effet utile d'une injonction portant sur une infraction ou un manquement qui n'est pas expressément sanctionné* ? »[813].

---

[811] L'article L. 470-1, II du Code de commerce. Une amende administrative d'un montant maximal de 3 000 euros pour une personne physique et de 15 000 euros pour la personne morale.

[812] Marie Malaurie-Vignal, « Droit de la distribution », Sirey, 3ème éd., 2015, pp. 122 et s. Joseph Vogel, « Loi Hamon : Guide de la négociation commerciale dans le commerce de gros », éditions CGI, 2014, pp. 74 et s.

[813] Louis Vogel, Droit de la concurrence : [droits européen et français], Paris : LawLex ; Bruxelles : Bruylant, 2015, p. 1065.

2. La décision rendue par la *KFTC*

618. En Corée, la *KFTC*, en tant qu'organe quasi juridictionnel, peut prononcer elle-même l'injonction ou l'amende administrative à l'encontre de l'entreprise pour les pratiques restrictives de la concurrence[814][815]. En fait, nous pouvons dire que la décision de la *KFTC* exerce un rôle similaire à celui du tribunal de première instance dans les affaires de concurrence.

619. De plus, contrairement au cas de la DGCCRF en France, l'injonction de la *KFTC* vis-à-vis de l'abus de puissance économique dans les relations déséquilibrées entraîne un effet répressif, puisque l'inexécution de cette injonction pourrait même inciter la *KFTC* à décider d'une dénonciation au parquet. En d'autres termes, le manquement à l'injonction de la *KFTC* sur les pratiques restrictives de la concurrence pourrait faire l'objet de la sanction pénale (article 67 de la LRMCL et article 39, ①, quatrième de « la loi sur le grand distributeur »). Sur ce point, la décision de la *KFTC* est une procédure essentielle pour punir l'abus de puissance économique dans le cadre de la sanction administrative.

620. Selon la Cour constitutionnelle de Corée, les articles de la LRMCL, qui permettent à la *KFTC* de décider directement de l'injonction et de l'amende administrative à l'encontre de l'entreprise contrevenante, sont conformes à la Constitution, car le législateur juge que la *KFTC* a légitimité pour diriger elle-même l'enquête et la décision dans le secteur du droit de la concurrence où des connaissances spécifiques sont exigées. La Cour considère aussi le fait que la *KFTC* exerce, de manière indépendante, ses fonctions sous la forme d'une administration collégiale[816][817], que la *KFTC* assure les droits de la défense des entreprises dans la procédure de la

---

[814] La *KFTC* est habilitée à infliger l'injonction ou l'amende administrative à l'égard des pratiques qui s'opposent aux lois contrôlées par la *KFTC*, dès lors que l'article en cause prévoit évidemment l'injonction ou l'amende administrative à l'égard du manquement. Oh-Seung KWON, « Droit économique », Bobmunsa, 11ème éd., 2014, pp. 407 et s.

[815] A l'inverse, lorsque la *KFTC* juge que la pratique en cause ne s'oppose pas à la loi ou qu'il n'existe pas de preuves suffisantes de l'illégalité, elle clôture l'affaire par une décision motivée d'un non-lieu à poursuivre la procédure. Et la *KFTC* peut déclarer l'irrecevabilité de la saisine au motif de l'absence d'intérêt à agir de l'auteur de saisine, ou si les faits sont prescrits ou si elle estime que les faits invoqués n'entrent pas dans le champ de sa compétence.

[816] Voir supra, pp. 30 et s.

[817] La *KFTC* peut décider en formation plénière composée de neuf membres ou en petite section composée d'un commissaire permanent et de deux commissaires non permanents (article 37-2 de la LRMCL).

délibération[818], et que la *KFTC* garantit les moyens juridiques des recours contre sa décision devant la juridiction[819].

621. Ainsi, en tant qu'organe quasi juridictionnel, la *KFTC* adopte partout des éléments judiciaires tout au long de la procédure de décision en vue de protéger sa nature autonome et indépendante contre les pressions du gouvernement ou du parlement ou des opinions publiques, etc. Par exemple, les délibérations de la *KFTC* avant sa prise de décision doivent respecter une procédure contradictoire. Par le processus de préparation des délibérations, la commission de *KFTC* garantit l'opportunité de contester tous les faits, tous les arguments et toutes les pièces à conviction. Ce respect de la contradiction par la *KFTC* est louable sous le rapport de la protection suffisante des droits procéduraux de l'entreprise délinquante[820][821]. De plus, toutes les séances et les décisions de la *KFTC* sont ouvertes au public, à moins que la *KFTC* reconnaisse la nécessité de la protection d'un savoir-faire confidentiel de l'entreprise concernée (article 43, ① de la LRMCL)[822][823].

622. Quant à la sanction administrative de la *KFTC*, une option de démarche de recours interne est disponible au sein de la *KFTC*. L'entreprise peut la contester encore auprès de la *KFTC*, en demandant un réexamen par l'enquêteur et un examen par l'ensemble des membres de la Commission sur l'illicéité de la pratique ou le montant des amendes prononcées[824]. Pourtant, en pratique, parce que les membres de la *KFTC* se montrent réticents à casser d'eux-mêmes leurs propres jugements, les entreprises préfèrent faire un recours contre la décision de la *KFTC* devant la juridiction. A cet égard,

---

818 L'obligation de la *KFTC* de notifier l'ouverture de l'instruction et son résultat à l'entreprise en cause ; le droit de communiquer à la *KFTC* les observations sous format papier ou à l'oral ; le droit d'accès aux documents (le droit d'imprimer les documents), dans le processus de son enquête, sa délibération et sa décision (articles 49, ③, 52, ① et 52-2 de la LRMCL). Jung-Won HYUN et Kyung-Min KOH, « *International Encyclopedia for Competition Law, Republic of Korea* », *Kluwer Law International*, 2011, pp. 120 et 121.

819 Cour constitutionnelle de Corée, 2001Hun-Ka25 du 24 juillet 2003.

820 Oh-Seung KWON, « Droit économique », Bobmunsa, 11ème éd., 2014, p. 402. Ho-Young LEE, « Droit anticoncurrentiel », Hongmoonsa, 5ème éd., 2015, p. 474.

821 Certains considèrent que la procédure contradictoire auprès de la *KFTC* en vue de garantir les droits de la défense de l'entreprise ne se montre pas encore aussi suffisante qu'auprès des tribunaux. Seong-Un YUN, « La procédure où la *KFTC* décide la violation de la LRMCL est-elle appropriée ? », Concurrence loyale, septembre 2003, pp. 27 et s.

822 Toute personne désireuse d'assister dans la salle du jugement aux délibérations ou au verdict de la *KFTC* est autorisée et bienvenue ; tous les énoncés de la décision par la *KFTC* sont rendus publics.

823 Les règles de la LRMCL concernant l'enquête, la délibération et la décision et les droits de défense et les recours s'appliquent aussi à « la loi sur le grand distributeur ». L'article 38 de « la loi sur le grand distributeur » cite les articles 42, 43, 43-2, 44, 45, 52, 52-2, 53, 53-2, 53-3, 54, 55, 55-2, 50, 50-2 et 50-3 de la LRMCL.

824 Les articles 37-3 et 53 de la LRMCL. Cette étape est optionnelle pour le recours devant les tribunaux, parce que le demandeur peut porter directement plainte contre la *KFTC* au tribunal sans passer par cette contestation interne au sein de la *KFTC*.

en 2015, le taux de contestation auprès de la *KFTC* contre la mesure administrative de la *KFTC* n'atteint qu'un pourcentage de 10, 6% (48 contestations sur 451 mesures administratives)[825]. En 2015, la *KFTC* n'a reconnu que 6 contestations relatives à ses sanctions administratives[826].

§ 2. Les recours devant les juridictions

623. En France, le recours contre la décision de sanction de la DGCCRF devant la juridiction n'est pas important, puisque l'entreprise trouve peu d'intérêt à faire le recours contre l'injonction de la DGCCRF qui ne peut conduire à des amendes administratives même en cas de non-exécution de l'injonction. En conséquence, pour ce qui concerne les recours contre la décision de l'administration devant les juges, nous concentrerons nos discussions sur le cas de la Corée.

624. En Corée, lorsqu'une entreprise s'oppose à la sanction administrative par la *KFTC* pour abus de puissance économique, elle peut faire un recours contre la décision de la *KFTC* devant la Haute Cour de Séoul **(A)**, puis l'entreprise ou la *KFTC* peut faire un recours contre l'arrêt de cette dernière devant la cour suprême de Corée **(B)**.

A. La Haute Cour de Séoul

625. S'agissant du recours contre la sanction administrative par la *KFTC*, il existe en Corée une seule juridiction spécialisée, la Haute Cour de Séoul **(1)**. En pratique, le nombre croissant pose des difficultés **(2)**.

1. Une juridiction spécialisée pour les recours contre la décision de la *KFTC*

626. D'abord, au cas où l'entreprise aurait à subir toute sanction qui confirme l'illégalité de sa pratique, elle peut faire appel à la Haute Cour de Séoul[827]. Néanmoins, elle peut introduire l'action administrative uniquement devant la Haute Cour de Séoul pour annuler la sanction administrative de la *KFTC*, car l'article 55 de la LRMCL précise qu'une juridiction exclusive

---

825 KFTC, « Livre annuel de statistiques 2015 », 2016, p. 39.

826 KFTC, « Livre blanc sur le commerce loyal 2016 », 2016, p. 84.

827 A l'inverse, dans le cas où la *KFTC* aurait refusé d'engager un acte ou aurait décidé qu'il n'y avait pas d'infraction, l'auteur de la saisine peut contester la non-intervention de la *KFTC*. Excepté la deuxième dénonciation à la *KFTC*, il peut porter plainte auprès de la Cour constitutionnelle. Pourtant, il est, en pratique, très rare que la Cour constitutionnelle confirme l'abus de la marge de manœuvre de la *KFTC* à propos de sa décision de clôture de l'affaire et du rejet de la saisine. Cour constitutionnelle de Corée, 2001Hun-Ma381 du 27 juin 2002, 2014Hun-Ma180 du 24 juillet 2014 et 2005Hun-Ma1259 du 27 décembre 2007. Ho-Young LEE, « Droit anticoncurrentiel », Hongmoonsa, 5ème éd., 2015, pp. 495 et 496.

pour le premier recours quant à toutes les affaires du droit de la concurrence appartient à la Haute Cour de Séoul[828][829].

627. Dans le secteur du droit de la concurrence, y compris les pratiques restrictives de concurrence, le législateur coréen a créé cette compétence exclusive de la Haute Cour de Séoul en regardant la décision de la *KFTC* comme celle d'une première instance, au motif que la procédure de la décision devant la *KFTC* ressemble à celle de la décision devant le tribunal en première instance eu égard à l'assurance du droit de participer à des activités procédurales par la *KFTC*, au motif que les collèges particuliers de la Haute Cour de Séoul peuvent obtenir les compétences professionnelles relevant des affaires du droit de la concurrence qui diffèrent grandement des affaires générales, et au motif qu'un litige peut être terminé plus rapidement sans passer par le tribunal régional[830]. A ce titre, dans la Haute Cour de Séoul, deux collèges (le sixième et le septième) sont entièrement consacrés aux affaires de recours contre les décisions de la *KFTC*, ceci dans l'objectif que les juges acquièrent principalement des compétences sur des questions économiques complexes telles que l'analyse économique[831].

628. La décision de la Haute Cour de Séoul fonctionne comme une jurisprudence significative. Toutefois, elle ne représente pas l'organisation ultime, parce que le demandeur a le droit de faire librement un recours à la cour suprême relativement à certains points juridiques.

2. Le problème de l'augmentation des recours vers la Haute Cour de Séoul

629. Le nombre d'appels à cette Cour est passé de 28 en 2005 à 91 en 2015. Le taux d'introduction de l'action devant les juges contre les mesures administratives de la *KFTC* a progressé de 3, 0 % en 2005 à 17, 8 % en 2015. Ainsi, parmi 511 sanctions administratives prononcées par la *KFTC*, 91 sanctions de la *KFTC* ont été contestées devant la Haute Cour de Séoul en 2015.

630. La *KFTC* analyse sous différents angles ce phénomène d'augmentation des recours devant les juges : d'abord, la *KFTC* inflige actuellement des amendes administratives plus lourdes à l'encontre des entreprises défaillantes qu'auparavant. Ensuite, par le biais de la décision rendue par les juges, les entreprises veulent éviter de se voir stigmatisées en

---

[828] En Corée, en cas d'action administrative, le tribunal administratif ou le tribunal régional (le collège administratif) est, en général, compétent en première instance. Puis, cinq Hautes Cours sont compétentes en seconde instance. Enfin, la cour suprême de Corée fonctionne comme un ressort final.

[829] Similairement, le grand distributeur sanctionné par la *KFTC* doit faire son recours devant la Haute Cour de Séoul, car l'article 38, ② de « la loi sur le grand distributeur » cite cet article de la LRMCL concernant la juridiction spécialisée.

[830] Ho-Young LEE, « Droit anticoncurrentiel », Hongmoonsa, 5ème éd., 2015, pp. 483 et 484.

[831] Les collèges de la Haute Cour de Séoul s'évaluent à un total de quatre-vingts.

tant qu'entreprises malhonnêtes ignorant les règles de concurrence au détriment des consommateurs. En troisième lieu, les opérateurs économiques estiment que les décisions de la *KFTC* vaudraient d'être rejugées devant la cour[832].

631. Sur l'aspect positif, cette tendance démontre que les entreprises en Corée n'hésitent jamais à manifester publiquement, dans un régime démocratisé, leur opposition à la détermination de l'administration. Nous pouvons dire que les entreprises en Corée peuvent exercer librement leurs droits reconnus devant la juridiction sans inquiétude des réactions futures de l'administration. Si les juges obéissent aux consignes du gouvernement et s'ils rendent, de manière non fiable, des arrêts, et surtout si le gouvernement use de représailles cachées contre le plaideur, les entreprises ne se risqueront pas à faire des recours devant les cours.

632. Sur l'aspect négatif, le fait que les entreprises se montrent réticentes à accepter les décisions de la *KFTC* témoignerait d'une moindre confiance dans la décision de la *KFTC*. Sur ce point, certaines doutent que la décision de la *KFTC* puisse véritablement équivaloir à un arrêt du tribunal en première instance. Ells s'inquiètent de la restriction du droit d'être jugées par les juges, surtout en matière d'interprétation des faits, il ne reste à l'entreprise que d'être jugée par les juges devant la Haute Cour de Séoul[833]. De plus, certaines émettent des doutes sur la stricte séparation des services d'instruction et de décision à l'intérieur de la *KFTC* et sur le respect rigoureux de l'autonomie de la *KFTC* vis-à-vis du gouvernement, compte tenu des nominations du président, du vice-président et des commissaires de *KFTC* par le président de la république de Corée[834][835]. A cet égard, le député Kum-Ju SON a proposé la révision de l'article 55 qui octroie la juridiction exclusive à la Haute Cour de Séoul (n° 2001326 du 1er août 2016). Selon cette proposition, il conviendrait que le tribunal administratif tienne un rôle de 1er degré de juridiction en substitution de la *KFTC* dans les affaires du

---

832 KFTC, « Livre annuel de statistiques 2015 », 2016, p. 41. KFTC, « Livre annuel de statistiques 2016 », 2017, p. 41.

833 Pareillement à la Cour de cassation de France, la cour suprême de Corée ne donne qu'une interprétation au sujet des matières juridiques. Elle vérifie que les lois ont été correctement appliquées par les tribunaux et les Hautes Cours.

834 Trois des juges constitutionnels ont exprimé l'avis d'une minorité en faisant état de leur préoccupation, sur le fait que la *KFTC* ne satisfaisait pas le haut niveau demandé à l'organe quasi juridictionnel, en tenant compte de la séparation insuffisante entre les services d'investigation et ceux de décision de la *KFTC* et de l'indépendance discutable vis-à-vis du gouvernement, etc. Cour constitutionnelle de Corée, 2001Hun-Ka25 du 24 juillet 2003.

835 Selon Young-Chul YIM, la hiérarchie entre le président, le vice-président et les trois commissaires permanents dans la commission de la *KFTC* pourrait compromettre le système collégial de la commission, puisque les personnes de grade inférieur se subordonnent à la décision de ceux de grade supérieur dans la bureaucratie. Young-Chul YIM, « Le déroulement de la procédure de l'affaire auprès de la *KFTC* », Les commentaires sur le droit de la concurrence III, Bobmunsa, 2002, p. 581.

droit de la concurrence. Même si cette proposition n'a pas abouti cette fois-ci, une seconde proposition similaire s'annonce probable[836].

633. Il ne reste plus à la *KFTC* qu'à perfectionner encore le degré d'indépendance, la neutralité, l'autonomie, l'objectivité, la transparence et la crédibilité de ses actes procéduraux, notamment de la décision de sa commission, dans la mesure où la *KFTC* se voit considérée comme un organe quasi juridictionnel et véritablement indépendant[837].

B. La cour suprême de Corée

634. En Corée, la cour suprême de Corée, en tant que juge suprême, examine les recours des décisions de la Haute Cour de Séoul portant sur la sanction administrative de la *KFTC* **(1)**. Cette cour suprême donne une interprétation rigide relative à l'illégalité dans les affaires relevant du droit de la concurrence **(2)**.

1. La cour suprême dans l'ordre tant judiciaire qu'administratif

635. En France, alors que la Cour de cassation « *se situe au sommet de la pyramide... par rapport aux autres juridictions* » dans l'ordre judiciaire[838], le Conseil d'État est la « *juridiction la plus élevée de l'ordre administratif* »[839]. « *En tant que juge suprême des juridictions administratives* », le Conseil d'État juge des « *pourvois formés contre les arrêts rendus par les cours administratives d'appel... et contre les décisions juridictionnelles des juridictions administratives spécialisées et... par les tribunaux administratifs statuant en premier et dernier ressort* »[840]. D'ailleurs, le Conseil d'État a pour mission de conseiller le gouvernement par la voie d'un avis relatif aux enjeux juridiques ou à la préparation des projets de loi ou décrets. Il a aussi pour fonction de « *gérer l'ensemble de la juridiction administrative* »[841].

636. Par rapport à la France, en ce qui concerne l'application des textes de loi, la cour suprême de Corée est un juge suprême qui traite des affaires civiles, commerciales, pénales, administratives, familiales et militaires[842].

---

836 Similairement à la France, la réforme du droit de la concurrence peut être initiée sur proposition des députés de l'Assemblée nationale ou via un projet de la *KFTC*.

837 Young-Chul YIM, « Le déroulement de la procédure de l'affaire auprès de la *KFTC* », Les commentaires sur le droit de la concurrence III, Bobmunsa, 2002, pp. 583 et 589.

838 https://www.courdecassation.fr/cour_cassation_1/presentation_2845/r_cour_cassation_30989.html.

839 Serge Guinchard et Thierry Debard, « Lexique des termes juridiques », Dalloz, 24ème éd., 2016-2017, p. 260.

840 http://www.conseil-etat.fr/Conseil-d-Etat/Missions/Juger-l-administration.

841 http://www.conseil-etat.fr/Conseil-d-Etat/Missions. Serge Guinchard et Thierry Debard, « Lexique des termes juridiques », Dalloz, 24ème éd., 2016-2017, p. 261.

842 http://eng.scourt.go.kr/eng/supreme/about/introduction.jsp. Pour une vue générale du mécanisme des cours coréennes, la cour suprême de Corée explique, sur son site, que « *There are six types of courts in Korea, which are the Supreme Court, High Court, District Court,*

Autrement dit, il n'existe pas en Corée de juge administratif suprême similaire au Conseil d'État de France[843]. La seule dérogation concerne une action constitutionnelle dans laquelle la Cour constitutionnelle de Corée a compétence pour statuer sur la conformité des règles à la Constitution ou sur la destitution d'un haut fonctionnaire ou la dissolution d'un parti politique, etc.

637. Ainsi, toutes les décisions prononcées par la Haute Cour de Séoul portant sur la sanction administrative de la *KFTC* font toujours l'objet d'un pourvoi devant la cour suprême de Corée. Cette cour suprême de Corée se compose d'un *Chief Justice* et de 13 *Justices*[844]. Nous pouvons supposer que ces 14 juges se trouvent largement surchargés par les nombreuses affaires en cours dans des secteurs divers et variés.

2. Les interprétations rigides de l'illégalité par la cour suprême de Corée

638. Le verdict de la cour suprême de Séoul est regardé comme la jurisprudence la plus autorisée, qui fournit un standard en vue de l'interprétation des lois au niveau national. En effet, sa décision est définitive. De plus, elle se caractérise par la continuité en raison de la difficulté rencontrée pour sa modification[845]. Par conséquent, le verdict de cette cour s'utilise dans d'autres affaires similaires du droit de la concurrence. De nos jours, à proportion que le nombre d'actions administratives contre la sanction administrative de la *KFTC* augmente, les décisions importantes de la cour suprême de Corée s'accumulent.

639. Considérant que la *KFTC* fait office de tribunal de première instance en tant qu'organisme quasi juridictionnel, et que, simultanément, elle conçoit et administre la politique de concurrence ou traite les affaires en examinant directement l'opérateur économique, il faut que la cour suprême de Corée et la Haute Cour de Séoul mettent scrupuleusement un frein à l'arbitraire des pouvoirs forts de la *KFTC*.

640. Surtout, en Corée, ce contrôle judiciaire vis-à-vis de l'autorité administrative est exigé, en effet, la transaction entre deux professionnels

---

Patent Court, Family Court, and Administrative Court. The Korean judicial system is based on the three instance trial system, which is composed of district courts, the high courts and the Supreme Court. Other courts exercise specialized functions with the Patent Court positioned on the same level as the high courts and the family court and the administrative court positioned on the same level as the district courts ».

843 Suivant cette même logique, en Corée, il n'existe pas en deuxième instance de juridiction spécialisée pour les activités des administrations comme la Cour administrative d'appel de France. Ainsi, la Haute Cour exerce un rôle de cour d'appel dans les affaires administratives. En revanche, en première instance, il y a un tribunal administratif spécialisé dans les activités des administrations.

844 http://eng.scourt.go.kr/eng/judiciary/organization/members.jsp. Le nombre total des juges coréens se monte à 2 837.

845 http://www.scourt.go.kr/eng/supreme/about/introduction.jsp.

privés peut faire l'objet de l'intervention administrative directe de la *KFTC*. Par contre, en France, l'action civile doit être introduite pour sanctionner cet abus (C. Com., art. L. 442-6, III). C'est pourquoi la cour suprême de Corée adopte, de temps à autre, une position rigide sur l'interprétation du droit de la concurrence au sens large. Par exemple, selon la jurisprudence établie de la cour suprême de Corée, pour sanctionner au titre de la maintenance du prix minimal de revente, « *minimum resale price maintenance* », il faut prendre des mesures coercitives contre l'auteur qui fixe et impose un prix de revente d'un montant supérieur à l'annonce du prix de revente conseillé. En outre, même au cas où cette pratique risque de restreindre la concurrence intra-marque, elle peut être autorisée, dès lors qu'elle incite la concurrence inter-marque sur le marché pertinent et, de fait, il existe une raison justifiable telle que l'amélioration du bien-être du consommateur[846].

SECTION II. LES SANCTIONS ADMINISTRATIVES ENCOURUES

641. La *KFTC* peut prononcer elle-même contre l'auteur de l'abus des sanctions administratives diverses prévues par la LRMCL **(§ 1)**. Egalement, différentes sanctions administratives prévues par « la loi sur le grand distributeur » sont disponibles à condition que cette loi spécifique soit applicable à l'affaire en cause **(§ 2)**.

642. En revanche, nous ne mentionnons pas, dans cette section, le cas de la France, puisque la sanction administrative s'exerce très rarement en cas d'abus de puissance économique commis par la partie forte.

§ 1. Les sanctions prévues par la LRMCL

643. S'agissant des abus de puissance économique, les sanctions administratives menées par la *KFTC* aux termes de la LRMCL sont divisées en deux catégories: les sanctions autres que pécuniaires **(A)** et les sanctions à travers l'amende administrative **(B)**.

[846] Cour suprême de Corée, 2010Du28120 du 13 mai 2011, 2009Du9643 du 25 novembre 2010, 2010Du13753 du 14 juillet 2011, etc. Il apparaît que les arrêts américains tels que « *Leegin Creative Leather Products v. PSKS, Inc.* 551 U.S 877 (2007) » et la doctrine américaine en matière de règle de raison ont influencé ces arrêts de la cour suprême de Corée. Ho-Young LEE, « Droit anticoncurrentiel », Hongmoonsa, 5ème éd., 2015, pp. 456, 459 et s. Myung-Su HONG, « La signification de l'arrêt *Leegin* », La délibération du droit de la concurrence III, Kyungin Publishing, 2013, pp. 399 et s.

A. Les sanctions non pécuniaires

644. Les sanctions non pécuniaires pour abus de puissance économique en vertu de la LRMCL sont constitutives de l'injonction **(1)** et d'une autre sanction plus légère, l'avertissement **(2)**.

1. L'injonction

645. La *KFTC* peut décider d'infliger des sanctions non pécuniaires aux entrepreneurs en cas de méconnaissance de la LRMCL concernant l'abus de puissance économique. Dans la plupart des cas, les sanctions de la LRMCL au titre des abus de puissance économique dans les relations déséquilibrées sont prononcées en vertu de l'article 23, ① de la LRMCL (les pratiques restrictives de concurrence), principalement en vertu de « l'abus de position supérieure dans le commerce » (article 23, ①, quatrième)[847].

646. Pour ce qui a trait aux types de sanctions possibles contre les abus de puissance économique, tout d'abord, la *KFTC* pourrait imposer des injonctions correctives visant à amender le comportement des entreprises, lorsque la réparation et la prévention de la conduite déloyale sont exigées. Généralement, elles s'effectuent en ordonnant à l'entreprise contrevenante de mettre fin, sans retard, aux pratiques abusives. Si nécessaire, une autre disposition de correction peut y être adjointe pour empêcher la récidive d'une pratique similaire, par exemple, la demande de suppression des clauses illicites (article 24 de la LRMCL). A ce titre, en cas de manquement à la LRMCL, la *KFTC* garde une marge de manœuvre pour décider de prononcer ou non l'injonction, d'une part, et pour choisir l'injonction appropriée d'autre part[848][849]. De plus, la *KFTC* pourrait forcer l'opérateur économique défaillant à publier ou à diffuser ou à afficher le fait qu'il a été sanctionné pour la pratique abusive, afin d'en informer les consommateurs, les clients et les concurrents (article 24 de la LRMCL)[850][851]. Notamment, si

---

847 Voir supra, pp. 176 et s.

848 Bong-Eui LEE, « L'observation sur l'injonction et les amendes administratives par la LRMCL », Concurrence loyale, décembre 2001, pp. 13, 15 et 16.

849 Certains considèrent que l'expression « d'autre disposition de correction » n'est pas assez précise et que cela accorde à la *KFTC* trop de marge d'appréciation à l'égard de la décision de l'injonction. Hee-Jung LEE, « *A Functional Approach: The Role of Order to Correct Violations in Ex Post Regulation* », Journal de droit et de réglementation économique, n° 2, 2008, pp. 165 et 166. Jeong-Hoon PARK, « La mise en œuvre du droit de la concurrence par la force publique », La concurrence et l'État de droit, Bobmunsa, 2004, pp. 1017 et 1018. Bong-Eui LEE, « L'observation sur l'injonction et les amendes administratives par la LRMCL », Concurrence loyale, décembre 2001, p. 20.

850 Les formes d'injonction au terme de la LRMCL varient en fonction de la pratique illicite en cause. Par exemple, en cas de manquement au texte relatif au contrôle de la concentration, la *KFTC* peut ordonner à la société absorbante de céder ses parts à quelqu'un d'autre (article 16, ① de la LRMCL).

851 Pareillement, l'article L. 464-2, I, cinquième alinéa du Code de commerce prévoit que « *l'Autorité de la concurrence peut ordonner la publication, la diffusion ou l'affichage de sa*

les entreprises ne suivent pas ces injonctions de la *KFTC*, elles pourraient même s'exposer à des sanctions pénales (article 67, sixième de la LRMCL). En revanche, l'injonction corrective prononcée par la *KFTC* ne peut amener à ce que l'entreprise défaillante soit condamnée à des sanctions administratives[852].

647. D'après la cour suprême de Corée, il faut que l'injonction de la *KFTC* soit assez évidente, à condition que les intéressés comprennent précisément les pratiques interdites, les objectifs et les produits concernés. Cependant, l'injonction corrective est, de par sa nature, quelque peu abstraite, tenant compte de la diversité des activités économiques. Par conséquent, la *KFTC* est autorisée à enjoindre l'entreprise de s'abstenir de réitérer une pratique similaire, probablement jugée illégale[853]. Dans ce cas, l'injonction corrective met davantage l'accent sur la correction et l'amélioration de la situation en cause pour l'avenir que sur la correction en soi d'une pratique déjà commise[854].

2. L'avertissement

648. La constatation de l'abus de puissance économique ne donne pas nécessairement lieu à une injonction ou à une amende administrative. Lorsqu'un manquement à la LRMCL n'a pas de caractère de gravité ou lorsque l'auteur a déjà corrigé son acte illicite et les problèmes en cause, la *KFTC* peut décider d'un « avertissement » à l'encontre de l'auteur[855]. Cela signifie que l'opérateur économique a commis un acte illégal au regard de la LRMCL et que la *KFTC* l'avertit d'une possibilité de punition en cas de réitération ultérieure de ce type de comportement. Bien que l'avertissement ne s'accompagne pas d'une sanction immédiate à l'encontre de l'entreprise telle que l'injonction ou l'amende, le fait de l'avertir pourra constituer un éventuel facteur aggravant en cas de récidive. Par conséquent, la cour suprême déclare que l'avertissement de la *KFTC* peut être, en soi, l'objet d'une action d'annulation, puisque le fait de l'avertissement est

---

décision ou d'un extrait de celle-ci selon les modalités qu'elle précise. Elle peut également ordonner l'insertion de la décision ou de l'extrait de celle-ci dans le rapport établi sur les opérations de l'exercice par les gérants, le conseil d'administration ou le directoire de l'entreprise. Les frais sont supportés par la personne intéressée ».

852 Bong-Eui LEE, « L'observation sur l'injonction et les amendes administratives par la LRMCL », Concurrence loyale, décembre 2001, pp. 15 et 17.

853 Cour suprême de Corée, 2001Du5347 du 20 février 2003. Cour suprême de Corée, 2004Du7146 du 12 janvier 2007. Ho-Young LEE, « Droit anticoncurrentiel », Hongmoonsa, 5ème éd., 2015, pp. 501 et 502. Won-Woo LEE, « *Yardsticks for determining non-compliance of corrective order and violation of the 'Prohibited acts'* », Journal de droit et de réglementation économique, n° 1, 2008, pp. 124 et s.

854 Bong-Eui LEE, « L'observation sur l'injonction et les amendes administratives par la LRMCL », Concurrence loyale, décembre 2001, p. 13.

855 L'article 50 du règlement de la *KFTC* sur ses procédures.

ultérieurement pris en considération lors du calcul des amendes administratives fait par la *KFTC*, en se basant sur le décompte du nombre de violations précédentes de l'auteur, pour la violation future[856].

649. D'ailleurs, le législateur coréen a instauré, en 2007, la « *Korea fair trade mediation agency* » et a permis à la *KFTC* de demander à la « *Korea fair trade mediation agency* » de proposer sa médiation entre l'entreprise plaignante et celle dénoncée, lorsque cette dernière est soupçonnée d'avoir commis la pratique restrictive de concurrence (article 48-2 de la LRMCL). En tant qu'institution neutre et autonome, la « *Korea fair trade mediation agency* » a pour objectif de trouver rapidement une solution aux différends relevant des pratiques restrictives de concurrence par le biais de la médiation[857]. L'utilisation de cette institution de médiation est fréquente. En 2016, le nombre des demandes de médiation auprès de la « *Korea fair trade mediation agency* » a atteint un total de 2 433[858], et les parties de 914[859] affaires ont trouvé un compromis par le biais de la médiation. A la suite de la médiation, si l'auteur de la saisine et l'entreprise accusée tombent d'accord sur la réparation des dommages-intérêts résultant des pratiques restrictives de concurrence et si le plaignant fait le retrait de sa plainte auprès de la *KFTC*, l'enquête sur l'abus de puissance économique par la *KFTC* peut se terminer sans aucune punition administrative, dès lors que les points d'accord sont parfaitement respectés. La *KFTC* peut prononcer à l'auteur un avertissement sans injonction et amende administrative en cas d'accord entre les parties. De nos jours, dans le contexte où les plaintes pour l'abus de puissance économique auprès de la *KFTC* connaissent un plein essor, l'activation de cette médiation encourage non seulement les dédommagements rapides pour les préjudices subis par les PME, mais également la *KFTC* à accorder plus d'attention aux pratiques anticoncurrentielles sur le marché[860].

B. Les sanctions pécuniaires : l'amende administrative

650. L'amende administrative constitue la disposition la plus importante pour punir l'auteur de l'abus de puissance économique en vertu de la

---

[856] Cour suprême de Corée, 2011Du4930 du 26 décembre 2013.

[857] http://www.kofair.or.kr/hp/kof/history.do.

[858] La loi sur la sous-traitance (1 143), la loi sur le franchisage (593), les pratiques restrictives de concurrence en vertu de la LRMCL (540), la loi sur les clauses abusives au détriment des consommateurs (115), la loi sur le grand distributeur (42). KFTC, communiqué de presse du 31 janvier 2017 relatif à la médiation par la « *Korea fair trade mediation agency* ».

[859] La loi sur la sous-traitance (443), la loi sur le franchisage (222), les pratiques restrictives de la concurrence en vertu de la LRMCL (200), la loi sur les clauses abusives au détriment des consommateurs (34), la loi sur le grand distributeur (15). KFTC, communiqué de presse du 31 janvier 2017 relatif à la médiation par la « *Korea fair trade mediation agency* ».

[860] Ho-Young LEE, « Droit anticoncurrentiel », Hongmoonsa, 5ème éd., 2015, pp. 480, 481 et 482.

LRMCL. Les enjeux essentiels relatifs à l'amende administrative par la *KFTC* ont trait au principe *non bis in idem* **(1)** et au calcul de son montant **(2)**.

1. L'amende administrative et le principe *non bis in idem*

651. La LRMCL permet largement à la *KFTC* d'infliger des amendes administratives pour quasiment tous les manquements à ses textes, hormis le cas du contrôle de concentration[861].

652. Avant tout, d'après la cour suprême de Corée, les amendes administratives de la *KFTC* ont un double objectif : le premier concerne la punition administrative sanctionnant les pratiques injustes déjà commises et la dissuasion de la récidive ; le second intéresse la récupération et le recouvrement des profits illicitement réalisés par voie de violation de la LRMCL[862]. Il reste cependant qu'il s'avère malaisé de calculer précisément le montant des profits illicites tirés de l'abus, bien que la *KFTC* fasse usage d'analyses économiques exhaustives[863]. Nous aborderons ce problème plus avant.

653. Ensuite, étant donné qu'il est possible de cumuler les amendes administratives par la *KFTC* et la sanction pénale par la juridiction, se posent des questions sur le principe *non bis in idem* ou sur le risque de double sanction. D'abord, l'effet du principe du *non bis in idem* est restrictif ici : « *il ne joue pas entre sanctions administratives et sanctions pénales, car la compétence spéciale de l'Autorité de la concurrence est considérée comme distincte de celle des juridictions répressives* » [864]. Ensuite, la Cour constitutionnelle de Corée considère que le risque de double sanction n'a pas un tel caractère de gravité dans ce cas, compte tenu du caractère des amendes administratives dont l'astreinte a également pour finalité de récupérer les profits que l'auteur a injustement obtenus par le biais de la violation de la loi. Autrement dit, parce que la sanction pénale, surtout la peine d'emprisonnement, ne convient pas au recouvrement des profits illicites de l'auteur, le cumul de la sanction pénale et administrative peut être justifié[865]. La finalité et la fonction de la sanction pénale diffèrent de celles de la

---

[861] Dae-Sik HONG, « La situation actuelle et l'amélioration du système de l'amende administrative dans la LRMCL », L'étude du droit administratif (par *Korea administrative law and practice association*), n° 18, août 2007, pp. 144 et 145.

[862] Cour suprême de Corée, 2000Du6206 du 9 février 2001, 2002Du7456 du 28 octobre 2004, 2002Du6842 du 27 octobre 2004. Notamment, en cas d'entente des prix, la nature des amendes pour récupérer les bénéfices indus se caractérise bien. Ho-Young LEE, « Droit anticoncurrentiel », Hongmoonsa, 5ème éd., 2015, pp. 511 et s.

[863] Oh-Seung KWON, « Droit économique », Bobmunsa, 11ème éd., 2014, p. 411.

[864] Louis Vogel, « Les sanctions administratives : Efficacité du contrôle ou sécurité juridique ? », *Concurrences*, n° 1, 2013, p. 12.

[865] Cour constitutionnelle de Corée, 2001Hun-Ka25 du 24 juillet 2003.

sanction administrative[866]. Pourtant, il paraît contestable que les amendes administratives infligées par la *KFTC* n'aillent pas aux victimes, mais au gouvernement. Ainsi, malgré de lourdes amendes administratives, les préjudices subis des victimes perdurent.

2. Le calcul des amendes au regard de la proportionnalité

654. Il faut que le montant des amendes administratives soit proportionnel au manquement commis. En d'autres termes, il est envisageable de ne pas surévaluer l'efficacité du contrôle par la répression forte par rapport à la responsabilité due au comportement en cause sous couvert de protection de l'intérêt public. La punition administrative risque de s'exercer trop lourdement en renforçant son caractère dissuasif à l'égard d'autres entreprises[867].

655. Selon l'article 55-3, ①, lorsque la *KFTC* prononce des amendes administratives, elle a le devoir d'envisager le contenu, le degré d'illégalité, la durée et la fréquence des pratiques abusives et également de prendre en considération le montant des bénéfices de l'auteur découlant de la pratique illégale. L'appréciation des amendes à infliger relève étroitement du « principe de proportionnalité des sanctions » et du « principe d'égalité de traitement ». Et si ces principes ne sont pas immodérément respectés par la *KFTC* dans le processus de calcul des amendes administratives, les tribunaux annulent parfois sa décision au titre de l'abus ou de la déviation du pouvoir administratif concernant sa latitude[868]. En outre, le plafond de l'amende est fixé par les textes. Par exemple, pour « l'abus de position supérieure dans le commerce », le montant des sanctions pécuniaires ne peut dépasser 2 % du chiffre d'affaires pertinent réalisé aussi longtemps qu'a duré la violation de la loi (article 24-2, ① de la LRMCL)[869].

656. Dans la pratique, lorsque la *KFTC* décide d'infliger des amendes administratives à l'encontre de l'entreprise, le chiffre d'affaires relevant de

---

[866] Young-Chul YIM, « Le déroulement de la procédure de l'affaire auprès de la *KFTC* », Les commentaires sur le droit de la concurrence III, Bobmunsa, 2002, p. 594.

[867] En ce qui concerne la sanction des amendes, selon Louis Vogel : « *Au lieu de d'augmenter la répression, il serait peut-être préférable d'améliorer la détection des pratiques anticoncurrentielles. Aujourd'hui, très peu d'entreprises sont condamnées, mais celles qui le sont se voient infliger des sanctions de plus en plus lourdes. Un système dans lequel quelques-uns paient pour tous les autres n'est pas juridiquement équilibré* ». Louis Vogel, « Les sanctions administratives : Efficacité du contrôle ou sécurité juridique ? », *Concurrences*, n° 1, 2013, p. 12.

[868] Cour suprême de Corée, 2002Du6842 du 27 octobre 2004, 2000Du1713 du 24 septembre 2002. Le montant des amendes doit être proportionné non seulement au degré d'illégalité mais aussi à la dimension des profits résultant de la violation.

[869] En comparaison des amendes qui peuvent aller jusqu'à 10 % du chiffre d'affaires réalisé en cas d'entente de prix ou d'attribution du marché (article 22 de LRMCL), le plafond des amendes pour la pratique abusive de la puissance économique est relativement bas (maximum de 2 % du chiffre d'affaires).

la pratique en cause sert de point de départ pour la démarche de l'évaluation des amendes : ce chiffre d'affaires relevant de la pratique en cause signifie « le chiffre d'affaires des produits ou des services par l'auteur dans un certain secteur portant sur la pratique illicite durant la violation de la LRMCL »[870]. Ensuite, sur le fondement de ce chiffre d'affaires découlant de la pratique, la *KFTC* décide des amendes premières en évaluant la gravité de la pratique questionnée, en tenant compte du contenu, du degré d'illégalité et de la durée de la violation, etc. Enfin, eu égard à d'autres circonstances atténuantes ou aggravantes telles que la fréquence, les bénéfices d'auteur, la crise économique, le motif de la violation, la réparation des préjudices, etc., la *KFTC* modifie les amendes premières[871][872]. Par exemple, le montant des amendes administratives pourrait s'accroître jusqu'à hauteur de 50 %, si l'entreprise réitère un manquement similaire plus de quatre fois, dans un délai de trois ans à compter de la date à laquelle la dernière décision de sanction est devenue définitive[873].

657. En somme, la *KFTC* a pour mission de prononcer à l'encontre de l'auteur des abus des amendes administratives effectives et répressives, mais tout à la fois proportionnées et non doublées.

§ 2. Les sanctions prévues par la loi sur le grand distributeur

658. Visant l'abus de puissance économique par le grand distributeur, « la loi sur le grand distributeur » prévoit des sanctions non pécuniaires **(A)** et des sanctions à travers l'amende administrative **(B)**.

A. Les sanctions non pécuniaires

659. Les sanctions non pécuniaires pour l'abus de puissance économique en vertu de « la loi sur le grand distributeur » se composent de l'injonction **(1)** et de l'avertissement **(2)**.

---

[870] Mais, quand la pratique illicite est réalisée sous la forme d'achat de produits ou de services, ce chiffre correspond au montant d'achat des produits ou des services. L'article 9 du décret de la LRMCL.

[871] Dae-Sik HONG, « La situation actuelle et l'amélioration du système de l'amende administrative dans la LRMCL », L'étude du droit administratif (par *Korea administrative law and practice association*), n° 18, août 2007, pp. 145 et s.

[872] Pour l'étude comparative, l'article 23, 3 du règlement (CE) n° 1/2003 de l'Union européenne prévoit que « *pour déterminer le montant de l'amende, il y a lieu de prendre en considération, outre la gravité de l'infraction, la durée de celle-ci* ». Son article 23, 5 précise que « *les décisions prises en application des paragraphes 1 et 2 n'ont pas un caractère pénal* ». Dae-Sik HONG, « L'étude comparative sur le système de l'amende administrative dans le droit de la concurrence : Avec focus sur l'Union européenne et l'Allemagne », L'étude du droit de la concurrence, Bobmunsa, n° 14, 2006, pp. 220 et s.

[873] Le règlement de la *KFTC* relatif aux critères pour infliger les amendes.

1. L'injonction

660. L'article 32 de « la loi sur le grand distributeur » permet à la *KFTC* d'infliger au grand distributeur l'injonction, lorsque le grand distributeur viole l'un des articles concernant l'abus de puissance économique dans « la loi sur le grand distributeur ». Tel est le cas quand le grand distributeur se trouve en contradiction avec les articles 7, 9, 10, l'article 11 ①, ②, ③, ④, les articles 12, 13, 14, 15, 16, 17 ou 18[874].

661. En cas de manquement à l'un de ces articles par le grand distributeur, l'article 32 énumère les différentes injonctions suivantes que peut décider la *KFTC* : enjoindre de cesser tout comportement illicite, de ne pas agir de nouveau de manière similaire, de modifier ou supprimer toute clause illégale, de compenser au fournisseur les frais d'installation des rayons[875], d'annoncer à ses fournisseurs le fait d'être condamné par la *KFTC* à publier, diffuser ou afficher sa décision d'injonction, de déposer à la *KFTC* un compte rendu sur l'exécution de l'injonction, etc.[876].

662. En 2015, la *KFTC* a effectué au total 28 enquêtes sur la base de cette loi spécifique, à l'issue desquelles elle a prononcé douze fois des injonctions à l'encontre du grand distributeur. En pratique, la *KFTC* a tendance à y adjoindre l'injonction de ne pas reproduire dans l'avenir le même type d'illégalité dans le but de réprimer la réitération de la pratique illégale, quand la *KFTC* condamne l'entreprise à des amendes administratives. Ainsi, neuf fois sur dix, lorsque la *KFTC* prononce contre l'entreprise l'amende administrative, l'injonction de ne pas faire se voit accompagnée de cette amende[877].

2. L'avertissement

663. Pareillement à la LRMCL, lorsque le manquement à « la loi sur le grand distributeur » n'est pas grave ou lorsque l'auteur a déjà corrigé son acte illicite et a résolu ses problèmes, la *KFTC* peut décider de

---

[874] L'interdiction de réfaction tarifaire, du retour des produits, de la répercussion du coût de promotion, de faire travailler l'employé du fournisseur dans le magasin du grand distributeur, de l'ingérence du grand distributeur dans les affaires du fournisseur, de faire acheter des bons d'achat ou des produits par le fournisseur, des représailles pour les plaintes vers l'administration concernée, etc. Voir supra, pp. 190 et s.

[875] Cette injonction relève uniquement de l'article 16 de « la loi sur le grand distributeur » : une obligation de compenser au fournisseur les frais d'installation des rayons qui ont été payés par le fournisseur.

[876] Lors de l'inexécution de ces injonctions, le grand distributeur pourrait encourir les sanctions pénales. L'article 39, ①, quatrième alinéa de « la loi sur le grand distributeur ».

[877] KFTC, « Livre annuel de statistiques 2015 », 2016, p. 96. Parmi les douze décisions de la *KFTC* qui ont donné lieu aux amendes administratives en 2015, onze ont cumulé les amendes administratives et l'injonction de ne pas réaliser certaines pratiques, et seule une décision a ordonné l'injonction.

l'avertissement à l'encontre du grand distributeur[878]. Cela confirme que le grand distributeur a commis un acte illégal au regard de « la loi sur le grand distributeur » et que la *KFTC* l'avertit d'une possibilité de punition ultérieure en cas de réitération, dans l'avenir proche, de ce type du comportement. Mais, en pratique, s'agissant des pratiques jugées non conformes au texte de « la loi sur le grand distributeur » par la *KFTC*, il est rare que la *KFTC* ne prononce que l'avertissement contre le grand distributeur sans injonction ou amende administrative. En effet, en raison du grand écart de pouvoir économique entre le grand distributeur et les fournisseurs, les pratiques illégales du grand distributeur à la lumière de cette loi sont neuf fois sur dix considérées comme scandaleuses. Ainsi, en 2015, la *KFTC* a effectué, au total, 28 fois des enquêtes sur la base de cette loi à l'issue desquelles elle n'a prononcé que deux fois des avertissements[879].

664. Toutefois, il faut également solutionner rapidement les différends relevant de l'abus de puissance économique entre la grande distribution et le fournisseur. Alors, similairement au cas de la pratique restrictive de concurrence au sens de la LRMCL (article 48-2 de la LRMCL), la « *Korea fair trade mediation agency* » a instauré, en 2012, une commission consacrée à la médiation relevant de la pratique restrictive de concurrence entre le grand distributeur et le fournisseur[880]. La « *Korea fair trade mediation agency* » peut proposer la médiation entre le fournisseur et le grand distributeur. Et, si le fournisseur dénonçant et le grand distributeur dénoncé tombent d'accord sur la réparation des dommages-intérêts résultant de la violation de « la loi sur le grand distributeur » avec un retrait de la plainte auprès de la *KFTC*, l'enquête de la *KFTC* pourrait se terminer sans aucune punition administrative. La *KFTC* peut encore prononcer la sanction légère de l'avertissement. En 2016, parmi les 42 demandes de médiation de la part des fournisseurs, 15 d'entre elles ont mis un terme aux différends dans le cadre de l'accord[881].

B. Les sanctions pécuniaires : l'amende administrative

665. L'amende administrative est la disposition reine par laquelle la *KFTC* sanctionne l'abus de puissance économique du grand distributeur. Nous nous intéresserons à sa ressemblance **(1)** et sa différence **(2)** avec l'amende administrative fondée sur la LRMCL.

---

[878] L'article 50 du règlement de la *KFTC* sur ses procédures.
[879] KFTC, « Livre annuel de statistiques 2015 », 2016, p. 96.
[880] https://fairnet.kofair.or.kr/case/subIndex/143.do#1.
[881] KFTC, communiqué de presse du 31 janvier 2017 relatif à la médiation par la « *Korea fair trade mediation agency* ».

1. La ressemblance avec l'amende administrative prévue par la LRMCL

666. Pareillement à l'injonction, l'article 35 de « la loi sur le grand distributeur » permet à la *KFTC* d'infliger au grand distributeur l'amende administrative, lorsqu'il viole l'un des articles de « la loi sur le grand distributeur » en abusant de sa puissance économique: un manquement aux articles 7, 9, 10, l'article 11 ①, ②, ③, ④, aux articles 12, 13, 14, 15, 16, 17 ou 18[882].

667. Globalement, les procédures de l'évaluation de l'amende administrative par la *KFTC* pour la violation de « la loi sur le grand distributeur » ressemblent à celles pour le manquement à la LRMCL[883]. Ainsi, l'amende administrative découlant du manquement de « la loi sur le grand distributeur » a également une double caractéristique : la punition administrative sur les pratiques injustes déjà commises ; la récupération des profits illicitement réalisés par voie de violation de « la loi sur le grand distributeur ». En outre, elle vise également un double objectif : la punition de la pratique illégale et la récupération des profits illégaux. De la même manière, parce que la *KFTC* est tenue de respecter strictement « le principe de proportionnalité des sanctions », la marge de manœuvre de la *KFTC* est limitée lors du calcul des amendes résultant de la violation de cette loi spécifique[884].

668. En 2015, la *KFTC* a effectué au total 28 fois des enquêtes sur la base de cette loi, à la suite desquelles elle a infligé onze fois des amendes administratives à l'encontre des grands distributeurs[885].

2. La différence avec l'amende administrative prévue par la LRMCL : le plafond des amendes administratives

669. Cependant, le plafond des amendes administratives pour l'abus de puissance économique montre une différence significative avec « la loi sur le grand distributeur » et la LRMCL. Pour l'abus de puissance économique, alors que le montant des amendes sur le fondement de la LRMCL est soumis à un plafond de 2 % du chiffre d'affaires pertinent réalisé par l'auteur pendant la violation de la loi (article 24-2, ① de la LRMCL), celui des amendes sur la base de « la loi sur le grand distributeur » se subordonne au plafond du montant de l'approvisionnement total entre le grand distributeur et le fournisseur en cause pendant la transaction concernée (article 35, ① de « la loi sur le grand distributeur »). En l'espèce, « le montant de l'approvisionnement » correspond au prix total d'achat des produits portant

882 Voir supra, pp. 190 et s.

883 L'article 35, ③ de « la loi sur le grand distributeur » cite les articles de la LRMCL concernant la décision des amendes administratives.

884 Hyo-Seok LEE, « L'analyse de la loi sur le grand distributeur », *Kyungpook Natl. Univ. Law Journal*, n° 49, février 2015, p 727.

885 KFTC, « Livre annuel de statistiques 2015 », 2016, p. 96. Voir supra, pp. 270 et s.

sur l'abus, approvisionnés par le grand distributeur auprès de la victime pendant la durée de la violation de la loi (article 28 du décret de « la loi sur le grand distributeur »). En outre, si le grand distributeur manque, dans le même temps, à plusieurs textes de cette loi, le montant des amendes cumulées ne peut dépasser deux fois le montant de l'approvisionnement des produits en cause (article 35, ② de la loi sur le grand distributeur).

670. Il semble que ces textes de l'article 35 sur le plafond des amendes ont pour finalité de suivre le principe de proportionnalité des sanctions. Pour autant, *a priori*, ce plafond des amendes n'aurait pas valeur d'exemple auprès des autres fournisseurs du grand distributeur sanctionné. En d'autres termes, si un grand distributeur commet un abus vis-à-vis d'un certain fournisseur, par exemple en réduisant significativement le volume de l'approvisionnement par représailles contre son refus du prix fixé après coup, cette pratique pourrait fonctionner également comme un message et une menace pour les autres fournisseurs en cause. Dans ce cas, lorsque les montants de l'approvisionnement de la victime ne sont pas significatifs, les amendes administratives inférieures au montant de l'approvisionnement de la victime pourraient être trop minimes par rapport aux effets négatifs considérables sur le marché.

671. Mais certains auteurs considèrent à l'inverse que ce plafond des amendes peut se révéler trop élevé, dès lors que le grand distributeur est condamné à payer les amendes pour des ristournes illégales bien que dérisoires. Le cas échéant, les amendes évaluées se fondant sur le montant de l'approvisionnement risquent de méconnaître le principe de proportionnalité[886].

---

[886] Jin-Yul JU, « La réglementation des ristournes par la loi sur le grand distributeur », Journal de droit de la concurrence et de politique, n° 4, 2015, pp. 64 et 65.

CONCLUSION CHAPITRE II TITRE II PARTIE II

672. En France, le rôle de la DGCCRF et de l'ADLC est limité relativement aux démarches de la sanction administrative. Certes, il est théoriquement possible qu'elles mènent à bien des enquêtes et rendent des décisions en matière de sanction administrative et que les entreprises contrevenantes fassent un recours aux juges contre ces décisions, mais, dans la pratique, cela survient très rarement.

673. Par contre, en Corée, dès lors que les abus de puissance économique sont sanctionnés par la voie d'enquête et de décision de la *KFTC*, le rôle de la *KFTC* est essentiel et conditionne toute sanction. Lorsque la *KFTC* prononce à l'entreprise l'injonction, l'avertissement ou l'amende administrative au titre de l'abus, cette dernière a le droit de faire un recours contre cette sanction de la *KFTC* devant la Haute Cour de Séoul, puis devant la cour suprême de Corée si elle ne se trouve toujours pas en accord avec l'arrêt de la Haute Cour de Séoul. De nos jours, compte tenu du fait que les dénonciations des parties les plus faibles envers la *KFTC* pour avoir subi un abus de puissance économique augmentent considérablement, les sanctions de la *KFTC* et les arrêts des cours s'amplifient également. Avant tout, il faut que la sanction de la *KFTC* soit bien contrôlée à travers les examens stricts des juges. En effet, la *KFTC* détient des pouvoirs assez forts tout au long du processus de la sanction administrative : la *KFTC* joue un rôle de tribunal de première instance en tant qu'organisme quasi juridictionnel, tout en menant simultanément l'investigation des affaires.

CONCLUSION TITRE II PARTIE II

674. Imaginons qu'un opérateur économique fort abuse de sa puissance économique au détriment de son partenaire faible et que toutes les conditions d'application du texte interdisant cette pratique soient bien remplies.

675. En l'occurrence, en France, l'auteur de l'abus sera sanctionné devant les cours spécialisées à travers la réparation du préjudice, la réparation en nature, la cessation des pratiques abusives, la nullité des clauses ou contrats illicites, la répétition de l'indu ou l'amende civile. Il est opportun que cette sanction civile respecte le principe classique selon lequel les conflits entre les parties privées doivent être résolus devant les juges dans le cadre de l'exécution de l'action. Pourtant, ce principe pourrait compromettre la protection des parties faibles qui souffrent d'un rapport de force très déséquilibré. En effet, introduire l'action et gagner un procès n'a absolument rien de simple pour la partie faible qui dépend significativement du chiffre d'affaires réalisé grâce à l'auteur de l'abus. Dans ces conditions, le législateur français a conçu l'action menée par le ministre de l'Économie, regardée comme très efficace, en particulier dans le domaine de la grande distribution. Bien que la légalité, la conformité à la Constitution et les pouvoirs de la DGCCRF et de la victime soient controversés, cette mesure effective s'avère indispensable à l'aune des pouvoirs économiques extravagants de la grande distribution.

676. En revanche, le cas échéant, en Corée, la sanction administrative telle que l'injonction et l'amende administrative prend le relais pour régler ce problème. La probabilité de la sanction administrative de la *KFTC* par le biais de l'amende administrative pousse, par ricochet, l'auteur de l'abus à réparer les préjudices commis et à cesser les abus vis-à-vis de la victime. Cette intervention directe et audacieuse de la *KFTC* à l'égard des parties au contrat est évidemment efficace et simple au regard de l'objectif de protection des parties les plus faibles. Si l'auteur des abus ne répare pas lui-même les préjudices subis, la victime peut introduire l'action civile en responsabilité ou en nullité devant les juges. En l'occurrence, la confirmation de l'abus faite dans le cadre de la décision de la *KFTC* peut aider la victime en offrant au juge une preuve crédible de l'illégalité. Mais il convient de faire attention à maintenir les principes de neutralité et

d'impartialité, lorsque l'administration s'immisce dans les relations entre les entreprises privées. Parfois, cet appui de l'Etat au bénéfice de l'une des parties contractante pourrait être reproché au nom d'un interventionnisme excessif, qui plus est quand la sanction administrative infligée par la *KFTC* peut déboucher sur une sanction pénale.

CONCLUSION DEUXIÈME PARTIE

677. L'avantage des règles générales telles que celles sur le déséquilibre significatif, la rupture brutale (C. Com., art. L. 442-6, I, 2° et 5°) ou l'abus de position supérieure dans le commerce (article 23 de la LRMCL) réside dans leur flexibilité pour répondre à chaque cas particulier. Par conséquent, en dépit de la différence dans la formulation entre les droits français et coréen, des points communs remarquables entre ces dispositifs généraux existent. Il est cependant nécessaire d'augmenter la prévisibilité des règles en définissant plus précisément leurs champs et conditions d'application. Dans le cas contraire, les juges ou les agents de l'administration risqueraient de se retrouver noyés sous l'affluence de nombreuses affaires.

678. Concernant les modalités de sanction des abus, il convient de comprendre que chaque règlementation spécifique reflète les circonstances de l'ensemble de l'économie, de la société, de la culture, de la politique. Le droit français nécessite l'action civile pour sanctionner l'abus et parvenir au recouvrement des dommages-intérêts. Toutefois, parce que cette solution est susceptible d'ignorer les réalités économiques, c'est-à-dire le rapport de force très déséquilibré entre les parties, le législateur français instaure un garde-fou qui permet à la DGCCRF d'intervenir de manière complémentaire dans les relations commerciales. En Corée, nous pouvons dire que la *KFTC* intervient de façon plus directe dans les relations commerciales déséquilibrées. En effet, la *KFTC* peut constater elle-même les abus et prononcer l'injonction et l'amende administrative à l'encontre de l'auteur. En outre, les lois sur le grand distributeur et sur la sous-traitance mettent aussi à disposition de la *KFTC* d'autres instruments contraignants qui concernent le formalisme ou les interdictions valables *per se*. Cette préférence à l'égard des mesures administratives paraît compréhensible dans la perspective de la croissance rapide mais disproportionnée que connaît la Corée depuis les années soixante et des problèmes sérieux rencontrés au niveau de la concentration exorbitante du pouvoir économique entre les mains des « *chaebols* ».

679. Il y a lieu de s'intéresser aux critères à réunir recommandés par la Commission européenne en vue d'établir un cadre réglementaire efficace

contre les abus [887]. La Commission divise les mesures législatives en deux catégories : D'un côté, des dispositions légales générales requérant une appréciation des circonstances économiques et contractuelles au cas par cas[888] ; d'un autre côté, des législations spécifiques détaillées contenant des listes de pratiques jugées intrinsèquement illégales sans évaluer la situation au cas par cas[889]. La Commission émet par ailleurs des conseils convaincants sur la législation contre les abus : Concernant les dispositions générales, il faut veiller à ce qu'elles soient applicables dans la pratique et « *prévoir des exigences gérables concernant les éléments de preuve et consacrer des ressources suffisantes à l'application des dispositions et garantir des appréciations au cas par cas exhaustives et efficaces* ». S'agissant des dispositions plus spécifiques, il faut vérifier si les mesures propres aux abus sont proportionnées et examiner attentivement « *l'éventail et la nature des pratiques régies* » par la législation. Pour respecter la proportionnalité de l'interdiction intrinsèque, il est souhaitable de limiter « *l'interdiction formelle des PCD à certains grands types décrits au point précédent* » et d'évaluer « *d'autres pratiques potentiellement déloyales en tenant compte du contexte économique et contractuel de chaque cas* ».

---

[887] Commission européenne, « Rapport de la Commission au Parlement européen et au Conseil sur les pratiques commerciales déloyales interentreprises dans la chaîne d'approvisionnement alimentaire », le 29 janvier 2016, pp. 4 et s. 1) « *Envisager d'adopter des dispositions législatives portant sur l'ensemble de la chaîne d'approvisionnement alimentaire interentreprises (B2B), car les PCD peuvent survenir à tous les stades de la chaîne* ». 2) Pouvoir « *cibler quatre grands types de pratiques commerciales déloyales.* 3) Considérer la « *flexibilité ou rigidité dans la définition des pratiques commerciales déloyales* ». 4) Satisfaire les demandes concernant les « *confidentialité des plaintes et possibilité pour l'autorité d'enquêter de sa propre initiative* ». 5) *Pour* « *un réel effet dissuasif* », « *les sanctions doivent être largement supérieures à tout bénéfice découlant de PCD ... et influencer les comportements à l'échelle des entreprises* ».

[888] Selon la Commission, l'avantage de cette législation générale réside dans sa souplesse. Mais l'autorité nationale peine à la mettre en œuvre, car son évaluation peut être renversée par les juges. L'Allemagne et l'Autriche préfèrent ces dispositions générales.

[889] D'après la Commission, cette législation détaillée présente l'avantage d'être simple sans courir à des enquêtes factuelles exhaustives et à des appréciations juridiques pour un cas particulier. Pour autant, cette dernière ne peut parfois tenir dûment en compte chaque contexte particulier. La République tchèque, la Slovaquie et la Hongrie optent pour ces dispositions détaillées.

CONCLUSION GÉNÉRALE

680. Il est essentiel de protéger tant les parties faibles dans les relations commerciales déséquilibrées que le fonctionnement du marché. Sans règles spécifiques, il paraît difficile de répondre à un réel besoin : prévenir et sanctionner de façon efficiente les abus de puissance économique dans les relations commerciales particulièrement déséquilibrées. En raison de l'existence du « facteur crainte », ni le droit des obligations ni l'autorégulation ne parviennent à rééquilibrer efficacement les relations commerciales. Le droit des pratiques anticoncurrentielles, qui vise la concurrence effective sur le marché, ne se montre pas davantage apte à résoudre les problèmes relatifs aux abus de puissance économique entre les partenaires.

681. Néanmoins, le bel objectif de ces règles consistant à rééquilibrer les relations commerciales asymétriques ne peut justifier en soi leurs défauts. Il est nécessaire à ce titre d'en garantir l'efficacité mais sans omettre d'en limiter les effets pervers sur le marché et au plan juridique. Au moment de légiférer, il convient d'éviter la précipitation, de renoncer aux palliatifs et de prendre conscience des facultés d'adaptation des entreprises les plus puissantes qui trouvent souvent le moyen de contourner les règles. L'adoption de mesures contre ces abus doit s'apparenter à une opération chirurgicale très attentive et minutieuse. A défaut de ces efforts, les dispositions risquent de perdre leur efficacité dans la pratique ou d'en gagner mais au détriment d'autres dispositions juridiques concernées.

682. A ce titre, en premier lieu, concernant les règles générales contre les abus, le déséquilibre significatif dans les droits et obligations ou la rupture brutale d'une relation commerciale établie (C. Com., art. L. 442-6) ainsi que l'abus de position supérieure dans le commerce (article 23 de la LRMCL), elles sont dorénavant assez souples et couramment appliquées en pratique[890].

683. Toutefois, d'une part, il semble souhaitable que les juges octroient plus de prévisibilité à ces règles générales en matière de notions, de conditions d'application détaillée et sur le plan de la sanction. Bien que de

[890] En revanche, l'abus de dépendance économique reste problématique au regard de l'applicabilité dans la pratique (C. Com., art. L. 420-2, alinéa 2ème).

nombreux arrêts récents sur le déséquilibre significatif, la rupture brutale (C. Com., art. L. 442-6) et l'abus de position supérieure dans le commerce (article 23 de la LRMCL) aient été rendus en France et en Corée, la frontière entre la légalité et l'illégalité d'une pratique nous paraît encore incertaine, même en prenant en considération la nécessaire souplesse qui doit caractériser les règles. Dès lors, il est opportun que les juges clarifient de manière plus détaillée leurs notions, leurs conditions d'application pour caractériser l'illégalité. Dans le cadre de ces règles générales, ils exercent pour finir le rôle de juges pouvant et devant accorder aux entreprises les références précises et cohérentes à consulter.

684. D'autre part, nous nous inquiétons de l'affluence excessive des affaires de concurrence rendues en application de ces règles générales. Si une disposition se développe de façon excessive, elle peut empiéter sur d'autres dispositions[891] [892] [893] [894]. Dès lors, lorsque les affaires adossées à certaines règles générales prennent un plein essor, les juges devraient réagir en endiguant le phénomène, par exemple en durcissant les notions applicables et leur champ d'application.

685. En deuxième lieu, s'agissant des obligations liées au formalisme des relations commerciales, il apparaît nécessaire de simplifier certains instruments pouvant être *« source de complexité contreproductive »* ou *« nid à contentieux toujours menaçant »* [895] [896]. Certes, la transparence au démarrage des négociations commerciales est souhaitable, mais la grande distribution dispose de divers moyens pour la contourner en raison de sa puissance d'achat. Par ailleurs, la liste noire des pratiques, réputées illicites en toutes circonstances, devrait être *« la plus claire et la plus resserrée*

---

[891] *« Le déséquilibre significatif absorbe tout le contentieux »*. Marie Malaurie-Vignal, « Droit de la distribution », Sirey, 3ème éd., 2015, pp. 118 et 119.

[892] La rupture brutale donne lieu à *« une jurisprudence pléthorique »*. Didier Ferrier et Nicolas Ferrier, « Droit de la distribution », LexisNexis, 7ème éd., 2014, p. 214.

[893] L'*« hypertrophie »* de l'article L. 442-6, I, 5° *« pourrait nuire à la réactivité des entreprises et à la fluidité des marchés »*. Nicolas Éréseo, « Le détournement du droit des pratiques restrictives de concurrence à travers l'exemple de l'article L. 442-6, I, 5 », *Concurrences*, 2010, n° 2, pp. 57 et s. *« L'article L. 442-6, I, 5°, produit des effets pervers au plan juridique, il produit également des effets néfastes d'ordre juridique et paraît même contrarier directement les objectifs traditionnellement assignés au droit de la concurrence »*. Jean-Marie Garinot, « Que reste-t-il de l'abus dans le non-renouvellement du contrat ? », Recueil Dalloz, 2014, p. 2014.

[894] La moitié des affaires de la *KFTC* en 2015 relatives aux pratiques restrictives de concurrence en vertu de la LRMCL concerne « l'abus de position supérieure dans le commerce ». KFTC, « Livre annuel de statistiques 2015 », 2016, p. 28.

[895] AFEC, « Réponse à la Consultation du Livre vert sur les pratiques commerciales déloyales dans la chaîne alimentaire et non-alimentaire interentreprises en Europe », le 30 avril 2013, p. 25.

[896] Par exemple, après la suppression de l'interdiction *per se* de la discrimination par la LME, nous nous posons la question de l'efficacité des CGV en tant que socle unique par rapport aux charges considérables qu'elles représentent pour les parties au contrat. Daniel Mainguy et Malo Depincé, « Droit de la concurrence », LexisNexis, 2ème éd., 2015, pp. 170 et 171.

possible »[897]. Aussi, cette interdiction systématique ne peut être véritablement justifiée que lorsque « *la pratique est nocive ne varietur* »[898].

686. En troisième lieu, du point de vue de l'exigence de proportionnalité, le champ d'application excessivement étendu du Titre IV du Livre IV du Code français de commerce et le contenu excessif des lois spécifiques coréennes posent problème. En droit français, on observe une contradiction entre la véritable cible (la grande distribution) et le champ d'application très étendu des textes. Le Titre IV du Livre IV du Code de commerce oblige toutes les entreprises à se soumettre aux obligations portant sur le formalisme et aux interdictions réputées intrinsèquement illégales, sans considération du pouvoir ou de la taille des parties en cause. En l'occurrence, même les PME commerçant avec la grande entreprise se retrouvent étouffées sous les obligations et les interdictions variables visant prioritairement la grande distribution[899]. Dès lors, il serait préférable de libérer, par la loi, les entreprises peu susceptibles de commettre un abus de puissance économique des contraintes lourdes et spécifiques, conçues pour réprimer l'abus de la grande distribution vis-à-vis des fournisseurs. En droit coréen, l'extension des contrôles administratifs dans le cadre des lois spécifiques mérite d'être contestée. « La loi sur le grand distributeur » limite clairement son champ d'application en fonction du chiffre d'affaires annuel de distribution de détail, de la surface de l'un de ses magasins et de la nature des produits et des transactions. Certes, la règlementation contre les abus sous la forme d'une loi spécifique est très efficace et simple par rapport au recours à la LRMCL qui contrôle de manière plus générale tous les problèmes relatifs à la concurrence[900].

687. Mais la loi spécifique coréenne comporte plusieurs risques non négligeables. D'abord, les critères attachés à la notion de « grand distributeur » sont incertains tels qu'ils sont envisagés par « la loi sur le grand distributeur »[901]. Pourtant, l'application ou non de cette loi spécifique

---

[897] AFEC, « Réponse à la Consultation du Livre vert sur les pratiques commerciales déloyales dans la chaîne alimentaire et non-alimentaire interentreprises en Europe », le 30 avril 2013, p. 25.

[898] Sinon, cette interdiction systématique provoque une surprotection ou une contre-productivité, condamnant les pratiques ayant des effets positifs. Muriel Chagny, « Quel(s) modèle(s) pour un droit européen des pratiques commerciales déloyales entre professionnels ? », Droit européen des pratiques commerciales déloyales : Evolution et perspectives, sous la direction de Évelyne Terryn et Denis Voinot, Larcier, 2012, p. 150.

[899] Ces entraves pourraient être relativement plus lourdes à l'égard des PME, dépourvues de la faculté de contourner les règles, par rapport aux grandes entreprises dotées des meilleurs avocats. Ces dernières pourraient empêcher paradoxalement que les PME distributeurs ou producteurs deviennent les concurrents effectifs des grands distributeurs et grands industriels.

[900] Par exemple, « la loi sur le grand distributeur » diminue la charge de la preuve à fournir par l'administration concernant l'interdiction de la réfaction tarifaire des produits approvisionnés en faveur de la *KFTC* (article 7).

[901] Par exemple, « la loi sur le grand distributeur » n'envisage pas de faire du bénéfice de l'entreprise le critère du grand distributeur. Mais « *sa survie économique dépend de son*

est un problème crucial pour les entreprises en cause, compte tenu des obligations portant sur la transparence et des interdictions très contraignantes auxquelles elle les astreint. Ensuite, une prolifération de nouvelles réformes prenant la forme de lois spécifiques peut être crainte à l'avenir. Le champ d'application restrictif de « la loi sur le grand distributeur », directement réservée à la lutte contre le grand distributeur au profit des fournisseurs, paralyse en pratique les critiques qu'on lui adresse généralement [902]. L'administration risque à terme de devenir dépendante du confort offert par la loi spécifique en considération de la complexité de la loi générale sur la concurrence.

688. En quatrième lieu, quant à la sanction des abus, compte tenu des particularités des relations entre les grandes distributions et les fournisseurs, nous soutenons le dispositif français permettant à l'administration d'intervenir dans le contentieux des relations commerciales disproportionnées (C. Com., art. L. 442-6, III). Il semble indéniable que cet instrument sert utilement dans la pratique pour réprimer et déceler les abus de la grande distribution. Pour le fournisseur, entamer une action en justice à l'encontre de la grande distribution signifie se préparer à subir la rupture, par représailles, de la relation commerciale entretenue avec la grande distribution. Dès lors, face à cette situation tout à fait dérogatoire, ce droit d'agir devant le juge peut être justifié malgré sa nature pour le moins audacieuse.

689. Par comparaison, la *KFTC* est habilitée à confirmer, après son enquête, un abus et à prononcer elle-même une injonction et une amende administrative à l'encontre de la grande distribution. Eu égard aux compétences très larges de la *KFTC*, il est nécessaire qu'elle fasse preuve, de la même manière qu'une juridiction, de neutralité, d'indépendance et d'autonomie, tout au long de ses démarches liées à l'organisation, l'enquête et la décision[903]. A défaut, la *KFTC*, qui exerce en même temps les fonctions d'instruction et d'adoption des décisions, risque d'être partiale en faveur de certaines entreprises, soit plaignantes soit délinquantes, suite à des pressions politiques ou du lobbying. Ainsi, il est approprié de séparer plus strictement les services d'instruction et de décision de la *KFTC* et d'assurer l'autonomie et l'indépendance de la *KFTC* vis-à-vis du gouvernement.

---

bénéfice et non de son chiffre d'affaires qui est un indicateur insuffisant et même parfois trompeur de sa santé économique ». Nicolas Éréseo, « L'exclusivité contractuelle », Thèse de doctorat, Litec, 2008, p. 128.

[902] Le fait que cette loi spécifique n'est consacrée qu'aux relations particulières entre le grand distributeur extraordinairement puissant et les simples fournisseurs pourrait offrir au législateur un argument imparable.

[903] Bien qu'une entreprise puisse faire appel contre les sanctions administratives infligées par la *KFTC* devant la Haute Cour de Séoul, l'enquête et la sanction par la *KFTC* sont en soi une charge très lourde pour l'entreprise.

690. En dernier lieu, comme la concentration très élevée du marché favorise les abus, un marché plus équilibré apparaît comme le seul remède durable contre les abus, les mesures comportementales ne pouvant modifier fondamentalement la situation. Donc, il ne faut pas négliger l'importance du fonctionnement du marché, même au moment du renforcement de la protection des parties faibles.

691. A cet égard, pour ce qui a trait au marché de distribution de détail qui est très concentré, l'injonction structurelle dans le projet de loi Macron, censurée par le Conseil constitutionnel, mérite d'être de nouveau envisagée, pourvu qu'elle réponde cette fois aux inquiétudes qu'elle avait inspirées du point de vue des libertés fondamentales et de la notion de concurrence par les mérites. En outre, il est souhaitable que le droit coréen de la concurrence, qui n'octroie actuellement à la *KFTC* aucune faculté de prononcer des mesures structurelles *ex post* pour les pratiques anticoncurrentielles ou les pratiques restrictives de concurrence [904], considère l'adoption d'un mécanisme de ce type en se référant aux articles L. 752-26 ou L. 752-27 du Code français de commerce. Il est à souhaiter que cette adoption de l'injonction structurelle *ex post* en Corée puisse un jour résoudre les problèmes posés par la concentration excessive de la puissance économique aux mains de quelques entreprises seulement, que nous appelons les « *chaebols* ».

[904] En droit coréen, l'injonction structurelle ne sert qu'en tant que dispositif *ex ante* relevant du contrôle des concentrations.

BIBLIOGRAPHIE

I. OUVRAGES GÉNÉRAUX ET MANUELS

En droit français ou européen

André Decocq et Georges Decocq, « Droit de la concurrence : Droit interne et droit de l'Union européenne », LGDJ, 7ème éd., 2016.

Daniel Mainguy et Malo Depincé, « Droit de la concurrence », LexisNexis, 2ème éd., 2015.

Didier Ferrier et Nicolas Ferrier, « Droit de la distribution », LexisNexis, 7ème éd., 2014.

François Souty, « Le droit et la politique de la concurrence de l'Union européenne », Montchrestien, 4ème éd., 2013.

Jean-François Bellis, « Droit européen de la concurrence », Bruylant, 2ème éd., 2017.

Laurence Nicolas-Vullierme, « Droit de la concurrence », Vuibert, 2ème éd., 2011.

Louis Vogel, « Droit de la concurrence : [droits européen et français] », Paris : LawLex ; Bruxelles : Bruylant, 2015.

Marie Malaurie-Vignal

- « Droit de la concurrence interne et européen », Sirey, 6ème éd., 2013.
- « Droit de la distribution », Sirey, 3ème éd., 2015.

Nicolas Petit, « Droit européen de la concurrence », Montchrestien – Lextenso éditions, 2013.

En droit coréen

Hong-Seok KIM et Sang-Mo KOO, « La loi sur la sous-traitance », Hsmedia, 2010.

Ho-Young LEE, « Droit anticoncurrentiel », Hongmoonsa, 5ème éd., 2015.

Ho-Yul CHUNG, « Droit économique », Bakyoungsa, 2ème éd., 2008.

Hyeon-Yun SIN, « Droit économique », Bobmunsa, 6ème éd., 2014.

Keum-Seok OH, Seong-Un YUN, Hyun-Kyu LEE, « La loi sur le grand distributeur : la théorie et la pratique », Bakyoungsa, 2012.

Oh-Seung KWON, « Droit économique », Bobmunsa, 11ème éd., 2014.

Su-Young PARK, « L'interprétation de la loi sur le grand distributeur », Fides, 2013.

II. OUVRAGES SPÉCIAUX, MONOGRAPHIE ET THÈSE

En droit français ou européen

Guillaume Mallen, « L'appréhension des pratiques restrictives par les autorités françaises et européennes de la concurrence : Analyse des pratiques contractuelles abusives entre professionnels à l'épreuve du droit des pratiques anticoncurrentielles », Thèse de doctorat, L'Harmattan, DL 2014.

Hélène Narayan-Fourment, « L'approche concurrentielle et contractuelle de la détermination du prix : dans les ventes commerciales et les contrats-cadre », Thèse de doctorat, Presses universitaires d'Aix-Marseille, 2003.

Joseph Vogel, « Loi Hamon : Guide de la négociation commerciale dans le commerce de gros », éditions CGI, 2014.

Marie-Laure Allain, Claire Chambolle et Thibaud Verge, « La loi Galland sur les relations commerciales ; jusqu'où la réformer ? », Rue D'Ulm, 2013.

Marielle Martin, « Le droit français de la transparence et des pratiques restrictives de concurrence », Thèse de doctorat, Presses universitaires d'Aix-Marseille, 2012.

Muriel Chagny, « Droit de la concurrence et droit commun des obligations », Thèse de doctorat, Dalloz, 2004.

Nicolas Éréseo, « L'exclusivité contractuelle », Thèse de doctorat, Litec, 2008.

Rose-Monde Zang Ndong, « Le droit des pratiques restrictives de concurrence et la protection de la partie faible dans la relation commerciale », Thèse de doctorat, Université Lille 2, 2014.

Sandra Nicolet, « L'abus de dépendance économique en droit des affaires », Thèse de doctorat, Université Montpellier I, 2008.

En droit coréen

Jeong-Pyo CHOI, « Les défauts et les avantages de la politique de concurrence loyale », Haenam, 2011.

Jung-Won HYUN et Kyung-Min KOH, « *International Encyclopedia for Competition Law, Republic of Korea, Kluwer Law International* », 2011.

KFTC, « Les guides en matière de sous-traitance de construction », 2006.

Sang-Hyean GWACK et Bong-Eui LEE, « *Regulation Law of Business Combination* », Bobmunsa, 2012.

III. ARTICLES, CHRONIQUES

En droit français ou européen

Anne Outin-Adam, « Loi Macron : le point de vue de l'entreprise », AJCA, 2015, p. 144.

Bert Keirsbilck, « Vers un règlement européen unique relatif aux pratiques commerciales déloyales « b2c » et « b2b » ? », Droit européen des pratiques commerciales déloyales : évolution et perspectives, sous la direction de Évelyne Terryn et Denis Voinot, Larcier, 2012, pp. 161 et s.

Christophe Pecnard et Agathe Duperray, « Réparation d'une rupture brutale de relations commerciales : le préjudice, tout le préjudice, mais rien que le préjudice, Arrêt rendu par la Cour de cassation, com., 16-02-2016, n° 14-21.338 et n° 14-22.914 », AJCA, 2016, p. 248.

Christophe Pecnard et Gaëlle Robic

- « Lutte contre les pratiques déloyales dans la chaîne d'approvisionnement alimentaire : les recommandations de la Commission européenne à la lumière de l'expérience française », AJCA, 2014, p. 338.
- « L'Autorité de la concurrence veut s'inviter dans les négociations commerciales », AJCA, 2015, pp. 269 et s.

Christopher Bellamy, « *Restriction of competition – a historical perspective », The notion of restriction of competition, Revisiting the foundation of antitrust enforcement in Europe*, Bruylant, 2017, pp. 31 et s.

Claude Lucas De Leyssac et Muriel Chagny, « Le droit des contrats, instrument d'une forme nouvelle de régulation économique ? », Revue des contrats, n ° 3, juillet 2009, pp. 1268 et s.

David Bosco

- « Dernière étape du dirigisme concurrentiel : l'injonction structurelle », Contrats Concurrence Consommation, n° 3, 2012, repère 3.
- « Une nouvelle injonction structurelle décomplexée », Contrats Concurrence Consommation, n° 1, 2013, repère 1.

Denis Voinot, « La lutte contre les retards de paiement dans les transactions commerciales : une harmonisation du droit des pratiques commerciales déloyales dans les relations entre professionnels ? », Droit européen des pratiques commerciales déloyales : évolution et perspectives, sous la direction de Évelyne Terryn et Denis Voinot, Larcier, 2012, pp. 136 et s.

Denis Waelbroeck, « Les projets de procédure d'injonction structurelle en France face au droit de l'Union européenne », Concurrences, n° 4, 2015, p. 29.

Didier Ferrier, « Concurrence-distribution, janvier 2011- décembre 2011 », Recueil Dalloz, 2012, p. 577.

Dominique Ferré et Régis Pihéry, « Pratiques restrictives de concurrence : étude du bilan de la CEPC 2011 », Contrats Concurrence Consommation, n° 1, janvier 2012, étude 1.

Edern Thébaud et Katia Merten-Lenz, « Les pratiques commerciales déloyales dans le secteur agroalimentaire, Les pratiques commerciales déloyales en droit de l'Union européenne », Revue européenne de droit de la consommation, 2013, p. 309.

Emilie Gicquiaud, « Le contrat à l'épreuve du déséquilibre significatif », RTD com, 2014, p. 267.

Emmanuelle Claudel

- « Régulation de la distribution par les autorités de concurrence. Quels objectifs ? », Revue Lamy Droit des Affaires, n° 83, juin 2013, p. 9.
- « Les implications procédurales de la loi du 20 novembre 2012 relative à la régulation économique outre mer – 1er volet. L'injonction structurelle : une loi pour l'outre-mer, un terrain d'expérimentation pour la métropole ? », RTD com, 2013, p. 506.
- « Projet de loi « Macron » : un texte controversé. Brève présentation », RTD com, 2015, p. 75.

- « La loi Macron au crible du contrôle de constitutionnalité : feu l'injonction structurelle », RTD com, 2015, p. 699.

Eric Chevrier, « La résurrection de l'article L. 442-6, III, du Code de commerce », Recueil Dalloz, 2008, p. 2067.

Florent Venayre, « Audition du président de l'Autorité de la concurrence : confirmation du dynamisme de l'action outre-mer et premiers effets de la loi REOM », Revue Lamy de la Concurrence, n° 39, 2014, pp. 137 et s.

Frédéric Buy, « La Cour de cassation bâtit, petit à petit, une jurisprudence rigoureuse sur le déséquilibre significatif dans les contrats de la grande distribution (Cass. com., 29 sept. 2015, société EMC distribution c/ ministre de l'Économie, pourvoi n° 13-25043) », Concurrences, n° 1, 2016, p. 119.

Frédéric Marty, « La sanction des pratiques commerciales déloyales : la préservation de l'ordre concurrentiel au risque de la protection des concurrents ? », Les pratiques commerciales déloyales en droit de l'Union européenne, Revue européenne de droit de la consommation, 2013, pp. 277, 290 et 291.

Frédéric Puel et Virginie Rebeyrotte, « Abus de puissance contractuelle et pratique anticoncurrentielle », AJCA, 2015, pp. 499 et s.

Gaël Chantepie

- « La précarité des relations commerciales », Contrats Concurrence Consommation, n° 11, novembre 2012, étude 11.
- « Le déséquilibre significatif au miroir de la Cour de cassation », AJCA. 2015, p. 218.

Georges Decocq, « Le rôle du ministère public au regard du pouvoir de sanction des autorités indépendantes en droit de la concurrence », Cahiers de droit de l'entreprise, n° 5, septembre 2015, dossier 42.

Gilbert Parleani, « Loi Macron : toujours plus en « pratiques restrictives », AJCA, 2015, pp. 407 et s.

Guy Cavinet, « L'histoire sans fin des lois éphémères ou de la régulation des relations entre la production et la grande distribution », Études sur le droit de la concurrence et quelque thèmes fondamentaux, Mélanges en l'honneur d'Yves Serra, Dalloz, 2006, pp. 69 et s.

Jean-Bernard Blaise, « La sanction pénale », Concurrences, n° 1, 2013, p. 23.

Jean-Louis Fourgoux

- « Fasc. 282 : Procédure de contrôle des pratiques restrictives de concurrence », JurisClasseur Commercial, le 3 avril 2012.
- « Fasc. 261 : Transparence et pratiques restrictives de concurrence. – Règles de fond », JurisClasseur Contrats – Distribution, le 19 janvier 2016.
- « Fasc. 281 : Transparence et pratiques restrictives de concurrence. – Règles de fond », JurisClasseur Commercial, le 19 janvier 2016.
- « La rupture des contrats d'affaires (1) : résiliation et résolution du contrat », AJCA, 2016, p. 127.

Jean-Marie Garinot, « Que reste-t-il de l'abus dans le non-renouvellement du contrat ? », Recueil Dalloz, 2014, p. 2014.

Jean-Paul Pastorel, « Contrôle de concentration et outils de régulation en Nouvelle-Calédonie », AJDA, 2013, p. 2499.

Jérôme Foucault, « La loi Hamon, un instrument imparfait de rééquilibrage des relations entre fournisseurs et distributeurs », AJCA, 2014, pp. 192 et s.

Laura Constantin, « Allongement des délais de paiement des factures : attention danger ! », AJCA, 2015, p. 292.

Laurence Idot, « Chronique Droit européen de la concurrence : pratiques anticoncurrentielles - Les suites de l'arrêt dit « des cartes bancaires » : la distinction « restriction de concurrence par objet/restriction par effet » toujours au cœur des débats sur l'article 101 TFUE », RTD eur, 2016, p. 817.

Laurence Nicolas-Vullierme, « Fasc. 290 : Pratiques restrictives de l'article L. 442-6 du Code de commerce », JurisClasseur Concurrence – Consommation, le 30 septembre 2012.

Laurent Benzoni et Alexandre Journo, « La puissance d'achat : nouveaux enseignements économiques », AJCA, 2015, pp. 508 et s.

Leyla Djavadi, « Fasc. 285 : Procédure en droit interne de la concurrence », JCl. Commercial, le 15 février 2014, p. 83.

Louis Vogel

- « Les sanctions administratives : Efficacité du contrôle ou sécurité juridique ? », Concurrences, n° 1, 2013, p. 12.
- « Le droit de la concurrence et de la distribution après la loi Macron », AJCA, 2015, p. 392.

Louis Vogel et Joseph Vogel, « Panorama de la rupture de relations commerciales établies : un droit à réformer (1) », AJCA, 2016, p. 460.

Luc-Marie Augagneur, « Délais de paiement : simplifier en dérogeant », Contrats Concurrence Consommation, n° 11, novembre 2012, étude 12.

Marie-Laure Bélaval et Renaud Salomon, « Chronique de jurisprudence de la Cour de cassation », Recueil Dalloz, 2008, p. 2749.

Marie Malaurie-Vignal

- « Réflexions entre les liens existant entre urbanisme commercial, contrôle des structures et protection de la concurrence », Recueil Dalloz, 2012, p. 691.
- « Bilan et avenir du droit de la distribution et de la concurrence », Contrats Concurrence Consommation, n° 2, février 2015, repère 2.
- « L'injonction structurelle et le projet de loi Macron », Recueil Dalloz, 2015, p. 690.
- « Rapprochement entre centrales d'achat et de référencement », Contrats Concurrence Consommation, n° 8-9, 2015, Commentaire.
- « Les apports de la loi Macron en droit de la distribution », Contrats Concurrence Consommation, n° 11, novembre 2015, comm. 256. pp. 33 et 35.
- « Notion de partenaire commercial », Contrat Concurrence Consommation, n° 6, 2016, comm. 141.

Martine Béhar-Touchais

- « Droit européen des pratiques commerciales déloyales. Rapport conclusif », Droit européen des pratiques commerciales déloyales : évolution et perspectives, sous la direction de Évelyne Terryn et Denis Voinot, Larcier, 2012, pp. 192 et s.
- « De Lefebvre à Macron : la valse des contrats d'affiliation devant l'Assemblée nationale et le Sénat », Revue des contrats, n° 3, septembre 2015, pp. 532 et 533.
- « Un déséquilibre significatif à deux vitesses », La Semaine Juridique Edition Générale, n° 21, 2015, doctr. 603.
- « L'injonction structurelle sans faute ou les excès de la régulation », Revue des contrats, n° 3, septembre 2015, pp. 536 et 537.

- « L'amende civile devant le Parlement ou le vote à l'aveugle ! », Revue des contrats, n° 3, 2015, p. 535.
- « Le déséquilibre significatif dans le Code civil », La Semaine juridique Edition Générale, n° 14, le 4 avril 2016, pp. 662 et s.

Martine Béhar-Touchais et Rafael Amaro, « À propos du Livre vert sur les pratiques commerciales déloyales dans la chaîne d'approvisionnement alimentaire et non alimentaire interentreprises en Europe (Réponse du réseau Trans Europe Experts) », Revue Lamy de la Concurrence, n° 36, 2013.

Mary-Claude Mitchell, « Les pratiques restrictives dans la loi Hamon », Contrats concurrence consommation, n° 5, 2015, p. 30.

Mary-Claude Mitchell et Tiphaine Delannoy, « Abus de puissance contractuelle et pratiques commerciales restrictives », AJCA, 2015, pp. 504 et s.

Mélanie Comert et Élisabeth Flaicher-Maneval, « La négociation des contrats d'affaires après la loi Hamon », AJCA, 2014, p.16.

Mélanie Comert et Sara Nasser El Dine-Pomar, « De nouvelles dispositions procédurales en matière de concurrence », Contrats Concurrence Consommation, n° 3, 2013, étude 4.

Michaël Cousin, « La loi Macron, une certaine idée des missions de l'Autorité », Concurrences, n° 4, 2015, p. 26.

Muriel Chagny

- « Quel(s) modèle(s) pour un droit européen des pratiques commerciales déloyales entre professionnels ? », Droit européen des pratiques commerciales déloyales : Evolution et perspectives, sous la direction de Évelyne Terryn et Denis Voinot, Larcier, 2012, pp. 150 et 155.
- « Le droit (substantiel) des pratiques restrictives de concurrence s'invite dans la loi consommation (1re partie) ... », RTD com, 2014, p. 67.
- « Vers un droit européen des pratiques commerciales déloyales entre professionnels : la méthode des « petits pas » », RTD com, 2014, pp. 571 et s.
- « Le déséquilibre significatif devant la cour d'appel de Paris », RTD com, 2014, p.785.
- « La situation de faiblesse des contractants, objet de compétition entre les droits ? », AJCA, 2015, pp. 193 et s.
- « La règle sur le déséquilibre significatif devant la Cour de cassation ! », RTD com, 2015, p. 486.
- « Le déséquilibre significatif financier sanctionné par la cour d'appel de Paris », RTD com, 2015, p. 492.
- « Le droit des pratiques restrictives de concurrence et la réforme du droit des contrats », RTD com, 2016, pp. 454 et s.

Nancy Tagliarino-Vignal, « Un droit de la concurrence pour la Nouvelle-Calédonie », Revue Lamy de la Concurrence, 2014, n° 41, pp. 82 et 86.

Nathalie Homobono, « Les nouveau pouvoirs de la DGCCRF issue de la loi Hamon », AJCA, 2014, p.144.

Nicolas Éréseo

- « Fasc. 3480 : Pratiques commerciales trompeuses », Jurisclasseur Communication, le 5 octobre 2009.
- « Le détournement du droit des pratiques restrictives de concurrence à travers l'exemple de l'article L. 442-6, I, 5 », Concurrences, 2010, n° 2, pp. 57 et s.

- « Avis : L'Autorité de la concurrence publie un avis sur les rapprochements des centrales d'achat ou de référencement qui révèle plusieurs risques pour la concurrence, sur les marchés amont ou aval, et formule différentes recommandations à destination du législateur, septembre 2015 », Concurrences, n° 3, 2015, Art. n ° 75049, p. 97.

Nicolas Kilgus, « L'abus de domination économique et la théorie générale du contrat. Violence économique et vice du consentement: définir, sanctionner ? », Editions universitaires européennes, 2011, p. 13.

Nicolas Mathey

- « Rupture brutale et appel d'offres », Contrats Concurrence Consommation, n° 1, janvier 2012, comm. 12.
- « Rupture fautive : évaluation du préjudice », Contrats Concurrence Consommation, n° 8-9, 2013, comm. 183.
- « Rupture brutale de relations commerciales et précarité », Contrats Concurrence Consommation, n° 2, février 2014, comm. 40.
- « Notification de la rupture brutale par courrier électronique », Contrats Concurrence Consommation, n° 3, mars 2016, comm. 68.
- « Rupture brutale et circonstances économiques », Contrats Concurrence Consommation n° 4, avril 2016, comm. 93.
- « Réparation intégrale du préjudice résultant d'une rupture brutale », Contrats Concurrence Consommation, n° 5, mai 2016, comm. 117.
- « Déséquilibre significatif et clause de résiliation », Contrats Concurrence Consommation, n° 6, juin 2016, comm. 142.
- « Rupture brutale et compétence juridictionnelle », Contrats Concurrence Consommation, n° 6, juin 2016, comm. 143.
- « Pot-pourri autour de la rupture brutale devant la cour d'appel de Paris », Contrats Concurrence Consommation, n° 7, juillet 2016, comm 167.
- « Prononcé d'une amende civile et principe de personnalité des peines », Contrats Concurrence Consommation, n° 7, juillet 2016, alerte 58.

Peter Alexiadis et Elsa Sependa, « *Structural remedies under European Union antitrust rules* », Concurrences, n° 2, 2013, p. 21.

Robert Saint-Esteben

- « L'injonction structurelle : Rencontre du troisième type du droit de la concurrence », Concurrences, n° 2, 2013, pp. 14 et 16.
- « La loi Macron : Etendue et limites de la "régulation concurrentielle" », Concurrences, n° 4, 2015, p. 16.

Séverine Manna, « Loi de régulation économique Outre-mer : les bases d'un droit de la concurrence ultramarin », Revue Lamy de la Concurrence, n° 35, 2013, pp. 125 et s.

Stephen Kinsella et David Went, « *The use of divestiture remedies in UK market investigations: What can be learnt from the BAA saga ?* », Concurrences, n° 2, 2013, p. 27.

Thierry Charles, « La protection légale du sous-traitant : une législation en creux », AJCA, 2015, p. 452.

Thomas Picot et Gildas de Muizon, « Le pouvoir d'injonctions structurelles », Revue Lamy de la Concurrence, n° 43, avril 2015, p. 108.

Virginie Beaumeunier, « L'injonction structurelle outre-mer dans le commerce de détail », Concurrences, n° 2, 2013, p. 17.

Wilfrid Boyault, « Sous-traitance : un insaisissable faire-faire », AJCA, 2015, p.448.

En droit coréen

Bong-Eui LEE
- « L'observation sur l'injonction et les amendes administratives par la LRMCL », Concurrence loyale, décembre 2001, pp. 13 et s.
- « Les critères pour identifier l'abus d'exclusion en droit de la concurrence », Bubjo, n° 52, octobre 2003, p. 127.
- « Un arrêt de *Posco* et l'abus d'exclusion », Journal de concurrence, septembre 2008, pp. 10 et s.
- « Le refus de transaction sous l'angle de GWB (*Gesetz gegen Wettbewerbsbeschränkungen*) en Allemagne », L'étude sur la jurisprudence du droit de la concurrence VI, Bobmunsa, 2010, p. 2.
- « Le contrôle de l'abus d'exploitation », Journal du droit coréen de la concurrence, n° 22, novembre 2010, Bobmunsa, pp. 123 et s.
- « *Role of Law from the Perspective of Co-existence of Large, Small and Medium Enterprises* », Justice, Korean Legal Center, 2013, p. 221 et s.
- « Le caractère indu pour l'atteinte portée aux intérêts d'un partenaire commercial », Concurrence loyale, juin 2016, p. 25 et s.

Bong-Eui LEE et Hye-Shin CHO
- « Une étude sur l'amélioration législative pour la régulation de l'abus d'exploitation par le grand distributeur – Comparaison avec l'amendement récent du droit allemand anticoncurrentiel », KLRI, 2012, pp. 47 et 67.

Chan-Keol PARK, « Une étude sur le principe légal de dénonciation exclusive dans la loi sur la régulation de monopole et le commerce loyal », Seoul Law review, vol 20, n° 1, 2012, p. 371.

Chang-Sik HWANG, « Les enjeux du contrôle à titre de l'abus d'exclusion en droit de la concurrence », Journal de concurrence, juillet 2008, pp. 9 et s.

Dae-Sik HONG
- « L'étude comparative sur le système de l'amende administrative dans le droit de la concurrence : Avec focus sur l'Union européenne et l'Allemagne », L'étude du droit de la concurrence, Bobmunsa, n° 14, 2006, pp. 220 et s.
- « La situation actuelle et l'amélioration du système de l'amende administrative dans la LRMCL », L'étude du droit administratif (par Korea administrative law and practice association), n° 18, août 2007, pp. 144 et s.
- « *Unfair trade practices from a private law perpective* », Journal du droit coréen de la concurrence, n° 18, 2008, pp. 226 et s.

Dong-Kweon SHIN, « Les enjeux de la réglementation de l'abus de position dominante sur le marché », Les enjeux du droit de la concurrence, Center for competition law, Bobmunsa, 2010, pp. 26 et s.

Doo-Jin KIM, « Les pratiques commerciales déloyales par le grand distributeur : Décisions de la KFTC, n° 2005-068 du 12 mai 2005 et n° 2007-009 du 15 janvier 2007 », Journal de concurrence, septembre 2007, p. 51.

Hak-Eui KIM, « L'infraction de la LRMCL et la sanction pénale », Les commentaires sur le droit de la concurrence II, Bobmunsa, 2000, p. 648.

Hee-Jung LEE, « *A Functional Approach: The Role of Order to Correct Violations in Ex Post Regulation* », Journal de droit et de réglementation économique, n° 2, 2008, pp. 165 et 166.
Ho-Young LEE, « L'étude de la réforme relative au soutien abusif par l'achat massif entre les filiales », Journal de droit de la concurrence et de politique, n° 1, 2013, p. 63.
Ho-Yul CHUNG, « L'interdiction des pratiques commerciales déloyales », Les commentaires sur le droit de la concurrence II, Bobmunsa, 2000, pp. 387 et 388.
Hwang LEE, « Le contrôle de la pratique unilatérale en droit coréen de la concurrence : le refus de transaction au regard de l'abus de position dominante sur le marché », Sabub, n° 5, septembre 2008, pp. 201 et s.
Hye-Shin CHO, « La signification législative de la loi sur le grand distributeur », Dankook law review, pp. 20 et s.
Hyo-Seok LEE, « L'analyse de la loi sur le grand distributeur », Kyungpook Natl. Univ. Law Journal, n° 49, février 2015, p 727.
Hyuk LEE, « L'étude sur la légalité des Business restrictions vers les grands distributeurs », Commercial Law Review, n° 86, mai 2015, pp. 319 et s.
Hyun-Kyu LEE
- « La nature juridique du règlement de la *KFTC* sur les critères à prononcer les amendes », Le droit de l'homme et la justice, janvier, 2010. p. 92.
- « Les enjeux sur le règlement de la *KFTC* sur la distribution de détail de grande envergure », Journal de concurrence, mai 2010, pp. 51 et s.

Jeong-Hoon PARK, « La mise en œuvre du droit de la concurrence par la force publique », La concurrence et l'État de droit, Bobmunsa, 2004, pp. 1017 et 1018.
Jeong-Hyoo LEE, « Le pouvoir exclusif de dénonciation de la *KFTC* dans la LRMCL », Les commentaires sur le droit de la concurrence II, Bobmunsa, 2000, pp. 664 et s.
Jeong SEO
- « Les critères pour qualifier l'abus d'éviction », Les enjeux du droit de la concurrence, Center for competition law, Bobmunsa, 2010, pp. 89 et s, 101 et s.
- « Le champ d'application de la loi sur le grand distributeur : la position supérieure dans la relation commerciale », Journal de droit de la concurrence et de politique, n° 4, 2015, pp. 52 et s.

Jeong-Suh PARK, « Le changement des règlementations après la loi sur le grand distributeur », LEG document de travail, 2012, pp. 45 et 46.
Jin-Yul JU, « La réglementation des ristournes par la loi sur le grand distributeur », Journal de droit de la concurrence et de politique, n° 4, 2015, pp. 64 et 65.
Jung-Won SONG, « Faire la directive sur la transaction par l'achat associée à la convention spécifique sur le retour », Journal de concurrence, juillet 2014, pp. 70 et s.
Min-Ho LEE et Ji-Yeon KIM, « Les enjeux en matière d'indemnisation des frais d'installation du rayon dans la loi sur le grand distributeur », Journal de droit de la concurrence et de politique, n° 4, avril 2015, pp. 28 et s.
Myung-Su HONG
- « L'analyse des décisions relatives à l'abus de position dominante sur le marché », La délibération du droit de la concurrence II, Kyungin Publishing, 2010, pp. 9 et s, pp. 24 et s.

- « L'analyse des décisions relatives aux pratiques restrictives de concurrence », La délibération du droit de la concurrence II, Kyungin Publishing, 2010, p. 349.
- « Le refus de transaction au titre de l'abus de position dominante sur le marché », La délibération du droit de la concurrence III, Kyungin Publishing, 2013, p. 119.
- « L'analyse des arrêts de la cour suprême relatifs aux pratiques restrictives de concurrence (2010) », La délibération du droit de la concurrence III, Kyungin Publishing, 2013, pp. 296 et 308.
- « La signification de l'arrêt Leegin », La délibération du droit de la concurrence III, Kyungin Publishing, 2013, pp. 399 et s.

Sang-Yong PARK, Gum-ju SON, Yu-Mi CHOI, « Le changement actuel et futur par la mise en vigueur de la loi sur le grand distributeur », LEG document de travail, 2012.

Seong-Un YUN, « La procédure où la KFTC décide la violation de la LRMCL est-elle appropriée ? », Concurrence loyale, septembre 2003, pp. 27 et s.

Sung-Min CHA, « La signification de l'abus dans l'affaire de Posco », L'étude sur la jurisprudence du droit de la concurrence V, Bobmunsa, 2009, pp. 139 et s.

Sun-Hee LEE, « Un recouvrement des dommages-intérêts au sens de la LRMCL », Les commentaires sur le droit de la concurrence III, Bobmunsa, 2002, p. 600.

Tae-Hi HWANG, « Le caractère indu pour l'atteinte portée aux intérêts d'un partenaire commercial au sens de l'abus de position supérieure dans le commerce », Les enjeux du droit de la concurrence, Center for competition law, Bobmunsa, 2010, p. 281.

Won-Woo LEE, « *Yardsticks for determining non-compliance of corrective order and violation of the 'Prohibited acts'* », Journal de droit et de réglementation économique, n° 1, 2008, pp. 124 et s.

Yong-Jung KIM, « Rendre meilleures les prohibitions dans la loi sur le grand distributeur », Korea law review, n ° 71, décembre 2013, p. 353.

Young-Chul YIM, « Le déroulement de la procédure de l'affaire auprès de la *KFTC* », Les commentaires sur le droit de la concurrence III, Bobmunsa, 2002, pp. 581 et s.

Young-Hong CHOI, « La législation et les enjeux en pratique de la loi sur le grand distributeur », Journal du droit coréen de la concurrence, n° 25, 2014, p. 4.

Young-Su SHIN, « Les conditions pour identifier l'abus d'éviction à travers l'empêchement des activités économiques par l'entreprise dominante sur le marché », L'étude sur la jurisprudence du droit de la concurrence VI, Bobmunsa, 2010, p. 37.

IV. JURISPRUDENCE

En droit français ou européen

Aut. conc., décision, n° 11-DCC-05 du 17 janvier 2011 relative à la prise de contrôle exclusif de la société Distri Sud-Ouest par la société Retail Leader Price Investissement.

Commission européenne, décision n° IV/M.1221-Rewe/Meinl du 3 février 1999.

Commission européenne, décision n° COMP/M.1684-Carrefour/Promodes du 25 janvier 2000.

Conseil constitutionnel, n° 2011-126 QPC du 13 mai 2011, JurisData 2011-015905.
Conseil constitutionnel, n° 2013-3 LP du 1er octobre 2013.
Conseil constitutionnel, n° 2015-715 DC du 5 août 2015.
Conseil constitutionnel, n° 2016-542 QPC du 18 mai 2016.
Conseil d'État, n° 213161 213352 du 31 mai 2000.
Conseil d'État, n° 335584 du 10 juin 2011.
Cour d'appel d'Aix-en-Provence, 11e ch. B, n° 2016/140 du 10 mars 2016, JurisData 2016-008150.
Cour d'appel de Douai, sect 1, n° 14/05405 du 31 mars 2016.
Cour d'appel de Paris, pôle 5, chambre 5, n° 12/01166 du 23 mai 2013.
Cour d'appel de Paris, pôle 5, chambre 5, n° 11/20191 du 12 septembre 2013.
Cour d'appel de Paris, pôle 5, chambre 5, n° 11/18274 du 12 décembre 2013.
Cour d'appel de Paris, pôle 5, chambre 5, n° 12/01353 du 9 janvier 2014.
Cour d'appel de Paris, pôle 5, chambre 3, n° 12/15119 du 30 avril 2014.
Cour d'appel de Paris, pôle 5, chambre 4, n° 13/11059 du 29 octobre 2014.
Cour d'appel de Paris, pôle 5, chambre 4, n° 13/19251 du 1er juillet 2015, JurisData 2015-016920.
Cour d'appel de Paris, pôle 5, chambre 4, n° 12/14513 du 25 novembre 2015.
Cour d'appel de Paris, pôle 5, chambre 5, n° 14/16799 du 14 janvier 2016.
Cour d'appel de Paris, pôle 5, chambre 5, n° 14/13036 du 28 janvier 2016, JurisData 2016-002372.
Cour d'appel de Paris, pôle 5, chambre 5, n° 14/17821 du 10 mars 2016, JurisData 2016-004383.
Cour d'appel de Paris, pôle 5, chambre 4, n° 13/22388 du 13 avril 2016, JurisData 2016-009127.
Cour d'appel de Paris, pôle 5, chambre 11, n° 14/06140 du 13 mai 2016. JurisData 2016-009477.
Cour d'appel de Versailles, 13ème chambre, RG 99/00210 du 27 avril 2000.
Cour de cassation, civ., n° 06-10.946 du 6 mars 2007.
Cour de cassation, com., n° 04-13.178 du 6 février 2007.
Cour de cassation, com., n° 05-15.970 du 18 décembre 2007, JurisData 2007-042108.
Cour de cassation, com., n° 07-12.039 du 29 janvier 2008.
Cour de cassation, com., n° 07-16.761 et n° 07-13.350 du 8 juillet 2008.
Cour de cassation, com., n° 07-20.099 et n° 08-13.162 du 16 décembre 2008.
Cour de cassation, com., n° 07-10.493 du 15 septembre 2009.
Cour de cassation, com., n° 10-17.844 du 24 mai 2011, JurisData 2011-010510.
Cour de cassation, com., n° 10-26.656 du 2 novembre 2011, JurisData 2011-023983.
Cour de cassation, com., n° 11-24.570 du 6 novembre 2012.
Cour de cassation, com., n° 11-26.554 du 6 novembre 2012, JurisData 2012-025173.
Cour de cassation, com., n° 12-11.709 du 12 février 2013, JurisData 2013-002133.
Cour de cassation, com., n° 12-12.685 du 26 mars 2013.
Cour de cassation, com., n° 12-19.147 du 28 mai 2013.
Cour de cassation, com., n° 12-20.468 du 9 juillet 2013.
Cour de cassation, com., n° 12-25.361 du 13 novembre 2013.
Cour de cassation, com., n° 13-16.398 du 20 mai 2014.
Cour de cassation, com., n° 13-27.525 du 3 mars 2015.
Cour de cassation, com., n° 14-11.387 du 27 mai 2015.

Cour de cassation, com., n° 13-25.043 du 29 septembre 2015.
Cour de cassation, com., n° 14-18.228 du 8 décembre 2015.
Cour de cassation, com., n° 14-21.338 du 16 février 2016.
Cour de cassation, com., n° 14-22.914 du 16 février 2016. JurisData 2016-002766.
Cour de cassation, com., n° 13-27.712 du 12 avril 2016.
Cour de cassation, crim., n° 09-81.574 du 9 février 2010.
Cour européenne des droits de l'homme, n° 51255/08 du17 janvier 2012, JurisData 2012-006077.
« Stricte acception des modalités d'information des fournisseurs dans le cadre de l'action du ministre de l'Économie, Arrêt rendu par Cour d'appel de Grenoble, 03-07-2014, n° 09/03013 », observation par Arnaud Lecourt, AJCA, 2014, p. 288.
« Condition de recevabilité de l'action en substitution du ministre de l'Economie. Arrêt rendu par Cour d'appel de Versailles, 12e ch., 03-05-2007, n° 05/09223 », observation par Eric Chevrier, Recueil Dalloz, 2007, p. 2433 et s.
« L'action en substitution du ministre de l'Economie est contraire à la Convention EDH. Arrêt rendu par Cour d'appel d'Angers, ch. com., 29-05-2007, n° 06/00563 », observation par Eric Chevrier, Recueil Dalloz, 2007, p. 2433 et s.
Cour d'appel, Paris, pôle 5, chambre 5, n° 14/13036 du 28 janvier 2016, *Concurrences*, n° 1, 2016, p. 131, observation par Frédéric Buy.
Cour d'appel, Paris, pôle 5, chambre 4, n° 13/15768 du 3 février 2016, *Concurrences,* n° 1, 2016, p. 128 et 129, observation par Frédéric Buy.
Cour de cassation, com., n° 14-15.555 du 5 janvier 2016, *Concurrences* n° 1, 2016, p. 130, observation par Jean-Louis Fourgoux.
« Relation commerciale établie : notion de rupture brutale, Arrêt rendu par Cour de cassation, com., 20-05-2014 n° 13-16.398 », observation par Marie Nezam et Jean-Daniel Bretzner, AJCA, 2014, p. 240.
Cour d'appel de Paris, pôle 5, chambre 4, n° 13/20283 du 10 février 2016, *Concurrence*s, n° 1, 2016, p. 132, observation par Mary-Claude Michelle.
Cour de cassation, com., n° 15-23.547 du 25 janvier 2017 : à paraître au Bull. ; JurisData n° 2017-000899 ; Contrats Concurrence Consommation, n° 4, avril 2017, comm. 77, observation par Nicolas Mathey ; Lettre distrib. 2017/3, p. 1, observation par Nicolas Éréseo ; La Semaine juridique – Edition générale 2017, doctr. 255, note Martine Béhar-Touchais ; Recueil Dalloz, 2017, p. 481, note Frédéric Buy.
« Contrat-cadre déséquilibre significatif. Arrêt rendu par la Cour de cassation, com. 27-05-2015, n° 14-11.387 », observation par Sarah Bros, AJCA, 2015, p. 379.
BAA Limited v. Competition Commission, [2009] CAT 35. *Competition Commission v. BAA Limited*, [2010] Civ 1097.
BAA Limited v. Competition Commission, [2012] CAT 3. *BAA Limited v. Competition Commission*, [2012] EWCA Civ 1077.

En droit coréen

Cour constitutionnelle de Corée, 94Hun-ma136 du 21 juillet 1995.
Cour constitutionnelle de Corée, 2001Hun-Ma381 du 27 juin 2002.
Cour constitutionnelle de Corée, 2001Hun-Ka25 du 24 juillet 2003.
Cour constitutionnelle de Corée, 2005Hun-Ma1259 du 27 décembre 2007.

Cour constitutionnelle de Corée, 2014Hun-Ma180 du 24 juillet 2014.
Cour suprême de Corée, 93Nu4984 du 27 juillet 1993.
Cour suprême de Corée, 94Nu10320 du 16 juin 1995.
Cour suprême de Corée, 96Nu9003 du 8 septembre 1998.
Cour suprême de Corée, 97Nu19427 du 9 juin 2000.
Cour suprême de Corée, 98Du12772 du 29 septembre 2000.
Cour suprême de Corée, 98Du17869 du 5 janvier 2001.
Cour suprême de Corée, 98Du5682 du 11 avril 2001.
Cour suprême de Corée, 2001Nu3655 du 12 avril 2002.
Cour suprême de Corée, 2000Du6213 du 31 mai 2002.
Cour suprême de Corée, 2000Du1713 du 24 septembre 2002.
Cour suprême de Corée, 2001Du1442 du 25 septembre 2002.
Cour suprême de Corée, 2001Du1444 du 25 octobre 2002.
Cour suprême de Corée, 2001Du5347 du 20 février 2003.
Cour suprême de Corée, 2001Da27470 du 16 mai 2003.
Cour suprême de Corée, 2002Du11059 du 9 juillet 2004.
Cour suprême de Corée, 2002Du6842 du 27 octobre 2004.
Cour suprême de Corée, 2004Du3038 du 26 mai 2005.
Cour suprême de Corée, 2003Du7484 du 9 juin 2005.
Cour suprême de Corée, 2003Du1646 du 29 juin 2006.
Cour suprême de Corée, 2003Du7859 du 8 septembre 2006.
Cour suprême de Corée, 2004Da55230 du 8 septembre 2006.
Cour suprême de Corée, 2004Du7146 du 12 janvier 2007.
Cour suprême de Corée, 2005Du3561 du 29 mars 2007.
Cour suprême de Corée, 2002Du8626 du 22 novembre 2007.
Cour suprême de Corée, 2004Du39238 du 14 février 2008.
Cour suprême de Corée, 2006Du3742 du 27 mars 2008.
Cour suprême de Corée, 2007Du4841 du 10 avril 2008.
Cour suprême de Corée, 2007Du25183 du 11 décembre 2008.
Cour suprême de Corée, 2010Da30041 du 15 juillet 2010.
Cour suprême de Corée, 2009Du9643 du 25 novembre 2010.
Cour suprême de Corée, 2009Du13474 du 20 janvier 2011.
Cour suprême de Corée, 2010Du28120 du 13 mai 2011.
Cour suprême de Corée, 2008Du16322 du 10 juin 2011.
Cour suprême de Corée, 2010Du13753 du 14 juillet 2011.
Cour suprême de Corée, 2008Du1832 du 13 octobre 2011.
Cour suprême de Corée, 2010Du8522 du 13 octobre 2011.
Cour suprême de Corée, 2010Du10464 du 13 octobre 2011.
Cour suprême de Corée, 2010Du8478 du 27 octobre 2011.
Cour suprême de Corée, 2010Da26035 du 14 juin 2012.
Cour suprême de Corée, 2011Du4930 du 26 décembre 2013.
Cour suprême de Corée, 2012Du18325 du 10 septembre 2015.
Cour suprême de Corée, 2015Da246346 du 24 mars 2016.
Cour suprême de Corée, 2013Da58613 du 23 juin 2016.
Cour suprême de Corée, 2014Da19776 du 15 février 2017.
Haute Cour de Séoul, 99Nu8901 du 15 mars 2001.
Haute Cour de Séoul, 2007Nu9046 du 5 septembre 2007.
KFTC, décision, n° 88-108 du 28 décembre 1988.

KFTC, décision, n° 2006-261 du 6 novembre 2006.
KFTC, décision, n° 2007-62 du 19 avril 2007
KFTC, décision, n° 2008-324 du 25 juillet 2008.
KFTC, décision, n° 2008-285 du 27 octobre 2008.
KFTC, décision, n° 2011-31 du 24 mars 2011.
KFTC, décision, n° 2011-91 du 12 octobre 2011.
KFTC, décision, n° 2012-171 du 20 août 2012.
KFTC, décision, n° 2012-247 du 2 novembre 2012.
KFTC, décision, n° 2015-210 du 25 juin 2015.
KFTC, décision, n° 2015-279 du 23 juillet 2015.
KFTC, décision, n° 2016-111 du 19 avril 2016.
KFTC, décision, n° 2016-170 du 20 juin 2016.
KFTC, décision, n° 2016-190 du 8 juillet 2016.
KFTC, décision, n° 2016-221 du 20 juillet 2016.
KFTC, décision, n° 2016-354 du 14 décembre 2016.
KFTC, décision, n° 2017-001 du 3 janvier 2017.
KFTC, décision, n° 2017-025 du 20 janvier 2017.

V. AUTRES DOCUMENTS

En droit français ou européen

AFEC, « Réponse à la Consultation du Livre vert sur les pratiques commerciales déloyales dans la chaîne d'approvisionnement alimentaire et non-alimentaire interentreprises en Europe », le 30 avril 2013.
Aut, conc, avis n° 00-A-02 du 4 avril 2000 relatif à une demande d'avis sur un projet de réforme de l'ordonnance du 1er décembre 1986.
Aut. conc., avis n° 09-A-45 du 8 sept 2009 relatif aux mécanismes d'importation et de distribution des produits de grande consommation dans les départements d'outre-mer.
Aut. conc., avis n° 10-A-26 du 7 décembre 2010 relatif aux contrats d'affiliation de magasins indépendants et les modalités d'acquisition de foncier commercial dans le secteur de la distribution alimentaire.
Aut. conc., avis n° 12-A-01 du 11 janvier 2012 relatif à la situation concurrentielle dans le secteur de la distribution alimentaire à Paris.
Aut. conc., avis n° 15-A-06 du 31 mars 2015 relatif au rapprochement des centrales d'achat et de référencement dans le secteur de la grande distribution.
Aut. conc., communiqué de presse relatif à l'avis n° 09-A-45 du 8 septembre 2009.
Aut. conc., communiqué de presse relatif à la décision n °15-D-08 du 5 mai 2015.
Aut. conc., communiqué de procédure du 2 mars 2009 relatif aux engagements en matière de concurrence.
Aut. conc., rapport annuel 2010, étude thématique, « Concurrence et distribution ».
Aut. conc., rapport relatif aux mécanismes d'importation et de distribution des produits de grande consommation en Nouvelle-Calédonie, le 21 septembre 2012.
Aut. conc., rapport relatif aux structures de contrôle en matière de concurrence en Nouvelle-Calédonie, le 21 septembre 2012.

CEPC, avis n° 15-21 du 23 juin 2015, « Relatif à une demande d'avis d'un professionnel concernant l'application de l'article L. 442-6 du code de commerce au secteur d'activité du conseil aux entreprises ».
CEPC, avis n° 16-3 du 10 février 2016, « Appréciation d'existence d'un déséquilibre significatif », Contrat Concurrence Consommation, n° 4, avril 2016, alerte 31.
CEPC, rapport annuel d'activité, année 2010-2011, pp. 91 et s.
CEPC, rapport annuel d'activité, année 2011-2012, p. 68.
CEPC, rapport annuel d'activité, année 2014, p. 210.
Commission européenne, « Livre vert sur les pratiques commerciales déloyales dans la chaîne d'approvisionnement alimentaire et non-alimentaire interentreprises en Europe », le 31 janvier 2013.
Commission européenne, « Rapport de la Commission au Parlement européen et au Conseil sur les pratiques commerciales déloyales interentreprises dans la chaîne d'approvisionnement alimentaire », le 29 janvier 2016.
Commission européenne, communication, « Lutter contre les pratiques commerciales déloyales dans la chaîne d'approvisionnement alimentaire interentreprises », le 15 juillet 2014.
Conseil de la concurrence, avis n° 02-A-07 du 15 mai 2002 relatif à l'acquisition d'une partie des actifs du groupe Moulinex par le groupe Seb.
Cour de cassation, rapport annuel 2008, p. 307.
DGCCRF, eco n° 25, « Panorama de la grande distribution alimentaire en France », février 2014.
DGCCRF, note d'information n° 2014-185 du 22 octobre 2014, pp. 29 et s.
DGCCRF, résultats 2016 de la DGCCRF, p. 6.
DGCCRF, résultats 2013 de la DGCCRF, p. 3.
Ministre de l'Économie, de l'Industrie et du Numérique, communiqué de presse, « Remise du rapport de l'Observatoire des délais de paiement », Paris, n° 1247 du 7 mars 2016.
Parlement européen, « Projet de rapport sur les pratiques commerciales déloyales dans la chaîne d'approvisionnement alimentaire », le 6 juillet 2015.
Parlement européen, « Rapport sur les pratiques commerciales déloyales dans la chaîne d'approvisionnement alimentaire », le 4 mai 2016.
OCDE, « *Economic Surveys Korea* », mai 2016. p. 10.
OCDE, « Études économiques de l'OCDE, Corée », juin 2014, p. 18.
OCDE, « Corée : Mise à jour du Rapport sur la loi et les institutions en matière de concurrence », Revue de l'OCDE sur le droit et la politique de la concurrence vol. 9, n° 3, 2007, pp. 123 et s.
Rapport de Cavinet, « Restaurer la concurrence par les prix - Les produits de grande consommation et les relations entre industrie et commerce », octobre 2004, pp. 88 et s.
Rapport de Marie-Dominique Hagelsteen, « La négociabilité des tarifs et des conditions générales de vente », Bercy, le 12 février 2008, pp. 19 et s.
Daniel Mainguy, « Dictionnaire de droit du marché : Concurrence · Distribution · Consommation », Ellipses, 2008.
Gérard Cornu, Association Henri Capitant, « Vocabulaire juridique », PUF, Quadrige, 10ème éd., 2014.
Serge Guinchard et Thierry Debard, « Lexique des termes juridiques », Dalloz, 24ème éd., 2016-2017.

Survey on Unfair Commercial Practice in Europe, mars 2011, organisée par Dedicated pour le compte de la CIAA (la Confédération des industries agro-alimentaires de l'UE) et de l'AIM (Association européenne des industries de marque), p. 4.

Indagine conoscitiva sul settore della GDO – IC43 - Settore della grande distribuzione organizzata, le 24 juillet, pp. 163 et 164.

En droit coréen

KFTC, communiqué de presse du 1er juin 2015 relatif à la violation d'une règle sur le contrôle de l'opération de concentration par *Lotte Departement Store*.

KFTC, communiqué de presse du 8 mai 2016 relatif aux violations de la loi sur le grand distributeur par trois grandes distributions majeures.

KFTC, communiqué de presse du 11 juillet 2016 relatif à la statistique des affaires et des amendes par la *KFTC* en 2015.

KFTC, communiqué de presse du 13 septembre 2016 relatif à l'augmentation des critères décidant du montant des amendes en cas de manquement à l'obligation de conserver des documents importants comme le contrat écrit, et en cas d'obstruction à l'investigation, par le grand distributeur.

KFTC, communiqué de presse du 29 décembre 2016 relatif à la sanction de *Qualcomm Incorporated* pour l'abus de brevets essentiels pour une norme.

KFTC, communiqué de presse du 10 janvier 2017 relatif aux enquêtes écrites dans les domaines de la distribution, de la sous-traitance et du franchisage.

KFTC, communiqué de presse du 31 janvier 2017 relatif à la médiation par la « *Korea fair trade mediation agency* ».

KFTC, communiqué de presse du 6 février 2017 relatif à la sanction de *Kakao et NC Soft*.

KFTC, communiqué de presse du 8 mars 2017 relatif à la violation de la loi sur la sous-traitance par *Dongjin leisure*.

KFTC, « Livre annuel de statistiques 2015 », 2016.

KFTC, « Livre annuel de statistiques 2016 », 2017.

KFTC, « Livre blanc sur le commerce loyal 2015 », 2015.

KFTC, « Livre blanc sur le commerce loyal 2016 », 2016.

VI. SITE INTERNET

http://www.conseil-etat.fr/Conseil-d-Etat/Missions/Juger-l-administration.

http://www.conseil-etat.fr/Conseil-d-Etat/Missions.

https://www.courdecassation.fr/cour_cassation_1/presentation_2845/r_cour_cassation_30989.html.

http://www.economie.gouv.fr/dgccrf/concurrence/Relations-commerciales.

http://www.economie.gouv.fr/cepc/Presentation-de-la-Commission.

http://www.lefigaro.fr/conjoncture/2016/02/28/20002-20160228ARTFIG00170-hollande-hue-stands-saccages-le-salon-de-l-agriculture-sous-tension.php.

http://www.altares.com/fr/actualites/nos-publications/comportements-de-paiement-183/article/comportements-de-paiement-des-entreprises-en-france-et-en-europe-1er-trimestre-2015.
http://www.vogel-vogel.com/blog/comment-apres-la-loi-hamon-faire-face-au-casse-tete-de-la-convention-unique.
http://globalcompetitionreview.com/benchmarking/rating-enforcement-2017/1144818/koreas-fair-trade-commission.
http://globalcompetitionreview.com/benchmarking/rating-enforcement-2017/1144939/star-ratings.
http://eng.scourt.go.kr/eng/supreme/about/introduction.jsp.
http://eng.scourt.go.kr/eng/judiciary/organization/members.jsp.
http://www.scourt.go.kr/eng/supreme/about/introduction.jsp.
http://www.ftc.go.kr/ftcinfo/history/hrHistory.jsp.
http://www.kofair.or.kr/hp/kof/role.do.
http://www.kofair.or.kr/hp/kof/history.do.
https://fairnet.kofair.or.kr/case/subIndex/143.do#1.

INDEX ALPHABÉTIQUE

(Les chiffres renvoient aux numéros de page)

D

E

F

G

H

I

J

K

L

M

N

O

P

R

S

T

U

Z

TABLE DES MATIÈRES

Revue « Marché et Organisations »
L'Harmattan

Cahiers d'économie et de gestion thématiques dont le but est de promouvoir la recherche originale sur les relations de plus en plus étroites qui se tissent entre le marché et les organisations. Les acteurs économiques de taille, de puissance et de pouvoir différents dont les intérêts peuvent être convergents, complémentaires ou, le plus souvent, antagoniques, ont tendance à organiser les marchés. La raison du marché, pourtant, est la référence stratégique pour l'entreprise ainsi que pour les institutions publiques de décision économique.

Numéros parus :

N°1 : Artisanat. La modernité réinventée, 2006
N°2 : La petite entreprise, elle a tout d'une grande. De l'accompagnement aux choix stratégiques, 2006
N°3 : Tourisme et Innovation. La force créative des loisirs, 2007
N°4 : Le travail. Formes récentes et nouvelles questions, 2007
N°5 : Les universités et l'innovation. L'enseignement et la recherche dans l'économie des connaissances, 2007
N°6 : Entrepreneuriat et accompagnement. Outils, actions et paradigmes nouveaux, 2008
N°7 : Développement durable des territoires. Economie sociale, environnement et innovations, 2008
N°8 : Développement durable et responsabilité sociale des acteurs, 2009
N°9 : Gouvernance : exercices de pouvoir, 2009
N°10 : Le travail collaboratif. Une innovation générique, 2009
N°11 : Economie sociale et solidaire. Nouvelles trajectoires d'innovations, 2010
N°12 : Relations à la marque et marques de la relation. Regards croisés sur le management relationnel de la marque, 2010
N°13 : Les contrats au service de la recherche ?, 2011
N°14 : Le potentiel économique de l'Afrique subsaharienne, 2011
N°15 : Management de la distribution, 2012
N°16 : Territoire Vert. Entreprises, Institutions, Innovations, 2012
N°17 : Eco-conception, conception et innovation. Les nouveaux défis de l'entreprise, 2013
N°18 : Intelligence économique : entreprises et territoires, 2013
N°19 : La finance globale. Un monde fini, 2013
N°20 : La crise du « développement », 2014
N°21 : La Chine innove. Politiques publiques et stratégies d'entreprise, 2014
N°22 : Go East! Nouvelles Economies de Marché, 2015
N°23 : L'économie du changement, 2015
N°24 : Le temps des artisans. Permanences et mutations, 2015
N°25 : Innovations de proximité et esprit d'entreprise, 2016
N°26 : L'avenir des économies du Maghreb : entre inertie structurelle et envie de rupture, 2016/3 (n° 27)
N°27 : Le sport aux frontières du marché du travail, 2016
N°28 : Dynamiques internationales des entreprises, 2017
N°29 : L'univers du risque, 2017
N°30 : Les petites entreprises dans l'histoire industrielle, 2017
N°31 : Economie sociale et *social business* ? Au défi d'entreprendre et se financer

Collection « L'esprit économique »

fondée par Sophie Boutillier et Dimitri Uzunidis en 1996
dirigée par Sophie Boutillier, Blandine Laperche, Dimitri Uzunidis

Dernières parutions

► ***Série Economie et Innovation***
F. PAUN, L. ALEXANDRE-LECLAIR, I. VAILEANU-PAUN, *Innover ou périr. Paroles d'experts*, 2014.
F. ABADA, *Individualiser son offre au moindre coût*, 2015.
S. MAHREZ, La division cognitive du travail dans le capitalisme postfordiste, 2016.
M.-J. POLLET-VILLARD, *L'innovation dans les services. cadre d'une analyse dynamique fondée sur les réseaux*, 2017.
B. CHRISTOPHE, *La décroissance écologique transforme l'entreprise*, 2017.
G. ACHERMANN, *Territoires d'innovation en Russie, Ambitions et contraintes d'une politique de clusterisation*, 2018.
C. ABDOU LAHAD THIAW, *Innovation localisée pour le développement économique du Sénégal*, 2018.
► ***Série Le Monde en Question***
T. BRUGVIN, *Le commerce équitable et éthique. Opportunités et limites*, 2014.
W. AMEDZRO St-HILAIRE, *Le capital global et sa régulation*, 2014.
W. AMEDZRO St-HILAIRE, *Reconstruire l'Afrique. Nouvelle gouvernance et projet de développement*, 2014.
M. SANTI, *Misère et opulence. Chroniques d'austérité globalisée*, 2015
J.-M. BOUSSARD, *Les prix agricoles. Nouveau dialogue sur le commerce des bleds*, 2017
C. BASTIDON, O. GBAGUIDI A. GHOUFRANE, A. SILEM (dir.), *Commerce, investissement et développement durable en Afrique*, 2017.
L. BOURQUIN, *Europe 3.0 : le grand réveil*, 2017.
A. ROSOWSKY, *De l'économie de pillage a la société désagrégée, un essai sur la révolution thatchérienne*, tomes 1 & 2, 2017.
► ***Série Krisis***
A. MARQUEZ-VELASCO, *Politique et économie. 10 mesures phares pour un monde meilleur*, 2015.
R. GOODFELLOW, *Le cycle des crises aux États-Unis depuis 1929. essai de systématisation de la conjoncture*, 2016.
M. LAUDET, *Aux origines de l'économie politique : Antoine de Montchrestien et son « traicte de l'oeconomie politique »*, 2016.
J. HUERTA DE SOTO, *La théorie de l'efficience dynamique*, 2017.
Y. LEVANT, S. TREBUCQ, *Théorie comptable et sciences économiques du XVe au XXIe siècle, mélanges en l'honneur du professeur Jean-Guy Degos*, 2018.
► **Série *Clichés***
S. BOUTILLIER, D. UZUNIDIS (dir.), *La Russie européenne. Du passé composé au futur antérieur*, 2008.
R. VOLPI, *La négociation. Pain, paix, liberté*, 2009.
► ***Série Cours Principaux***
B. NDIAYE, *Analyse économique de l'investissement en capital humain*, 2014.
P. BOUVIER-PATRON, *Economie et management de l'entreprise innovante. Réseaux, territoire et développement durable*, 2014.
J. KIAMBU, *Eléments d'analyse économique*
J.-P. MOCKERS, *Court traite d'économie et de politique économique*, 2016.
P.-Y. CARASCO, Prix de transfert et stratégies d'optimisation fiscale de la firme multinationale, 2017.
B. LANDAIS, *Les fluctuations économiques, une synthèse nouvelle*, 2017.
► ***Série L'économie formelle***
M. SANTI, *L'Europe. Chroniques d'un fiasco économique et politique*, 2013.
J. BERNARD, *La croissance. 10 points cruciaux*, 2013.
P.-A. LAMBERT, *Le temps de la rigueur. Fiscalité, protection sociale, mondialisation*, 2014.
F. BISMANS, *La grande récession : un autre regard sur des temps troubles (2007-2013)*, 2016.
B. SCHWENGLER, *De l'inflation à la dette publique : analyse des discours politiques*, 2016.

L'HARMATTAN ITALIA
Via Degli Artisti 15; 10124 Torino
harmattan.italia@gmail.com

L'HARMATTAN HONGRIE
Könyvesbolt ; Kossuth L. u. 14-16
1053 Budapest

L'HARMATTAN KINSHASA
185, avenue Nyangwe
Commune de Lingwala
Kinshasa, R.D. Congo
(00243) 998697603 ou (00243) 999229662

L'HARMATTAN CONGO
67, av. E. P. Lumumba
Bât. – Congo Pharmacie (Bib. Nat.)
BP2874 Brazzaville
harmattan.congo@yahoo.fr

L'HARMATTAN GUINÉE
Almamya Rue KA 028, en face
du restaurant Le Cèdre
OKB agency BP 3470 Conakry
(00224) 657 20 85 08 / 664 28 91 96
harmattanguinee@yahoo.fr

L'HARMATTAN MALI
Rue 73, Porte 536, Niamakoro,
Cité Unicef, Bamako
Tél. 00 (223) 20205724 / +(223) 76378082
poudiougopaul@yahoo.fr
pp.harmattan@gmail.com

L'HARMATTAN CAMEROUN
TSINGA/FECAFOOT
BP 11486 Yaoundé
699198028/675441949
harmattancam@yahoo.com

L'HARMATTAN CÔTE D'IVOIRE
Résidence Karl / cité des arts
Abidjan-Cocody 03 BP 1588 Abidjan 03
(00225) 05 77 87 31
etien_nda@yahoo.fr

L'HARMATTAN BURKINA
Penou Achille Some
Ouagadougou
(+226) 70 26 88 27

L'HARMATTAN SÉNÉGAL
10 VDN en face Mermoz, après le pont de Fann
BP 45034 Dakar Fann
33 825 98 58 / 33 860 9858
senharmattan@gmail.com / senlibraire@gmail.com
www.harmattansenegal.com

www.ingramcontent.com/pod-product-compliance
Lightning Source LLC
LaVergne TN
LVHW011439061026
849535LV00004BA/875
* 9 7 8 2 3 4 3 1 3 7 0 3 2 *